普通高等教育公共课系列教材



# 大学生心理健康教育与训练

主　编 ◎ 张敏生　谭娟晖

副主编 ◎ 许志红　陈树婷　高秀苹
徐　亮　陈航峰

中国轻工业出版社

**图书在版编目（CIP）数据**

大学生心理健康教育与训练/张敏生，谭娟晖主编．—北京：中国轻工业出版社，2022.2
普通高等教育“十三五”规划教材
ISBN 978-7-5184-2507-5

Ⅰ.①大…　Ⅱ.①张…②谭…　Ⅲ.①大学生—心理健康—健康教育—高等学校—教材　Ⅳ.①G444

中国版本图书馆CIP数据核字（2019）第133413号

责任编辑：张文佳　　责任终审：李克力　　封面设计：锋尚设计
版式设计：砚祥志远　　责任校对：晋　洁　　责任监印：张　可

出版发行：中国轻工业出版社（北京东长安街6号，邮编：100740）
印　　刷：三河市国英印务有限公司
经　　销：各地新华书店
版　　次：2022年2月第1版第11次印刷
开　　本：787×1092　1/16　印张：16
字　　数：380千字
书　　号：ISBN 978-7-5184-2507-5　定价：38.00元
邮购电话：010-65241695
发行电话：010-85119835　传真：85113293
网　　址：http://www.chlip.com.cn
Email：club@chlip.com.cn
如发现图书残缺请与我社邮购联系调换
220269J1C111ZBW

# 前言

心理健康是大学生快乐学习的基本保证，也是大学生健康成长成才的重要基石。进入21世纪以来，由于社会竞争日趋激烈，社会不良刺激不断增多，大学生面临的挑战和压力越来越大，由此导致大学生的心理健康问题也日益突出，这已引起全社会的高度关注和重视。2011年5月28日，教育部办公厅印发了《普通高等学校学生心理健康教育课程教学基本要求》（教思政厅〔2011〕5号），明确要求高校开设大学生心理健康教育公共必修课。浙江省教育厅办公室《转发教育部办公厅关于印发心理健康教育课程教学基本要求的通知》（浙教宣办〔2011〕151号），要求全省高校自2012年秋季起开设大学生心理健康教育必修课程。这是中国高等学校心理健康教育发展史上的一个新起点。

为了认真落实教育部的文件精神，浙江农林大学、杭州医学院、浙江树人大学、丽水职业技术学院等几所高校先后都面向新生开设了《大学生心理健康教育》必修课。为了提高教学效果，我们反复研讨教育部颁发的《普通高等学校学生心理健康教育课程教学基本要求》，一直在思索和实践如何激发学生的学习积极性和课堂参与性，切实提高这门课的教学针对性和实效性，把《大学生心理健康》课真正开成一门集知识传授、心理体验与行为训练为一体的课程。鉴于此，我们这几所高校从事心理健康教育的同行们，进行协同合作，发挥集体的智慧和力量，精心编写了本教材。本教材注重理论联系实际、内容丰富多彩、体验轻松有趣、版式设计新颖，可以说本教材的最大特色是融知识传授与心理（行为）训练为一体。

参加本教材编写的是我们这几所高校多年来从事一线心理健康教育、教学和咨询的老师，这是一个具有极强事业心、奉献精神和精诚合作的团队。本书由张敏生、谭娟晖担任主编，许志红、陈树婷、高秀苹、徐亮、陈航峰担任副主编。全书共分十二章，具体分工如下：第一章由张敏生编写，第二章由倪建均编写，第三章由许志红编写，第四章由汪翠翠编写，第五章由方殷杰编写，第六章由董军强编写，第七章由王守先编写，第八章由黄晓芳编写，第九章由谭娟晖、邱丹丹编写，第十章由戎幸编写，第十一章由陈亮编写，第十二章由李勇编写。全书由主编张敏生撰写大纲和写作要求，谭娟晖一起参与全书的统稿和定稿，副主编许志红、陈树婷、高秀苹、徐亮、陈航峰分别就各自负责的章节进行了审、统稿。

本教材得以顺利编写和出版，要特别感谢这几所高校学工部领导的大力指导和支持！感谢每一位参与统稿和编写老师的辛勤付出！在编写过程中借鉴和吸收了国内外专家学者的研究成果，虽然在参考文献中有所体现，但还是难免有所疏漏，难以体现编者们的由衷谢意。由于编者水平有限，时间仓促，一定存在诸多不足。热忱欢迎同行专家和本书读者提出批评指正，以便今后修订、完善。

编者

2019年4月

# 目录
CONTENTS

# 第一章

## 阳光心态，助己成长——大学生心理健康导论

### 任务目标

- 认识心理活动的特点和实质
- 了解大学生心理发展的特点
- 掌握大学生心理健康的标准
- 理解拥有阳光心态的重要性

人与人之间只有很小的差异，但这种很小的差异却往往造成了巨大的差异！很小的差异就是所具备的心态是积极的还是消极的，巨大的差异就是成功和失败。

——拿破仑·希尔

### 故事导入

**牛仔大王的故事**

李维斯（Levi Strauss）是美国著名的“牛仔大王”，他的西部发迹史堪称一段传奇。当年，这位德国移民像许多的年轻人一样，带着梦想前往美国西部追赶淘金热潮。

一日，突然间他发现有一条大河挡住了他前往西部的路。苦等数日，被阻隔的行人越来越多，但都无法过河。于是陆续有人向上游、下游绕道而行，也有人打道回府，更多的人则是怨声一片。

而心情慢慢平静下来的李维斯想起了曾有人传授给他的一个“思考制胜”的法宝，是一段话：“太棒了，这样的事情竟然发生在我的身上，又给了我一个成长的机会。凡事的发生必有其因果，必有助于我。”

于是他来到大河边，“非常兴奋”地不断重复着对自己说：“太棒了，大河居然挡住了我的去路，又给了我一次成长的机会，凡事的发生必有其因果，必有助于我。”

果然，他真的有了一个绝妙的创业主意——摆渡。没有人不愿意花一点小钱坐他的渡船过河，迅速地，他人生的第一笔财富居然因大河挡道而获得。

一段时间后，摆渡生意开始清淡。他决定放弃，并继续前往西部淘金。来到西部，四处是人，他找到一块合适的空地方，买了工具便开始淘起金来。

没过多久，有几个恶汉围住他，叫他滚开，别侵犯他们的地盘。他刚理论了几句，那

伙人便失去耐心，一顿拳打脚踢。无奈之下，他只好灰溜溜地离开。好不容易又找到一处合适的地方，没多久，同样的悲剧再次重演，他又被人轰了出来。在他刚到西部那段时间，多次被欺侮。

终于，最后一次被人打完之后，看着那些人扬长而去的背影，他又一次想起他的“制胜法宝”：“太棒了，这样的事情竟然发生在我的身上，又给了我一次成长的机会，凡事的发生必有其因果，必有助于我。”他真切地、兴奋地反复对自己说着，终于，他又想出了另一个绝妙的主意——卖水。

西部黄金不缺，但似乎自己无力与人争雄；西部缺水，可似乎没什么人想到它。不久他卖水的生意便红红火火。慢慢地也有人参与了他的新行业，再后来，同行的人越来越多。

终于有一天，在他旁边卖水的一个壮汉对他发出通牒：“小个子，你以后别来卖水啦，从明天早上开始，这儿卖水的地盘归我了。”

他以为那人是在开玩笑，第二天依然来了，没想到那家伙立即走上来，不由分说，便对他一顿暴打，最后还将他的水车也一起拆烂。

李维斯不得不再次无奈地接受现实。然而当这家伙扬长而去时，他却立即调整自己的心态，再次强行让自己兴奋起来，不断对自己说着：“太棒了，这样的事情竟然发生在我的身上，又给了我一次成长的机会，凡事的发生必有其因果，必有助于我。”

他开始调整自己注意的焦点。他发现来西部淘金的人，衣服极易磨破，同时又发现西部到处都是废弃的帐篷，于是他又有了一个绝妙的好主意——把那些废弃的帐篷收集起来，洗干净，就这样，他缝出了世界上第一条牛仔裤！

由于牛仔裤耐磨耐穿，深受矿工、农夫和牛仔们的欢迎。产品往往供不应求，订单源源不断地涌来。

从此，李维斯一发不可收拾，最终成为举世闻名的“牛仔大王”。

## 心灵导航

### 一、大学生的心理发展

什么是人类心理？人类心理发展有何规律？大学生的心理发展又有什么特点？只有先把这些问题认清了，才能更好地了解和调控自己的心理，培养积极阳光心态，促进心理健康发展。

#### （一）人的心理现象

人的心理现象是指人的心理活动及其表现形式。人们在生活实践中与周围环境、事物相互作用，必然有这样或那样的主观活动和行为表现，这就是人的心理活动，简称心理。用唯物主义的观点表述，心理是人脑的机能，是人脑对客观事物的反映。人的心理现象由心理过程和个性心理两个方面组成（图 1-1）。心理过程和个性心理是人的心理活动的基本形式，也是人的心理活动表现的重要方面。

- 心理现象
  - 心理过程
    - 认知过程：感觉、知觉、记忆、思维、想象等
    - 情绪情感过程
    - 意志过程
  - 个性心理
    - 个性倾向性：需要、动机、兴趣、价值观等
    - 个性心理特征
      - 气质
      - 性格
      - 能力

图 1-1　人的心理现象示意图

**1. 人的心理过程**

人的心理过程即人的心理活动过程。人的心理过程根据其性质与功能的不同，分为认知过程、情绪情感过程和意志过程。

（1）认知过程。认知过程是指人接受、储备、加工和理解各种信息的过程，即人脑对客观事物的现象和本质的反映过程。它包括感觉、知觉、记忆、思维和想象等。

（2）情绪情感过程。情绪情感过程是人对客观事物的态度体验及其相应的生理和行为反应。人们总是抱着自己的某种需要去认识和反映客观事物，在认识过程中，总会产生一种态度上的体验。如满足了需要，则产生一种愉快的、肯定的、积极的态度体验；反之，则产生一种不愉快的、否定的、消极的态度体验。不同的态度体验又会导致相应的生理和行为反应。

（3）意志过程。意志过程既指人有意识、有目的、有计划地调节和支配自己行为的心理过程，也指人在决定达到某种目的时产生的心理状态。意志过程体现出一个人在确定目标和实现预定目标过程中的自觉性、果断性、自制性、坚韧性等。

认知、情绪情感和意志过程是既有区别又有联系的心理活动的三个方面。一方面，人的情绪情感和意志总是在认知的基础上产生和发展起来的。认知是情绪情感和意志的前提，人对客观事物的态度取决于对该事物的认知，人的意志行动是在认知的基础上、在情绪情感的推动下产生的。所以，只有认知正确，才能产生强烈的情绪情感和坚强的意志。另一方面，人的情绪情感和意志对认知也有重要的影响。情绪情感是认知的动力，意志行动使人的认知不断深入。情绪情感和意志是衡量一个人认知水平的重要标志。

**2. 人的个性心理**

认知、情绪情感和意志这三种心理过程作为人脑反映客观现实的形式，是人类共有的。但是，并不是说人反映客观现实都表现出同样的行为模式。每个人在反映客观现实时，都表现出不同的行为特点和方式。这些不同的行为特点和方式构成了人与人之间心理上的差异，称为个性差异。个性差异主要表现在两个方面：个性倾向性和个性心理特征。

（1）个性倾向性。个性倾向性是指一个人所具有的意识倾向和人对客观事物的稳定态度，其中主要包括需要、动机、兴趣、理想、信念和价值观。

需要是个体在生活与实践中对缺乏的事情在头脑中的一种主观反映。人的需要形成的原因有两个方面：一是人们感到缺乏什么东西，有不足之感；二是人们期望得到什么，有求足之感。需要就是由这两种感觉形成的心理现象。它是由内外刺激引起的，是个性积极

性的源泉，是人们思想和活动的初始动力。

动机是为满足某种需要而进行的活动的具体想法，是直接推动人们去行动以达到一定目的的内部动力。它是由需要转化而来的。需要转化为动机有两个条件：一是需要心理发展到一定强度；二是要有外部诱因条件的刺激，二者缺一不可。人们在两个或多个动机强度相当又不能同时满足时，会发生动机冲突。动机冲突的选择受一个人的个性倾向、世界观、人生观和价值观的影响。

兴趣是一种积极探索某种事物的认识倾向，指一个人对一定事物所持的愿意接近、愿意探索或实践的情感状态。当一个人对某一事物产生了兴趣的时候，他就必然积极主动地使自己的各种心理活动指向这一事物，表现出一种积极投入的倾向。随着兴趣的越来越深，就形成一种爱好，注意力也就越来越集中于这一事物。

价值观是对社会生活中事物和现象做出具体的判断和选择，是以世界观、人生观为基础的，有什么样的世界观、人生观，就会有什么样的价值观。理想、信念、人生观、价值观与人们的心理发展紧密相连，它是人们心理发展的舵手，规定着人们心理发展的方向，并为心理发展提供根本的原动力。

需要、动机、兴趣、理想、信念和价值观所代表的个性倾向性是人从事各项活动的基本动力，决定着人的行为的方向，一个人的个性倾向是在实践活动中逐渐形成并发展起来的，它反映了一个人与客观环境之间的相互关系以及一个人特殊的生活环境和经历。个性倾向性也随一个人成熟与发展阶段的不同而不同。在儿童期，支配其心理活动与行动的主要个性倾向是兴趣；在青少年期，理想逐渐上升到主动地位；青年晚期和成年期，信念和价值观支配着人的整个心理与行为，成为其主导的个性倾向。

（2）个性心理特征。个性心理特征是一个人身上经常表现出来的本质的、稳定的心理特点，这种稳定的心理特点是个性倾向性稳固化和概括化的结果。它主要包括气质、性格和能力。

气质在心理学上认为是不以人的活动目的和内容为转移的心理活动的典型的、稳定的动力特征，主要是指高级神经系统的特征在心理活动动力上的表现，包括心理活动的速度（如语言、感知及思维的速度等）、强度（如情绪体验的强弱、意志的强弱等）、稳定性（如注意力集中时间的长短等）和指向性（如内向性、外向性）。这些特征的不同组合，便构成了个人的气质类型，它使人的全部心理活动都染上了个性化的色彩。气质有多种分类法，通常分为多血质、胆汁质、黏液质、抑郁质四种。

性格是指一个人对客观现实的稳定态度并与之相适应的行为方式所表现出来的稳定心理特征，是某些心理特征在个体身上的有机结合，体现出个人的独特风格。个人的性格一经形成就具有相对稳定性，在某些情况下，总是表现特定的生活情感和态度。它在个性中具有重要意义。心理学对性格的经典分类是以“行为模式类型”来分为 A 型、B 型、M 型、MA 型、MB 型和 C 型。

能力是顺利完成某种活动所必需的并直接影响活动效率的个性心理特征。一方面指已表现出来的实际能力和已达到的某种熟练程度；另一方面指潜在能力，即尚未表现出来的心理能量，通过学习和训练后可能发展起来的能力与可能达到的某种熟练程度。能力总与人的某种活动相联系，只有通过活动才能看出一个人是否具有某种能力和其能力的大小。

按能力的倾向可分为一般能力和特殊能力。

### （二）人的心理发展

从婴儿到儿童、青少年、成年、老年，人的心理经历着不断地变化。心理发展是指个体在胚胎发育、出生、成熟、衰老直至死亡的整个生命过程中所发生的一系列生理和心理的变化过程。每个人的人生经历各不相同，但是他们所经历的生命阶段有很多相同之处，每个人的不同阶段所面临的心理发展任务也有很多相同之处。

心理发展的问题，自古以来就引起了人们的注意。许多心理学家对人的心理发展都有过专门和深入的研究。一般将个体心理发展分为产前期（受孕至出生）、婴儿期、幼儿期、童年期、少年期、青年期、成年期和老年期等阶段。毕生发展心理学认为在一定的社会影响下，在一定的教育条件下，个体心理发展的年龄特征具有一定的普遍性和稳定性，显示出阶段的顺序，每一个阶段的变化过程和速度大体上是稳定的、共同的。但另一方面，相同的教育条件和社会环境在不同的儿童身上所起的作用也可能是不同的，因而在个体心理发展的过程和速度上，也就会形成一定的差距，表现出可变性。随着各种条件的不同，个体心理发展年龄特征在一定范围内也可以发生一些有限制的变化。

**毕生发展的阶段及其主要任务和特征**

| 序号 | 名称 | 年龄段 | 主导活动和基本特征 |
|---|---|---|---|
| 1 | 产前期 | 受孕至出生 | 生理的发展 |
| 2 | 乳儿期 | 出生至1岁 | 生理的发展、适应环境、习得简单的反射 |
| 3 | 婴幼儿期 | 1~3岁 | 动作技巧、言语的发展、社会性的发展、身体的发展 |
| 4 | 儿童前期 | 3~6岁 | 自我意识、性别认同感的发展、力量增加、创造力发展 |
| 5 | 儿童后期 | 6~12岁 | 运动技能的发展、具体思维的发展、书面语言的发展、同伴关系的发展、自我概念和自尊的发展 |
| 6 | 青少年期 | 12~18岁 | 生理的高速发展、生殖成熟、抽象思维的发展、人格独立的发展、建立两性关系 |
| 7 | 成年早期 | 18~45岁 | 职业与家庭关系的发展、认知能力处于高峰之后逐渐下降、扮演父母的角色和社会职业角色 |
| 8 | 中年期 | 45~65岁 | 生理机能出现衰退、活力下降、认知技能复杂化、善于解决实际问题但学习能力下降、对自我进行重新评价 |
| 9 | 老年期 | 65岁以上 | 生理机能衰退、认知技能衰退、反应力减退、享受家庭生活、承受丧失亲人的痛苦、退休、重新适应生活 |

从心理发展各阶段可以看到，心理发展是有客观规律的，它是通过量变而达到质变的过程；是从简单到复杂、由低级到高级、新质否定旧质的过程；是矛盾着的对立面又统一又斗争的过程。个体心理发展表现出一些带普遍性的特点，概括起来有以下几点：

（1）心理发展是一个持续不断的过程，每一心理过程和个性特点都逐渐地、持续地发展着，由较低水平到较高水平。

（2）心理发展有一定的顺序性，即整个心理的发展有一定的顺序，个别心理过程和个性特点的发展也有一定的顺序，如儿童的思维总是从具体思维发展到抽象思维。

（3）心理发展过程呈现出许多阶段，前后相邻的阶段有规律地更替着，前一阶段为后一阶段准备了条件，从而有规律地过渡到下一阶段。

（4）各个心理过程和个性特点的发展速度不完全一样，它们达到成熟的时期也各不相同。如感知觉、机械记忆等早在少年期之前就已发展到相当水平，而逻辑思维则需至青年期才有相当程度的发展。

（5）心理的各个方面的发展是相互联系和相互制约的，如儿童知觉的发展是记忆发展的前提，而记忆的发展又反过来影响知觉的发展。知觉为思维提供具体的直观材料，这是思维发展的基础，而思维的发展又完善了知觉，使之成为有目的的观察。

（6）心理发展有明显的个别差异。由于人们的环境和教育条件不尽相同，遗传素质也有差异，所从事的活动也不一样，心理发展的速度和心理各个方面的发展情况也是因人而异的。这就造成了同一年龄阶段上的不同儿童在心理上的差异。

## 延伸阅读

### 埃里克森的人格发展八阶段理论

著名人格心理学家埃里克森提出，在我们生命的每一个阶段都要面对一种特有的心理困境或“危机”。这些危机能否解决，关系着我们能否顺利获得某种心理品质。人生八个阶段的危机和相应的心理品质分别是：

第一阶段，婴儿期（0~1.5岁）：信任不信任。婴儿本阶段的主要任务是满足生理上的需要，发展信任感，克服不信任感，体验着希望的实现。母亲的关爱在此阶段尤其重要。

第二阶段，儿童期（1.5~3岁）：自主对羞怯和怀疑。儿童主要是获得自主感而克服羞怯和疑虑，体验着意志的实现。除了养成适宜的大小便的习惯外，还渴望探索新的世界。如果儿童在这一阶段获得父母的包容和鼓励，就会获得自主性。如果父母嘲笑孩子，或者包办一切，则可能让孩子产生羞怯和怀疑。

第三阶段，学前期或游戏期（3~5岁）：主动对内疚。主要发展任务是获得主动感和克服内疚感，体验目的的实现。此阶段游戏执行着自我的功能，在解决各种矛盾中体现出自我治疗和自我教育的功能。个人未来在社会中的工作与经济上的成就与此阶段的主动性发展程度有关。如果在这一阶段父母总是严厉地批评孩子，不让他们玩游戏，不鼓励他们提问，会让孩子认为积极主动地参与活动是件错事，从而产生内疚感。

第四阶段，学龄期（6~12岁）：勤奋对自卑。获得勤奋感而克服自卑感，体验着能力的实现。许多人将来对学习和工作的态度和习惯都可溯源于此阶段。这一阶段，如果儿童在技能学习上获得成功并得到赞扬，他们就会形成勤奋的倾向。如果儿童的努力总是遭到贬低或嘲笑，他们就会怀疑自己的能力，从而产生内疚感。

第五阶段，青春期（12~18岁）：角色认同对角色混乱。这一阶段，青少年必须把自己的过去经历、当前的处境和对未来的想象统合起来，形成统一的自我认知，即角色认同。无法形成这种角色认同的人会陷入角色混乱的痛苦之中，因为他们无法确定自己是谁，不知道该何去何从。

第六阶段，成年早期（18~25岁）：亲密对孤独。在这一阶段，个体感到自己生活中有亲近他人、分享爱和友谊、建立亲密关系的需要。如果没有办法在这一阶段和他人建立起亲密关系，很多人就会陷入深深的孤独感。

第七阶段，成年中期（25~65岁）：繁衍对停滞。这一阶段，个人开始关心社会、承担社会责任，关心和指导下一代的成长。而如果过度关心自己的需求和舒适，则会陷入空虚，并怀疑生命的意义。

第八阶段，老年期（65岁以后）：自我整合对绝望。此阶段的完善感包括一种长期锻炼出来的智慧感和人生哲学，延伸到自己的生命周期以外，与新一代的生命周期融合为一体的感觉。否则，就会对人生感到厌倦和失望。

埃里克森认为，在每一个心理社会发展阶段中，解决了核心问题之后所产生的人格特质，都包括了积极与消极两方面的品质，如果各个阶段都保持向积极品质发展，就算完成了这阶段的任务，逐渐实现了健全的人格，否则就会产生心理社会危机，出现情绪障碍，形成不健全的人格。

（根据埃里克森的人格发展理论整理）

### （三）大学生心理发展特点

大学生的年龄一般在18~24岁，正值青春期后期和成年早期。这是一个“狂风恶浪”“疾风怒涛”的人生过渡时期，也是大学生“第二次诞生”和真正实现“心理性断乳”的人格再构时期。大学阶段是人生发展的关键时期。大学生只有真正认识和把握自己的心理特点，才能很好地为自己的心理发展导航，促进自己健康成长成才。

在当今社会变革与转型中，由于所处的特殊社会历史时期、年龄的特殊阶段、生活的特殊环境、教育的特殊内容和所担当的特殊角色和使命，大学生表现出以下心理特点。

#### 1. 自我意识增强但发展不成熟

自我意识是指一个人对自己以及自己和他人关系的认知，它是一个多维度、多层次的心理结构系统，主要包括自我认识、自我体验和自我控制三个方面。大学生自我意识的增强主要表现为：在自我认识方面，自我评价日趋成熟，表现出较明显的独立性、自主性和自信心；在自我体验方面，能够自觉地去感受和体会内心的情感，表现出较强的自尊心；在自我调节方面，能按照自我设计的目标自觉调节自己的行为，自控能力明显提高。但也往往存在着不能及时协调自己的自我意识结构，如自我认识的矛盾化、自我体验的情绪化、自我调节的中心化等，其存在的这些缺陷，对行为和心理健康产生了不利影响。正因为如此，大学生自我意识的发展状况充分反映出他们正处于逐步走向成熟但未完全成熟的心理特点。

#### 2. 认知能力迅速发展但易带主观片面性

进入大学，大学生的抽象逻辑思维获得了迅速发展，并逐渐在思维活动中占据了主导地位。在思考问题时，思维的独立性、批判性和创造性都有所增强，主张独立发现问题和解决自己认为需要解决的问题，喜欢用批判的眼光看待周围的一切，不愿意沿着别人提供的方法思考和解决问题。但是，大学生的抽象逻辑思维水平并没有达到完全成熟的程度，主要表现在思维品质发展不平衡，思维的广阔性、深刻性和敏感性发展较慢，尤其是还不大善于运用唯物辩证法观点和理论联系实际的观点指导自己的认识活动和观察社会现象，因而，他们常常把问题看得过于简单而陷于主观、片面和“想当然”的境地，在认知上存在着绝对化，过度引申，夸大或缩小等消极性特征。这直接影响着他们待人处事的方式，影响着他们的心理健康。

**3. 智力发展达到较高水平但效能发挥较低**

一般来说，大学生的智力是正常的，甚至相对于同龄人，其智力总体水平较高，尤其是进入大学，经过系统学习，专业训练，抽象思维能力、辩证思维能力得到充分的发展，智力发展水平达到一个新的高峰，这是大学生胜任学习任务，适应周围环境变化的心理保证。应该说，多数大学生有明确的学习成才目标，有强烈的求知欲和探索兴趣，并且乐于学习，善于学习，学习成效显著，智力结构中各要素在其认识活动和实践活动中都能积极协调地参与并能正常地发挥作用。但是，也有不少大学生受到社会上实用主义及享乐主义思潮的影响，在其学习行为上表现出较强的实用化，把学习对自己将来工作是否有用作为产生学习需要的主要甚至唯一的标准，认为学了无用等于不学，学了不好用，还不如不学，因而表现出厌学心理和急功近利行为，抑制了其智力效能的发挥。

**4. 情感丰富但情绪波动较大**

随着大学生活的展开，大学生的社会性需要增多，其情感也日益强烈，日益发展和完善。这种强烈的情感不仅仅表现在学习和工作中，体现在对同学和老师的态度等方面，更重要的是这种情感还明显地具有时代性、社会性和政治性。随着认知水平的提高，知识经验的积累，大学生对自己的情绪已有了一定的控制能力，大多数人的内心体验逐渐趋于平稳。但是，如果受到内心需要和外界环境影响的强烈刺激，他们的情绪又容易产生较大的波动而表现出两极性。如学习成绩的优劣，奖学金的多少，同学间关系的好坏，恋爱的成败等，都可能会使大学生在短时间内从高度的振奋变得十分消沉，又可能从冷漠突然转变为狂热，乃至造成消极的后果。大学生的情绪还存在着外显性和内隐性、冲动性与理智性、层次性与复杂性等矛盾，这些矛盾冲突也带来了大学生较多的情绪适应问题，使他们常常体验到焦虑和痛苦，给他们的身心健康造成危害。

**5. 意志品质明显提高但发展不平衡**

优良的意志品质是心理健康的标准之一，是大学生有效地学习、工作的重要保证，也是大学生走上工作岗位后获得事业成功的基础。客观地说大学生已具备了一定的意志品质，并表现出较高的水平，但发展不平衡，主要表现为：自觉性有很大提高但惰性不同程度地存在；理智感大大增强但自制力仍显薄弱；独立性明显提高但伴有依赖性，逆反性；果断性增强但带有冲动性；有勇敢精神但毅力却相对不足。总之，大学生还处于意志形成期，虽然意志的各种品质在迅速发展，但还没有最后定型，仍存在明显的可塑性。也是因为大学生的意志品质还不稳定、不成熟，甚至存在一些缺陷，所以大学生在学习、工作和社会适应方面常常会遇到挫折和冲突，妨碍了其潜能的开发、全面的发展。

从以上可以看出，大学生正处在从不成熟走向成熟的过渡阶段，心理发展呈现出许多矛盾和冲突。因此，在大学时期，无论是学习能力培养、知识积累、掌握技能，还是认识和了解自我、人际交往能力培养、人格磨炼等，都是大学生面临的人生发展课题。

## 二、大学生的心理健康

### （一）科学的健康观

健康是人类永恒的话题。对健康概念的认识是随着社会的发展以及人类对自身认识的深化而不断丰富的。在生产力十分低下的时期，人类只关注如何适应自然和征服自然，维护自身的存在，对健康的理解处于懵懂状态。随着生产力水平的提高，医疗技术的进步，人们开始关注身体健康，防病治病的科学应运而生，但人们基本上将健康与疾病看成是非此即彼的两个极端，没有疾病和不适就是健康，健康就是无病。正如 20 世纪初英国出版的《简明不列颠百科全书》中对健康的定义："没有疾病和营养不良以及虚弱状态。"这种"无病即健康"的传统健康观念在很长时间里一直影响着人们的医疗保健观乃至政府的卫生政策。1989 年我国出版的《辞海》中，对健康的概念解释为：人体各器官系统发育良好，功能正常，体质健壮，精力充沛并具有良好劳动效能状态，通常用人体测量、体格检查和各种生理指标来衡量。可见，数百年来人们对健康的认识还只是关注人的躯体生物学变化，对人的心理活动及社会适应没有涉及。

然而，随着现代科技的飞跃与社会文化的迅猛发展，使现代社会生活中的人普遍面临着激烈的竞争。快速的工作生活节奏，各种因素的刺激，前所未有的巨大心理压力使人不堪重负。于是，精神生活的需求与满足自然提到日程上来，人们对健康的要求也越来越高，逐渐认识到心理、社会因素在健康和疾病及其相互转化中的不容忽视的重要作用。临床医学上也发现很多生理疾病的产生离不开心理的因素，临床诊断开始注意提醒人们心理调节，临床护理也开始注重心理疏导。从事健康研究的学者提出了心身统一的健康观，从更全面的角度诠释健康，健康的生物—心理—社会—医学模式应运而生。

早在 1948 年，联合国世界卫生组织（WHO）在成立宪章中明确指出："健康乃是一种身体上、精神上和社会上的完满状态，不仅仅是没有疾病和虚弱的现象，而且有完整的生理、心理状态和社会适应能力。"还进一步指出："健康是基本人权，达到尽可能的健康水平是世界范围内的一项最重要的社会性目标。"1989 年，世界卫生组织又进一步深化了健康的概念，指出健康包括身体健康、心理健康、社会适应良好和道德健康。

由此可见，健康概念已由个人扩展到社会，从单纯的医学、卫生概念扩展为包括社会道德文明状况的综合概念。如今，已有越来越多的人认识到，没有疾病只是健康的最低要求，健康的目标应该是追求人生更积极的境界、更高层次的适应和更充分的发展。一个健康的人，应该能适应紧张、承受压力和挫折，合理安排自己的各种生活活动，通过自我调节、使自己的心理、精神和情感融为一体，充满生机并富有文明意义。当代大学生只有树立了完整科学的健康概念，才能促进自我的全面发展，适应现代社会的需要，迎接未来社会的挑战。

### 心理小贴士

**心身健康的十条标准**

一是有充沛的精力，能从容不迫地担负日常工作和生活，而且不感到过分紧张疲劳；

二是处事乐观，态度积极，乐于承担责任，心胸开阔；

三是精神饱满，情绪稳定，善于休息，睡眠良好；
四是应变能力强，能适应外界环境的各种变化；
五是能够抵抗一般性感冒和传染病；
六是体重适当，身体匀称；
七是反应敏捷，眼睛明亮，眼睑不易发炎；
八是牙齿清洁，无龋齿，不疼痛，牙龈颜色正常，无出血现象；
九是头发有光泽，无头屑；
十是肌肉丰满，皮肤有弹性，步伐轻松自如。
（《世界卫生组织》）

**（二）心理健康的内涵**

由于经济社会的发展，生活水平的提高，人们对自身的健康愈益关注，心理健康的研究迅速发展，至今为止，关于心理健康的概念众说纷纭，没有统一的定义。1946 年的第三届国际心理卫生大会就将心理健康定义为：“在身体、智能以及情感上与他人的心理健康不相矛盾的范围内，将个人心境发展成最佳的状态。”世界卫生组织具体指出心理健康的标志为：“身体、智力、情绪十分调和；适应环境，人际关系中能彼此谦让；有幸福感；在工作和职业中，能充分发挥自己的能力，过着有效率的生活。”可见，心理健康并不仅仅是指没有心理疾病，更重要的是指一种积极的、适应良好的、能充分发展其身心潜能的丰富状态。

精神病学家梅尼格尔（K. Menninger）认为：“心理健康是指人们对于环境及相互间具有最高效率及快乐的适应情况。不仅要有效率，也不只是要有满足感，或是愉快地接受生活的规范，而是需要三者兼备。心理健康的人应能保持稳定的情绪，敏锐的智能，适于社会的行为和愉快的气质。”

英格利希（H. B. English）提出：“心理健康是一种持续的心理状态，当事者在那种状态下能做良好适应，具有生命的活力，并能充分发展其身心的潜能，这是一种积极的丰富的生活，不仅是免于心理疾病而已。”

美国心理学家马斯洛和米特乐曼提出的十条心理健康标准，是目前较公认的“标准”。

（1）有足够的自我安全感；
（2）能充分地了解自己，并能对自己的能力做出适度的评价；
（3）生活理想切合实际；
（4）不脱离周围现实环境；
（5）能保持人格的完整与和谐；
（6）善于从经验中学习；
（7）能保持良好的人际关系；
（8）能适度地发泄情绪和控制情绪；
（9）在符合集体要求的前提下，有限度地发挥个性；
（10）在不违背社会规范的前提下，能恰当地满足个人的基本需求。

我国学者王登峰、张伯源提出心理健康的标准：

（1）了解自我，悦纳自我；
（2）接受他人，善于与人相处；
（3）正视现实，接受现实；
（4）热爱生活，乐于工作；
（5）能协调与控制情绪，心境良好；
（6）人格完整和谐；智力正常，智商在 80 以上；
（7）心理行为符合年龄特征。

马建青教授认为，心理健康的标准是：
（1）智力正常；
（2）善于协调和控制情绪，心境良好；
（3）具有较强的意志品质；
（4）人际关系和谐；
（5）能动地适应和改造现实环境；
（6）保持人格的完善和健康；
（7）心理行为符合年龄特征。

综观以上国内外心理学家所述，心理健康意味着，在认知上，能够正确认识世界、自我和他人；在情绪情感上，拥有积极乐观的情绪，能够有效管理和控制自己的情绪；在意志上，有坚强的意志品质和抗挫折能力；在行为上，既能保持自我的独立性，又能适应和改造环境，表现出积极主动的状态。

## 心理小贴士

### 心理健康

从广义上说，心理健康是一种持续高效而满意的心理状态；从狭义上说，心理健康是知、情、意、行的统一，是人格完善协调、社会适应良好。迄今为止，关于心理健康还没有一个统一的概念，国内外学者一般认同心理健康标准的复杂性，既有文化差异，也有个体差异。一般而言，评价个体心理健康与否，主要依据有四个方面。

一是经验标准。即当事人按照自己的主观感受来判断自己的健康状况，研究者凭借自己的经验对当事人的心理健康进行判断。由于个体先天的遗传及后天的环境不同，经验标准更强调个别差异。同样的生活事件，当事人由于自我认知不同、自我体验不同，自我评价也不尽相同。

二是社会适应标准。即以社会中大多数人的常态为参照标准，观察当事人是否适应常态而对其心理是否健康进行判断。

三是统计学标准。即依据对大量正常心理特征的测量取得一个常模，把当事人的心理与常模进行比较。这个标准更多应用于心理研究之中。一般而言，我们都要将个体的心理测验结果与常模对照，来判断其心理健康状况。

四是自身行为标准。每个人在以往生活中形成的稳定的行为模式，即正常标准。

### （三）大学生心理健康标准

上述心理健康标准的确立是一般意义上的即共性的标准。但是不同的年龄阶段、不同的社会群体，其心理健康的标准应是有所不同的。对于处在青春中后期的大学生来说，根据其所具有的心理特征、特定的社会角色要求以及心理健康学的基本理论，国内学者有多种论述。综合众多专家学者的观点，我们认为，大学生心理健康的标准可以概括为以下六个方面。

#### 1. 自我认知合理

正确合理的自我认知是大学生心理健康的重要条件，是大学生良好人格的重要体现。大学生合理的自我认知主要体现在：①自我观察良好。对自己的能力、性格、缺点等能做出恰当的评价，对自己的认识比较符合客观实际。②自尊心、自信心适度。既不妄自尊大，也不妄自菲薄，善于“自我接纳”。③有良好的自省自检能力，能正确认识和处理个人与环境的关系，能正确审视和检查自己的言行，能及时修正自己的需要和欲望。

#### 2. 情绪积极稳定

情绪健康的主要标准是情绪稳定和心情愉快，大学生情绪健康的主要表现为：①积极情绪多于消极情绪；②肯定情绪多于否定情绪；③情绪稳定，能控制和调节自己的情绪；④情绪反应是由适当的情景引起的，反应的强度与引起这种情绪的情景相吻合。

#### 3. 意志品质健全

意志是指自觉确立某种目的并根据目的来支配和调节自己的行动、克服困难达到目的的心理过程。意志品质健全的大学生的主要表现是：①独立性，即能够根据自己的认知与信念独立地做出决定、执行决定，不易受暗示，有自主意识和独立行为等；②坚持性，即为了达到目标自觉组织自己的行为，不断克服困难，不因失败而气馁，不因胜利而骄傲，直至目标实现；③自制性，即对自己的行为进行严格的监控和调节，执行该有的行为，抑制不该有的行为，善于促进自己去执行已经做出的决定。

#### 4. 人格完整统一

人格完整是指构成人格要素的气质、性格、能力和理想、信念世界观等方面的平衡发展。人格是否完整是构成大学生心理健康的内在特征。大学生人格完整的一般表现为：①人格结构的各要素完整统一；②具有正确的自我意识，不产生自我统一性混乱；③以积极进取的人生观作为人格的核心，并以此为中心把自己的需要、愿望、目标和行为统一起来。

#### 5. 人际关系和谐

和谐的人际关系是大学生心理健康的重要条件和途径，也是衡量大学生心理健康的标准。大学生人际关系和谐主要表现为：①乐于与人交往，能用尊重、信任、友善、理解的态度与人相处；②在交往中，保持独立的人格，有自知之明，不卑不亢；③能客观评价自己和他人，善于扬长补短；④能融入集体，与集体保持协调关系，能与他人同心协力、合作共事，并乐于助人；⑤与人相处时，积极态度多于消极态度。

#### 6. 适应能力良好

能否对变化着的环境保持良好的适应能力是判断大学生心理健康的主要指标。大学生适应能力主要指能正确地认识和处理个人与环境的关系：①能在环境发生变化时做出客观的认识和评价，使个人行为符合新环境的要求；②能和社会保持良好的接触，对社会现状有清晰的认识；③能抵制环境中的消极影响，及时修正自己的需要和欲望，使自己的思想、行为与社会相协调。

事实上，心理健康与否的界限是相对的，企图找到绝对标准是不现实的，大学生心理健康标准的掌握也同样存在这样的问题。如何把握标准？我们认为应掌握相对性、整体协调性和发展性，在认识和运用大学生心理健康标准时要注意以下几个问题：

一是心理健康与心理不健康不是泾渭分明的对立面，而是一种连续状态。从良好的心理健康状态到严重的心理疾病之间有一个广阔的过渡带。在许多情况下，正常心理与异常心理、常态心理与变态心理之间没有绝对的界限，只是程度的差异而已。

二是心理不健康与有不健康的心理和行为表现不能等同。心理不健康是指一种持续的不良状态。偶尔出现一些不健康的心理和行为并不等于心理不健康，更不等于已患心理疾病。因此，不能仅从一时一事而简单地给自己或他人下心理不健康的结论。

三是心理健康的状态不是固定不变的，而是动态变化的过程。随着人的成长、经验的积累、环境的改变，心理健康状况也会有所改变。

四是心理健康的标准是一种理想尺度，它不仅为我们提供了衡量是否健康的标准，而且也为我们指明了提高心理健康水平的努力方向。每个人在自己现有的基础上做出不同程度的努力，都可以追求心理发展的更高层次，不断发挥自身的潜能。

五是大学生心理健康的基本标准是能够有效地进行学习、工作和生活。如果正常的学习、工作和生活难以维持，那就要及时进行自我心理调节或者求助。

## 三、大学生阳光心态的培育

### （一）大学生拥有阳光心态的重要性

生命需要阳光，其实心态更需要阳光。阳光心态是一种积极、宽容、感恩、乐观和自信的心智模式。一个拥有阳光心态的人，他的心理肯定是积极健康的。亚里士多德说，生命的本质在于追求快乐，而使生命快乐的途径有两条：第一，发现使你快乐的时光，增加它；第二，发现使你不快乐的时光，减少它。阳光心态的人不是没有黑暗和悲伤的时候，只是他们追寻阳光的心灵，不会被黑暗和悲伤遮盖罢了。对大学生来说，拥有一个阳光心态尤为重要。

#### 1. 阳光心态是大学生身心发展的需要

人是身心健康的统一体，心理健康与生理健康是相互联系、相互影响的，心理健康每时每刻都在影响人的生理健康。心理专家指出，积极、良好、乐观的心理因素可以有效地促进人的身心健康，而消极、不良、悲观的心理因素则会直接损害人的身心健康。因此，大学生一定要高度关注自己的心理健康，通过培育积极阳光的心态来促进自己的身心健康。

#### 2. 阳光心态是大学生健康成长的基础

大学生自从跨入大学校门，就会面临着大学生活的环境适应问题。随着大学生活的展开，又会遇到学业问题、人际关系问题、恋爱和性问题、职业选择和人生发展问题等，在处理这些问题的过程中，都不可避免地给大学生带来内心矛盾与冲突。大学生只有保持良好的心理健康，拥有阳光的心态，才能很好地去应对这些心理冲突、排解心理压力，促进自己健康成才成长。

**3. 阳光心态是大学生幸福生活的保证**

追求幸福是人类生活的永恒主题和促进社会发展的强大动力。研究表明，幸福感作为一个高层次的自我心理体验，是由个体自身根据自定的标准对其生活质量通过整体性评估而做出的评价。研究表明，一个人的工作、社会地位、经济条件、文化水平、年龄等因素对其幸福感有影响，但影响不显著，主要还是跟一个人的认知方式、人生价值目标追求、期望水平、感恩心和心理态度等因素关系密切。因此阳光的心态是幸福生活的重要基础。大学生拥有阳光心态，才能真正体会到大学生活的美好，才能收获快乐幸福的人生。

## 心灵咖啡

### 积极心态的力量

“积极心态的力量”是成功学大师拿破仑·希尔在遍访世界知名企业家、政治领袖、艺术家等成功人士后，总结出的一条最著名的成功公式，那就是，对于任何人而言，只要你拥有正确的心态，你都能实现自己的梦想！“积极心态的力量”自问世以来，帮助无数男女从痛苦、挫折的生活中解脱出来，重新过上幸福的生活。在21世纪的今天，面对全球经济危机的威胁，每个人的人生正遭遇前所未有的挑战，愿“积极心态的力量”常伴你身边，成为你人生的指南！世界上最大的成功秘密是没有秘密！每个人的内心都有一个隐性的护身符，它要么被积极的心态所包围，要么被消极的心态所纠缠，但二者的结果却截然相反，前者自然吸引好运和美好的东西，后者将窃取你生命中所有有价值的东西。你的成功、健康以及财富全取决于你心里所想！

**（二）大学生心理健康问题**

总体来说，当代大学生心理健康状况良好。不仅求知欲望强烈，思想活跃，富有朝气和活力；而且有完整的自我意识，关注自我发展，主动适应社会，追求进步，积极向上，勇于创新，奋发成才。但是，由于我国目前正处于转型期，剧烈变化的社会环境，不良社会因素的刺激；学校教育体制及教育方法的问题；家庭环境的影响及大学生自身的生理和心理发展特点等多方面因素，都给当代大学生的心理和行为带来深刻影响，大学生要面对前所未有的挑战和压力，因而大学生的心理问题也越来越多。当然，大学生存在的主要心理问题，大多是一般的心理问题或者是发展性心理问题，主要表现在以下方面。

**1. 适应困难的心理问题**

## 校园案例

小慧是一个来自大城市的学生，家庭条件优越，她是家中的独生女，性格比较内向、文静。为了让她安心学习，全心应对高考，高中阶段母亲将所有的家务包了，她除了学习，其他什么都不用做。但考上大学以后，生活环境与原来截然不同，她发现每天晚上都无法入睡，即使邻床的同学在床上翻身的声音，她听起来也觉得十分刺耳。下课后其他同学说说笑笑，她感觉无法插上话，经常一个人在寝室里待着，内心感到非常孤独。因无法适应集体生活，母亲专门辞职在校外租房伴她同住，但这样又令她感到不自由，最后发展到了严重抑郁，不得不提出休学。

适应性心理问题主要出现在低年级学生中。大一新生进入大学校园后，随着生活环境、生活条件、学习方式及人际关系的一系列变化，使得新生原有的行为习惯、心理定式被打破。年龄和环境的变化使新生渴望独立，成人感和自信心大大增强，但独生子女的成长经历，使得他们一时还难以摆脱依赖感、恋家感；进入大学后的新鲜感、轻松感、盲从感导致他们学习上盲目，无压力感，直至后来的被动、紧张感；中学时是学习上的佼佼者，被老师器重、同学羡慕的优越感，到大学同学之间的差异缩小的平凡感等。总之，理想的大学生活与现实的强烈反差，使新生内心体验到矛盾、冲突，由此带来心理上的不适应，感到失落、迷惘，进而产生自卑、孤独、焦虑等心理问题。

2. 人际交往的心理问题

## 校园案例

小张是在一个无忧无虑的环境下长大的，从小一切都有父母打理，所以生活中，没有经历过任何波折。上了大学，过上了集体生活，刚开始时他还能适应，后来他慢慢发现自己越来越看不惯同学，看不惯他们的处事方式，看不惯他们穿衣服，看不惯他们谈女朋友。渐渐地他性格变得越来越孤僻，不愿意和同学交流，不愿意参加集体活动，大家也开始慢慢疏远他，不搭理他，他开始变得多疑起来，其他同学小声说话，他就开始胡乱猜疑是在说自己坏话。他感觉同学都对他不好，感到极度孤独、压抑，简直无法再在学校里待下去了。

人的心理适应主要是人际关系的适应，因此人的心理问题很多也是由人际关系不协调引起的。大学生有强烈的交往需要，渴望更多的人理解自己，接近自己，成为自己的好朋友。但由于种种原因，如害羞、自卑、不善言辞，缺乏社交的基本技能等，导致部分大学生不善交往或害怕交往。大学生一方面渴望交往，获得友谊，另一方面又不愿主动敞开心扉，这种矛盾心理很容易导致压抑、孤独甚至产生社交恐惧，而使自己常处在苦闷之中。还有部分同学由于自我中心倾向较强、缺乏同理心，在与同学交往中自以为是，凡事总是从自我出发，因而常与同学发生矛盾、争吵，造成同学关系紧张而十分苦恼。

3. 性和恋爱产生的心理问题

处在青春期的大学生，由于性生理的成熟和性意识的萌发，容易产生性冲动，对异性更加关心，有兴趣，大学生谈恋爱已是普遍现象。但是，当代大学生从校园到校园的学习生活经历导致了其社会化过程的后延，性心理成熟的滞后，加上性知识匮乏，使得有些大学生常常在正常的性幻想、性梦、性冲动后产生性罪错感，少数同学由于性冲动、性发泄、性罪错、婚前性行为等引起的矛盾冲突已严重影响了正常的学习和生活。更由于大学生恋情的幼稚性，情绪的不稳定性，心理承受能力的脆弱性，一旦失恋或情感受挫，便不知如何调整自己的心态，轻者陷入情感的漩涡难以自拔，以至于茶饭不思，神态迷乱，重者则会痛不欲生，寻死觅活，甚至导致精神失常、自杀等严重后果。

4. 求职择业中的心理问题

**校园案例**

即将毕业的小李同学，时时涌起一种莫名其妙的恐惧与不安。由于性格比较内向，所以他不善言辞和交往。虽然成绩不错，还得过奖学金，可小李心里总觉得自己除了学习之外，别的方面都不行，尤其是工作能力。

由于来自农村，小李在城市没有一点儿关系，前不久去人才市场和几个用人单位面试，害怕得要命，面对招聘者的提问，紧张得面红耳赤、语无伦次，结果很不理想。再加上用人单位那股盛气凌人的气势，使他感觉透不过气来，很恐慌，手足无措。

小李现在一提到找工作，便非常害怕，有时身上会出冷汗，即使同学拉着，他也不敢再进人才市场了。

随着大学生就业难度和压力的增大，带来的就业心理问题也随之增多。当前大学毕业生就业心理是复杂多变的。有的没有认清就业形势，也没有正确地评价自己，急于求成，盲目攀高，导致在求职择业过程中屡遭失败，而丧失信心、情绪低落。有的因性格内向，社交能力和表达能力较差，对就业产生了恐惧和焦虑心理，不敢主动出击，走向社会，参与竞争。有的在职业和单位选择上过分功利化和经济化，而产生高不成、低不就的浮躁心理。这些不正常的择业心态，不仅给自身的就业带来很大的困难，而且对其身心健康和今后事业的发展造成不良影响。

5. 特殊群体学生的心理问题

在大学中，存在着一些特殊群体，由于这个“特殊”的原因，使得其中一些人在心理上跟正常人有所偏差，不能很好地适应社会现实。比如在经济困难学生的群体中，有的学生存在着过分自卑心理，十分敏感，怕被人看不起，又封闭自我，不愿主动与同学交往，表现出不合群性。在成绩落后学生的群体中，有的学生存在着自暴自弃的心理，易产生敌对、焦虑、偏执以及人际交往不良等问题。同样在优秀学生群体中，也存在着“优秀生心理综合征”，其主要倾向和特征表现为：追求完美，既表现为对自己的过高期望，过分要求，还表现为对他人和环境的过高期望；选择消极性关注，往往只看到自己的弱点，而看不到自己的优点和长处；人际关系敏感，害怕别人的不良评价，与同学相处格外谨小慎微；优柔寡断、患得患失；容易经常处于紧张、焦虑的情绪之中。此外，网络成瘾学生的心理问题更加突出，网络性心理障碍使学习成绩下降，甚至放弃学习，不想与人交往，个性变异，形成孤独与抑郁的心理特征等。

### （三）大学生心理健康的维护

健康的心理状态和良好的心理素质是一个人全面发展所必须具备的条件和基础。大学生的心理健康状况对其学习能力、思想素质的增强以及人生价值的实现都有着至关重要的作用。因此，维护与增进大学生的心理健康，提高大学生心理素质，增强社会适应能力和抗挫折能力，更好地发挥大学生的潜能，促进大学生充分而全面发展，既是心理健康教育的目标，也是每个大学生应该努力的方向。

**1. 学会自助**

对大学生来说，在大学生活中出现的心理问题多数是一般心理问题，即是由现实因素激发、持续时间较短、情绪反应能在理智控制之下，社会功能受损不大、情绪反应尚未泛化的心理不健康状况。这些一般性心理问题，大学生通过学会自我调适，完全可以得到调节和解决。大学生要学会自助，自己当自己的“心理医生”，掌握一些自我心理调节的方法，有助于我们更好地维护自己的心理健康。

第一，要增强心理健康意识。心理健康意识，不仅体现在当出现心理问题时能及时关注和干预，也体现在没有心理问题时应关注个人成长和潜能发挥。心理健康意识的提高，离不开心理卫生知识的掌握，所以大学生要自觉主动地进行学习。除参加必修和选修心理健康类课程外，在课外要积极参加学校和学院里组织开展的心理健康教育和宣传活动，通过这些活动，增强对自己的了解，增强各种不同的体验，训练自我调节的技能和方法。此外，还可以自学维护心理健康的知识和方法，在日常生活中有意识去运用它，来不断提高心理自助能力。

第二，要学会管理和调控自己的情绪。大学生在学习、生活、人际交往、恋爱、求职中遇到不顺心的事情，产生了心理上的压力，从而出现情绪上的困扰，如焦虑、抑郁、愤怒等。这些负性情绪如果不及时得到合理释放，就有可能由一般的心理问题演变成严重的心理问题。因此，大学生学会识别自己的情绪，掌握管理和调控自己情绪的一些方法，如通过运动、旅游来宣泄困扰，通过唱歌、游戏等娱乐活动来排解郁闷，通过学习、读书来分散注意力，通过帮助别人来缓解自己的痛苦等，都有利于豁达地看待和处理身边的各种事情，更加积极地面对生活、憧憬未来。

第三，要掌握和运用科学的应对方式。在大学生活中，大学生不可避免地会遇到一些挫折和打击，如学业上不顺、同学关系闹僵、恋人提出分手、求职屡次失败等，这时采用什么样的应对方式，既反映了一个人的心理健康水平，又会对一个人的心理健康产生极大的影响。不成熟的应对方式包括退缩、逃避、自责、幻想和自残等，不仅不能解决问题，还会把问题复杂化，甚至极大影响自己的心理健康。因此大学生要发展成熟的应对方式，勇于面对问题，才真正有利于问题的化解和解决。要从心理上正确看待自己、他人和社会，正确对待困难、挫折和荣誉，促进学生心理的和谐发展，塑造自尊自信、理性平和、积极向上的心态。

**2. 学会互助**

在现实生活中，人人都需要得到心理帮助。人的心理需求不可能完全靠自己来实现，其中很大一部分是从他人那里获得满足的，对大学生来说更是如此。因为大学生进入大学后，会面临着环境的适应、学业压力、人际关系的处理、恋爱情感、择业和就业等一系列问题。由于大学生社会阅历相对肤浅，独立生活经验欠缺，常常会在突如其来的问题面前束手无策，在纷繁复杂的社会现实里感到迷惘困惑，为了缓解心理压力，大学生需要通过别人的帮助来认识自己，认识社会，消除心理不适。

据有关学者对大学生心理求助行为研究得出的结论是：大学生试图解决心理问题时，倾向于先求诸己，后求诸人；而在必须寻求外界帮助时，首先倾向于求助身边的知心同学、朋友或者家人，只有当问题诉诸情绪障碍并且较为严重时，才会向专业人士咨询帮助。因为大学生之间有相近的年龄、知识层次，有相似的社会阅历，生活方式、经验，有接近的价值观念、生活理念，有共同的学习目标和人生追求，所以他们之间有较多的共同语言，容易建立起友谊和信赖关系，自然性鸿沟小，防御性低，共通性大，互动性高，开展心理互助活动更具有现实可能性和简捷普遍性。

发生在大学生之间的这种心理互助活动，其实就是在同学交往过程中，借助语言、行为有意识地给予对方心理安慰、鼓励、劝导和支持的一种具有类似于心理咨询功能的帮助活动，从而帮助受助同学更好地心理适应，促进心理素质向积极的方向发展。在心理互助中，每个同学既是参与者，又是受益者，大家从精神和心灵上相互关怀、支持、接纳、开导、倾听、鼓励，从而构成同伴心理支持系统，满足自己和同伴被人爱护、尊重、关注、欣赏、理解、安慰、同情、肯定等心理需要。总之，心理互助符合大学生的心理求助意向，既能充分满足大学生的心理需求，又有利于培养大学生乐于助人的优良品格。

心理互助采用的主要技术也并不复杂，主要是陪伴、倾听、接纳、理解、支持和鼓励等，每位同学只要能够抱着一颗爱心，努力学习心理健康知识和心理助人技术，去帮助身边需要帮助的同学，定能发挥积极的作用，在助人的同时也能促进自身的进步和成长，从而真正实现“助人自助”的目标。

**3. 学会求助**

人总是处在一定的社会关系之中，有效的社会关系构成了社会支持系统和网络。苏联教育家苏霍姆林斯基说过，“一个人在生活中，如果没有人支持他，安慰他，帮助他，同情他，分担他的忧愁，那就会引起不幸。”的确，大学四年，每个学生都会有遇到不顺和困难的时候，这时谁都渴望得到爱护、关怀、鼓励、支持。因此，在遇到困难和挫折时，寻找有效的社会支持，是维护和促进心理健康的重要途径。大学生的社会支持主要来自四个方面：

第一，家庭是最重要的社会支持系统。当面临压力和挫折时，很多人首先想到的是向家人求助，来自家人的支持和理解，能够减轻我们的压力，缓解我们的焦虑，帮助我们重塑信心，面向未来。

第二，同学、朋友是社会支持系统的重要组成部分。同学、朋友能够分享我们的喜悦，分担我们的忧愁。因此，保持良好的人际关系，获得更多的朋友，是维护自身心理健康、提升生活质量和幸福感的重要途径。

第三，辅导员、班主任和任课老师也是社会支持系统的重要部分。在大学的学业、生活、人际交往、就业等问题上，老师社会阅历丰富、见识面广、解决问题的途径多，因此其提出的建议也会很有价值。

第四，心理咨询老师提供的专业性帮助是极其重要的社会支持系统。心理咨询是由受过心理咨询专业训练的专业人员，运用心理学的知识、理论和技术，针对来访者的各种心理适应和发展性问题，通过倾听、交谈、启发和疏导等，帮助求助者解决心理问题的过程。心理咨询可以使来访者在认知、情感和态度上有所变化，解决其在学习、工作、生活、疾病和康复等方面出现的心理问题/障碍，促使来访者的自我调整，从而能够更好地适应环境，保持身心健康。目前大部分高校都设有心理咨询机构，为大学生提供心理咨询的专业化服务。每个大学生在校期间遇到心理困惑时都可以向其寻求帮助。

## 心理小贴士

### 什么时候可以寻求心理咨询

1. 生活中遇有重大选择犹豫不定时；
2. 学习压力大、无力承受但又不能自行调节；
3. 初涉世事，对新环境适应困难；
4. 经受挫折后，精神一蹶不振；
5. 过分自卑，经常感到心情压抑；
6. 在社交方面自感有障碍（如怯懦、自我封闭等）；
7. 在经历了重大生活事件等情况之后，心灵创伤无法“自愈”；
8. 与亲人、恋人关系不和睦，渴望通过指导改善；
9. 患有某种身体疾病，由此产生较大心理压力；
10. 经常厌食或暴食；
11. 睡眠状态发生改变时的初期失眠；
12. 轻度性心理障碍。

## 心理训练

**活动一：自我探索**

### 心理健康自测

仔细阅读下列现象，对是否符合你的实际情况做出“是”或“否”的回答：

1. 每当考试或提问时，我就会紧张和出汗。
2. 看见不熟悉的人会手足无措。
3. 心里紧张时，头脑会不清醒。
4. 身体经常会发抖。
5. 会因突然的声响而跳起来，全身发抖。
6. 别人做错了事，自己也会感到不安。
7. 经常会胆怯或害怕。
8. 经常做噩梦。
9. 经常有恐怖的景象浮现在眼前。
10. 脾气暴躁。
11. 稍不如意就会怒气冲冲。
12. 当被别人批评时会暴跳如雷。
13. 在别人家里吃饭会感到别扭和不愉快。
14. 别人请求帮助时会感到不耐烦。
15. 做任何事情都随性拖拉，没有条理。
16. 一点也不能宽容他人，甚至对自己的朋友也是这样。

17. 被别人认为是个好挑剔的人。
18. 总是会被人误解。
19. 常常犹豫不决，下不了决心。
20. 经常把别人交办的事情搞砸。
21. 常因处境艰难而沮丧气馁。
22. 会因不愉快的事情缠身一直忧郁，解脱不开。
23. 有些奇怪的念头浮现脑海，自己虽知其无聊但又无法摆脱。
24. 尽管四周的人在快乐地玩闹，自己却觉得孤独。
25. 常常自言自语或独自发笑。
26. 总觉得父母或朋友对自己缺少关爱。
27. 情绪极其不稳定，很善变。
28. 常有生不如死的想法或感觉。
29. 半夜里经常听到声响难以入睡。
30. 是一个感情容易冲动的人。

结果解释：

回答“是”的计1分，回答“否”的计0分，统计总分。

1~5分：属于正常的人。

6~15分：说明你的精神有些疲倦，最好能合理安排学习，劳逸结合，让神经得到松弛。

16~30分：你的心理极其不健康，需要请精神科医生或心理治疗专家给予指导诊治。

**活动二：活动体验**

## 整容

目的：认识到心态的改善和提升才是最重要的。

你对你的容貌满意吗？可能多少有些不太满意。大自然就是如此公平，赐予我们一个姣好的身材后，总要给我们一个并不出众的脸庞，很少有完美。想过做个整容手术让自己美观一些吗？如果有这样的机会，你愿意去做整容手术吗？现在你将有机会获得国内一家非常先进的整容机构的志愿者免费入场券一张。

操作程序：

(1) 请从以下列出的10种部位中挑选一个你最需要整容的部位（额头、脸庞、眉毛、眼睛、鼻子、嘴巴、牙齿、下巴、耳朵、头部）。

(2) 选好后，写在簿子上。

接下来我们一起来讨论你的整容答案。

(3) 分享：通过整容后，你对自我的认识有改变吗？为什么？

**活动三：思考感悟**

## 九个人过桥的试验

教授说：你们九个人听我的指挥，走过这个曲曲弯弯的小桥，千万别掉下去，不过掉下去也没关系，底下就是一点儿水。于是九个人都顺利过桥。

所有人走过去后，教授打开了一盏黄灯，透过黄灯九个人看到，桥底下不仅仅是一点儿水，而且还有几条在蠕动的鳄鱼。大家都吓了一跳

教授问：现在你们谁敢走回来？但是没人敢走了。

教授说：你们要用心理暗示，想象自己走在坚固的铁桥上。这次只有三个人愿意尝试：第一个人颤颤巍巍，走的时间多花了一倍；第二个人哆哆嗦嗦，走了一半再也坚持不住了，吓得趴在桥上；第三个人才走了三步就吓趴下了。

教授这时打开了所有的灯，大家这才发现，在桥和鳄鱼之间还有一层网，网是黄色的，刚才在黄灯下看不清楚。大家现在不怕了，说要知道有网我们早就过去了，几个人哗啦哗啦都走过来了。

只有一个人不敢走，教授问他，你怎么回事？

这个人说，我担心网不结实。

这个试验揭示了什么原理？

## 推荐阅读

1. 黄希庭．心理学与人生［M］．广州：暨南大学出版社，2005.

2. 【美】拿破仑·希尔．积极心态的力量［M］．天津：天津社会科学出版社，2009.

## 推荐影视

1. 《美丽人生》

2. 《阿甘正传》

# 第二章

# 认识自己，提升自我——大学生的健康自我意识及培养

## 任务目标

- 认识自我意识的概念和结构
- 理解大学生自我意识的发展规律及特点
- 了解大学生自我意识偏差及其调适
- 掌握大学生积极自我意识的培养途径及方法

一个人真正伟大之处，就在于他能够认识自己。

——约翰·保罗

## 故事导入

### 人是什么?

在希腊神话故事里，有一个狮身人面的怪兽，名叫斯芬克斯。它有一个谜语，询问每一个路过的人，谜面是："早晨用四只脚走路，中午用两只脚走路，傍晚用三只脚走路。"据说，这便是当时天下最难解的斯芬克斯之谜。如果你回答不出，就会被它吃掉。它吃掉了很多人，直到英雄的少年俄狄浦斯给出谜底。俄狄浦斯的谜底是"人"。他解释说："在生命的早晨，人是一个娇嫩的婴儿，用四肢爬行。到了中午，也就是人的青壮年时期，他用两只脚走路。到了晚年，他是那样老迈无力，以至于他不得不借助拐杖的扶持，作为第三只脚。"脚最多的时候，正是速度和力量最小的时候。斯芬克斯听了答案，就大叫了一声，从悬崖上跳下去摔死了。

"人是什么?"这是一个古老而又永恒的命题，也是每一个人毕生都在探讨和不断获得不同答案的问题。俄狄浦斯猜中的斯芬克斯之谜，其实就是人的谜，人的生命之谜。斯芬克斯之谜写在太阳神阿波罗神殿上的箴言"认识你自己"和中国人熟知的那句"人贵有自知之明"，都表明人类在认识自然的同时，提出了认识人本身，进行自我探索的要求。

## 心灵导航

### 一、自我意识概述

#### （一）自我意识概念

意识是人脑对客观事物的主观反映，意识既是心理学研究的重点，也是难点。如果说自我是我们人格的必要组成，是行为的最终指挥者，那么“自我意识”就是“自我”的观察、评价与监督者。对“自我”的一切认识、体验及调控就是自我意识。自我意识是指个体对自己作为主体和客体存在的各方面的意识。所谓自我意识就是一个人在社会化过程中逐步形成和发展起来的，对自我以及自己与周围环境关系的多方面多层次的认知、体验和评价，是个体关于自我全部的思想、情感和态度的总和。

## 心理小贴士

**弗洛伊德的意识理论**

弗洛伊德的心理学理论中把意识分为意识和潜意识，而潜意识又分为前意识和无意识两个部分。弗洛伊德曾用冰山比喻。意识只是冰山浮出水面的尖峰，而潜意识则是潜藏于海底的冰体，蕴藏深厚，但不被看到，在他的理论中强调了潜意识对人发展的重要性。

无意识、前意识和意识虽是三个不同层次，但又是相互联系的系统结构。弗洛伊德将这种结构作了一个比喻：无意识系统是一个门厅，各种心理冲动像许多个体，相互拥挤在一起。与门厅相连的第二个房间像一个接待室，意识就停留于此。门厅和接待室之间的门口有一个守卫，他检查着各种心理冲动，对于那些不赞同的冲动，他就不允许它们进入接待室。被允许进入了接待室的冲动，就进入了前意识的系统，一旦它们引起意识的注意，就成为意识。

#### （二）自我意识结构

自我意识是一种多维度、多层次的复杂心理现象，可以从不同的角度进行分析。

**1. 自从我意识发展角度来分析，即经历生理自我、社会自我和心理自我**

（1）生理自我。这是自我意识的原始形态，主要是个体对自己躯体的认知，包括占有感、支配感和爱护感，它可以使个体认识到自己的存在，大概在 3 岁时开始成熟。人初生时，物我不分；七八个月时出现自我意识的萌芽，两岁左右的儿童，掌握第一人称“我”的使用，三岁左右的儿童，开始出现羞耻感、占有心。其行为是一种以自己的身体为中心，以自己的想法和情感来认识和投射外部世界。

（2）社会自我。社会自我指被他人了解的个体，即个体对自己在社会关系中的角色意识，主要受他人的看法而影响，这阶段大致从 3 岁到青年期（3~14 岁）逐步形成。在此阶段，个体在社会化中学习承担社会角色，少年开始积极关注自己的内部世界，但他们主要从别人的观点去评价事物、认识他人，对自己的认识也服从于权威或同伴的评价。

（3）心理自我。指个人内在的心理自我，是个人对自己心理特征的意识，如性格、气质、情绪、智能、行为、理想等。这阶段大约需要十年左右的时间才能完成，即从青春期一直到成年。自我意识经过这个阶段的分化、矛盾、统一而趋于成熟，个体开始清晰地意识到自己的内心世界，开始有明确的价值探索和追求，强烈要求独立，产生了自我塑造、自我教育的紧迫感和实现自我目标的内驱力。青年的世界观、人生观、价值观的形成是心理自我成熟的标志。

**2. 从知、情、意角度来分析，包括自我认识、自我体验和自我调节三方面**

（1）自我认识，解决“我是一个什么样的人”“我为什么是这样一个人”的问题。它是自我意识的认知成分，包括自我感知、自我概念、自我观察、自我分析和自我评价等心理成分。其中自我评价最能代表一个人自我认识的水平，是自我意识的核心。

认识自己不是一个简单的问题。自我认知是主观自我（I）对客观自我（me）的认知与评价，包括自我感觉、自我观察、自我印象、自我分析、自我评价等。自我认知回答的问题是：“我是谁?”“我是个什么样的人?”。希腊一座古老的神殿上，镌刻着这样一句话：“认识你自己。”中国古语也教导我们：“人贵有自知之明”，研究发现：对自我认识不清晰、不精确，自知力不强，易导致误判自我，或自负、或自卑，从而导致诸多心理问题或人格障碍。正确的自我认知，对人们的心理会产生重大影响。

（2）自我体验，即“我是否接受自己”“是否满意自己”“是否能悦纳自己”等。它是建立在自我评价的基础上，个体对评价结果是否符合自己的需要所产生的一种情感体验。自我体验是主观自我对客观自我产生的情绪体验，是在自我认知基础之上产生的。自我认知决定自我体验，而自我体验又强化着自我认知，要回答的问题是：“我是否喜欢自己”“我是否满意自己”等，主要是一种自我的感受。

自我体验的内容十分丰富，包括自尊心、自信心、义务感、责任感、优越感、荣誉感、羞耻感等。特别是自尊心、自信心对人的影响很大。有自尊心的人，总是不甘落后，力争上游，具有不达目的不罢休的好胜心，是一种动力。自信心是人们成长与成才不可缺少的重要心理品质。一个人如果很自卑，看不到自己的力量，总认为自己不行，久而久之形成一种固定的思维定式，对学习带来不良影响；如果一个人对自己有自信心，坚信自己能够成功，他就会积极努力，取得成功。自我体验对个体成长具有不可替代的重要作用。有时，同样的事件，他人的体验与自身的体验截然不同。很多从体验中获得的自我远远高于从理性获得的体验。

（3）自我调节，即“我怎样控制自己”“如何改变自己”“如何拉近与理想自我的距离”。它是自我意识的意志成分。自我调节主要表现为个人对自己的行为、活动和态度的调控。它包括自我检查、自我监督、自我控制等。自我检查是主体在头脑中将自己的活动结果与活动目的加以比较、对照的过程。自我监督是一个人以其良心或内在的行为准则对自己的言行实行监督的过程。自我控制是主体对自身心理与行为的主动的掌握。自我调节是自我意识中直接作用于个体行为的环节，它是一个人自我教育、自我发展的重要机制，自我调节的实现是自我意识的能动性质的表现。

| | 自我认识 | 自我体验 | 自我调节 |
|---|---|---|---|
| 生理自我 | 对自己身体、外貌、衣着、风度、家属、所有物等的认识 | 英俊、漂亮、有吸引力、迷人、自我悦纳 | 追求身体的外表、物质欲望的满足，维持家庭的利益等 |
| 社会自我 | 对自己的名望、地位、角色、性别、义务、责任、力量的认识 | 自尊、自信、自爱、自豪、自卑、自怜、自恋 | 追求名誉地位，与他人竞争，争取得到他人的好感等 |
| 心理自我 | 对自己的智力、性格、气质、兴趣、能力、记忆、思维等特点的认识 | 有能力、聪明、优雅、敏感、迟钝、感情丰富、细腻 | 追求信仰，注意行为符合社会规范，要求智慧与能力的发展 |

## 延伸阅读

### 自我意识是人类特有的反映形式

自我意识不仅是人脑对主体自身的意识与反映，而且人的发展离不开周围环境，特别是人与人之间关系的制约和影响，所以自我意识也反映人与周围现实之间的关系。自我意识是人类特有的反映形式，是人的心理区别于动物心理的一大特征。自我意识在个体发展中有十分重要的作用。

研究发现了灵长类动物大脑前额叶背侧部涉及与“自我”相关的信息处理，这可能是人类自我意识产生的神经基础。大脑前额叶是位于灵长类动物和人大脑半球额部的一块皮层，这块皮层和灵长类高度发达的智力有明显的关系，被称为“脑中之脑”。

研究显示，在动物界数千种动物中，只有人、大猿、海豚、大象和鸽子少数几种动物能认识自己的镜像，这种能力被认为是自我意识产生的萌芽。在前额叶背侧部，一些神经元可能同动物的体态语言和“精神图像”有关，而语言和精神图像在自我意识的产生中，有着十分重要的作用。研究人员认为，背侧部前额叶以“自我”为中心的空间功能可能不仅同工作记忆有关，更可能同“自我意识”的产生有着相当密切的关系。

（资料来源：马原野．中国科学院昆明动物研究所．中国新闻网，2011-5-17）

### （三）自我意识与心理健康

大学生自我认识、自我体验、自我控制如何，直接影响着大学生的社会适应、身心健康和成才发展。大学生自我意识的发展状况既是以往心理发展和健康状况的集中反映，也是现阶段大学生心理健康、人格发展的新起点。

#### 1. 积极的自我意识是大学生成功的基础

自我意识与个人行为的关系极为密切，意识支配行为，行为反映意识，自我意识对个人行为具有极大的推动作用，正如马斯洛（Maslow）所指出的那样，一个有稳固基础的自我形象是迈向自我实现的先决条件。我们每个人的心中都有一幅心理蓝图，或者说是一种自我画像。这一自我画像就是我们经常对自我持有的一种自我观念——“我属于哪种人”，我们在心里造成了一个“自我（一幅自我图像）”。

简而言之，你把自己想象成什么人，你就会按照那种人的行为行事。例如，有的同学把自己想象成不公正的牺牲品，认为“注定要失败”的人，就会不断地寻找各种环境来证实自己的观点。人性就像水，决诸东则流向东，决诸西则流向西。自我意识是一个前提、一个根据，或一个基础，人的全部个性、行为都建立在这个基础之上，它决定你能做什么和不能做什么。自我意识客观的人自我形象健康，对自己有合理的期望，满足从容，处事积极，善于利用每一个成长的机会，改进自己；与人交往能真情流露，展示自己的内心世界，容易与人建立深厚的情谊。对自己充满信心，能独立地处事，也能做出恰当的自我表达。

**2. 积极的自我意识是大学生心理健康的重要标志**

自我意识在个性结构中处于核心的地位，决定着对现实的看法，对人们的心理活动和行为方式都起着制约的作用。人的大脑就像一架照相机，只有自己能决定胶片上取什么样的景，而这些景便组成了一个人的认识。在相同的环境中，人可能产生不同的行为，这与自我意识有密切的联系。健康的、成熟的自我意识会给个人带来快乐和积极的社会效果，而不健康、不成熟的自我意识则会给个人带来痛苦与不幸，也会产生消极的社会效果。

自我意识在个体发展中有十分重要的作用。首先，自我意识是认识外界客观事物的条件。一个人如果还不知道自己，也无法把自己与周围相区别时，他就不可能认识外界客观事物。其次，自我意识是人的自觉性、自控力的前提，对自我教育有推动作用。人只有意识到自己是谁，应该做什么的时候，才会自觉自律地去行动。一个人意识到自己的长处和不足，就有助于他发扬优点，克服缺点，取得自我教育积极的效果。再次，自我意识是改造自身主观因素的途径，它使人能不断地自我监督、自我修养、自我完善。自我意识影响着人的道德判断和个性的形成，尤其对个性倾向性的形成更为重要。积极促进平衡、协调而统一的自我意识的建立，对提高大学生心理健康水平和心理素质，对大学生自身的成才起着积极的作用。

## 二、大学生自我意识发展的特点

### （一）大学生自我意识发展规律

自我意识是一个人对自己的认识和评价，包括对自己心理倾向、个性心理特征和心理过程的认识与评价。正是由于人具有自我意识，才能使人对自己的思想和行为进行自我控制和调节，使自己形成完整的个性。

**1. 自我意识分化阶段**

青年期自我意识的发展是从明显的自我意识分化开始的。原来完整笼统的我被打破了，出现了两个我，即：主观的我和客观的我，大学生既是观察者又是被观察者。伴随着主我和客我的分化，“理想我”与“现实我”也开始分化，此时的大学生开始主动、迅速地关注自己的内心世界和行为，产生新的认识和体验，同时，由此引起种种激动、焦虑、喜悦，自我沉思增多，要求有属于自己的空间，渴望被理解、被关怀。

**2. 自我意识冲突阶段**

由于自我意识分化的出现，使大学生开始意识到自己以前不曾注意的许多有关“我”的问题，主体我与客体我的矛盾，理想我与现实我的距离加剧了自我冲突，使得自我不能统一、自我形象不能确立、自我概念不能形成，因此表现出明显的内心冲突，甚至有很大的内心痛苦和激烈的不安感。该阶段表现为他们对自我的评价往往是矛盾的，对自我的态度常常是被动的，对自我的控制是不果断的。表现出主观我与客观我、理想我与现实我、独立意向与依附心理以及交往需要与自我闭锁之间的矛盾。

**3. 自我意识统一阶段**

自我意识分化、矛盾带来的痛苦不断促使大学生寻求方法以求得自我意识的统一，即达到自我同一性。自我同一性，是指主体我和客观我的统一，理想我与现实我的统一，也表现为自我认识、自我体验、自我监督的和谐统一。自我意识的矛盾冲突，常常会给大学生带来不安或心理痛苦，他们总是力图通过自我探究来摆脱这种不安与痛苦。在自我意识的不断调整、发展的过程中，他们极易寻求新的支点，寻找自我意识的统一点，整合自我意识。由于自我意识具有复杂性与多维性，大学生逐渐在多向度中审视自我、调整自我，向理想自我靠近。这也是我们常说的自我同一性的建立。从多维度观察的自我同一性越高，大学生自我意识的发展越好，人格越完善。

## 延伸阅读

### 自我意识的诞生——阿姆斯特丹等人的点红实验

自我意识是人类特有的意识，是个性的一部分，是衡量个性成熟水平的标志。个体在早期是不具备自我意识的，也就是说，个体在早期无法区别自己与外界的事物。最直观的证据就是婴儿会把自己身体的某个部位当作玩具，有些年轻的妈妈会发现她们的孩子特别可爱，经常抱着自己的小脚吮吸脚趾。

儿童的自我意识随着年龄的增长而不断发展，儿童也因家庭环境和教育的不同而具有不同的自我意识。阿姆斯特丹（B. Amsterdam）的点红实验证明24个月的婴幼儿已经具有了自我意识，因而在婴幼儿小的时候，家长和老师就要注重引导，培养他们良好的自我意识，以形成健康的个性和优良的品质。

实验介绍：阿姆斯特丹的点红实验

1. 实验目的

研究婴儿的自我意识水平。

2. 实验过程

阿姆斯特丹（1972）借用动物学家盖勒帕在黑猩猩研究中使用的点红测验（以测定黑猩猩是否知觉“自我”这个客体），从而使有关婴儿自我觉知的研究取得了突破性进展。

实验的被试是88名3~24个月大小的婴儿。实验开始，在婴儿毫无察觉的情况下，主试在其鼻子上涂一个无刺激红点，然后观察婴儿照镜子时的反应。研究者假设，如果婴儿在镜子里能立即发现自己鼻子上的红点，并用手去摸它或试图抹掉，表明婴儿已能区分自己的形象和加在自己形象上的东西，这种行为可作为自我认识出现的标志。

3. 实验结论

阿姆斯特丹对研究结果经过总结得出，婴儿对自我形象的认识要经历三个发展阶段。

第一个是游戏伙伴阶段：6~10个月。此阶段婴儿对镜中自我的映像很感兴趣，但认不出他自己。

第二个是退缩阶段：13~20 个月。此时婴儿特别注意镜子里的映像与镜子外的东西的对应关系，对镜中映像的动作伴随自己的动作更是显得好奇，但似乎不愿与“他”交往。

第三个是自我意识出现阶段：20~24 个月。这是婴儿在有无自我意识问题上的质的飞跃阶段，这时婴儿能明确意识到自己鼻子上的红点并立刻用手去摸。

（资料来源：边玉芳．儿童心理学．2009）

### （二）影响大学生自我意识发展的因素

大学生自我意识的发展受到其生理、家庭、学校、社会及个体倾向性等诸因素的影响，是这些因素相互作用的结果。

#### 1. 生理因素

影响大学生自我意识形成的生理因素包括身高、体重、形态、外貌等。从小时候就有自我意识的萌芽，对于一个发育正常、健康的人来说，别人不会认为有什么特殊，他也不会发现自己与别人有什么不同，也就不会有积极或消极的评价和体验。而对于一个发育异常和有残疾的孩子来说，他会从自己与他人的比较中发现不同。有的学生觉得自己太胖，不愿参加文体活动；有的学生觉得自己长得太丑，不愿与同学交往，这都是生理因素的作用。

大学生一般都处在 17~22 岁的年龄阶段上，男生特别重视自己的身高，女生也更加重视自己的相貌。女生有 28%不满意自己的长相，希望自己再漂亮一点。一位女生说：“我每天都照镜子，我的第一个念头是我能再漂亮一点就好了。”生理因素是形成自我意识的最初因素，也是影响一生各个阶段的因素。

#### 2. 家庭因素

现代心理学研究表明，家庭环境对人的一生发展会产生重要的影响。无论是积极或消极的影响，一个人的早期经验对他的自我意识的形成有非常重要的意义。每个人来到这个世上，首先接触到的第一个学习场所是家庭，第一任老师是家庭成员尤其是母亲和父亲。他们早期的教养方式、教养态度和家庭经济地位直接影响了后来孩子自我意识的发展。

现在随着独生子女的增多，越来越多的过分溺爱的家庭教养类型出现，这些家长的过分保护、过分顺从，使孩子过分依赖，而使自我意识长期处于幼稚水平。另外，社会经济地位高的家庭，子女容易产生优越感，家庭成员社会地位的急剧变化，易使自我意识的发展出现混乱。

#### 3. 学校因素

在高手云集的大学，中学时代学习优秀的优越感被称为“芸芸众生”的普通学生的感受所替代，比如生活方面，中学时父母照顾多，而大学要培养自理能力；心理适应方面，中学时代的好学生周围充满了赞扬声，优越感强，但到大学自己原有的优势不明显了，有的学生认为：“我不是老师和同学眼中拔尖的学生了”。有的学生因为种种原因，出现不及格现象，往往把原因归为“我不是学这个专业的材料” 等。

另外，由于大学生思想的不成熟，总觉得学校严格的管理制度，校规、校纪与他们所追求的个性的张扬相矛盾，从而在内心产生了激烈的冲突。这种困扰使很多学生难以接受，严重的还可能出现伤害自己或他人的行为。

**4. 社会因素**

当代社会发生了巨大的改变，随着市场经济体制的确立，竞争机制的导入，新的社会刺激的冲击，当代大学生的人生观、价值观等发生了重大变化，这直接影响到大学生对自我的认知。即使在同一社会中，由于每个人所处的社会地位不同，所从事的社会实践不同，具体的社会关系不同，因而对自我的认识、评价也会有所差异。大学生在现实的社会实践中，从“我与社会”的关系认识自我，从做事的经验中了解自己。任何一种活动都是一种学习，不经一事，不长一智，成败得失，其经验的价值也因人而异。

另外，随着科学技术的发展，大众传播手段越来越丰富。随着电视的普及、广播电视节目播放时间的延长、报纸杂志的增多、信息高速公路的建设、互联网的普遍应用，这些大学生不但受到教师、家庭的影响，受到电视、电影等单向传播的影响，而且受到电脑互联网络交流信息的影响。当运用电脑和智能手机接收、处理和公布信息时，犹如“运筹帷幄之中”，发挥着自己的主动性和创造性，以一种前所未有的方式促进自我意识的发展。

**5. 个体倾向性**

个体倾向性包括需要、动机、兴趣、理想、信念、世界观和人生观。青少年时期是一个人理想、信念和世界观形成到成熟的关键时期。理想、信念、世界观和价值观一旦形成，决定了青少年成为怎样的人，准备如何实施，从而及时调整自我理想，深化自我认识，实现和超越自我。

大学生在自我意识发展过程中受到身心发展状况、家庭、学校等原因影响，这些因素既可以促进大学生心理迅速成熟，也可能成为自我健康发展的阻力。因此，需要重视、引导和调适，只有这样，才能促进大学生心理的发展和成熟，达到自我的统一和发展。

### （三）大学生自我意识偏差及其调适

**1. 过度自卑**

### 校园案例

小张，男，20岁，大学一年级学生。在学习和生活中说话犹豫，思前顾后，缩手缩脚，缺乏应有的胆量和气魄。在公共场合拘谨，不善于自我表现，形成了孤僻、自卑的封闭性格。学习生活中遇到一点问题就感到无助、失望，无法自己解决，又不敢向老师大胆求助。在遇到事情时往往采取回避行为，处处敏感退缩，不敢和别人交往和主动地融入社会。甚至在得到别人中肯的评价时也怀疑其真实性，没有承受成功的能力。经与他深入交谈发现，该生家庭结构不完整，父母早年离异，母亲的缺失使其缺乏安全感。父亲身体残疾，生活困难，但坚持供养其读大学，使之精神压力大，又无处诉说。家庭贫困使得他在生活上与班级的同学差距较大，也让他感到很难为情，抬不起头，也不愿意让别人了解自己。以往在高中时只是埋头读书，来到大学后，由于缺乏处理人际关系的能力和沟通的技巧，故而愈发缺乏勇气和自信。

案例分析：通过对该生情况的了解，不难发现其自卑的原因是由其性格、家庭情况、经济情况等多因素造成的。小张母亲早年与其父离异，离家出走。缺乏母亲的关爱和照顾，造成了小张儿时自我人格的缺失，形成了犹豫、怯懦的性格。而家庭的经济贫困，父亲的肢体残疾，让他更加不愿面对生活和自己的家庭，也更加躲避他人的关心和注意。他的自卑在很大程度上表现为负面认识和消极暗示自己，自我设置一些障碍，阻止自己与他人的交流和沟通。他应该树立正确的自我意识，即正视现实，接纳自己，帮助自己建立积极自信的心理。

（1）主要表现。自卑感是对自己不满、否定的情感，往往是自尊心屡屡受挫的结果。这类人自我认识不客观，往往只看到自我缺点而忽略了自我的长处，不喜欢自己、不能容忍自己的缺点和弱点，否定、抱怨、指责自己，看不到自己的价值，或夸大自己的不足。自卑是个体感受到自我价值被贬低或否定的内心体验。这种贬低或否定可能来自当事人自己，也可能来自外界的评价。自卑通常的表现形式有：退缩性的行为。经常感到自己不如别人，所以处处谨慎保守，态度封闭、胆怯害羞、神经过敏、对自己不满意；攻击性的行为。为掩饰自己的劣势感，有意夸大自己的优点，隐藏自己的缺点，应用各种方法，引人注意，好指责别人，批评别人；忧郁伤感。多愁善感，悲观主义，自怨自艾，并因此而感到伤心。

过低的自我评价。处于这种意识状态的大学生，在把理想的自我与现实的自我进行比较时，对理想的自我期望较高，又无法达到，对现实的自我不满意，又无法改进。他们在心理上的一个特征就是自我排斥。由于在成长过程中，理想的自我与现实的自我的距离过大所导致的自我矛盾冲突，他们往往会产生否定自己、拒绝接纳自我的心理倾向。这类大学生往往降低人的社会需求水平，对自我过分怀疑，压抑自我的积极性，并可能引发严重的挫折感和内心冲突。他们的心理体验常伴随较多的自卑感、盲目性、自信心丧失和情绪消沉、意志薄弱、孤僻、抑郁等现象，尤其是面对新的环境、挫折和重大生活事件时，常常会产生过激行为，酿成悲剧。

（2）调适方法。为了改变过度自卑，首先，应对其危害有清醒的认识，有勇气和决心改变自己；其次，应客观、正确、自觉地认识自己、无条件接受自己，欣赏自己所长，接纳自己所短，做到扬长避短；第三，正确地表现自己，对自己的经验持开放态度，同化自我但有限度；第四，根据经验，调整对自己的期望、确立合适的抱负水平，区分长期目标和近期目标，区分潜能和现在表现；第五，对外界影响相对独立，正确对待得失，勇于坚持正确的改正错误的，同时保持一定程度的容忍。

## 心灵咖啡

### 克服自卑，建立自信

小蜗牛问妈妈：为什么我们从生下来，就要背负这个又硬又重的壳呢？

妈妈：因为我们的身体没有骨骼的支撑，只能爬，又爬不快，所以要这个壳的保护啊。

小蜗牛：毛虫姊姊没有骨头，也爬不快，为什么她却不用背这个又硬又重的壳呢？

妈妈：因为毛虫姊姊能变成蝴蝶，天空会保护她啊。

小蜗牛：可蚯蚓弟弟也没骨头爬不快，也不会变成蝴蝶，他什么不背这又硬又重的壳呢？

妈妈：因为蚯蚓弟弟会钻土，大地会保护他啊。

小蜗牛哭了起来：我们好可怜，天空不保护，大地也不保护。

蜗牛妈妈安慰他：所以我们有壳啊！我们不靠天，也不靠地，我们靠自己！

**2. 过度的自我接受**

（1）主要表现。过度自我接受表现为高估自我，对自己的肯定评价往往有过之而无不及。他们拿放大镜看自己的长处，甚至把缺点也视为长处，拿显微镜看他人的短处，把别人细微的短处找出来，他们的人际交往模式是“我好，你不好”“我行，你不行”。过度自我接受的人容易产生盲目乐观情绪，自以为是，不易处理好人际关系；而且过高评价滋生骄傲，对自己易提出过高要求，承担无法完成的任务、义务而导致失败。

过高的自我评价。这是一种与过低的自我评价相对立的自我意识状态。在这种自我概念的支配下，个体往往扩大现实的自我，形成错误的、不切实际的、理想的自我，并认为理想的自我可以轻易实现。这种类型的未成年人往往盲目乐观，以我为中心、自以为是，不易被周围环境和他人所接受与认可，容易引起别人的反感和不满。因此极易遭受失败和内心冲突，产生严重的挫折感，导致苦闷、自卑、自我放弃。有时会引发过激行为和反社会行为。

（2）调适方法。自尊心和自信心、好胜心、独立感等诸多形式都是大学生自我意识发展的主要表现。要克服过度自我接受，首先要看到自己的不足，承认自己也需要不断完善；其次，要看到他人的长处，欣赏他人的独特性；再次，多与他人交往，以开放的心态尊重和认真对待来自他人的反馈意见。

**3. 自我中心**

## 校园案例

### 刘海洋伤熊事件背后的心理原因

2002年2月，大学生刘海洋用火碱和硫酸残害北京动物园黑熊的事件震惊了整个社会。大学生刘海洋在北京动物园熊山，将事先配制好的含有火碱溶液的鲜橙多饮料和硫酸溶液，向黑熊、棕熊展区内的黑熊和棕熊倾倒、投喂，分别使3只黑熊、2只棕熊（均属国家二级保护动物）受到不同程度的伤害。此前，即在同年1月的某天，刘海洋以同样的方法在北京动物园熊山实施了伤熊行为。司法机关于案发当月以涉嫌犯寻衅滋事罪对刘海洋进行了羁押。一年后，北京市西城区人民检察院以指控被告人刘海洋犯故意毁坏财物罪向北京市西城区人民法院提起公诉，最终判处刘海洋犯故意毁坏财物罪，免于刑事处罚。

案例分析：刘海洋伤熊行为的发生缘于对熊的嗅觉进行验证。是什么阻挡了他在实施这种行为时不去思考此行为方式的正当性及可怕的社会后果？自我中心是一个重要的原因，其伤熊行为反映出他在社会认知上仍然没有超越儿童时期的“自我中心状态”，其心理水平与社会角色极不一致。在这种心理状态下，在进行某种社会行为时，个体往往只从本位或自我欲望去看事和行事，没有从社会的角度来思考评判自己的行为及后果。

（1）主要表现。自我中心是指人在观察事物或思考问题时，以个人主观图式去对待有关事物，不能设想他人观点、他人内心世界的一种心理状态；是指在个体与他人或社会的关系上往往只从自我的立场出发，而不能从他人或社会位置去思考问题或处理问题的认知方式。自我中心的人常表现为凡事从自我出发，不能设身处地进行客观思考。只关心自己，一是当前先替自己打算，不顾忌他人的感受和需要。他们往往颐指气使，盛气凌人，处事总认为自己对、别人错，好把自己的意志强加于人。因而他们不易赢得他人的好感和信任，人际关系多不和谐，行为做事难得他人帮助，易遭挫折。

（2）调适方法。要克服自我中心，先得摆正自己的位置，既重视自己也不贬抑他人，自觉地把自己和他人、集体结合起来，走出自我的小天地；其次要实事求是、恰如其分地评估自己，既不高抬自大，也不低踩菲薄；最后要学会移情，多设身处地地从他人的角度思考问题，尊重他人感受、关心他人。

**4. 过分追求完美**

（1）主要表现。追求完美是一种积极的人生态度，人类正是在这种追求中，不断完善着自己。追求完美的大学生常表现对自己持过高的要求，期望自己完美无缺，却不顾自己的实际状况。此外，他们不能容忍自己“不完美”的表现，他们对自我十分苛刻，只接受自己理想中的“完美”的自我，不肯接纳现实中平凡的或有缺点的自我，其后果往往适得其反，使其对自我的认识和适应更加困难。甚至造成心理上的沉重负担，产生障碍甚至引发心理疾病。

（2）调适方法。一是树立正确的认知观念。人不可能十全十美，每个人都有优缺点。一个人应该接纳并肯定自己的价值，不自以为是，也不妄自菲薄。

二是确立合理的评价参照体系和立足点。人应该选择合适的标准，更重要的是以自己为标准，按照自己的条件评定自己的价值，应该立足自己的长处，明了、接受并尽力改进自己的短处。

三是目标合理恰当。在充分了解自己的基础上对自己有恰当的目标和要求，目标符合自己的实际能力，不苛求自己，不被他人的要求左右。

四是接纳自己的不完美。人各有所长所短，每个人都是独特的，与众不同的。欣赏自己的独特性，不断自我激励。

## 延伸阅读

### 自我中心型人格

自我中心是皮亚杰认知发展心理学中的一个重要概念。皮亚杰认为，自我中心的思维导致了自我中心的逻辑结构，他们以自己为尺度，根据自己的看法来判断一切事物，不能把握逻辑关系。因为思维直接影响了他们的注意图式，使他们不能同时处理一种情况的几个方面：如交谈中不能同时考虑他人的和自己的观点；认为游戏规则是神圣不可改变的，不能同时重视自己的兴趣和他人的需要。

所谓自我中心型人格，其实是一种自恋型人格，是一种自我夸大的倾向。表现为过于强调自己的重要性，认为自己在某些领域应该被特殊对待，幻想着自己拥有超越他人的成功和权力。这种性格的出现，与社会背景密不可分，许多独生子女的自恋型性格尤为突出。

一、自我中心型人格的主要表现

(1) 处处以自身利益为出发点，从不顾及他人的利益。在班集体中常常缺乏集体荣誉感和自豪感。

(2) 不关心他人，在人际交往中缺乏同情心，不能与同伴友好相处。将别人的好看作应当，对别人的帮助毫无感激之情，对父母、老师、社会缺乏感恩。

(3) 以自己的好恶来论人论事，并且自以为是，甚至把自己的观点强加于他人。在错误面前百般抵赖。

(4) 高度敏感，心理脆弱，极易受伤。自尊心过强，过度防卫，不允许别人伤害到自己的痛点。毫不考虑别人对自己反应的客观真实性。很少有心平气和的时候，内心老是嘀咕事，不是自己受挫折，就是别人刺痛了他。

(5) 有明显的嫉妒心。

(6) 渴望持久的关注与赞美，一旦不被注意便采取偏激行为。

二、自我中心型人格产生的原因

1. 家庭教育不当

自我中心的形成往往与父母不恰当的教养方式有关。现在孩子大多数是独生子女，家长对子女过多的溺爱，会使他们从小就养成任性、唯我独尊的个性，认为自己是世界的中心，别人都要满足自己的一切需求。

2. 挫折磨炼不足

从小生活就备受呵护，一帆风顺，缺少生活的挫折和打击，容易形成自我中心。因此，家庭经济良好，在成长过程中缺乏竞争意识的学生更容易形成自我中心的性格。

3. 自我认识不良

自我中心更源于不正确的自我认识。他们只能看到自己的优点，甚至夸大自己的长处，看不到自己的缺点，甚至当别人指出其错误时，更愿意认为是自己受到了伤害而不愿意承认自身的不足。

4. 他人评价不当

在儿童成长初期，自我中心的人取得一定成绩后，周围人一片叫好，只有赞美，还常常夸大他们的成绩，长此以往，使得他们对自己的认识由于他人评价的失当而发生偏差。

三、自我中心人格的心理辅导策略

(1) 转移家庭焦点，加强亲子交流。家长对子女的爱要保持在一个适度的范围内，不能变成溺爱。生活中多加引导，把孩子视为一个独立的人，多与孩子沟通，从而让孩子多从对方的角度考虑问题。

(2) 学习同理心，加强人际交往。通过社会互动，引导孩子设身处地地为别人着想。教师在平常的心理健康教育中，适当开展人际交往知识的学习和讨论。对出现的自我中心行为，给予警告和提示，督促其改正。家长也要有意识地加强这方面的引导。

(3) 让学生多参加集体活动。

(4) 对学生进行正确的评价，引导他们进行正确的自我评价。

(5) 增强竞争意识，重视挫折教育。

(资料来源：百度文库)

## 三、大学生健康自我意识的培养

健全的自我意识是心理健康的重要标准，是人类自身内在的一种成功机制，在人的发展中发挥着重要作用。大学生的自我意识是否健全很难确定，虽然目前没有一个统一的健康自我意识的标准，但大致可以从以下几个方面来参照：

①有健全自我意识的人应该是一个自我肯定、自我统合的人；

②有健全自我意识的人应该是自我认识、自我体验、自我调节、协调一致的人；

③有健全的自我意识的人应该是一个独立的，同时又与外界保持协调的人；

④有健全的自我意识的人应该是一个主动发展自我且自我具有灵活性的人；

⑤有健全自我意识的人是心理健康的人，不仅自己能健康发展，而且能促进社会文明和进步。

大学生可以通过下面的途径和方法来培养良好的自我意识，不断地完善自我、提升自我和实现自我。

### （一）正确地认识自我

对自我正确的认识是培养大学生健康自我意识的前提，也是大学生自我调控的重要因素，是塑造、完善自我的基础和依据。正确认识自我需要一面镜子，这面镜子主要是社会交往和社会实践活动，在各种活动中寻找参照系，以便多方面、多角度地认识自我。

### 心理小贴士

#### 乔韩窗口理论

美国心理学家约翰和哈里提出了关于人自我认知的窗口理论，被称为“乔韩窗口理论”。他们认为人对自己的认识是一个不断探索的过程。因为每个人的自我都有四部分：公开的自我、盲目的自我、秘密的自我和未知的自我。公开的自我，也就是透明真实的自我，这部分自己很了解，别人也很了解；盲目的自我，别人看得很清楚，自己却不了解；秘密的自我，是自己了解但别人不了解的部分；未知的自我，是别人和自己都不了解的潜在部分，通过一些契机可以激发出来。

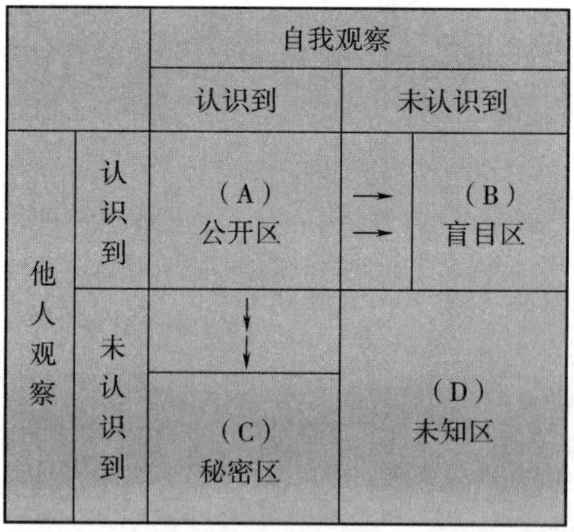

大学生可以从以下几方面提高自我认识能力。

**1. 比较法——从我与人的关系认识自我**

费斯廷格提出的著名社会比较理论认为：人们非常想准确地认识自我、评估自我。为此，当缺乏明确的客观标准时，人们常常通过和他人比较的方法来进行自我评价。合理的社会比较可以提高个体的自信心，是个体自我完善的基础。比较法是指通过与他人比较而认识自我。他人是自己的镜子，与他人交往是个人获得自我观念的主要来源。在与他人比较中认识自己的优势和不足，从而能够吸取他人所长以补自己所短，缩短主观自我与客观自我的差距。

在与他人的比较中认识自我。有比较才有鉴别，而比较就必须有恰当的参照系。大学生可以通过与同龄伙伴在个性、能力、与人交往的态度、情感表示方式等方面进行比较，找出自己的特点，确定自己在群体中的地位，进一步认识自己。恰当地与他人比较而正确地评价自己的人，就能做到既不妄自尊大，也不妄自菲薄，从而能合乎实际地确定自己的奋斗目标和行动计划。在与他人的比较中，还要学会用发展的眼光、辩证的方法去看待自己和他人，比较的视野越广阔，方法越科学，自我的位置就定得越恰当。比较是为了更准确地找准自己的位置，准确地认识自我，一定要避免盲目的比较，甚至是攀比。

**2. 经验法——从我与事的关系认识自我**

通过自己的活动表现和成果来认识自我。大学生在从事各方面的活动中展现自己的聪明才智、情感取向、意志特征和道德品质。通过活动来认识自己，用“实践是检验真理的唯一标准”来检查自己。因此，在培养大学生自我意识的过程中，要引导他们正确分析自己的活动表现和成果，客观地认识自己的知识才能，兴趣爱好，进一步发挥自己的长处，弥补自己的短处。

在活动中通过总结成功与失败的经验来发现个人的特点，因为成功和失败最能反映一个人在性格、能力上的优劣势。在成功中总结经验、积累方法、提高能力；在失败挫折中汲取教训、改变策略、锻炼自我。例如，自己参加歌手大赛得了一等奖，则说明自己在这个方面的确有一定的能力或特长。但要注意的是，自己在某项活动上屡遭失败，并不能说明自己在这个方面的能力是欠缺的。

**3. 内省法——从我与己的关系中认识自我**

内省是指通过反省自己、分析自己来认识自我的方法。它是人们进行自我认识最主要的一种途径。德国著名作家约翰·保罗曾说：“一个人的真正伟大之处，就在于他能够认识自我。”只有对自己的价值观、愿望、动机、个性等特征以及自己的所作所为有一个正确的全面的认识和评价，才能够取长补短，调控自我，发展自我和完善自我，提高自己参与社会的积极性，协调自己与他人的交往，处理好个人与社会、个人与他人的关系。正确认识和评价自我是塑造、完善和构建自我意识的基础。

通过自我反省，我们能够更深刻地认识自己，同时不断形成一套正确的自我评价标准，从而更好地在认识自我的基础上塑造自我，最后达到自我实现的目标。古人云：“吾日三省吾身”，自己对自己的观察与思考也是自我认识的一个重要方面。要学会经常反省自己，自我检查得失功过，从而使自我更加客观和稳定，避免认识偏差。反省的“镜子”有三面：

一是自己眼中的我。个人实际观察到的客观的我，包括身体、容貌、职业、性格、能力等。

二是别人眼中的我。与别人交往时，由别人对你的态度、情感反应而觉知的我，不同关系的人对自己的反应和评价的综合归纳。

三是自己心中的我。对自己的期许即理想的我。

## 延伸阅读

### 镜中我

“镜中我”概念是由美国社会学家查尔斯·霍顿·库利1902年提出的。“镜中我”是社会角色和社会互动的经典概念。库利对自我的反映特征的一个比喻：每个人都是另一个人的一面镜子，反映着另一个过路者。他认为，人的行为很大程度上取决于对自我的认识，而这种认识主要是通过与他人的社会互动形成的，他人对自己的评价、态度等，是反映自我的一面“镜子”，个人通过这面“镜子”认识和把握自己。因此，人的自我是通过与他人的相互作用形成的，这种联系包括三个方面：

1. 关于他人如何“认识”自己的想象；
2. 关于他人如何“评价”自己的想象；
3. 自己对他人的这些“认识”或“评价”的情感。

库利的镜中我概念将自我意识分为三个阶段：

1. 设想自己在他人面前的行为方式；
2. 做出行为后，设想他人对自己行为的评价；
3. 根据自己对他人的评价的想象来评价自己行为。

（资料来源：（美）查尔斯·霍顿·库利. 人类本性与社会秩序［M］. 包凡一，王源译. 北京：华夏出版社，1989.）

### （二）积极地悦纳自我

#### 1. 悦纳自我是形成健康自我意识的关键和核心

积极悦纳自己是无条件地接受自己的一切，包括自己满意的、不满意的、优势和劣势等方面。喜欢并接受自己，具有较高的自我价值感，是发展健康自我体验的关键。心理研究表明，心理健康者更多地表现出对自我的接受和认可，而心理障碍者则明显表现出对自我的不满和排斥。有些大学生对自己的容貌、性格、能力、家庭等某些方面不满，而又无法改变，便产生了自我排斥心理。人总要对自己有所肯定又有所否定，并且在自我意识的发展中建立起二者的动态平衡。否则，对自己不满过于强烈，就会加剧心理矛盾，产生心理疾病。

#### 2. 悦纳自我是获得成功必不可少的心理条件

有位哲学家曾说过：“一个人如果能够战胜自己内心的黑暗，就永远站立在灿烂的阳光中。”是的，别人把你打倒了，你可以爬起来；自己把自己打倒了，或许永远也无法爬起来，因为你的信念倒了，意志倒了……所以，战胜自我需要的不仅是勇气、力量，更重要的是接纳自我。要做到悦纳自我，就一定要坚信只要真正付出努力，同等条件下，别人行，我也一定能行，并以此来增强自信心。而强烈的自信和理智的努力则能激发个体的潜能，促进成功，成功后的喜悦又可以使个体进一步增加自信，形成良性循环。

**3. 悦纳自我需要强化四条理念**

大学生要悦纳自己首先要全面正确地评价自我。避免消极悲观的态度和以偏概全的非理性思维，不夸大自己的长处，也不缩小自己的不足；其次，悦纳是全方位的，对那些与生俱来的优势不必沾沾自喜，而对于那些无法改变的劣势，更不必耿耿于怀，用接纳与包容的态度，把优势发挥到极致，直面无法改变的劣势，尽可能地完善自我。再者，要正确地对待失败。要做到悦纳自我，需要强化四条理念：一是坚信“只要真正付出努力，同等条件下，别人行，我也一定能行”，二是不忘“尺有所短，寸有所长”。恰当地认同自己，而不是苛求自己。三是懂得“失之东隅，收之桑榆”，正视自己的短处，既努力扬长也注意补短。四是记住“失败是成功之母”，正确地对待成功和失败。成功固然令人欣喜，但失败可以积累经验，为成功创造条件。

## 心灵咖啡

### 巴纳姆效应——神奇的暗示，创造自我的力量

有一个王子，长得十分英俊，但是他却是一个驼背，他请了许多名医来医治自己的病，也没有治好。这使王子非常自卑，不愿意在大众面前露面。国王见到这种情况非常着急，专程请教国中的一个智者，智者帮他出了一个主意。回来后，国王请了全国的雕刻家，刻了一座王子的雕像。刻出的雕像没有驼背，后背挺得笔直，脸上充满了自信，让人一见就觉得风采照人。国王将此雕像竖立在王子的宫前。当王子看到这座雕像时，他心中像被大锤撞击了一下，心里产生一种强烈的震撼，竟流下泪来，国王对他说：“只要你愿意，你就是这个样子。”以后王子时时注意着要挺直后背，几个月后，见到的人都说：“王子的驼背比以前好多了。”王子听到这些话，更有信心，从此以后更注意时时保持后背的挺直。有一天，奇迹出现了，当王子站立时，他的后背是笔直的，与雕像一模一样。

**（三）有效地调控自我**

**1. 确立合理的目标**

人的行为是有目的的行为，个体的行为有无目的性，结果是不一样的。一般地说，有目标指向的行为较无目标指向的行为成就大得多。因为正确的目标能够诱发个体的动机，强化人的行为，并促使其指向预定的方向。建立合乎自我实际情况的抱负水平，确立合适的理想自我，在充分了解自己的基础上，使自己的目标符合自己的实际要求，符合自己的实际能力，不苛求自己，不被他人的要求左右。对大学生来说，必须明确自己的期望是什么，以及这种期望是来自自我的本身能力和需要，还是从满足他人的期望出发。只有明确这一点，才可能真正地认清自己，规划自己的发展方向，最终建立独立的自我。

**2. 培养坚强的自控能力**

自我控制能力是指一个人在意志行动中，控制和调节自己的情绪、约束和支配自己言行的能力。一个人要想成就一番事业，就必须能够摆脱诱惑，主宰自己的行动，这就需要

有坚强的自我控制能力，以保证理智地约束自己的情感，把握自己的行为。很多大学生为自己树立了远大的目标和理想，在努力的过程中，没有足够的自制能力和意志，经受不住挫折和打击，无法实现自我理想。大学生经常说："我想早起，可就是没有恒心。""我想学习，可就是学不进去。"培养顽强的意志，发展坚持性和自制力，增强挫折耐受力，使自己能自觉主动地认清目标，为实现目标而努力排除干扰、克服困难。古今中外的思想家都曾提到用理智控制自己，是做人的一种基本准则。我国的孔子强调修己和克己。古希腊的柏拉图提出："节制是一种秩序，一种对于快乐和欲望的控制。"亚里士多德说："人与动物的区别，正在于置行为于理智。"自我控制是自我心理结构中最重要的调节机理，也是心理成熟的重要标志。

**3. 塑造健全的人格**

随着大学生心理的成熟，大学生自我意识已经觉醒，大学生需要培养、完善并展示自己的健康的个性、健全的人格。健康的自我意识的形成，除了要有对自我的正确认知外，还要有健全的人格的支持。大学生培养和谐、健全的人格，对健康的自我意识的发展将起到良好的促进作用。人格发展的前提是自我意识的觉醒，由自我意识凝聚而形成的自我则是人格的内核。蔡元培提出："教育是帮助被教育的人给他能发展自己的能力，完成他的人格"，其原则是"展个性，尚自然"。人格教育强调要树立正确的人生观，具有高尚的情操，能用正确的社会行为规范和价值标准来控制自己的行为，即道德认知、道德情感、道德行为的统一。大学生健全人格的塑造，需要充分发挥自身的主体作用。在塑造自我健康人格的同时，要服从于自身心身健康和发展的需要，也要服从于现代化建设和社会进步的需要。

## 延伸阅读

### 马斯洛调控自我的建议

人本主义心理学家马斯洛（Maslow）在研究人的自我实现时，有针对性地提出了调控自我的七点建议：

①把自己的感情出口放宽，莫使心胸像个瓶颈；

②在任何情境中，都尝试从积极乐观的角度看问题，从长远的利害做决定；

③对生活环境中的一切多欣赏，少抱怨；有不如意之处设法改善；坐而空谈不如起而实行；

④设定积极而有可行性的生活目标，然后全力以赴求其实现；但不能期望未来的结果一定不会失败；

⑤对是非之争辩，只要自己认清真理正义之所在，纵使违反众议，也应挺身而出，站在正义一边，坚持到底；

⑥莫使自己的生活僵化，为自己在思想与行动上留一点弹性空间；偶尔放松一下身心，将有助于自己潜力的发挥；

⑦与人坦率相处，让别人看见你的长处和缺点，也让别人分享你的快乐与痛苦。

（资料来源：刘烨．马斯洛的人本哲学［M］．海拉尔：内蒙文化出版社，2008）

### （四）不断地超越自我

#### 1. 超越自我是要终生努力的目标

认识自我，接纳自我，控制自我，最终都是为了超越自我。对于大学生而言，超越自我更是终生努力的目标，使自己的能力品行得到最大限度的发挥。完善自我、超越自我并不是一帆风顺的过程，它需要付出艰辛的努力和沉重的代价，也是一个“新我”形成的过程，是从“小我”走向“大我”，从“昨天之我”向“今日之我”“明日之我”迈进。珍惜已有的自我，追求更好、更高的自我，做到一个“自如的、独特的、最好的自我”。既注重自我又不固守自我，根据社会要求不断改造自我；既注重自我价值的实现又不仅仅局限于追求个人自我价值的实现，把自我价值实现的过程与为祖国现代化建设做贡献的过程统一起来，在为他人和社会的服务中实现真正的自我价值。

#### 2. 超越自我的过程要做到持之以恒

超越是一种境界，更是一种过程。只有坚持正确的方向，本着科学的态度，投身于火热的社会实践中，辩证地看待社会，分析自我，把握自我，才有可能最终超越自我。对自我的超越，需要意志的力量作为保障。“自知者胜，自胜者强”“惟志坚者始能遂其志”。为此，大学生应在实践中发展自己的耐力和自制力，增强对挫折的承受力，加强自我控制的自觉性和主动性，朝着既定的目标，努力克服困难，战胜干扰，胜不骄，败不馁，不断超越自我，最终实现自己的理想。

### 心灵咖啡

#### 国际著名励志大师约翰·库缇斯

约翰·库缇斯，1969 年 8 月 14 日出生于澳大利亚，天生双腿自然残废，17 岁时因同学用小刀将毫无知觉的腿切得血肉模糊，伤口感染，被迫切去下半身。他的事迹在世界范围内广为流传，他曾经来到中国北京、昆明做演讲，被中国人所熟知而感动。他现在是世界上公认的国际超级激励大师。

他没有双腿，却能潜水；

他没有双腿，却能驾驶汽车；

别对自己说：“不可能”。

他没有双腿，却能成为运动场上的冠军；

他没有双腿又得了癌症，却能环游世界四处演讲；

他时时刻刻面对着死亡，却能拥有最完美的爱与生活……他就是国际残疾励志大师约翰·库缇斯。

无论你认为自己多么的不幸，在这个世界上永远有比你更不幸的人！

无论你认为自己多么的成功，在这个世界上永远有比你更强大的人！

（资料来源：郭景利．每天都是一场战斗：约翰·库缇斯的成功启示［M］．哈尔滨：哈尔滨出版社，2012.）

## 心理训练

### 活动一：自我探索

### 自我和谐量表（SCCS）

下面是一些个人对自己看法的陈述，填答时请您看清每句话的意思，然后圈选一个数字（1 代表该句话完全不符合您的情况，2 代表比较不符合您的情况，3 代表不确定，4 代表比较符合您的情况，5 代表完全符合您的情况）以代表该句话与您现在对自己的看法相符合的程度，每个人对自己的看法都有其独特性，因此答案是没有对错的，您只要如实回答就行了。

| | 完全不符合 | | | | 完全符合 |
|---|---|---|---|---|---|
| 1. 我周围的人往往觉得我对自己的看法有些矛盾 | 1 | 2 | 3 | 4 | 5 |
| 2. 有时我会对自己在某方面的表现不满意 | 1 | 2 | 3 | 4 | 5 |
| 3. 每当遇到困难，我总是首先分析造成困难的原因 | 1 | 2 | 3 | 4 | 5 |
| 4. 我很难恰当表达我对别人的情感反应 | 1 | 2 | 3 | 4 | 5 |
| 5. 我对很多事情都有自己的观点，但我并不要求别人也与我一样 | 1 | 2 | 3 | 4 | 5 |
| 6. 我一旦形成对事物的看法，就不会再改变 | 1 | 2 | 3 | 4 | 5 |
| 7. 我经常对自己的行为不满意 | 1 | 2 | 3 | 4 | 5 |
| 8. 尽管有时得做一些不愿意的事，但我基本上是按自己意愿办事的 | 1 | 2 | 3 | 4 | 5 |
| 9. 一件事好就是好，不好就是不好，没有什么可含糊的 | 1 | 2 | 3 | 4 | 5 |
| 10. 如果我在某件事上不顺利，我就往往会怀疑自己的能力 | 1 | 2 | 3 | 4 | 5 |
| 11. 我至少有几个知心朋友 | 1 | 2 | 3 | 4 | 5 |
| 12. 我觉得我所做的很多事情都是不该做的 | 1 | 2 | 3 | 4 | 5 |
| 13. 不论别人怎么说，我的观点绝不改变 | 1 | 2 | 3 | 4 | 5 |
| 14. 别人常常会误解我对他们的好意 | 1 | 2 | 3 | 4 | 5 |
| 15. 很多情况下我不得不对自己的能力表示怀疑 | 1 | 2 | 3 | 4 | 5 |
| 16. 我朋友中有些是与我截然不同的人，这并不影响我们的关系 | 1 | 2 | 3 | 4 | 5 |
| 17. 与朋友交往过多容易暴露自己的隐私 | 1 | 2 | 3 | 4 | 5 |
| 18. 我很了解自己对周围人的情感 | 1 | 2 | 3 | 4 | 5 |
| 19. 我觉得自己目前的处境与我的要求相距太远 | 1 | 2 | 3 | 4 | 5 |
| 20. 我很少去想自己所做的事是否应该 | 1 | 2 | 3 | 4 | 5 |
| 21. 我所遇到的很多问题都无法自己解决 | 1 | 2 | 3 | 4 | 5 |
| 22. 我很清楚自己是什么样的人 | 1 | 2 | 3 | 4 | 5 |
| 23. 我很能自如地表达我所要表达的意思 | 1 | 2 | 3 | 4 | 5 |
| 24. 如果有足够的证据，我也可以改变自己的观点 | 1 | 2 | 3 | 4 | 5 |
| 25. 我很少考虑自己是一个什么样的人 | 1 | 2 | 3 | 4 | 5 |
| 26. 把心里话告诉别人不仅得不到帮助，还可能招致麻烦 | 1 | 2 | 3 | 4 | 5 |
| 27. 在遇到问题时，我总觉得别人都离我很远 | 1 | 2 | 3 | 4 | 5 |
| 28. 我觉得很难发挥出自己应有的水平 | 1 | 2 | 3 | 4 | 5 |
| 29. 我很担心自己的所作所为会引起别人的误解 | 1 | 2 | 3 | 4 | 5 |
| 30. 如果我发现自己某些方面表现不佳，总希望尽快弥补 | 1 | 2 | 3 | 4 | 5 |

| | | | | | |
|---|---|---|---|---|---|
| 31. 每个人都在忙自己的事，很难与他们沟通 | 1 | 2 | 3 | 4 | 5 |
| 32. 我认为能力再强的人也可能遇上难题 | 1 | 2 | 3 | 4 | 5 |
| 33. 我经常感到自己是孤独无援的 | 1 | 2 | 3 | 4 | 5 |
| 34. 一旦遇到麻烦，无论怎样做都无济于事 | 1 | 2 | 3 | 4 | 5 |
| 35. 我总能清楚地了解自己的感受 | 1 | 2 | 3 | 4 | 5 |

计分办法及结果解释：

各分量表的得分为其所包含的项目分直接相加。三个分量表包含的项目及题号如下表所示：

| | 包含题目 | 大学生常模 | 自测分数 |
|---|---|---|---|
| 自我与经验的不和谐 | 1、4、7、10、12、14、15、17、19、21、23、27、28、29、31、33 共 16 项 | 46. 13±10. 01 | |
| 自我的灵活性 | 2、3、5、8、11、16、18、22、24、30、32、35 共 12 项 | 45. 44±7. 44 | |
| 自我的刻板性 | 6、9、13、20、25、26、34 共 7 项 | 18. 12±5. 09 | |

“自我与经验的不和谐”反映的是自我与经验之间的关系，包含对能力和情感的自我评价，自我一致性、无助感等，它所产生的症状更多地反映了对经验的不合理期望。

“自我的灵活性”与敌对及恐怖的相关显著，可以预示自我概念的刻板和僵化。

“自我的刻板性”不仅同质性信度较低，而且与偏执有显著相关，使用仍然在探索中。

此外还可以计算总分，方法是将“自我的灵活性”反向计分，再与其他两个分量表得分相加。得分越高自我和谐程度越高，大学生中，低于 74 分为低分组，75～102 分为中间组，103 分以上为高分组。

**活动二：活动体验**

（一）认识你自己——我是谁

指导语：“现在，我问你二十次‘你是谁’，请你把想到的答案一一写在纸上，每个问题只有二十秒左右的时间供思考并写下答案，句子一定要反映个人的特质、态度、风格等有内涵意义的。比如说，当我问‘你是谁’时，你们可以这样回答：‘我是一个积极开朗的人，而不能说我是一个大一的男生。’如果当我问‘你是谁’时，你们有时可能一下子想不出答案写不出来，这种情况下可以不写，当我再问下一个‘你是谁’时，再继续往下写。请你们只写下自己想到的答案，不要参考周围其他人的答案。当我问完 20 个问题又 20 秒之后，你们要停笔不再作答。”

这是帮助你认识自己的一种方法。分两步进行。

第一步：

1. 问你自己 10 次或 20 次：你是谁？请你把头脑里浮现出来的答案一一写出来。例如：我是一个能歌善舞的人，我是一个多愁善感的人，等等。

2. 由于这是自我分析材料，可以不给别人看，所以想到什么就回答什么，不要有什么顾虑。

3. 回答每次提问的时间为20秒，如果写不出来，可以略去，继续往下写。

第二步：对自己的答案进行分析。

分析的内容包括以下几个方面：

1. 答案的数量和质量。即一共写出几个答案，答案中哪些方面的内容为多。如果能写出9~10个答案，则大体上可以认为没有特别的障碍。如果只能写出7个或更少的答案，则可以认为是过分压抑自己。回答时，会以感到无聊、感到害羞、时间不够等为借口，不能回答更多的问题。

2. 回答内容的表现方式。有三种情况：符合客观情况的，如“我是一个乒乓球打得特别好的人”“我是一个身体很差的人”等。主观解释的情况，如“我是老实人”“我胆小”等。中性的情况，即谁都不能作出判断的情况。如果主观评价和客观评价都有，可以认为取得平衡；如果倾向于主观或客观，则不能取得平衡。在主观评价中，最好是既说到自己好的方面（令人满意的特征），也说到自己不足之处（令人不满意的特征）。如果只说到好的，会使人觉得是自满；只作不好的评价，又令人感到没有信心。

3. 回答的内容是否涉及自己的未来。哪怕只有一个答案涉及未来（如“我是未来的大学生”），也说明自己有理想和抱负，在现实生活中充满生机。如果没有一个答案涉及未来，则可能说明自己对未来考虑不多。

结果分析：

①自我压抑感分析：回答问题数大于12个——无压抑感；8~12个，可能存在一定的压抑感；少于8个，可能过分压抑自我。

②自我肯定感分析：全部肯定——接纳自我，自信心较强，但可能显得自负，自尊心太强，不易认识到自己的缺点而固执己见；基本或全部否定——严重自我否定感，自卑；肯定否定都有，自我认识较客观。

③自我意识内容完整性分析：物质自我多——注意锻炼身体，关注自身疾病，占有欲较强；心理自我多——关注心理健康或心理发展，较成熟；精神自我多——对自我角色、责任、义务较了解，能按社会规范行动或具有相当程度的社会交往能力。

④未来感的分析：未提未来的事情——现实感较强烈或缺乏生活目标；未来事情有一个以上——有一定的理想或生活目标；等于或大于三个——未来感较强，但也可能存在空想。

（二）克服自我中心意识——让我做一回你

活动主要目的：

通过本次活动，学生能认识到每个人都有自己的看法和意见，明白人与人之间矛盾、分歧在所难免，学会尊重他人；习得在人际交往中运用换位思考的方法站在他人的角度考虑问题，感受他人的感受，从而建立相互理解的良好人际关系；生活中严格要求自己，宽容对待他人，做一个心胸宽广的人。

讨论下面的情境，用换位思考的方式来解决矛盾。

情境1：一向温柔的妈妈今天下班回来，愁眉苦脸的，脾气暴躁，因为一点小事就对小明发火。小明很苦恼很委屈，于是……

情境2：小花和小草是同桌。小花因为被妈妈骂了心情很不好，小草因为数学考了60

分闷闷不乐。他们因为一点小矛盾吵起架来……他们又和好了。

情境3：一向深得学生喜欢的王老师最近家里发生了一些事情，心情很不好，每晚备课批改到深夜，精神状态也不好。他好几次对学生发火，大家都很委屈。班长和几个同学知道了王老师的情况后……

学会换位思考应对自己多加约束，多加克制，对别人多加宽容，多加体谅，站在别人的角度思考问题，多一份包容与理解，多一点体谅与信任。

**活动三：思考感悟**

（一）自我觉察：我生命中的重要

假如你买彩票中了1000万，你要怎样做？

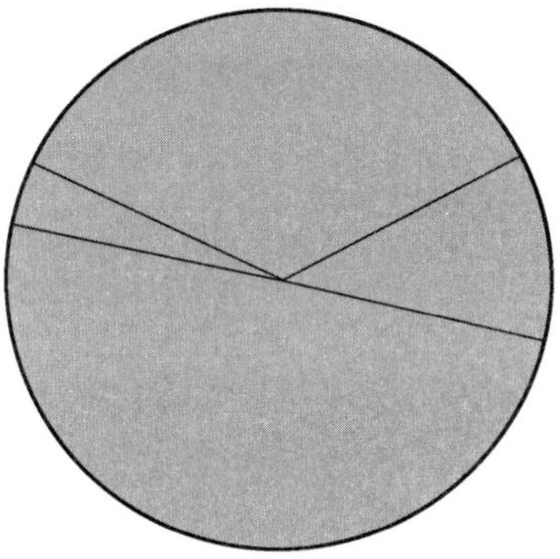

1. 通过这个活动你对自己有什么新发现吗？

2. 你参加了这个活动后有什么感受？

（二）生命曲线

在一张纸的中央画一个坐标，横坐标表示年龄，纵坐标表示生活的满意度，如图：

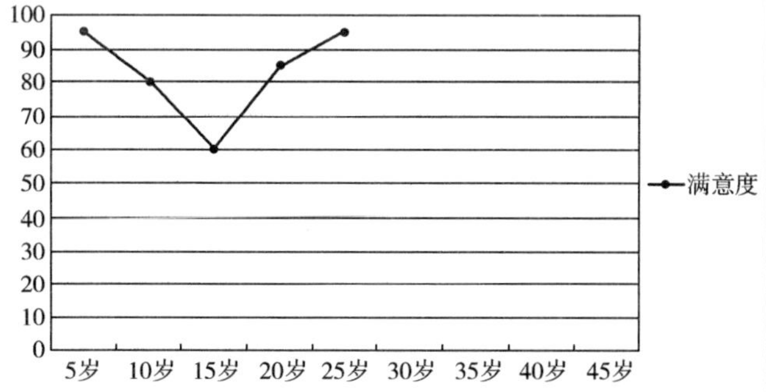


1. 闭目安静地思考一下，找出自己生活中的一些你认为对你具有重要影响的经历，并评价一下自己对这些事件的感受，然后在坐标上用一个点表示，并将事件简要标注在点的旁边。

2. 将不同的点连成线，边看着线边反省，并对未来人生的趋向用虚线表示出来。

3. 思考：你有什么感悟？

——你对过往的人生历程满意吗？

——你在这张图表中得到了什么启示？

## 推荐阅读

1. 马丁·塞利格曼. 认识自己，接纳自己［M］. 沈阳：万卷出版公司，2010.

2. 斯蒂芬·吉利根. 英雄之旅：自我发现的旅程［M］. 北京：世界图书出版社，2012.

3. 理查德·怀斯曼. 正能量［M］. 长沙：湖南文艺出版社，2012.

## 推荐影视

1. 《猩球崛起》（美国）

2. 《猫的报恩》（日本）

# 第三章

## 人格魅力，绽放精彩——大学生的健康人格及塑造

### 任务目标

- 了解人格的基本知识
- 掌握健康人格对自身发展的重要性
- 学会矫正人格缺陷的方法

人的主要使命是自我成长，成为与潜能相符的人。人生奋斗目标的最重要的成果就是自己的人格。

——弗洛姆

人格像一棵树，而名声就像树影，我们往往以为树影就像树的样子，其实唯有树才是真实的。

——林肯

### 故事导入

**一个关于人格心理学的寓言故事**

国王亚瑟被俘，本应被处死刑，但对方国王见他年轻乐观，十分欣赏，于是就要求亚瑟回答一个十分难的问题，如果答出来就可以得到自由。这个问题就是："女人真正想要的是什么？"亚瑟开始向身边的每个人征求答案：公主、牧师、智者……结果没有一个人能给他满意的回答。有人告诉亚瑟，郊外的阴森城堡里住着一个老女巫，据说她无所不知，但收费高昂，因为要求的期限马上就到了，亚瑟别无选择，只好去找女巫，女巫答应回答他的问题，但条件是，要和亚瑟最高贵的圆桌武士之一、他最亲近的朋友加温结婚。亚瑟惊骇极了，他看着女巫，驼背、丑陋不堪、只有一颗牙齿，身上散发着臭水沟般难闻的气味……而加温高大英俊、诚实善良，是最勇敢的武士。亚瑟说："不，我不能为了自由强迫我的朋友娶你这样的女人！否则我一辈子都不会原谅自己。"加温知道这个消息后，对亚瑟说："我愿意娶她，为了你和我们的国家。"于是婚礼被公之于世。

女巫回答了这个问题，"女人真正想要的，是主宰自己的命运。"每个人都知道女巫说出了一条伟大的真理，于是亚瑟自由了。婚礼上女巫用手抓东西吃、打嗝、说脏话，令所

有的人都感到恶心，亚瑟也在极度痛苦中哭泣，加温却一如既往地谦和。新婚之夜，加温不顾众人劝阻坚持走进新房，准备面对一切，然而一个从没见过面的绝世美女却躺在他的床上，女巫说："我在一天的时间里，一半是丑陋的女巫，一半是倾城的美女，加温，你想我白天或是夜晚是哪一面呢？……"加温回答道："既然你说女人真正想要的是主宰自己的命运，那么就由你自己决定吧！"女巫热泪盈眶地说："我选择白天夜晚都是美丽的女人，因为我爱你！"

我们有时候是不是很自私？以自己的喜好去主宰别人的生活，却没有想过别人是不是愿意。而当你尊重别人、理解别人时，得到的往往会更多。

## 心灵导航

马丁·路德·金说过一句话："一个国家的繁荣，不取决于它的国库之殷实，不取决于它的城堡之坚固，也不取决于它的公共设施之华丽；而在于它的公民的文明素养，即在于人们所受的教育，人们的远见卓识和品格的高下。这才是真正的利害所在，真正的力量所在。"大学生的思想状况和精神面貌关系着国家和民族的未来。当代大学生处于人生发展的重要阶段，面临人生发展的重要问题，人格的成熟意味着个体心理的成熟，人格的魅力展示着个体心灵的完善。具有健全的人格是大学生健康成长的基础之一。

### 一、人格概述

#### （一）人格的概念

人格（personality）一词源于希腊语中的 persona，当时是指演员在舞台上戴的面具、脸谱，它代表了演员在戏里所扮演的角色和身份。后来，经过不断的引申、扩充和改造，指能独立思考、有自己行为特征的人，即真正的人本身，也可译为个性。心理学领域"人格"的概念内涵广阔而丰富，对人格的定义更是仁者见仁、智者见智。心理学家关于人格究竟是什么，曾经做出大量的探讨，提出众多定义，也有人试图概括，提出能为大家接受的定义，然而到目前为止，仍没有取得一致的意见。美国心理学家奥尔波特曾对这个概念进行梳理、综述，共统计出 50 种不同的人格定义。如：

吴伟士：人格是个体行为的全部品质。

拉皮勒：人格是个人经由社会化所获得的整体。

卡尔恩：人格是个人不同于他人的所有主要的心理历程。

莱尔德：人格是一个人的生活方式。

米歇尔：人格是人心理特征的统一。

我国古代汉语中只有"人性""品行"等一类的词，而没有"人格"一词。现代汉语中的"人格"与西方心理学的"人格"内涵也相去甚远。目前在我国理论界，主要从三个方面理解和使用人格：在伦理学范围内，人格通常被理解为道德人格，指一个人的道德品质，即人们常说的某某人格卑鄙，某某人格高尚；在法学界，人格是一种权利，说"尊重人格""侮辱人格"，说明有人侵犯了他的尊严、个人权，这属于法律的范畴；广告学上讲的人格则是指人的容貌、仪表以及给人的印象。这里都包含了心理学中关于人格的部分含义，但它不是从人的全部行为的心理方面来说明人格的特点。

在综合国内外不同人格理论研究的基础上，人格的概念被表述为：人格是构成个体思想、情感及行为的特有方式，包含了个体不同于其他个体的稳定统一的心理特质。

人格是一个由多种心理成分共同构成的统一系统，这些心理成分包括性格、气质、自我意识、动机、兴趣、信念和世界观等。在心理学中，人的个性包括个性倾向性和个性心理特征。个性倾向性是指人对客观现实的态度，是人进行活动的基本动力，主要包括需要、动机、兴趣、理想、信念、世界观等。个性心理特征则是指个体经常表现出来的典型的、稳定的特点，包括能力、气质、性格。正是由于每个人在这些成分上的差异，也就反映出个体在人格上的不同。

人格与个性，不同国家的心理学家在使用习惯上有所不同。我国和苏联的心理学家经常使用个性的概念，西方国家的心理学家则喜欢使用人格的概念。实际上，多数的心理学家认为，个性与人格的基本含义是一致的，严格的区分没有什么意义。但在运用这两个概念时应注意，个性更多体现了心理面貌的独特性和差异性，而人格则更多反映了人的心理面貌的整体性和一贯性。

### （二）人格的特征

#### 1. 整体性

人格的整体性是一个人的各种人格倾向性和人格特征的有机结合。人格是由多种成分构成的整体，但在每个人身上实现时，却不是孤立存在，而是错综复杂、交互联系，结合为一个有机的整体，具有内在的一致性，受自我意识的调控。一个人的行为不仅是某个特定成分运行的结果，而且是各个成分密切联系、协调一致进行活动的结果。如果各种成分之间关系协调，人的行为就是正常的，人格就是健全的；一旦个体失去内在的整体性，其行为就会混乱，甚至出现人格障碍。人格的整体性是人心理健康的标志，一个人格健全的人，表现为思想、情感、行为的和谐、一致和统一。

#### 2. 稳定性

人格是一个人在长期的生活过程中形成的独特的心理特征。人的人格一旦形成，就具有相对的稳定性，具有跨时间的持续性和跨情境的一致性。正如人们所言：“江山易改，本性难移”。一个性格外向的大学生，不仅在家里活跃，而且在班级活动中也表现出积极主动的一面；不仅在大学期间如此，即使毕业若干年后，这个特质依然不变。由于人格具有稳定性，我们才能将不同人的精神风貌区别开来，从而有效地推测他在某种情况下的行为表现。当然，人格的稳定性是相对的，随着年龄增长、阅历丰富或出现重大变故等情况，人格是可以改变的。一个平时乐观的人，可能因为一次重大打击而变得郁郁寡欢。

#### 3. 独特性

人格的形成与发展受到先天的遗传、后天的环境、教育等因素的影响，从而形成了各不相同的人格特点并反映在其态度与行为中。如有的人开放自然，有的人沉默寡言，有的人爽朗率直等。“一母生九子，九子各不同”“人心不同，各如其面”讲的就是人格赋予个体独特的色彩，使得每个人与其他人相比都具有特色，每个人都能依据人格特点的不同与其他人区别开来。人格的独特性还表现在不同的群体之间，同一民族、同一文化、同一阶层的人通常具有相似的人格特征。有的民族群体的行为与态度方式是集体主义倾向，有的民族群体则是个人主义倾向。

**4. 社会性**

每个人的人格都是在与社会的交互作用中形成的。如果离开了他人、离开了社会，人格便丧失了存在的基础，因此，人格带有社会的特征。例如，从小生活在山区的人，艰苦的自然环境容易养成他们吃苦耐劳的性格，而生活在沿海地区的人，发达的航海条件推动了商业贸易，养成精明的头脑。如果在孩童时代，人的社会生活被剥夺，他就不可能成长为真正的人。心理学有一句名言这样说："你像所有的人，全世界的人类所共有的特征你都具有；你像一部分人，像你的文化背景下的一些人；你不像任何其他的人。"前面两句话都强调了人格的社会性，后面一句强调了人格的独特性。

### （三）人格的理论

关于人格理论，心理学家进行过许多的论述，这里主要介绍在心理学领域影响较大的几个人格理论。

**1. 弗洛伊德的人格理论**

弗洛伊德在1923年出版的《自我与本我》一书中，正式建立了他的人格构成理论，认为人格由本我（id）、自我（ego）和超我（superego）构成。

本我是人格结构中最原始部分，构成本我的成分是与生俱有的冲动、欲望或能量，如饥、渴、性。支配本我的是快乐原则。例如婴儿感到饥饿时即要求立刻喂奶，绝不考虑母亲有无困难。

自我是通过后天的学习和环境的接触发展起来的，奉行现实原则，它既要满足本我的需要，又要制止违反社会规范、道德准则和法律的行为。自我介于本我与超我之间，对本我的冲动与超我的管制具有缓冲与调节的功能。

超我是人格结构中居于管制地位的最高部分，是由于个体在生活中，接受社会文化道德规范的教养而逐渐形成的。超我是人格结构中的道德部分，支配超我的是完美原则。

弗洛伊德认为，人格结构中的三个层次相互交织，形成一个有机的整体。它们各行其责，分别代表着人格的某一方面：本我反映人的生物本能，是"原始的人"；自我是人格的执行者，是"现实的人"；超我追求完美，代表了人的社会性，是"道德的人"。在通常情况下，三者是处于协调和平衡状态的，从而保证了人格的正常发展。如果三者失调乃至破坏，就会产生心理障碍，危及人格的发展。

### 心灵咖啡

我们可以通过《西游记》的人物来理解本我、自我和超我。《西游记》所描述的人物和情节与弗洛伊德理论几乎可以对应。唐僧是超我的代表，孙悟空（包括八戒和沙僧）是自我的形象，各路妖魔鬼怪是本我的体现，佛和菩萨则是父母的化身。一部《西游记》讲的正是孙悟空从"妖仙"到"正果"的不同阶段，反映了个体心理发展的全部历程。

孙悟空的成长形象地说明了人格发展的历程。孙悟空得道之前，是一只"与狼虫为伴，虎豹为群，獐鹿为友，猕猿为亲"的石猴，处于个体发展的自恋阶段。用唐僧后来批评他的话说是"性泼凶顽""没受没管"，与妖怪无异。后经祖师传道，习得长生之道、防灾之术和地煞之变后，孙悟空更是自恋自爱至极，扯起了“齐天大圣”的大旗，“暴横人间，欺天诳上”，干了一番销死籍、闹天宫的事业。这时的孙悟空实行的是本能的“快乐原则”。自从被唐僧收为徒儿尤其是戴上紧箍后，孙悟空不得不接受超我的制约，刻意进行自我保护，听命于修正了的快乐原则，协调于本能、超我和现实的要求之间，一路上披荆斩棘，杀魔斩妖，保护唐僧西去取经。这一时期孙悟空的人格发展进入到对象发现和依赖父母的阶段。当唐僧师徒历尽艰辛，功成行满，五圣成真后，孙悟空发展到了个体成熟阶段。最终，悟空因惩恶扬善、伏魔降怪有功，全终全始，被佛祖加升大职正果，成斗战胜佛，形象地表现了悟空的成熟水平。

**2. 伯恩的人格结构理论**

埃里克·伯恩将传统的理论加以提升创立了新的人格结构理论，1964 年在其专著《人们玩的游戏（Games People Play）》一书中提出。该理论认为，个体的人格是由三种比重不同的心理状态构成，这就是“父母”“成人”“儿童”状态，每种状态都有其独立性，在任何情况下，人的行为都受到这三种状态或其中之一的支配。这三种状态在每个人身上交互存在，也就是说这三者是构成人类多重天性的三部分。取这三者的第一个英文字母，Parent（父母）、Adult（成人）、Child（儿童），所以简称人格结构的 PAC 分析。

“父母自我状态”是人们通过模仿自己的父母或其他权威人物而获得的态度和行为方式，提供一个人有关观点、是非、怎么办等方面的信息。以权威和优越感为标志，通常表现为统治、训斥、责骂等家长制作风。当一个人的人格结构中父母自我状态成分占优势时，这种人的行为表现就是凭主观印象办事，独断独行，滥用权威，这种人讲起话来总是“你应该……”“你不能……”“你必须……”。

“成人自我状态”是人格中支配理性思维和信息的客观处理部分。它掌管理性的、非感情用事的、较客观的行为。表现为注重事实根据和善于进行客观理智的分析。这种人能从过去存储的经验中，估计各种可能性，然后做出决策。当一个人的人格结构中成人自我成分占优势时，这种人的行为表现为：待人接物冷静，慎思明断，尊重别人。这种人讲起话来总是：“我个人的想法是……”“我个人认为……”。

“儿童自我状态”是一个人的人格中感受挫折、无依靠、欢乐等情感的那一部分，也是好奇心、想象力、创造性、冲动性和新发现引起的激动等的源泉。儿童自我状态是人格中主管情绪情感的部分，同时人们的欲求、需要和欲望也由它掌管。可见，儿童自我状态表现出的大多是原始的、具有动机的东西。如果一个人的儿童自我状态瘦弱，就是一个缺乏活力、刻板的人。儿童自我状态的表现都是即兴式、不负责任的。追求享乐，玩世不恭，遇事无主见，自我中心，这种人说起话来总是“我猜想……”“我不知道……”“我就是要……”“我有什么办法……”

对一个心理健康的人来说，三种自我状态处于协调、平衡的关系中，共同发挥作用。在不同的情境中，哪种自我状态起主导作用，要视当时的具体情境而定。但是，如果一个人的行为长期由某一种自我状态支配，那么他大多是一个心理不健康者。

**3. 卡特尔的人格特质理论**

卡特尔认为人格基本结构的元素是特质。特质是人在不同时期和情境中都保持的一致性。他还认为人格特质是有层次的，第一层是个别特质和共同特质。第二层为表面特质和根源特质。表面特质是从外部行为直接可以观察到的特质，根源特质是制约表面特质的潜在基础，是人格的内在因素。1949 年，卡特尔用因素分析法提出了 16 种相互独立的根源特质，这 16 种人格特质（16PF）是：乐群性、聪慧性、情绪稳定性、恃强性、兴奋性、有恒性、敢为性、敏感性、怀疑性、幻想性、世故性、忧虑性、激进性、独立性、自律性、紧张性。第三层是体质特质和环境特质。这是从根源特质中区分出来的，体质特质由先天的生物因素决定，如 16PF 中的兴奋性、情绪稳定性等。环境特质由后天的环境因素决定，如 16PF 中的忧虑性、有恒性等。第四层为动力特质、能力特质和气质特质。动力特质具有动力特征，使个体朝向某一目标，包括生理驱力、态度和情操；能力特质表现在知觉和运动方面的差异，包括流体智力和晶体智力；气质特质是决定一个人情绪反应速度与强度的特质。卡特尔认为在每个人身上都具备这 16 种特质，只是在不同的人身上的表现有程度上的差异。所以可以对人格进行量化分析，并编制了《卡特尔 16 种人格因素测验》（16PF）。

**4. 人格五大特质理论**

近年来，研究者们在人格描述模式上形成了比较一致的共识，提出了人格的五大特质模式，Goldberg（1992）称之为人格心理学中的一场革命。塔佩斯通过词汇学的方法，发现大约有五种特质可以涵盖人格描述的所有方面。

外倾性（extraversion）：好交际对不好交际，爱娱乐对严肃，感情丰富对含蓄，表现出热情、社交、果断、活跃、冒险、乐观等特点。

神经质或情绪稳定性（neuroticism）：烦恼对平静，不安全感对安全感，自怜对自我满意，包括焦虑、敌对、压抑、自我意识、冲动、脆弱等特质。

开放性（openness）：富于想象对务实，寻求变化对遵守惯例，自主对顺从。具有想象、审美、情感丰富、求异、创造、智慧等特征。

随和性（agreeableness）：热心对无情，信赖对怀疑，乐于助人对不合作，包括信任、利他、直率、谦虚、移情等品质。

尽责性（conscientiousness）：有序对无序，谨慎细心对粗心大意，自律对意志薄弱，包括胜任、公正、条理、尽职、成就、自律、谨慎、克制等特点。

这五个特质的头一个字母构成了“OCEAN”一词，代表了人格的海洋。麦可雷和可斯塔编制了“五大人格因素测定量表”。这是目前应用较为广泛的人格测定量表之一。

## 二、大学生健康人格的发展

心理学认为，要使人类摆脱不安全感、无意义感和无名烦恼，使人们热爱生活，对人生充满希望和热情，就必须努力去实现自己的理想，关心和重视他人的价值和尊严，发展和释放人的潜能，形成健康人格。

### （一）健康人格的内涵

健康人格是生物进化所赋予人的本性在充分发展时所能达到的境界，是人类应该追求的价值目标。健康人格是指各种良好人格特征在个体身上的集中体现。具有健康人格的人是心理健康者，其显著特点是，他们能有意识地控制自己的生活，掌握自己的命运；他们能意识到自己的优点和缺点，能够区别善与恶、美与丑、真与假，并且容忍和接纳他们；

他们不是生活在过去和往事之中，而是坚定地立足于现在，并注意到未来的目标和任务，能在实践中发挥自己的潜能，实现自己的价值。

健康人格和正常人格是不同的。健康人格是从人的心理状态、精神面貌的角度，探讨人对自身、对周围生活环境的良好适应。仅仅克服心理问题、摆脱心理障碍的人格是迈向健康人格的第一步，但远非全部，健康人格显然高于正常人格。健康人格是一种在结构和动力上向崇高人性发展的特征，健康人格表现出人格的完整性、统一性、稳定性等特点，健康人格是人格特征的完备结合。

健康人格和健全人格也是不同的。健全人格是人在社会生活中所表现出的作为人的较为理想的状态，就是心理和行为和谐统一的人格。健全人格应该是以内心主观体验和感受来衡量，自己感到愉快和满意；以工作、学习业绩为标准，评价为富有成效、业绩非凡；从时间纵向发展的可能来考虑，具有指向未来、拥有无限前景，充满发展活力与可能，既与时代合拍，又适度超前。在内部心理机制上和谐发展，在外部活动上富有高效人格，它是对人格模式理想化的设计。

大学生人格是否健康会影响自身的行为和认知。有一个健康的人格不仅是自身的一种幸福，也能给周围的人带来欢乐，也能做出最适合人生的选择，健康的人格对自身有着一种深远的影响。

### （二）国外对大学生健康人格的要求

美国学者英格尔斯说："一个国家，只有当它的人民是现代人，它的国民从心理和行为转变为现代人格，它的现代政治、经济和文化管理机构中的工作人员都获得了某种与现代化发展相适应的现代性，这样的国家才可真正称之为现代化国家。"现在，各国普遍重视对大学生的培养，其中现代人格的塑造是个突出的问题。

#### 1. 美国对大学生的人格要求

美国历来重视对大学生独立人格的培养和塑造，目前已有48个州开始重视对学生进行人格教育。如哈佛大学以追求真理为办学宗旨，强调培养的人才应该是具有独立思考能力、分析能力、批评能力和解决问题能力的人；休斯敦大学在设计本科生培养目标的12项标准时，其中两项就要求大学生具有独立思考能力和具有敢于创新及独立工作能力；加州大学通过开放性的教学模式来培养学生独立的个性，这一项目主要从课程设置、环境优化和综合测评等方面开展教育研究过程，从学习能力、思维方式、人际交往、兴趣志向、道德观念等角度入手，对大学生人格的养成与发展进行引导和教育，促进大学生人格健康发展。部分高校也在政府拨款下成立人格研究中心，如波士顿大学的"道德与人格促进中心"。进入21世纪，美国人格教育讨论的重点已经从"人格教育是什么"转变为"优质、高效的人格教育应当是什么"的问题上来了。比如重视目标的导向性、内容的综合性、途径的生活化等。美国的人格教育经过多年发展，已形成了特色的人格教育体系。

#### 2. 日本对大学生的人格要求

在20世纪70年代，日本拉开了教育改革的序幕，把培养面向21世纪的日本人作为教育改革的重要目标，这个培养目标中要求学生具有总结自己的思考、提出判断、做出决定、敢于负责的能力、意愿和态度；目的是实现从偏重知识灌输向学生自主学习、独立思考的方向转变，以培养学生自主学习、独立思考的能力；实现两个转轨，即实现"赶超教育”向“成熟型教育”的转轨，实现“学历教育”向“人格教育”的转轨。今天，日本提出的21世纪的教育目标是：宽阔的胸怀，健壮的体魄，丰富的创造力和自律精神。

**3. 德国对大学生的人格要求**

德国教育改革的一个重要内容是，学校在传播知识的同时还要关心学生个性、品德培养。1998年出版的《德国教育面临挑战》一书讲道：“德国教育改革的目的在于培养学生独立工作、自主思考和求得解决办法的能力。要把学生培养成为一个能发挥主动性的人，而不是一个被动的命令接受者。”德国教育改革探索了高等教育对大学生进行人格教育的内容、途径和方法，对大学生的健康成长，对推动高校德育研究都具有积极的意义。

**4. 新加坡对大学生的人格要求**

新加坡过去以重视智商指数教育而著称于世，学生在学业上的心理压力比较大。新加坡总理曾呼吁国民，要从单纯重视智商教育中摆脱出来，要重视情操教育，在新加坡建立一个关心他人、思想崇高的社会。目前，新加坡的智商教育与情操教育并重，国立新加坡大学从1997年开始实施“重视情操教育的才能开发计划”，重视社会环境对人格优化的作用，积极创设良好的社会环境来提高大学生的道德品质，促进大学生人格的良性运行和发展。

近几十年来，世界上各个国家普遍掀起了人格教育运动，它们各有自己的侧重点，都从不同层面强调学生人格的培养和塑造。

### （三）大学生健康人格的特征

成就事业、获得成功是一个自我实现的过程，在达到理想自我的过程中，个体表现出的独特人格特征，会影响到学习、工作和社会生活的效率。国内外学者对健康人格都做出了相应论述。大学生在知识、智力和教育环境等方面不同于其他群体，呈现出不同的人格特征。

**1. 健康人格的特征**

心理学家从各方面描述健康人格的特征，提出了健康人格的种种模式。

美国人格心理学家奥尔波特认为，健康的人格应该是各种心理机能和行为机能都比较完善的状况，具有健康人格的人是成熟的人，是能充分起作用的人。成熟的人有七条标准：①专注于某些活动，在这些活动中是一个真正的参与者；②对父母、朋友等具有显示爱的能力；③自我接纳，有安全感；④能够客观地看待世界；⑤能够胜任自己所承担的工作；⑥客观地认识自己；⑦有坚定的价值观和道德心。

美国人本主义心理学家罗杰斯认为，健康人格不是指人的状态，不是终点，而是过程，是发展的趋势。他认为幸福的真谛在于积极地参与实现的倾向，在于持续奋斗，而不是它的结果。具有健康人格的人是充分起作用的人。充分起作用的人有五个具体的特征：①协调自我；②对新的经验有很强的适应性，能够自由地分享这些经验；③以自己的内在评价机制来评价经验；④自我关注；⑤乐于给他人以无条件的关怀，能与他人高度协调。

美国心理学家弗洛姆认为，每个人都有充分利用自己的潜能成长和发展的固有倾向，有些人未达到充分发展和心理健康状态，是社会本身的压抑和不合理造成的。他强调，社会变革是产生大量健康者或“创新者”的唯一途径，理想的新社会就是人本主义的公有制社会主义社会。具有健康人格的人是创造性的人。创造性的人的特征是：①以“存在”为主要的生存方式，培养自己爱的能力和思维能力，使同胞得到全面发展；②有真正的幸福体验，即身心健康和潜能得到实现；③以良心为其定向系统，在良心的支配下实现个性发展，获得幸福感。

我国台湾白博文在《心理卫生与教育》一书中提出，健康人格的条件是：①自知之明；②自我统整；③良好的人际关系；④乐观进取的工作态度；⑤明达的人生观。

## 延伸阅读

关于健康人格，我国很早就有过论述，其中著述最多的，可以追溯到《周易》。《周易》系儒家的重要经典之一，相传为周人所作，是我国种种学术思想之源。心理学界的有关专家认为，《周易》也是中国古代心理学思想之源。

现存《周易》一书由两大部分组成：《易经》和《易传》，从探索中国古代心理学思想的起源来说，《易经》中隐藏着许多重要的心理学思想，其中的一个方面就是：它从儒家文化的角度，设计并塑造了一种儒家的理想人格模式。这个模式有两个层次，低层次的“君子”和高层次的“圣人”。根据我国心理史学家燕国材研究，儒家理想的人格模式可以概括为18项心理特征：(1) 天人合一的理念；(2) 奋发有为的积极态度；(3) 自强不息的进取精神；(4) 仁义礼智的完整道德；(5) 谦逊谦让的美好德行；(6) 诚信不欺的正直精神；(7) 不怕苦难的坚强意志；(8) 自我戒止的调控能力；(9) 持之以恒的坚持精神；(10) 与人和乐的积极情感；(11) 与人和同的导人态度；(12) 光明磊落的广阔胸襟；(13) 认真负责的工作态度；(14) 刚柔相济的处事方法；(15) 对待成败的正确态度；(16) 趋时守中的处世原则；(17) 革新创造的变革精神；(18) 特立独行的完善人格。

（资料来源：黄希庭，郑涌．大学生心理健康与咨询［M］．北京：高等教育出版社，1999：174、175.）

### 2. 大学生健康人格的特征

我国心理学家对当代大学生人格结构及其特点进行了研究，分析出大学生人格结构的七个核心因素，这七个核心人格成分的特征如下：

敢为性：是体现时代特征的核心人格。社会的快速发展要求人们既要适应，也要不断地开拓创新，要自强自立，勇于拼搏，充满自信。而敢为性很好地体现出新世纪对大学生的心理要求，显示出年轻人积极向上的心态，体现了大学生在思想与行为层面的进取与开拓精神，这一核心人格是大学生视为第一位的最重要的特征。

宜人性：反映大学生在人际交往领域中的人格特征。在人际交往中，大学生要相互理解尊重、真诚守信、宽容豁达、为人谦虚，在行为上要友善助人、易于合作。同时也要摒弃一些不利于人际关系的人格特点，如自我中心、清高自傲等。

道德感：在大学生身上表现出两极性明显的人格特征，正性特征表现在爱国、奉献、大公无私，负性特征表现在自私自利、见利忘义。从宏观道德观的角度来分析，他们具有爱国热情，忧国忧民，富于正义感；从微观道德观的角度来分析，他们又表现出自私自利的特点。这说明，大学生人格中的道德发展并不完善，要认识到自身在道德感上的不足。

开放性：在这一核心人格成分上，当代大学生比较一致地表现出聪明才智与富有活力的特征。大学生是一个富有朝气的群体，他们对新知识表现出渴求的状态，对新生事物持有开放的态度，强调知识的积累与才智的提升，在生活上，他们追求时尚，把握潮流，具有与时俱进的特征。

责任感：这一人格特征体现的是大学生对待学习、生活和工作的态度。在大学期间，大学生的生活是丰富多彩的，除了专业知识的学习外，还要参加各种活动和社会实践，大学生要提高对责任感的功能意识，在学习和活动中积极主动，认真负责，敢于担当，为未来职业生活奠定基础。

务实性：这一人格特征体现出大学生对环境的适应性。大学生能将社会需求与自身发展紧密结合起来，既视国家发展为己任，也将自我发展纳入其中，适应现实、正视环境，脚踏实地。这一特征与当前大学生崇尚实用型价值观是相吻合的。

情绪性：这是涉及大学生心理健康的人格特征，表现出正负两极性：积极的人格特征有热情乐观、内心和谐、情绪稳定，能够调节和管理好自己的情绪；消极的人格特征则是冷漠忧郁、心理冲突、情绪波动大，负性情绪持续时间较长。

大学生作为当代青年的先进群体，其人格发展具有稳定性、冲突性和可塑性等特点。他们对社会角色逐渐适应，人际交往的范围逐渐扩大，对社会的了解日益深入，在充满竞争、注重实效、复杂多元的现代社会，其现代人格特征的表现更为突出。大学生在人格发展上有着提升与完善的空间，需要进行教育与管理，大学生自己也要关注心灵，主动进行人格修正。

## 三、大学生健康人格的塑造

印度有句谚语：态度决定行为，行为决定习惯，习惯决定性格，性格决定命运。如果一个人的人格特征出现异常，不能正确应对各种变化，就会影响个人的生活、学习和工作，严重时还会出现人格障碍。大学生健康人格的塑造不仅关系到大学生本身的健康和成才，而且关系到社会的发展和进步，国家建设的进程和质量。因此，大学生应当掌握塑造健康人格的途径和方法，才能使人格素质趋于完善，创造更加辉煌的人生。

### （一）大学生人格发展的不足

在大学生人格形成、发展过程中，内外环境、主客观等因素会不同程度地影响人格的健康发展，导致人格发展缺陷，严重的还会引起人格障碍。了解人格发展的不足，掌握基本的自我调节方法，对大学生自身成长至关重要。

#### 1. 大学生人格障碍及自我矫正方法

人格障碍是指人格发展的内在不协调，是在没有认知障碍或智力障碍的情况下个体出现的情绪反应、动机和行为活动的异常。多数心理学家认同病态人格区别于精神病，它是正常人格的一种变异，介于精神病和正常人之间。但需要注意的是，人格障碍和精神病是相互转化的，具有严重人格障碍的人群如果得不到及时有效的矫正，会成为精神病的高发人群。由于人格障碍在大学生中属于少数，因而常常不能引起高度重视，但人格障碍的学生一旦滋事，就会产生重大影响。

人格障碍的类型很多，目前尚无统一的分类。参照美国《心理障碍诊断和统计手册》（DSM-V），人格障碍分为三类：第一类以行为奇特或怪异为特点，包括偏执型、分裂型人格障碍；第二类以表演性、情绪性或不稳定性为特点，包括反社会型、边缘型、表演型、攻击型和自恋型人格障碍；第三类以焦虑、恐惧、退缩为特点，包括回避型、依赖型和强迫型人格障碍。

## 心理小贴士

### 人格障碍的形成原因

人格障碍形成的原因比较复杂，大量的研究资料和临床实践表明，生物、心理、社会环境等方面因素都会对人格的形成产生影响。目前一般认为，人格障碍是在大脑先天性缺陷的基础上，遭受环境有害因素的影响形成的。具体来说有以下几方面：一是遗传因素与发育因素；二是童年期精神创伤和不合理教养；三是社会环境因素。总之，人格障碍的形成有多方面的原因，它们可能综合地起着作用。个体人格一旦形成，往往具有一定的稳定性，要改变并非易事，但可以通过加强自我调节和进行各种训练和治疗（包括环境适应能力训练、行为方式指导、人际关系调整等），人格障碍可以在一定程度上得到纠正。

针对大学生中相对常见的人格障碍，以下做简要介绍。

（1）偏执型人格障碍。一般于早年开始，此类人格一旦形成以后即具有恒定和不易改变性。表现固执，敏感多疑，过分警觉，心胸狭隘，好嫉妒；自我评价过高，倾向推诿客观，拒绝接受批评，对挫折和失败过分敏感；有不安全感，常处于戒备和紧张状态之中，对他人的中性或善意采取敌意和藐视的态度，对事态的前后关系缺乏正确评价。这类人在家不能和睦，在外不能与朋友、同事保持融洽的关系，别人只好对他敬而远之。

## 校园案例

小李大一时，常因为一些小事与室友吵架，表现得敏感、猜疑，竞选班干部时因票数不够而没能选上，于是他就开始疑心是室友在联合其他同学故意排挤和压制他。评奖学金时因资格没有达到而落选，更是耿耿于怀，更加确信是同学们和老师合伙害他，常与同学、老师发生冲突，虽然大家好言相劝，耐心解释，但他一点都听不进去。后来他逐渐全神贯注于那些要伤害他的人，不顾学业，之后因多门考试不及格而退学。

小李表现得怀才不遇，无理由地提防同学和老师，听不进意见，是具有偏执型人格障碍的人。小李要想克服人格障碍，就要认识到自身言行的危害性，对自己有正确的和客观的认识；能够分析自己的非理性信念，以此来阻止偏激行为的发生；经常提醒自己不要陷入“敌对心理”的漩涡中，在生活中学会宽容和耐心，学会理解和尊重，并自觉自愿地产生要求改变自身人格缺陷的愿望。

（2）边缘型人格障碍。因介于健康、忧郁症、精神官能症、精神病这四者之间的边缘，故称为边缘人格。主要特征是反复无常的心境变换和行为的不稳定性。他们总是感觉不安，难以解释现实，一方面会过于看高和理想化一些人，而另一方面又会贬低和完全无视别人。他们往往设置很高的期望值，而一旦无法实现，就会过度失望，情绪调节困难。常做出一些冲动性的、无法预料的破坏行为，如偷窃、乱花钱、实施暴力等。

（3）反社会型人格障碍。是对社会影响最为严重的类型，最明显的特点是行为与整个社会规范相背离。这种人对他人的感受漠不关心，缺乏责任感，缺乏同情心，情感肤浅而冷酷，行为受本能欲望、偶然动机和情感冲动所驱使，具有高度的冲动性和攻击性。他们的对外认识能力完好，但对自己的人格缺陷缺乏觉知，自私自利，自我评价过高，缺乏悔恨感与羞惭，对行为不加深入思考，不计后果，也不能从经验中吸取教训，法纪意识较差。

（4）依赖型人格障碍。主要特点是自主精神比较弱，缺少独立意识，依恋他人，对亲近与归属有过分的渴求，这种渴求是强迫的、盲目的、非理性的，与真实的感情无关。敏感多思，控制情绪的能力较差，不果断，也缺乏判断力，不太注意自己参与决策的能力，遇事没有主见，生活中总是依靠别人为自己做出决定。过分依附于他人，在自己意见与别人不同时总是选择顺从的态度，心理资源有限。

（5）自恋型人格障碍。基本特征是过分自我关注、自我中心、自夸自耀，认为自己比周边的人都完美，强迫别人认可自己，无根据地夸大自己的成就和才干，把自己视作“特殊人才”，认为自己的想法是独特的，只有特殊人物才能理解。他们期待别人的赞美，不能接受别人的建议和批评；爱以极端的眼光看人，并有很强的嫉妒心，很难理解别人的苦处和难处。具有高度的幻想性，总是生活在理想的世界中，面临挫折时易导致心理崩溃。

（6）强迫型人格障碍。通常认为自身的行为是正确及理性的，以刻板固执、墨守成规、缺乏应变能力为特点。这类人做事往往谨小慎微，希望所有事都能做到尽善尽美，注重细节、反复思索、按部就班，希望所有事都能按照既定的程序发展，以缓解内心因不确定而带来的不安全感。在生活中他们常会用严苛的尺度衡量周围事物，要求他人严格按照自己的方式行事，易使自己和身边的人陷入紧张、焦虑的氛围。

## 校园案例

小马是大一的女生，她的生活非常模式化，早上七点起床，八点上课，中午休息半个小时，下午花两个小时在图书馆阅览室的角落位置看书，然后晚上会到教室自习忙到十点。同学们非常敬佩她的用功，但是她的成绩却一直不太好，因为她无论在图书馆或自习室一定要先摆好凳子，把书包整理一遍，削铅笔，清理碎屑……把这些全部做完之后才看一小会儿书。她平时不怎么出去玩，并且对周围的人很苛刻，因此没什么朋友。

小马的症状是典型的强迫行为。要改变这种状态，在生活中，小马要转移注意力，丰富生活；树立信心，果敢行事；培养兴趣，多做令自己身心愉悦的事。

（7）表演型人格障碍。又称癔症型人格障碍，女性较多见，是一种以过分感情用事或夸张言行以吸引他人注意为主要特点的人格障碍。行为特点是表情丰富，喜怒哀乐皆形于色，矫揉造作，装腔作势，喜欢凑热闹，爱出风头，渴望被人赞扬和注意，追求剧场效应；情绪几乎是反应性的，且反应过度，给人一种肤浅、卖弄、没有真情实感的印象。过分重视身体和服饰的吸引力，不会注意事实，不情愿或不会对问题和处境做出理智的判断分析。

（8）分裂型人格障碍。这是一种以观念、外貌和行为奇特以及人际关系有明显缺陷，且情感冷淡为主要特点的人格障碍。社会隔绝，行为古怪，多疑是其特征性表现。这类人一般较孤独、谨慎保守、沉默隐匿，不爱人际交往，不合群、古怪。他们的观念离奇，具有魔术式思考、玄幻的想象、荒唐的推理、意料不到的异端层出不穷，有时会被人们看成是“奇人”。他们也会因此而痛苦，但并不能意识到自身的问题。

（9）回避型人格障碍。主要特点是懦弱胆怯，自幼表现为胆小、易惊恐。由于害怕被拒绝或批评，尽量避免社交活动；敏感羞涩，对任何事物都表现出惴惴不安，心理自卑、行为退缩；面对挑战采取逃避态度或不能应付，惯于夸大潜在的危险；个人交往十分有限，想与人交往又怕被嫌弃，想得到他人的关心和体贴，又不敢亲近。不敢深入到自己心灵的内部去，要被迫应对众多的心理防御机制。

## 校园案例

小吕是二年级的学生，进入大学两年来，她做任何事情都独自一人，很少参加社交活动，因为她总觉得自己不被人喜欢，担心自己的言行不当而被人讥笑、讽刺。如果卖报纸的人没有对她微笑或者营业员稍微有些不耐烦，她就觉得自己不讨人喜欢，还会因此心烦意乱、非常沮丧。在公共场合，她表现得非常胆小、拘谨，感到自己能力不足。

小吕的情况属于回避型人格障碍，又称焦虑型人格障碍，或逃避型人格障碍。形成的主要原因是自卑心理。回避型人格障碍者要想超越自我，要从两方面着手，一是消除自卑感，二是克服交际障碍。要有持久的努力，循序渐进地把需要改进的任务分解成逐步达成的小目标，通过每一次成功激励自我，消减消极的自我暗示，找到属于自己的晴朗天空。

上面列举了主要人格障碍类型的一些主要特征和表现，而人格异常的人与普通人实际上并无明显的界限，往往很难归类至某一特殊的人格异常类型。因此，人格异常的分类只是有益于观念上的区分而已，对于具体情况的分析，应该根据临床诊断和治疗来进行。

人格障碍的矫正虽然有一定的难度，但也不是什么“不治之症”。实践表明，有相当一部分人格障碍者，在精神科医生和心理学家的指导下，通过自身的努力，在可能的限度内会取得满意的效果。下面简单介绍几种人格障碍的自我矫正方法。

（1）反向观念法。是改造认识歪曲的一种有效方法，指自己主动与原有的不良自我观念唱反调，原来是以自我为中心，现在则应逐渐放弃自我中心，学习设身处地为他人着想；原来爱走极端，现在则学习多方位考察问题，来点中庸；原来喜欢过度规则化，现在则偶尔放松一下，学习无规则地自由行事。采用反向观念法克服缺点的要点是：先对自己的错误观念进行分析，然后提出相反的改进意见，在生活中努力按新观念办事。这种自我分析可以定期进行，几天一次或一星期一次，也可以在心情不好或遭遇挫折之时进行。认识上的错误往往被内化为无意识的层次，通过上述自我分析，就可以把无意识层次上升到有意识的自觉层次，这有助于发现和改进自己的不良人格状态。

（2）习惯纠正法。人格障碍者的许多行为已成为一种习惯，破除这些不良的习惯有利于人格障碍的矫正。以依赖型人格为例，实施这种方法有三个要点：一是清查自己的行为有哪些是习惯地依赖别人去做的，有哪些是自主决定的，你可以每天做记录，记录一个星期。二是将自主意识很强的事归纳在一起，如果做了，则当作一件值得庆贺的事，以后遇到同类情况应坚持做；如果没做，以后遇到同类情况则应要求自己去做。而对自我意识差、没有按自己意愿去做的事，应提出改进的办法，并在以后的行动中逐步实施。例如，在制订某项计划时，你听从了朋友的意见，但你对这些意见并不欣赏，便应把自己不欣赏的理由说出来，这样，在计划中便渗透了你自己的意见，随着你的意见的增多，你便能从依赖别人意见逐步转为完全自主决定。三是找一个你信赖的人做监督者，并与监督者订立双边协议，当你有良好表现时，予以奖励，当你违约时，予以惩罚。

（3）行为禁止法。对于人格障碍者的许多不良行为，可以采取该法。例如，一个偏执型人格障碍的人当对一件事忍无可忍而将要发作时，对自己默念如下指令："我必须克制住自己的反击行为，我至少要忍10分钟。我的反击行为是过分的，在这10分钟内，让我分析一下有什么非理性观念在作怪。"采取这种方法后不久，你就会发现，每次你认为怒不可遏的事，只要忍上几分钟，用理性观念加以分析，怒气便会随之消减。不少你认定极具威胁的事，在忍耐了几分钟后，你会发现灾难并未降临，不过是自己的一种无谓担忧罢了。

（4）情绪调整法。人格障碍者多伴有情绪障碍。例如，戏剧型人格的情绪表达太过分，旁人无法接受。采用此法首先要做到的便是向你的亲朋好友做一番调查，听听他们对你的看法。对他人提出的看法，应持全盘接受的态度，千万不要反驳，然后扪心自问一下，上述情绪表现哪些是有意识的，哪些是无意识的；哪些是别人喜欢的，哪些是别人讨厌的。对别人讨厌的坚决予以改进，对别人喜欢的则在表现强度上力求适中。对无意识的表现，将其写下来，放在醒目处，不时地自我提醒。此外，可请好友在关键时刻提醒一下，或在事后对自己的表现作一评价，然后从中体会自己情绪表达的过火之处。这样坚持下去，你的情绪表达就会越来越得体和自然了。

**2. 大学生常见的人格缺陷及调适**

人格缺陷是介于正常人格与人格障碍之间的一种状态，是一种人格发展不良倾向，或者说是轻度的人格障碍。大学生在人格发展中的缺陷主要有：自卑、懒惰、拖拉、粗心、鲁莽、怯懦、急躁、悲观、孤僻、多疑、狭隘、冷漠、被动、骄傲、虚荣、敌对、破坏、冲动等。这些人格缺陷不仅影响大学生的活动效率，妨碍正常的人际关系，还会使生活蒙上一层消极、阴暗的色彩。下面将一些常见的人格缺陷的特征及其调适方法介绍如下：

（1）拖拉及其调适。拖拉是指可以完成的事而不及时完成，今天推明天，明天推后天，正是："春天不是读书天，夏日炎炎正好眠，秋多蚊虫冬又冷，一心收拾待明年"。导致拖拉的原因，一是试图逃避困难的事，二是目标不明确，三是惰性作用。拖拉一方面耽误学习、工作，另一方面也导致心理压力，引起焦虑，总觉得要做的事情没有完成，做别的事情难以安心，常常贻误时机。

改变拖拉的方法：①承认拖拉是一种无益的生活方式，有危害性；②分析自己拖拉的原因，下决心改正；③科学安排时间，将要做的事情按照轻重缓急排序，一件一件完成；④要敢于做不合心意或需要花大力气的工作，早动手做，完成时就会有成就感、满足感、欣喜感。

（2）懒惰及其调适。生活中部分大学生表现得懒懒散散、疲疲沓沓、得过且过、"做一天和尚撞一天钟"，缺乏进取精神。懒惰是不少大学生为之感到苦恼又难以克服的一种人格发展缺陷，是意志活动无力的表现。大学校园内曾经流行着这样的打油诗："人生本该HAPPY，何必整天STUDY，只要考试PASS，拿到文凭GOAWAY"，就是这些大学生的真实写照。

处于懒惰状态的大学生也常感到内疚、自责、后悔，但又觉得无力自拔，心有余而力不足，其主要原因是：想得多做得少，缺乏毅力。

改变懒惰的方法：①要充分认识懒惰的危害性，确立一个坚定而有价值的理想；②振作精神立即行动，从日常小事做起，并努力做到不给自己找借口，不原谅自己的偷懒，力争今日事今日毕；③多与人交往，多关心外部世界，多参加有益身心的社会活动。

（3）悲观及其调适。有些人对世事所怀消极的看法，遇到不如意、失败的情况时便垂头丧气、怨天尤人，一旦面临重任、挑战便觉得无能为力，自己甘愿失败，对前途失去信心，心灰意冷。引起悲观的既有人生态度、意志品质方面的原因，也有认知错误、个性不成熟的因素，还有些人则是因为理想破灭、道路坎坷而灰心丧气。有的大学生常从消极的角度去看问题，总是将眼睛盯着伤心、弱点和困难的方面，或者认为失败无法改变。这种悲观心理的发展，会使人变得浑浑噩噩，毫无生气可言，甚至厌世轻生。这种不健康的心理对人身心的危害极大。

改变悲观的方法：①改变自己的认知方式，别盯住消极面，学会辩证地看待问题；②培养自己多方面的兴趣与爱好；③用动态活动转变情绪，多参加集体活动，多加强体育锻炼；④培养乐观的性格，多看幽默剧、喜剧片等能给人带来笑声的节目。

## 心灵咖啡

斯帕基·安德森（Sparky Anderson）是棒球运动史最成功的教练之一。他曾经担任了近30年的主教练，他率领的球队的获胜次数在棒球运动史上名列第三，他还是唯一的在世界系列冠军赛中同时赢得美洲杯和美国杯冠军的教练。看他的赛绩，我们很容易把他想象成一个充满信心、乐观的人，但是我们想错了。每当安德森穿上运动服准备上阵时，激励他的却是另一种力量——对失败的恐惧。尽管他指导了近400场比赛，但在每个即将比赛的清晨他都会紧张，这种状态能持续一整天。他预想每一件可能出错的事情，估计球队每一种可能失利的结局。他每次一想起将要到来的下一场比赛，都会紧张得双手颤抖，甚至端不稳一杯咖啡。

人们通常会认为，乐观的人比悲观的人更容易带来快乐和成功，体验的压力和抑郁更少。而安德森为我们展示了某些人在面临任务时使用的另一种应对策略。研究者把这些人称作防御性悲观者。与只是期待失败的悲观者不同的是，防御性悲观者忧郁、恐惧的预期只是在应对即将来临事件时所采用的缓解策略的一部分。并不是说防御性悲观者想要失败，而是对失败的恐惧激励了他们，往最坏方面想似乎也帮助一些人做得更好。但从心理健康角度看，乐观者比悲观者要健康。因为乐观者免疫系统更强，喜欢建立广泛的社交网络，对前景的乐观能够导致健康的态度和行为。

（4）急躁及其调适。急躁表现为遇到不顺心的事情马上激动不安；做事缺乏充分准备，盲目行动，急于达到目的，缺乏耐心、细心、恒心。性情急躁的人说话和办事快，竞争意识强，容易冲动，心情常常处于紧张状态。常会忙中生乱，祸及自己与他人。大学生在学习上表现出急躁特点的人为数不少，这类人常常什么都想学，而且想短时间内就学会，唯恐自己比别人落后，急于求成，但实际效果常常达不到自己所期望的目标，从而泄气、发怒，既影响自己的健康和效率，又妨碍人际交往。

改变急躁的方法：①行于思后。要加强自我涵养，自觉地养成冷静沉着的习惯，把精力用到积极思考之中。②改变行为。要细心、认真行事，控制说话语速，有条不紊地做事情。③善于制怒。应把制怒格言铭记在心，时时提醒自己遇事要冷静。④松弛疗法。坚持静养训练，常听一些轻松、恬静的音乐，闭目养神，使肌肉、神经处于完全放松状态。

### （二）大学生人格完善的途径和方法

社会现代化发展和成功的先决条件，就是人格的现代化。面对21世纪的挑战，当代大学生必须认真做好人格上的准备。大学阶段是人格完善与定型的重要时期，大学生心理健康教育的使命就是要使大学生具备优良的人格素质。

#### 1. 形成正确的世界观和人生观

人之所以为万物之灵，是因为人所独有的复杂而丰富的内心世界，它的核心就是一个人的世界观与人生观。有了正确的世界观和人生观，就能形成积极的生活态度和适应的行为方式，科学地分析发生的事情，冷静、妥善地对待这些事情，提高对心理冲突和遭受挫折的耐受能力，从而保证心理反应适度，保障心理行为健康发展。

#### 2. 了解人格特点，学会自我教育

人格的培养和塑造，其最终目的是改正缺点，吸收优点，不断完善自我。所以，要了解自己的人格，对自己有一个客观、全面的评价，学会接受自己，努力发挥自己的优势、潜能，学会将优良的人格特征作为自己的努力方向，对自己人格中的缺点或不足要努力克服，对自己无法弥补的缺陷，能够泰然处之。在生活中要促进个体化个性化，学会反省，培养积极的自我观念，保持良好的心境，培养自我调控能力等，在认识自我、悦纳自我、延伸自我、创造自我中健全自己的人格。

#### 3. 学习心理知识，加强人文修养

培根说过："读史使人明智，读诗使人灵秀，数学使人周密，科学使人深刻，伦理学使人庄重，逻辑修辞使人善辩，凡有所学，皆成性格。"知识是塑造现代人格的必备条件，所以学习知识、增长智慧的过程也就是人格优化的过程。大学生活中，一些同学的人格缺陷是源于知识的贫乏，而丰富的知识易使人自信、坚强、礼貌和谦和。具备一定的心理知识和人文素养，就等于拥有了心理健康的钥匙，掌握了心理素质完善和人格健康的主动权。大学生应在课余时间，好好读书，多读好书，丰富自己的内心世界，陶冶情操。

#### 4. 建立良好关系，融入集体生活

人格的发展、塑造是个体实现社会化的过程，是个体与他人、集体、社会相互作用的过程，健康的人格只有在与人交往中才能体现出来。正如马克思指出的：只有在集体中，个人才能获得全面发展其才能的手段，也就是说，只有在集体中才能有个体的自由。集体是塑造健康人格的土壤，是锻炼人格品质的熔炉。在集体中，个体要学会关心他人，真诚待人，消除自我中心主义，保持自尊和独立，处理好竞争与合作、个人荣辱与集体利益的关系，有针对性地调整自我，集体也会帮助个体择优汰劣。

#### 5. 参与社会实践，培养良好习惯

实践是人格发展的必由之路。一个人的勤奋、坚韧、乐观、细致等人格特征都是长期实践锻炼的结果。大学生正处于自我意识高度发展的阶段，只有积极参与各种社会实践，才能把握好自己的角色行为，认识自己的人格特征，培养独立精神和自主能力，使身心获得有益的调整，整合与优化人格。心理学研究表明，良好的行为习惯有助于改变人格的内在品质和

结构。大学生培养良好习惯的过程就是自我磨砺的过程，从眼前的每一件小事做起，持之以恒，无数良好的小事便可“聚沙成塔”，不断强化，终能实现自己确定的健康人格目标。

## 心理训练

**活动一：自我探索**

### 大学生人格问卷（UPI）

指导语：以下问题是为了了解并增进你的身心健康而设计的调查，请你按照题号顺序阅读，在你最近一年中，常常感觉到、体验到的项目的题号选择“是”，没有感觉过的项目的题号选择“否”。注意只有两种选择。请认真地填写。

1. 食欲不振
2. 恶心、胃难受、肚子疼
3. 容易拉肚子或便秘
4. 关注心悸和脉搏
5. 身体健康状况良好
6. 牢骚和不满多
7. 父母期望过高
8. 自己的过去和家庭是不幸的
9. 过于担心将来的事情
10. 不想见人
11. 觉得自己不是自己
12. 缺乏热情和积极性
13. 悲观
14. 思想不集中
15. 情绪起伏过大
16. 常常失眠
17. 头疼
18. 脖子、肩膀酸痛
19. 胸疼憋闷
20. 总是朝气蓬勃的
21. 气量小
22. 爱操心
23. 焦躁不安
24. 容易动怒
25. 活着没意思
26. 对任何事都没有兴趣
27. 记忆力减退
28. 缺乏耐力

29. 缺乏决断能力
30. 过于依赖别人
31. 为脸红而苦恼
32. 口吃，声音发颤
33. 身体忽冷忽热
34. 注意排尿和性器官
35. 心情开朗
36. 莫名其妙地不安
37. 一个人独处时感到不安
38. 缺乏自信心
39. 办事畏首畏尾
40. 容易被人误解
41. 不相信别人
42. 过于猜疑
43. 厌恶交往
44. 感到自卑
45. 杞人忧天
46. 身体倦乏
47. 一着急就出冷汗
48. 站起来就头晕
49. 有过失去意识、抽筋的症状
50. 人缘好受欢迎
51. 过于拘泥
52. 为犹豫不决而苦恼
53. 对脏很在乎
54. 摆脱不了毫无意义的想法
55. 觉得自己有怪气味
56. 总觉得别人在自己背后说坏话
57. 总注意周围的人
58. 在乎别人的视线
59. 觉得别人轻视自己
60. 情绪容易被破坏
61. 至今为止，你感到在自身健康方面有问题吗？
62. 曾经觉得自己在心理卫生方面有问题吗？
63. 至今为止，你曾经接受过心理卫生的咨询和治疗吗？
64. 你有健康或心理卫生方面想要咨询的问题吗？

UPI 的记分方法：

UPI 测验完成后，需要计算的只有一个指标，即总分。UPI 问卷共 60 个问题，其中有

4个测伪题（第5、20、35、50题）不记分。

UPI总分的计算规则是：除测伪题（第5、20、35、50题）以外的其他56个题，肯定选择的题记1分，否定选择的题记0分，并求总和。所以，UPI总分最高为56分，最低为0分。

UPI的筛选规则：

UPI的筛选标准视研究需要和使用者的具体情况而定，国内高校普遍采用的筛选标准如下：

第一类筛选标准：满足下列条件之一者应归为第一类：

（1）UPI总分在25分（包括25分）以上者；

（2）第25题做肯定选择者；

（3）辅助题中同时至少有两题做肯定选择者；

（4）明确提出咨询要求者（由于此条选择人数较多，有时不用）。

第二类筛选标准：满足下列条件之一者应归为第二类：

（1）UPI总分在20~25分（包括20分，不包括25分）者；

（2）第8，16，26题中有一题做肯定选择者；

（3）辅助题中只有一题作肯定选择者。

第三类筛选标准：不属于第一类和第二类者应归为第三类。

关于UPI面谈结果的分类与处理建议：

在请来面谈的第一类学生中，通过进一步的诊断，将学生分为A、B、C三类。关于A、B、C三类如何判定，主要是根据心理咨询师的经验。下面的特征可供诊断时参考：

A类：心理异常，如精神病（如精神分裂症等）和各类神经症（如恐惧症、强迫症、焦虑症、抑郁症等），明显影响正常生活者。

处理建议：建议进一步预约心理咨询，填写学生心理档案，并可选择相应专业心理测试作为诊断依据。对于进一步确诊为A类的学生，应及时上报心理健康教育中心，与中心一起商议处理意见。

B类：心理正常，但存在一定程度的心理问题（严重或一般心理问题），如人际关系不协调、新环境不适应等，有一定时间的病程，但心理问题没有充分泛化，仍能够维持正常学习和生活。

处理建议：建议进一步预约心理咨询，填写学生心理档案，并可选择相应专业心理测试作为诊断依据，排除A类可能性。对于确诊为B类的学生，可建议其到心理健康教育中心或专业心理咨询机构进行心理咨询，直到症状明显好转或消失。

C类：心理正常，存在一般心理问题，但症状不明显或已经解决。

处理建议：建议通过面谈，排除A、B类可能性；告知心理咨询的原则、目的和意义，提醒该类学生在出现心理困扰时及时向心理健康教育中心或专业心理服务机构求助。

**活动二：活动体验**

## 认识你自己

目的：让每个同学深入了解自己的独特性。

工具：卡片、笔。

步骤1：首先每个同学在卡片上写出自己的个性特点（含优点、缺点）。

步骤2：将每个同学的卡片混在一起，任意挑选一张，主持人大声朗读，请其他同学猜猜这是谁。

步骤3：引导与分享：鼓励同学看到自己的独特性，因独特而美丽；可以走到同学面前，真诚地赞美对方，如“你的眼睛很有灵性”“你的性格很开朗”等，切忌浮夸，也不要抓住别人的缺陷大加赞美。

**活动三：思考感悟**

### 一位父亲的祈祷词

（麦克阿瑟将军——给爱子亚瑟）

教导我儿子在软弱时能够坚强不屈，在惧怕时能够勇敢自持，在诚实的失败中毫不气馁，在光明的胜利中仍能保持谦逊温和。

教导我儿子笃实力行而不从事空想；使他认识你——同时也认识他自己，这才是一切知识的开端。

我祈求你，不要将他引上逸乐之途，而将他置于困难及挑战的磨炼与刺激之下。使他学着在风暴中站立起来，而又由此学着同情那些跌到的人。

求你让他有一颗纯洁的心，有一个高尚的目标，在学习指挥别人之前，先学会自制；在迈向将来之时，而不遗忘过去。

在他有了这些美德之后，我还要祈求你赐给他充分的幽默感，以免他过分严肃；赐给他谦虚，才能使他永远记着真正的伟大是单纯，真正的智慧是坦率，真正的力量是温和。

然后，作为父亲的我，才敢轻声地说：“我总算这辈子没有白活。”

思考题

1. 在你的成长过程中，父母亲对你人格的形成有哪些影响？
2. 你身上有人格缺陷吗？是什么？对你产生什么影响？
3. 在生活中你是如何克服阻力，改变自己的人格缺陷的？

## 推荐阅读

1. 樊富珉，刘丹．尽展你人格的风采［M］．北京：高等教育出版社，2004.
2. 伯格．人格心理学［M］．北京：中国轻工业出版社，2010.

## 推荐影视

1.《夜色》或《黑夜之色》
2.《美丽心灵》

# 第四章

## 学会学习，启迪智慧——大学生的学习心理及创新

### 任务目标

- 掌握学习的概念和学习的科学策略
- 了解大学学习的特点及常见问题
- 培养创新意识，掌握创新能力开发策略

未来的文盲不是目不识丁的人，而是那些没有学习能力的人。

——（美）阿尔文·托夫勒

### 故事导入

**三个孩子的故事**

有这样三个孩子：一个孩子4岁才会说话，7岁才会写字，老师对他的评语是“反应迟钝，思维不合逻辑，满脑子不切实际的幻想”。他曾经还遭受到退学的命运。另一个孩子曾经被父亲抱怨是白痴，在众人的眼里，他是毫无前途的学生，艺术学院考了三次还考不进去。他叔叔绝望地说：“孺子不可教也!”第三个孩子经常遭到父亲的训斥：“你放着正经事不干，整天只管打猎、捉耗子，将来怎么办?”所有老师和长辈都认为他资质平庸，与聪明不沾边儿。这三个孩子分别是爱因斯坦、罗丹和达尔文。

其实每一个孩子都有一座属于自己的天堂，只是我们不能及时发现他。一个有聪颖智慧和创造力的人，总能在自己感兴趣的领域里获得成功!

### 心灵导航

从高中步入大学，是人生重要的转折，生活方式、角色要求等都发生了一定的改变，但学习仍是大学阶段的主要任务。相比高中而言，学习已不再是单纯为了分数而学习，而是为了未来而学习，这就对学习提出了更高的要求，需要大学生实现从“要我学”到“我要学”转变，从“接受学”到“创新学”转变。

## 一、学会学习

### （一）学会学习的意义

中国有句古话叫“授人以鱼不如授人以渔”，说的是传授给人以知识，不如传授给人学习知识的方法。可见，学会学习不仅是一个方法论的问题，更是一种学习观念。

第一，学会学习是科技日新月异变化的必然要求。据测算，近30年产生的知识总量等于过去2000年所产生的知识总量的总和，到2020年知识总量是现在的3~4倍，到2050年，目前的知识只占那时知识总量的1%。这就要求学生学会自主学习，不断探究学习规律，达到驾驭学习，适应科技迅猛发展的需要。

第二，学会学习是知识经济时代的生存技能。知识经济时代中知识成为最重要的资源。知识存储于个体头脑中，人成为知识的载体。因此，学习型社会已然成为未来社会的基本形态。罗伯特·哈钦斯于1968年发表的《学习型社会》中指出，每个人在任何情况下都可以自由取得学习、训练和培养自己的手段。在知识经济时代，更要学会“活到老，学到老”。

第三，学会学习是实现个人全面发展的关键途径。《中庸》说：“好学近乎知（智）”，思想家王充在《论衡·效力篇》中提出“人有知学，则有力矣”，指一个人有了知识和学问，才会有能力。《三字经》说：“玉不琢，不成器。人不学，不知义”，也充分说明了学习的重要性。

### （二）学习的心理学概述

学习一词，自古有之。孔子在《论语》中有“学而时习之，不亦说乎”，虽将学与习分离开来，但可以发现学习已被关注。《礼记·月令》中提出“鹰乃学习”，便最早将学与习的概念结合在一起。可见，学习这一行为贯穿于人类发展和社会进步的始终。

#### 1. 学习的定义

对于学习的理解，心理学家众说纷纭，但一般认为学习有广义与狭义之分。

广义的学习认为不仅人类有学习行为，动物也有学习行为。学习是个体在特定情境下由于练习或反复体验而产生的行为或行为潜能的比较持久的变化。与广义学习相对，狭义学习是指人类的学习，是人在社会实践过程中以语言为中介，自觉、主动地掌握社会和个体经验的过程。与动物学习相比，其主要特点包括：一是以语言为中介，以交往为过程；二是人类学习是有目的的、自觉的、积极主动的过程；三是学习是个体掌握个体经验和社会历史经验的过程。

而学生学习是人类学习的一种特殊形式，是最狭义的学习，是学生在特定教育情境中，在教师指导下，有目的、有计划、有组织、有系统地掌握间接经验的过程。与一般人类学习相比，有其特殊性，首先，学生学习以系统掌握前人的经验为主，因此，学生学习可以避免人类在探索新知识过程中的坎坷与曲折，直接获得人类先进的认知成果；其次，学生学习是在教师指导下的有目的、有计划、有组织、有系统、有步骤地进行的活动，因此学习效率较高；最后，学生学习内容涉及面广，包含知识的掌握、技能的提升、体质的锻炼和道德的培养等。

2. 学习的心理学理论

关于学习影响较大的理论有行为主义学习理论和认知主义学习理论。

（1）行为主义学习理论。行为主义学习理论强调复杂行为是建立在条件联系上的复合反应，学习是刺激与反应之间建立联结的过程。他们把环境看成是刺激，把伴而随之的有机体行为视为反应，强调学习活动所引起的外部行为变化。代表人物有桑代克、华生、斯金纳和班杜拉等。美国心理学家华生是行为主义心理学的创始人，提出了 S（刺激）—R（反应）的联结，指出一切复杂行为都取决于环境的影响。桑代克在使用猫进行实验后提出学习是一个不断试误的过程，并总结出情境与反应之间联结的效果律、准备律和练习律。巴甫洛夫在进行经典条件作用实验后提出了保持与消退、泛化与分化的概念。新行为主义学习理论创始人斯金纳使用操作性条件反射实验，发现行为之所以发生变化，是由于强化作用。班杜拉是社会学习理论的创始人，认为来源于直接经验的一切学习现象实际上是观察学习的结果。

（2）认知主义学习理论。认知主义学习理论认为学习是有机体积极主动地形成新完形或认知结构的过程。因此，在学习条件方面，要注重学习的内部条件（如过去经验、背景知识、心智知识水平等），强调学习者在学习中的主动性和积极性，以苛勒、勒温、布鲁纳和托尔曼等为代表。德国格式塔心理学的主要创始人苛勒提出了顿悟说：一是认为学习的实质是在主体内部构造完形。所谓完形，也称“格式塔”，指的是一种心理结构，它是在机能上相互联系和相互作用的整体。一切学习，其实质均在于通过对情境中各部分之间关系的理解而构造完形，学习并非是在情境与反应之间建立联结。二是学习是通过顿悟过程实现的，顿悟是指对情境的突然理解。

（三）大学生学习中的心理困扰

大学生正从繁重单一的高中学业向专业多样的大学学业转变，学习方法、学习策略等方面出现较大差异，因此，大学生在动机、情绪、意志和理想信念等方面会存在问题，导致学习中出现各种心理困惑，主要表现如下。

1. 学习动机不当

动机是指引起和维持一个人的行为活动，并使之朝向某目标的心理倾向。动机不同其行为表现必然会出现差异。学习动机是推动学生进行学习活动的内在原因，分为内在学习动机和外在学习动机。内在学习动机是推动大学生稳定持久学习和获得积极学习体验的根本因素。学习动机有强与弱之分，过强或过弱都可能导致学习者无法取得预期学习效果。大学生学习动机不当其外在表现为：

**延伸阅读**

心理学家耶基斯和多德森的研究证实，动机强度与工作效率之间并不是线性关系，而是倒 U 形的曲线关系。具体体现在：动机处于适宜强度时，工作效率最佳；动机强度过低时，缺乏参与活动的积极性，工作效率不可能提高；动机强度超过顶峰时，工作效率会随强度增加而不断下降，因为过强的动机使个体处于过度焦虑和紧张的心理状态，干扰记忆、思维等心理过程的正常活动。上述研究还表明：在完成难度适中的任务中，中等的动机强度效率最高；在完成复杂和困难的任务中，偏低动机强度的工作效率最佳（图 4-1）。

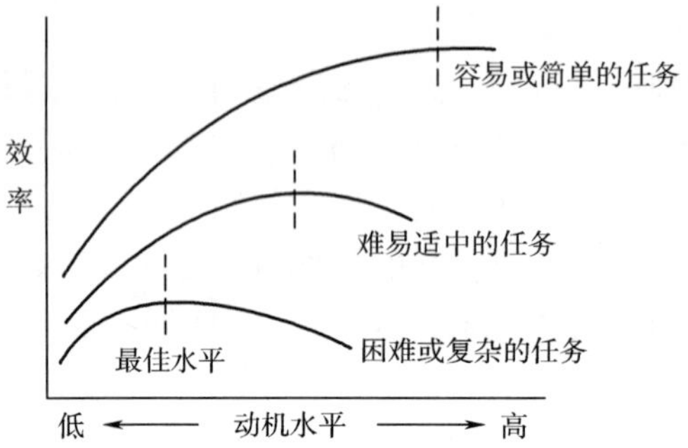


图 4-1 耶基斯-多德森定律图

（引自：韩敬波．心理学［M］．北京：教育科学出版社，2012.）

第一，被动学习。学习无兴趣，不愿意上课，经常上课迟到早退；课堂上注意力分散，不能积极主动思考；学习无计划，课后学习不主动，作业拖拉，敷衍了事。

第二，盲目学习。学习动机不是来自个体内部，考什么就学什么，超过此范围的就不学；有很多目标，但都是为了迎合同辈团体的舆论而制定的。别人学什么，自己就学什么，在摇摆不定中搞“多头出击”，一旦遇到挫折，便放弃一切。

第三，学业自我效能感低。自我效能感由美国心理学家班杜拉提出，是指人对自己能否成功地进行某一成就行为的主观判断。研究表明，自我效能感强的人，其自信心强，而自我效能感缺乏的人，必然缺乏自信心。自信心的缺乏不仅影响学生学习活动的选择、学习目标的确立和学习努力的程度，更直接影响学习任务的最终完成。

学习动机不当对大学生有危害，往往会带来学生成绩下滑、意志消沉等问题，若长期得不到解决，会带来失眠、记忆力下降和精神萎靡等身心不适的症状。那么大学生应如何进行自我调节呢？

第一，明确学习目标，树立学习理想。调查显示有目标和没目标的人其最终的职业归宿如下，27%的人没有目标，成为乞丐；60%的人有模糊的目标，成为上班族；10%的人有清晰的目标，成为专业人士；3%的人有清晰目标，且记录下来，成为顶尖人物。因此，学习目标对于学习者来说，一是学习的依据，二是学习挫折的鞭策。

## 心灵咖啡

1952 年，世界著名的游泳选手弗洛仑思·查德威克从卡德林那岛游向加利福尼亚海滩。当她游近加利福尼亚海岸时，嘴唇已冻得发紫，全身一阵阵地寒战。她已经在海水里泡了 16 小时。远方，雾霭茫茫，使她难以辨认伴随她的小艇。“只有一英里远了”，他们告诉她。浓雾使她难以看到海岸，她以为别人在骗她。于是查德威克最终放弃了。

后来她告诉记者说，如果当时她能看到陆地，就一定能坚持游到终点。两个月后，查德威克又一次尝试游向加利福尼亚海岸。还是浓雾笼罩，海水冰凉刺骨，她也同样望不到陆地。但这次她坚持着，她知道陆地就在前方；她奋力向前游，因为陆地在她的心中。

（引自：你能当总统．http：//wenxue. yeawe. com）

第二，制定切实可行的学业生涯规划，增强自我效能感。学业生涯规划的制定要做到分阶段分步骤，从小目标开始，增加学习自信，只有克服了心理障碍，才能抛开对学习的厌倦，轻松快乐学习。

第三，学会正确科学的归因，培养学习兴趣。学习上出现成绩不理想等现象的原因有很多，一般可归为内因和外因。学习者如自我评价过低，不仅会导致厌学，更会影响他们的心理和人格发展。因此，学习者要学会形成正确的自我意识，找出内因和外因，并将内因与外因加以区分。

## 延伸阅读

### 韦纳的三维归因模式

韦纳将自己或他人行为的原因进行归纳，区分为原因源、稳定性、可控性三个维度。原因源是指当事人自认影响其成败因素的来源，是以个人条件（内控），抑或来自外在环境（外控）。稳定性是指当事人自认影响其成败的因素，在性质上是否稳定，是否在类似情境下具有一致性。可控性是指当事人自认影响其成败的因素，在性质上是否能由个人意愿所决定。韦纳的三维度归因模式可以简明地表示为表 4-1。

**表 4-1　　韦纳三维度与六因素归因模式**

| 归因类别 | 成败归因维度 | | | | | |
|---|---|---|---|---|---|---|
| | 原因源 | | 稳定性 | | 可控性 | |
| | 内因 | 外因 | 稳定 | 不稳定 | 可控 | 不可控 |
| 能力 | √ | | √ | | | √ |
| 努力 | √ | | | √ | √ | |
| 任务难度 | | √ | √ | | | √ |
| 运气 | | √ | | √ | | √ |

（引自：韦纳．管理心理学［M］．成都：西南财经大学出版社，2001.）

第四，掌握科学的学习方法。大学学习与高中之前的学习存在着较大的差异，部分学生未能很好地适应，出现学习方法不当的情况，因此，可以通过同学间相互交流、团体辅导等途径，探索有效的学习方法和策略。

**2. 学习方法不适应**

法国物理学家朗之万认为“方法的得当与否往往会主宰整个读书过程，它能将你托到成功的彼岸，也能将你拉入失败的深谷”，可见，掌握正确的学习方法将大大提高学习效率。学习方法不适应往往表现为：

第一，学习无计划。“凡事预则立，不预则废”这一道理同样适用于学习。但有些同学对于学习没有打算，缺乏主动安排，抱着走一步算一步的心态，往往局限于应付作业与考试，陷入别人要我做我就做的僵局中。

第二，不会管理时间。每天忙忙碌碌，经常加班加点，但忙不到点子上；平时松松垮垮，考试抱佛脚，这些都是不善于利用时间的体现。

第三，死记硬背，不能适应大学学习特点。老师上课讲什么就记什么，不会主动思考和深入理解，不能掌握记忆的方法与技巧，如：课前不预习、上课不会听讲、课后不复习，知识结构体系不牢固等。

## 校园案例

### 小李和小王

小李是某大学建筑学专业学生，他学习很刻苦，成绩很优异，但是小王却恰恰相反，成绩不理想。在一次学习活动的团体辅导中，他们的陈述如下：

小王："我很喜欢自己的专业，也很想学好它，但是从来没有课前预习的习惯，看书就像蜻蜓点水一样，停留于字面理解，也不去多想。上课的时候我也很认真，但是不做笔记，往往下了课以后我就把上课的重点和难点都忘记。对于老师多讲的东西我都是胡子眉毛一把抓，也从来不去归纳总结。我喜欢考试之前突击，经常死记硬背，有时候可以短暂地应付考试，但是吧，不知道怎么把所学的知识用起来，往往在一些论文写作和建筑设计实践的过程中我就很痛苦，不会。"

小李："我有个习惯，就是在图书馆看书的时候喜欢带着问题去看，而且在旁边做上批注，这样能使我的注意力保持集中，而且读完能知道大致的重难点。另外，我喜欢给自己列计划，计划自己每个时间段该干什么。在复习时就可以把教材和笔记中的重点内容整理成提纲，反思和检查自己在哪些方面存在问题，然后重点复习这些内容。"

上述两位同学以基本一样的成绩考入相同专业，其智力上应该说二者没有本质差异，但是在大学里小王和小李在学习上就拉开了差距，关键还是在于小王还在用高中应对高考的方法在学习，不适应大学生的学习特点，不能运用正确的学习方法。

**3. 考试焦虑**

考试焦虑是一种常见的学习心理问题。心理学研究表明，不同程度的考试焦虑，对学生的考试成绩有着不同的影响。轻度焦虑的人考试成绩通常较好，过度焦虑的人比焦虑程度低的人成绩更差，中等焦虑的人在知觉测验上的成绩最佳。因此，适度的焦虑对于学习效率的提高起到一定的作用。一般过度焦虑的表现如下：

第一，心理表现。情绪上出现担忧、焦虑、烦躁不安等情况，认知上出现注意力不集中、记忆力下降，思维僵化等。

第二，行为表现。考试前出现坐立不安，手足无措，频频上洗手间等。

第三，生理表现。出现头痛、食欲下降、恶心、心慌、失眠、发抖、手足出汗等情况，甚至在考场上出现视觉障碍，如看错题，漏题、答错题等。

## 延伸阅读

心理学家曾做过一个实验：在给小小的缝衣针穿线的时候，越是集中注意力，越是瞄准目标，线却是越难以进入那小小的针眼。也就是说目的性越强，越不容易成功。这种现象在心理学上称为“目的颤抖”，俗称“穿针心理”。

（引自：王宇中，等．大学生心理健康教育［M］．郑州：郑州大学出版社，2013.）

大学生在考试前出现过度焦虑情绪的因素涉及方方面面，有个人原因，也有外在因素。一般受人格特征、知识储备、应试能力、期望水平、考试经验和复习方法等多种因素的影响。因此，面对过度的考试焦虑情绪，大学生要学会自我调节和自我放松：

第一，正确认识考试。考试是考查学习者掌握知识和技能的一种方式与方法，并不能完全以考试成绩来评价个人能力素质的高低。考试成绩只是个体阶段性学习成果的体现。

第二，制定科学合理的学习与复习计划。避免出现考前临时抱佛脚的现象，提早进行考前复习，并制定包括锻炼身体计划、学习计划等在内的复习计划。

第三，学会放松调节和合理宣泄。采用呼吸放松、肌肉放松、听音乐放松和想象放松，及时排解抑郁和焦虑情绪，通过大喊、运动或心理咨询等方式合理宣泄。

第四，使用自我激励，进行自信心训练。自信心训练一般分为两个步骤：一是考试焦虑的自我意识，学会主动观察生理和情绪反应。第二是自我质辩，即对消极自我意识中不合理成分进行质辩，指出其中的不合理性和不必要性。

## 校园案例

### 一听说考试就紧张

丽丽，女，22 岁，大三，汉语言文学专业，父母均为农民，文化程度较低，对其要求严格，家庭经济情况一般。

自述紧张，害怕，注意力不集中，入睡困难，已经 2 个多月了。因为进入大学不再像以前那样用功学习，成绩下降，期中考试成绩一般，其中一科没及格，补考了才勉强通过。前两个月参加学校组织的毕业生经验交流会时听到一个学长说考试挂科，成绩不好，什么奖项都没有，别想找到好工作。听完座谈会后非常着急，看着身边的同学不少都拿到了奖学金或者其他奖项，自己什么都没有，而且马上就要准备找工作了，但是自己不但什么奖励都没有，而且还挂过科，肯定找不到好工作，再加上父母要是知道后会更加指责自己。从此以后，只要听说考试就紧张，心跳加快，非常害怕，感觉在同学中抬不起头来，认为自己挂过科，同学会瞧不起自己。后来发展到上课的时候也紧张、害怕，下课和同学聊天也不敢提任何关于考试的事情。

本案例中的丽丽属于考前紧张焦虑。其主要原因在于丽丽存在不合理的认知，父母的严格要求和学长的交流使其形成了对于考试及其获得奖励的错误认知，致使后来的焦虑紧张和社会功能的部分障碍。她表现出来的认知模式主要有：一是选择性概括，成绩不好，就找不到好工作；二是主观推断，如果成绩不好，一切都完了；三是选择性注意，过分注意考试，忽视生活中的其他方面。因此，建议消除错误认知模式，建立新的合理认知，通过放松、自信心训练缓解焦虑情绪，帮助其制定考试复习计划，使其获得成功体验。

**4. 学习疲劳**

学习疲劳是指由于长时间的持续学习，在生理和心理等方面产生了倦怠，致使学习效率下降的状况。主要表现为，学习容易走神、上课无关动作增多、易受外界事物干扰，学习效率明显下降。会伴随着生理上的疲劳表现，如头、颈、臂等部位肌肉出现痉挛、麻木、酸胀、疼痛等现象，四肢动作不准确，眼球发胀，头晕目眩，瞌睡不断等。如果长期得不到解决，会造成学习者注意力和记忆力减弱，视觉和听觉出现衰退，甚至神经衰弱。那么如何缓解学习疲劳呢？

第一，善于科学用脑。根据大脑左右半球的结构与思维关联的特点，合理安排学习内容，注意劳逸结合。休息时参加轻微体育运动，如快步走、深呼吸、做体操等；保证充足睡眠，让脑子休息，全身放松，多吸氧气。

第二，养成良好的生活习惯。这不仅是大学生遵守学校规章制度的要求，而且是防止学习疲劳，有效进行学习活动的需要。早睡早起，避免晚睡晚起。

第三，遵循自己的生物节律。每个人的生物节律不完全相同，因此，导致学习者学习风格存在差异。一般人在上午7~10时，精力上升，10时左右精力充沛，处于工作和学习的最佳状态，之后趋于下降，下降到下午5时左右再度上升，到晚上9时左右达到最高峰，晚11时过后急剧下降。

第四，培养学习兴趣。如果对学习兴趣浓厚，即使学习时间长也不易感到疲劳；反之，学习那些兴趣不大甚至厌烦的内容时，就会感到枯燥，很快进入疲劳状态。

### 心理小贴士

**缓解学习疲劳的方式方法**

播放旋律舒缓、轻松的音乐，做一下动作：

第一步，身体直立，双腿分开，双手下垂，均匀深呼吸；

第二步，双膝微屈，上身自然弯曲，身体向下直至双手触地。深呼吸，从想象中努力将烦躁情绪排出体外；

第三步，身体自然下垂，并左右摇动，尽量放松情绪；

第四步，上身缓慢抬起，同时默数1~10，使得身体恢复直立。想象中从脊柱的底部开始，每次活动一个脊柱，同时吸一口气，力图使体内充满新鲜空气，消除疲劳。

## 二、自主学习

学习是人类认识和改造自然的重要活动，是推进人类发展和社会进步的关键活动。大学是学生个人综合素质提升的重要场所，也是学生创造力自主发展的关键时期，因此，在大学阶段培养学生的自主学习能力尤为重要。

### （一）大学学习的特点

大学生处于人生智力发展的高峰时期，其记忆力、观察力、思考力、逻辑思维能力与创造力都有很大的发展。该阶段的学习既不同于高中前的学习，也不同于大学毕业后的社会学习，存在其固有的特点。

#### 1. 学习方式的自主性

大学生约有45%的时间可以自由支配进行自主学习，具体表现在四个方面：①学习计划的制定；②学习方法的选择和学习活动的自控；③学习内容可根据兴趣、专业和未来职业等进行自主选择；④学习的主体转为学生为主，自学能力成为决定大学生学习效果的主要能力因素。

**2. 学习内容的专业性与多样性**

大学在制定人才培养具体标准时，要求大学生掌握基本的专业知识，为后续的职业选择奠定基础。此外，大学生不仅需要掌握本专业知识，还需要拓宽知识面，全面提升个人素质。

**3. 学习途径的多样性**

现代信息来源呈现多渠道，课堂教学已经不再是唯一途径，除课堂教学外，课外实习、课程设计、网络视频、专家报告和社会实践等方式成为现代大学生获取知识的重要途径。

**4. 学习方法的独立性与批判性**

一方面，大学教学内容从介绍既定现有知识向介绍前沿理论争议及最新学术动态的转变；另一方面，教师课堂教学方式由传统灌输式向探究式转变。因此，大学的学习方法随之从过去以记忆为主的再现型向以理解为主的应用型转变，从接受型向汇集众家之长确立个人见解的方向转变。

**5. 学习结果的创新性**

大学生已经具有一定的创造性，表现出一定的探索和研究能力。大学学习不仅是掌握知识，更重要的是探究知识的形成过程与科学的研究方法，了解学科发展前沿，发现存在的问题，提出解决问题的思路，这其实是一个创造的过程，目的是为了培养其创新能力。

**（二）自主性学习的要求**

自主性学习是学习者管理自己学习的能力，自己有目的地学习、有主见地学习、有计划地学习。主要表现在：第一，学习主体在学习活动前自己能够确定学习目标、制定学习计划、做好具体的学习准备；第二，能够对学习进展和学习方法做出自我监控、自我反馈和自我调节；第三，能够对学习结果进行自我检查、自我总结、自我评价和自我补救。那么如何更好地开展自主学习呢？

**1. 树立多元学习的观念**

美国心理学家 Howard Gardner 认为每个人都拥有八种主要智能：言语——语言智能，数理——逻辑智能，视觉——空间智能，音乐——节奏智能，身体——运动智能，交流——交际智能，自知——自省智能和自我观察智能。因此，他强调八种智能因素同等重要，不能将某种或几种智能置于最重要的位置。现代大学生不能单纯学习书本知识，还应注重开发自己的其他智能，形成广义学习观。

**2. 设置合理的学习目标**

具体的短期内能实现的、中等难度的目标有利于激发学习者的学习动机，提高学习效率。一般合理的学习目标包括以下特点：第一，特定指向未来，一方面指目标是在特定时间内完成的，另一方面是指目标是指向特定对象的。第二，现实可行。目标设置时要对学习者做科学的预测和评估，综合分析自身基础、社会要求、学习环境等因素，既知己所长，也知已所短。第三，分层递进。合理的学习目标是在总目标指导下的目标系统，是多层次的。具体目标与总目标之间是不断递进的关系，为实现总目标服务。第四，具体明确可测。在确立学习目标时，应化繁为简，言简意赅，一目了然。同时各项指标应是可测的，尽量减少使用模糊词汇。比如规定掌握外语单词的数量等。

这里需指出，学习目标的确立并不是简单静态个体的过程。学习者在学习过程中要定期检查，根据目标达成度和现实状况的综合分析，适时调整目标和行为方向。

**3. 执行科学的学习策略**

现代学习理论把学习策略界定为学习者在学习活动中有效的学习规则、方法、技巧及调控方式。学习策略可以促进学生智能的发展，形成积极的学习态度和性格特征，从而促成行动上的主动，带来学习效果的提升。唯一最佳的学习策略是不存在的，可以根据自身实际加以选择和运用。常用的学习策略有：

（1）理解和保持知识的策略。复述策略。复述策略是在工作记忆中为了保持信息，运用内部语言在大脑中重现学习材料或刺激，以便将注意力维持在学习材料上的方法。心理学家证明，人的学习83%通过视觉，11%通过听觉，3.5%通过嗅觉，1.5%通过触觉，1%通过味觉。因此，学习者在复述时应保证多感官参与，坚持眼、耳、手和嘴协调统一。

精加工策略。精加工策略是较高层次的信息加工策略，是一种将新学材料与头脑中已有知识联系起来从而增加新信息的意义的深层加工策略。学习者往往对于自己头脑中已经建构的知识较为熟悉，且更易理解，若能将新学知识与已有知识相结合，则理解记忆的效果会大幅度增加。常用的精加工策略有：

- 画线法，包括摘录、画线等。
- 联想法，包括音乐联想法、谐音联想法、首字联想法和视觉联想法等。
- 图形法，包括系统结构图、流程图、模型图、网络关系图等。
- 笔记法，包括记录、简化、背诵和思考四大步骤。
- 归类法，对零散的、个别的项目、单元进行分类与排列。

## 延伸阅读

### 5R笔记法

5R笔记法（表4-2），又叫作康奈尔笔记法，是用产生这种笔记法的大学校名命名的。这一方法几乎适用于一切讲授或阅读课，特别是对于听课笔记，5R笔记法应是首选。这种方法是记与学，思考与运用相结合的有效方法。

具体包括以下几个步骤：

1. 记录（Record）：在听讲或阅读过程中，在主栏（将笔记本的一页分为左大右小两部分，左侧为主栏，右侧为副栏）内尽量多记有意义的论据、概念等讲课内容。

2. 简化（Reduce）：下课以后，尽可能及早将这些论据、概念简明扼要地概括在回忆栏，即副栏。

3. 背诵（Recite）：把主栏遮住，只用回忆栏中的摘记提示，尽量完满地叙述课堂上讲过的内容。

表 4-2　　5R 笔记法记录表

| 主栏 | 副栏 |
|---|---|
| 详记课堂讲述内容 | 简化<br>概括<br>笔记 |

4. 思考（Reflect）：将自己的听课随感、意见、经验体会之类的内容，与讲课内容区分开，写在卡片或笔记本的某一单独部分，加上标题和索引，编制成提纲、摘要，分成类目，并随时归档。

5. 复习（Review）：每周花十分钟左右时间，快速复习笔记，主要是先看回忆栏，适当看主栏。

（引自：陈琦，刘儒德．当代教育心理学［M］．北京：北京师范大学出版社，2007.）

（2）科学有效复习的策略。复习是学习的重要环节，是学生为巩固和理解所学知识在课后重新学习的过程。在复习时应注意：

第一，及时复习。根据艾宾浩斯的遗忘规律，知识的遗忘呈现出先快后慢的规律。在学习新知识后，应及时组织复习。若长时间不进行复习，则将花费更多的时间进行重学。

## 延伸阅读

遗忘曲线（图 4-2）由德国心理学家艾宾浩斯（H. Ebbinghaus）研究发现，描述了人类大脑对新事物遗忘的规律。遗忘在学习之后立即开始，而且遗忘的进程并不是均匀的，最初遗忘速度很快，以后逐渐缓慢。

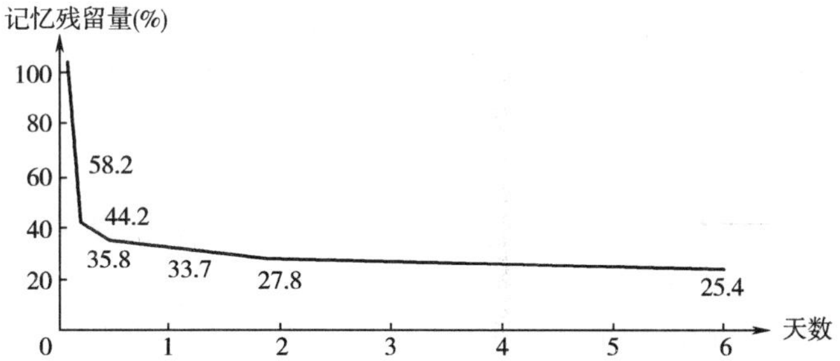


图 4-2　艾宾浩斯记忆遗忘曲线规律

这条曲线告诉人们在学习中的遗忘是有规律的，遗忘的进程很快，并且先快后慢。观察曲线会发现，学得的知识在一天后，如不抓紧复习，就只剩下原来的 25%。随着时间的推移，遗忘的速度减慢，遗忘的数量也就减少。有人做过实验，两组学生学习一段课文，甲组在学习后不复习，一天后记忆剩 36%，一周后只剩 13%。乙组按艾宾浩斯记忆规律复习，一天后保持记忆率 98%，一周后保持 86%，乙组的记忆率明显高于甲组。

（引自：黄希庭．心理学［M］．北京：人民教育出版社，2007.）

第二，分散复习。在进行复习的时候要合理地分配具体复习时间。一般来讲，分散复习的效果要高于集中复习。复习分配的时间间隔以一天为效果最好，一般遵循“先密后疏”的原则。

第三，复习形式多样化。如把新旧材料对比加以复习，尽可能利用多种器官的活动，把看、读、写、听结合起来复习，你问我答等都有助于提高复习效果。

(3) 有效监控学习的策略。元认知策略使得学习者警觉自己在注意或理解方面可能出现的问题，并加以修改。学习时，学习者要学会使用策略去评估学习效果、预计学习时间、选择有效计划来解决问题。这些策略即为元认知策略。一般包括：

第一，计划策略。包括设置学习目标、浏览阅读材料、产生待回答的问题以及分析如何完成学习任务。

第二，监控策略。主要包括学习时对注意加以跟踪、对材料进行自我提问、考试时监视自己的速度和时间等。其中注意监控是监控策略中较为重要的一部分，主要指对学习过程注意力的自我管理和有意识地避免分心等。

第三，调节策略。当对认知活动的结果检查时，如发现问题，则采取相应的补救措施，根据对认知策略效果的检查，及时更正、调整认知策略。如当学习者意识到他不理解课的某一部分时，他们就会退回去读困难的段落。

**4. 养成良好的学习习惯**

没有养成好的学习习惯之前，学习者会感觉学习吃力，学习效果差，甚至产生厌学的情绪。但是如果养成良好的学习习惯，学习就会成为自然而然。

(1) 时间管理。时间管理的核心在于有效利用时间，在最短的时间内获得做事的最佳效益。有效管理时间的方法有：

第一，有计划地使用时间，明确具体目标，按重要程度排序。

第二，集中精力完成最重要的任务。

第三，不要太执着于完美，要追求办事效果。

第四，每分每秒做最高生产力的事情，将没有任何意义的事情删除。

第五，试着为每天的工作制定时间表，每天早上上课前，或者晚上睡觉前，专为每天的工作制定时间表。

第六，了解并遵循自己的生物钟，将优先办的事情放在自己办事效率最高的时间段。

第七，为每个任务或每件事情设置完成的时间点。

第八，学会抛弃。当确定了事情的重要性后，需果断对不重要的事情说“不”。

(2) 资源管理。资源管理是学习者管理可用学习环境和资源的技巧。它主要包括：

第一，利用网络丰富自己的学习。

第二，利用工具书查找信息，学会并熟悉使用各类工具书、各类工具软件等。

第三，处处留心皆学问。

第四，充分利用图书馆。

第五，开拓人际关系，稳定社会支持系统。

## 心灵咖啡

陶渊明归隐时，有一少年书生曾来向他请教求知之道。陶渊明便拉着少年来到田边，指着一棵稻秧说：“你仔细地看一下，看它是不是在长高?”少年盯着稻秧看，怎么看也没见稻秧长高。陶渊明接着说：“其实，它每时每刻都在长，只是我们的肉眼无法看到罢了。正所谓‘冰冻三尺，非一日之寒’！读书求知以及知识的积累，便是同一道理!”少年听后，似有所悟。

## 三、创新学习

大学生作为知识经济时代的生力军，处在最新科学技术和文化艺术的前沿，接受着优秀传统文化的熏陶和西方外来文化的渗透，已具备创新的基础。因此，激发和培养具有创新精神和创新力的大学生成为高等教育人才培养的重要目标。

### （一）创新学习的内涵和要求

创新涉及经济、管理、科技和教育等相关领域，其中创新学习则是创新在学习中的体现，是一种新的学习理念。最早出现在由 James W. Botkin 等人所著的《学无止境》（No Limits to Learning）一书中，报告指出“另一种形式的学习是更必要的学习。这是一种可以带来变化、更新、重建和重新系统地阐述问题的学习——我们称之为创新性学习。”

从心理学上讲，创新学习又称创造性学习，是一个人的感知、记忆、想象、思维等各种心理过程以及人的动机、兴趣、情感和意志等多种心理品质因素相统一的心理过程。其外在的表现是指学生在学习已有知识的过程中，不拘泥于书本或教师所讲的结论，不遵循常规，独立思考，大胆探索，提出具有独到的、新颖的观点和方法或开辟解决问题和分析问题的新方法与新途径等。其中的“新”不单单指新发现、新发展，只要学习者将已发现的原理和方法应用于不同的问题上，也是一种创新学习。

创新学习相对于维持性学习而言，是人们通过已有知识、经验的摄取，经过同化、组合和探索、获得新的知识和能力，提高自身素质，使学习者的内部状态和外显行为发生变化的一种学习活动，有其自身的特点：

第一，主体性。是学生能制定明确的学习目标，在强烈的学习动机驱动下，能自觉主动地学习，根据自身的水平和需要有选择地学习，并独立自主地参加学习的全过程，会调节控制自己的学习过程。

第二，能动性。学习者全身心参与，包括认知过程和情感过程的共同参与，学生充当监控和评价的主体角色。能动性使学生的学习状态从被动到主动，从消极到积极，从他律到自律。

第三，前瞻性。创新学习者不是被动消极地顺应服从环境变化，而是不满足于继承前人已有的知识和成就，这样学习者就要不断地探索研究和再创造，为未来获取新知识、新发展做好提前准备，从而具有前瞻性。

第四，有效性。表现为不仅汲取书本知识和科学知识，培养创新思维和实践能力，还增加人生阅历和社会经验，更表现为世界观、人生观、价值观的形成和道德修养、个性品质、意志力的凸显等。

### （二）影响大学生创新学习的心理障碍

很多大学生在学习中表现出了学习和探究兴趣，但是不乏出现学生主动性缺失、依赖性强的情况，究其原因，一方面受当前复杂浮躁的社会大环境和相对死板的教育模式的影响，另一方面也和大学生存在一些影响其创新学习的心理障碍有关。一般影响大学生进行创新学习、培养创新精神的主要心理障碍表现在以下几个方面。

#### 1. 厌学心理

厌学心理是对学习产生厌倦乃至厌恶，从而逃避的一种心态。据调查显示，大学校园中大多数同学存在不同程度的厌学心理。其主要原因是高考成绩不理想进入不满意专业，认为学校客观条件不好，以后很难找工作。因此，具有厌学情绪的同学在进入大学初期就产生了很强的自卑感和失落感。创造心理学认为，缺乏自信的人就会造成过分的自我批判，常常表现为缺乏勇气，有真实想法，也因害怕错误最终选择随波逐流从而导致其创新意识慢慢被消除。

#### 2. 餍足心理

人本主义心理学家马斯洛认为人的需要有生理需要、安全需要、从属和爱的需要、尊重需要和自我实现需要。虽然人类的所有需要都已本能化了，但各种需要强度不同。对于同一类需求，有的人随着需求的满足，会向更高层次递进，但有的人则会停留于此，不再进取，这种心理状态称之为“餍足心理”。这种餍足心理在我们当代大学生中表现也非常明显，“六十分万岁，多一分浪费”的流行语在校园的角落中蔓延。若满足于现状，不思进取，是不可能积极主动地进行创新学习的。

#### 3. 依赖心理

通过调查发现，很多的大学生仍未克服过去依赖教师和家长的习惯心理，未树立起学习靠自己的理念，不能自主做决定，不能掌握学习的主动权。在期末考试前，寄希望于老师能划定考试范围和考试重点，平时上课不认真，期末借同学笔记复印，临时抱佛脚的情况极为普遍。

#### 4. 畏难心理

学习从来就不是一件轻松的事情。对 20 所高校的大学生进行调查表明，在回答“你平时的学习行为表现如何”时，有 47.83%的同学回答“有点拖拉，虽有计划、目标，但不能付诸行动”；有 25.22%的同学回答“学习意志力较差”。对于遇到学习疑难问题时，更是有 12%的同学回答“随它去”。这种在学习上缺乏坚强意志的学生，很难坚持到创新学习。

#### 5. 盲目从众心理

从众现象是个体在社会群体的无形压力下，不知不觉或不由自主地与多数人保持一致的社会心理现象，就是通常所说的随大流。阿希曾进行过从众心理实验，结果发现在测试人群中仅有 1/4~1/3 的被试者没有发生过从众行为，保持了独立性。可见它是一种常见的心理现象。综观现代大学生的行为表现可以发现存在很多从众行为，如有同学本来上课较为认真，但是看到其他同学上课睡觉，或者玩手机，于是出现相同的行为。

### （三）大学生创新能力的培养及潜能开发

当代大学生肩负着推动国家发展与建设的历史重任，要求他们必须具备创新能力。但是在现实生活中，创新能力常因现实环境和学生个人等因素的影响而受到制约。因此，创新能力的培养一方面有赖于创新环境的创造，更重要的是要求大学生从自身出发加强创新能力的培养。

#### 1. 培养创新人格

创新人格是指创新学习者必须具备的不同于一般人的人格特征，主要包括意志力坚定、观察细致、乐观、独立、幽默和富于社会责任感等。我国学者把这种人格特征归结为五个方面：忍受模糊的能力、克服障碍的意愿、成长的意愿、敢冒风险、自信。创造性人格除上述外，还涉及以下几个方面：

（1）意志品质出众。除良好的注意品质外，还需将生活中琐碎的时间集中起来，避免干扰，保证精力集中。特别是在长期的体力和脑力消耗后，更需要将精力集中起来以适应艰难的工作。

（2）敢为天下先。突破原有的思维框架和思维模式，突破现有结论，克服守旧心理，不盲从，敢于向权威挑战的行为品质是开展创新性活动的重要因素。

（3）时间利用能力。创新集开拓性创新和竞争性创新为一体，只有在工作中讲究效率，有计划、有组织，讲条理，争分夺秒，踏踏实实地工作，才能形成社会意义上的创新。

（4）挫折承受力。创新的过程难免会遇到各种困难与挫折，甚至在付出辛勤劳动后出现失败的情况，这些往往会带来较大的心理打击，遭受常人难以承受的磨难，因此，必须要有较强的挫折耐受力和挫折排解力。

（5）合作精神。创新项目有时难度大，涉及面广，非个人能力所能及，创新者既要敢挑重担，又要甘当配角，在工作中任劳任怨，充分发挥团队的力量，实现优势互补。

（6）挖掘和利用社会资源的能力。有创新能力的人总是设法利用自己的社会系统建立一个能充分发挥他们创造力的网络，使他们能从中获得更多的帮助。

此外，胆怯、过分地自我批评、懒惰、从众、狭隘、刻板等特征会妨碍个体创新思维的发展。

#### 2. 激发内部创新动机

根据对成就行为心理素质的研究，结合创新活动特点分析，对于大学生来说，创新活动的开展需要一个稳定的动力系统即创新动机。分析当代大学生的心理特性，创新的动机一般表现在以下几个方面：

（1）问题意识。爱因斯坦曾说："提一个问题，往往比解决一个问题更为重要。"问题不怕有，不怕多，就怕无，就怕少。问题意识就是对问题的敏感性、感受性，有两个基本来源：一是问题意识来源于好奇心，表现为强烈探索事物本质的欲望和刨根究底的习惯，并从中寻找快乐的倾向。二是来源于怀疑精神。怀疑产生问题，怀疑激发智慧。

（2）创新自觉。创新自觉是指充分认识到创新对国家、对社会、对个人的意义，认识到自己在创新活动中的责任和义务、自身的创新能力和参与创新活动的必要性，从而自觉地加入到创新队伍中来，并以认真负责的工作态度，有计划、有组织地开展创新工作，实现自身价值。

(3) 创新抱负和成长愿望。一个人如果没有远大的志向，就会在自己的工作中停滞不前，即使有所创新，有所成就，也会就此满足。只有具备远大理想，不断追求成长的人，才能不断开拓、不断进取，创造非凡的业绩。

(4) 创新信念。信念的力量是无穷的，从事创新工作必须具有对创新活动重大激励作用的信念支持，包括“有志者事竟成”“失败乃成功之母”“处处是创造之地，天天是创造之时，人人是创造之人”，等等。有了这些信念，就能在创新工作受挫时，激发自身的斗志和战胜困难的信心，调动自身的创造潜力。

## 校园案例

### “专利哥”的故事

浙江农林大学机械设计专业072班张业放，被同学们称之为“专利哥”，大学期间申请并被受理的发明专利、实用新型专利、外观设计专利已经超过160项，其中获得专利证书的项目已经达到152项，平均每周都能够获得一项专利。

张业放同学从小就喜欢动脑动手，在父母的鼓励下，经常做些小发明。在小学三年级时，就因为发明了经过改良的简易捕鼠器，获得了当地发明比赛一等奖，一时间成了大家眼中的“小发明家”。在大学期间，张业放不错过每一次提高自己创新能力的机会，多次参加大学生物理实验技能与创新竞赛，并获得一等奖的好成绩。此外，他更是经常将所学知识运用到实际生活中，当班级同学都在寝室玩游戏时，他挤出时间来开展一些小发明和小创造。他认真观察生活的细节，一有好点子就立刻拿出小本子记录下来，慢慢地，积累出了两大本共230个与生活紧密相关的发明。在老师的指导下，他开始学习专利申请，但发明专利申请的道路并非一帆风顺，有时用ProE软件画一幅三维图需要花上他一整天的时间，忘记了吃饭和休息。进行专利检索时，有时候跳出的内容有好几百条，需要他耐心地一条一条地看，难读的专利文件需要他一字一句地啃。在这种刻苦钻研精神的支持下，张业放同学不断去尝试各种小发明和小创造，比如：可以自动升降、方便清洗的吊扇；刷衣服时，能根据需要自动从刷子里流出洗衣液的多功能板刷；可伸缩、拆卸的羽毛球拍等，成为“浙林爱迪生”。

**3. 开发大脑潜能**

创新的最高境界在于充分发挥人类大脑的潜能。人的大脑分为左脑和右脑。研究证明，右脑与创造功能密切相关。日本医大教授川嘉也博士认为善于使用右脑的人将会智力超群，而锻炼使用右脑，将成为今后生存的重要条件。但现实的教育，主要以训练抽象思维能力为主，以左半球为主导型，忽视了右脑功能的开发，导致大脑左右半球发展的不平衡。所以，大学生应该开展各方面的训练，注重发展自己的形象思维，开发右脑的潜能。

## 心理小贴士

### 如何激发大脑潜能

(1) 利用审美激发右脑潜能。美丽的事物可以激发、拓展和强化人的思维力和创造的冲动，培养和发展人的审美直觉和想象力。例如，天文学家开普勒从巴伐利亚民歌《和谐曲》中得到启示，发现了行星的运动规律。

（2）通过左侧锻炼右脑。用左手做事，比如用左手洗脸、刷牙、用筷子、扫地等。

（3）图像训练。实施图像训练主要是为了开启间脑，其目的是在于开启被誉为“第三只眼”的松果体，提高大脑的记忆能力。

**4. 训练创造性思维**

创造性思维是创造力的核心，是一种开创性的探索未知事物的高级复杂的思维，具有思维方向的求异性、思维结构的灵活性、思维进程的飞跃性、思维效果的整体性和思维表达的新颖性等特点。创造性思维能力可分为探索性思维能力、运动性思维能力、选择性思维能力和综合性思维能力。所以，培养大学生的创造性思维能力，要做到以下四点：

（1）打破常规，培养探索性思维能力。生活中我们往往会形成自己的思维定式，表现为从众、盲信权威、固守经验、迷信书本、自我中心和标准答案。而探索性思维能力主要体现在能打破思维定式，能够对已知的结论产生怀疑，敢于向自己认为是正确的观点进行否定，敢于否定老师的结论，能提出自己的新思想、新观点和新发现。如哥白尼的“日心说”就是建立在质疑托勒密的“地心说”之上的。

（2）进行立体思维，培养运动性思维能力。运动性思维能力是在探明事物发生、发展的原因和规律时，从各个方面去观察、分析、认识、了解事物，从而构成对事物的立体式认识，使思维能够朝着横向、纵向、正向、逆向以及立体方向自由运动的能力。

**心灵咖啡**

### 茅台如何脱颖而出

1915年，在巴拿马万国博览会上，我国贵州出产的茅台酒也参加了展出。当时，评委们被包装得琳琅满目的洋酒吸引过去了，外观粗糙的茅台酒无人问津。怎么办呢？这时参会的中方人员把装有茅台酒的酒瓶装作不小心摔在了地上，哗啦一声，瓶碎酒流。响声倒是没惊动多少人，扑鼻的酒香却把众多的评委吸引过来，一尝果然是好酒，于是茅台酒博得了好评，获得了博览会金奖。

茅台酒的成功都归功于展览者已经意识到在光靠一般的外包装吸引不了评委的时候，急中生智反其道而行之，运用逆向思维，进行创新，最后博得了荣誉。

（引自：张满堂，褚远辉，张锋．大学生心理健康教程［M］．昆明：云南大学出版社，2006.）

（3）强调分析、比较、鉴别，提高选择性思维能力。选择性思维能力是指在对创新课题、思维素材、理论假说、论证手段等一系列思维环节进行鉴别取舍时，摄取与当前创造性活动相一致的信息，舍弃不利信息。因此，大学生要博览群书，牢固掌握专业知识，同时学会甄别，学会比较分析，以实现优势互补。

（4）注重总结概括，训练综合性思维能力。这里需要说明，所谓综合并不是将所有信息机械地罗列和汇总，而是指在分析、比较、鉴别、选择的基础上进行引起质量变化的综合。因此，大学生要学会举一反三，有目的地训练自己的综合性思维能力。

## 心理小贴士

### 创新思维修炼

我国学者何名申提出了14种具体的创造性思维训练技巧，可以作为大学生创新思维训练方法：

- 认清问题想，要求对准目标，力避自扰；
- 跳出框框想，要求突破定式、审查常识、标新立异；
- 朝四面八方想，要求发展个人的辐射发散思维和集体的“头脑风暴法”；
- 倒过来想，要求就事物依存的条件、起作用的过程、所处的位置、发展的结果倒过来想；
- 换个角度想，要求找新视角，进行条件交换、问题转换来想；
- 傻乎乎想，要求挖掘荒唐，返老还童；
- 模模糊糊想，要求运用模糊概念和模糊判断进行思维活动；
- 抓住机遇想，包括捕捉机遇、乘虚而入、将错就错、因祸得福、种瓜得豆、顺手牵羊、歪打正着、反败为胜；
- 用形象想，包括思维想象、组合想象、充填想象、纯化想象、取代想象、预示想象、导引想象、思维联想、接受联想、对比联想、连锁联想、飞跃联想；
- 凭直觉想，运用潜意识思维作用直觉顿悟；
- 激发灵感想，要求自发灵感、诱发灵感、触发灵感、逼发灵感来想；
- 梦里想，要求进行自发梦悟和自觉梦悟；
- 让两个车轮都转起来想，要求将逻辑思维与非逻辑思维有机结合起来进行创新思考等。

（引自：何名申．创新思维修炼［M］．北京：民主与建设出版社，2005.）

#### 5. 善用创造技法

创造技法是指开展创造活动的方法与技巧，也称之为“创造力开发”。常用的创造技法有以下几种：

（1）列举法。包括缺点列举法、希望点列举法和特性列举法等，其做法如下：首先确定某一改革、革新对象，课题宜小不宜大；其次列举这一对象的特性或缺点或希望点，并将众多的特性、缺点和希望点进行归类整理；再次对所列的特性、缺点和希望点进行分析，看看能否克服、改进、改革；最后通过检验、评价，挑选出效益高、行之有效的设想。

（2）头脑风暴法。头脑风暴法又称智力激励法，是美国创造学家Osborn提出的一种在小组中讨论普遍采用的旨在激发创造性思维的方法，可分为直接头脑风暴法（头脑风暴法）和质疑头脑风暴法（反头脑风暴法）。实施头脑风暴法应遵循六大原则：对观点不进行批评；鼓励狂热或夸大的观点；追求观点数量而非质量；在他人观点基础上提出新观点；每个人和每个观点的价值相等；时间要有限制。具体操作中每次参与讨论的人数不宜过多，最好不要超过十个；讨论主题需明确；讨论时禁止私下交流。

（3）类比和联想思考法。类比发明法就是一种确定两个以上事物间同异关系的思考过程和方法。首先要学习和运用直接类比法，从现实已有的对象中寻找与创造对象类似的东西进行联想。其次学习和运用间接类比法，即用非同一类产品类比，扩大类比范围。也可使用联想发明法，进行接近联想、相似联想、对比联想、自由联想和控制联想，激发创新灵感。

（4）假想构成法。假想是把人们从习惯思考中解放出来，帮助人们开拓创新设想，寻找到解决问题的对策。一般首先构成一定的假想，假想应充分结合自身所需要的问题，有目的性、针对性。其次，在假想的条件下，探索解决问题的对策，充分搜集资料，进行假想可能性分析，开发新设想。

（5）模仿创造法。创造一般由模仿开始，然后才能进行独创。首先，进行机械式模仿，把别人成功的经验和先进的生产方式直接吸收或移植过来，加以运用。其次，进行启发式模仿。扩大视野和模仿领域，在不同领域中，找到对自己有用的东西，并将其纳入自己的应用领域，创造出没有的东西。再次，进行突破式模仿。按照自己所创造的结构和系统，多方面去模仿，使被模仿的东西发生质的变化，从而成为自己的东西。

（6）组合法。将事物不同要素重新加以组合或排列而产生的创造方法，具体有：成对组合、同物自组、重新组合、内插组合、用途组合等。组合法的优点在于，能利用有限的信息开展无限的创造。

（7）综摄法。综摄法是由美国麻省理工学院教授 Gordon 于 1944 年提出的一种利用外部事物启发思考、开发创造潜力的方法。它是以外部事物或已有的发明成果为媒介，并将它们分成若干要素，对其中的元素进行讨论研究，综合利用激发出来的灵感，来发明新事物或解决问题的方法。使用综摄法时，要注意把握两大基本原则，一是异质同化原则，在面对完全陌生的事物或问题时，要用已有经验知识来分析比较，并根据这些结果，做出很容易处理或很老练的态势，启发出新的解决问题的方法；二是同质异化原则，要求学生要突破常规，对于已有的较为熟悉的事物和问题，从新角度或运用新的知识进行观察和解释，从而产生出新的设想。综摄法最大的用处在于利用其他产品取长补短，设计新产品。

对于大学生来说，进行一种或多种创造技法的训练，能帮助其锻炼思维的流程性、变通性和独特性，但是，需强调的是单纯地依靠创造激发的训练并不能保证大学生创新能力的稳定持久提升。当代大学生更应注重知识的积累与扩展，保证拥有广博的科学文化基础知识。

## 心理训练

**活动一：自我探索**

### 学习动力自我诊断测试

这是一份关于大学生学习动力的自我诊断量表，一共有 20 个问题，请你根据自己的实际情况，逐一对每个问题做“是”或“否”的回答。为了保证测验的准确性，请你认真作答。

1. 如果别人不督促你，你极少主动地学习。
2. 你一读书就觉得疲劳与厌烦，直想睡觉。
3. 当你读书时，需要很长的时间才能提起精神。
4. 除了老师指定的作业外，你不想再多看书。
5. 在学习中遇到不懂的知识，你根本不想设法弄懂它。

6. 你常想：自己不用花太多的时间，成绩也会超过别人。
7. 你迫切希望自己在短时间内就能大幅度提高自己的学习成绩。
8. 你常为短时间内成绩没能提高而烦恼不已。
9. 为了及时完成某项作业，你宁愿废寝忘食、通宵达旦。
10. 为了把功课学好，你放弃了许多你感兴趣的活动，如体育锻炼、看电影与郊游等。
11. 你觉得读书没意思，想去找个工作做。
12. 你常认为课本上的基础知识没啥好学的，只有看高深的理论、读大部头作品才带劲。
13. 你平时只在喜欢的科目上狠下功夫，对不喜欢的科目则放任自流。
14. 你花在课外读物上的时间比花在教科书上的时间要多得多。
15. 你把自己的时间平均分配在各科上。
16. 你给自己定下的学习目标，多数因做不到而不得不放弃。
17. 你几乎毫不费力就实现了你的学习目标。
18. 你总是同时为实现好几个学习目标而忙得焦头烂额。
19. 为了应付每天的学习任务，你已经感到力不从心。
20. 为了实现一个大目标，你不再给自己制定循序渐进的小目标。

结果解释：

上述20道题目可分成4组，它们分别测查你在四个方面的困扰程度：1~5题测查你的学习动机是不是太弱；6~10题测查你的学习动机是不是太强；11~15题测查你的学习兴趣是否存在困扰；16~20题测查你在学习目标上是否存在困扰。

假如你对某组（每组5题）中大多数题目持认同的态度，则一般说明你在相应的学习欲望上存在一些不够正确的认识，或存在一定程度的困扰。

从总体上讲，假设选“是”记1分，选“否”记0分，将各题得分相加，算出总分。

总分在0~5分，说明学习动机上有少许问题，必要时可调整。

总分在6~10分，说明学习动机上有一定的问题和困扰，可调整。

总分在14~20分，说明学习动机上有严重的问题和困扰，需调整。

**活动二：活动体验**

## 时间管理活动

假如现在你个人的生命处于0~100岁，请准备一张长条纸用笔将它画成10份（中间部分刚好每两列一份代表生命中的10年，分别写上10、20等，最左边的空余部分写上“生”字，最右边的空余部分写上“死”字）。

请大家按照问题指示进行操作。

第一个问题：请问你现在几岁？过去的生命是再也回不来了！请彻底撕干净！

第二个问题：请问你想活到几岁？

第三个问题：请问你想几岁退休？（请把相应的退休以后的部分从后面撕下来，不用撕碎，放在桌子上）就剩这么长了，这是你可以用来工作的时间。

第四个问题：请问一天24小时你会如何分配？一般人通常是睡觉8小时（有人还不止）占了1/3，吃饭、休息、聊天、看电视和玩游戏等占了1/3。其实真正可以工作约8

小时，只剩 1/3。

所以请将剩下来的折成三等份。把 2/3 撕下来，放在桌子上。

第五个问题：比比看。

请用左手拿起剩下的 1/3，用右手把退休那一段和刚才撕下的 2/3 加在一起，并请思考一下你要用左手的 1/3 工作赚钱，提供自己另外 2/3 的吃喝玩乐及退休后的生活。

第六个问题：想一想。你要赚多少钱、存多少钱才能养活自己上述的日子，这还不包括给父母、子女、配偶的哦！

第七个问题：请问你现在有何感想？

第八个问题：请问你会如何看待你的未来？

**活动三：思考感悟**

佛罗里达州有一个画家李浦曼家境贫寒，画具少得可怜。他随身带的画具只有一支铅笔和一块橡皮。每当作画时，常常把橡皮弄丢。这样，他就要浪费许多时间去寻找丢失的橡皮。为了减少不必要的麻烦，他索性用细线将橡皮捆在了铅笔头上。可是，这样做也并不保险，橡皮还是经常掉下来。能不能想个办法将二者固定在一起呢？后来，他终于想出了一个办法，即用薄铁片把橡皮和铅笔绕着包起来，创造出了“橡皮头铅笔”。这种铅笔后来畅销全世界。

他为这项本专业以外的发明申请了专利，并很快得到了确认。不久，著名的 RABAR 铅笔公司以 55 万美元的巨款买下了这项专利，李浦曼摆脱了窘境，并且成了名人，只是他不是作为画家，而是作为发明人被后世传颂，铅笔和橡皮各有自己的独特功能，而李浦曼却能将两者的特性综合在一起，由此而创造了一种具有新功能的用具。

这个故事给大家什么样的启示？如何发挥自身优势，激发创造潜能？

## 推荐阅读

1. 陈琦，刘儒德. 教育心理学［M］. 北京：高等教育出版社，2005.

2. 姜正川. 大脑是如何高效学习的［M］. 南京：南京大学出版社，2014.

3. 约翰·梅迪纳. 让大脑自由：释放天赋的 12 条定律［M］. 杨光等译. 杭州：浙江人民出版社，2015.

4. 珍妮特·沃斯，戈登·德莱顿. 学习的革命［M］. 上海：三联出版社，1998.

## 推荐影视

1. 《风雨哈佛路》
2. 《三傻大闹宝莱坞》
3. 《星际穿越》
4. 《修女也疯狂》

# 第五章

## 描绘未来，放飞梦想——大学生的生涯规划及实施

### 任务目标

- 了解大学生生涯规划的基本内涵
- 掌握职业生涯规划的基本步骤
- 培养大学生职业生涯规划的能力
- 塑造大学生良好的择业心理

在职业生涯发展道路上，重要的不是现在所处的位置，而是迈出下一步的方向。

——程社明

### 故事导入

#### 阿诺德·施瓦辛格的职业生涯规划

四十多年前，一个十多岁的穷小子，身体非常瘦弱，却在日记里立志长大后做美国总统。如何能实现这样宏伟的抱负呢？经过思索，他拟定了一系列目标。

做美国总统首先要做美国州长——要竞选州长必须得到雄厚的财力后盾的支持——要获得财团的支持就一定得融入财团——要融入财团最好娶一位豪门千金——要娶一位豪门千金必须成为名人——成为名人的快速方法就是做电影明星——做电影明星前得练好身体，练出阳刚之气。

按照这样的思路，他开始行动。某日，当他看到著名的体操运动主席库尔后，他相信练健美是强身健体的好点子。他开始刻苦而持之以恒地练习健美，他渴望成为世界上最结实的壮汉。三年后，他练就了发达的肌肉和一身似雕塑的体魄。在以后的几年中，他囊括了各种世界级的“健美先生”称号。

22岁时，他踏入了美国好莱坞。在好莱坞，他花费了十年时间，利用自身优势，刻意打造坚强不屈、百折不挠的硬汉形象。终于，他在演艺界声名鹊起。当他的电影事业如日中天时，女友的家庭在他们相恋九年后，也终于接纳了这位“黑脸庄稼人”。他的女友就是赫赫有名的肯尼迪总统的侄女。

2003年，年逾五十七岁的他，告老退出影坛，转而从政，成功竞选为美国加州州长，下一个目标就是美国总统。

他就是阿诺德·施瓦辛格。

## 心灵导航

漫漫人生路，有的人精彩，有的人平庸，有的人持之以恒，有的人半途而废，有的人一帆风顺，有的人逆水行舟。施瓦辛格的经历告诉我们：科学规划，行动有力，就能成功。生涯规划是每个人一生都要面对的重大课题。当年老退休离开工作岗位时，回首人生，每个人都会问自己：我一生中做了些什么工作？我是否在工作中发挥了自己的才能？我是否实现了自己的价值？此时，有的人会对自己很满意，感到人生很充实，很有成就感；有的人则对自己充满了遗憾，常常感到虚度光阴，一事无成。一个人怎样经营好自己的职业生涯，使人生更成功、更有价值，就需要规划自己的职业生涯。

### 一、大学生职业生涯规划概述

#### （一）职业生涯的概念

学者们对于人的职业生涯的认识与研究，由来已久、观点众多。

沙特尔认为，“职业生涯”是指一个人在工作、生活中所经历的职业或职业的总称。

麦克·法兰德指出：职业生涯是指一个人依据理想的长期目标，所形成的一系列工作选择，以及相关的教育或训练活动，是有计划的职业发展历程。

美国著名职业问题专家萨帕给出了“职业生涯指一个人终生经历的所有职位的整体历程”的定义，以后他又进一步指出：“职业生涯是生活中各种事件的演进方向和历程，是统合人一生中的各种职业和生活角色，由此表现出个人独特的自我发展组型；它也是人自青春期以迄退休之后，一连串有酬或无酬职位的综合，甚至包括了副业、家庭和公民的角色”。

韦伯斯特把“生涯”的外延进一步扩大，他指出，职业生涯是个人一生职业、社会与人际关系的总称，即个人终生发展的历程。

综合众家观点，我们认为，职业生涯是指一个人一生中的所有与工作职业相联系的行为与活动，以及相关的态度、价值观、愿望等的连续性经历的过程。也可以将职业生涯理解为一个人在其一生中所承担职务的相继历程。它有以下四方面的含义：

（1）职业生涯只是表示一个人一生中在各种职业岗位上所度过的整个经历，并不包含着成功与挫败的含义，也没有进步快慢的含义。

（2）职业生涯由行为活动与态度、价值两方面组成。要充分了解一个人的职业生涯必须从主观和客观两方面理解：表示职业生涯客观特征的概念是“外在职业生涯”，指一个人在工作时期进行的各种活动和表现的各种举止行为的连续体；“内在职业生涯”则表现职业生涯的主观特征，涉及一个人的价值观、态度、需要、动机、气质、能力、发展取向等。

（3）职业是一种过程，是一生中所有的与工作相关的连续经历，而不仅仅是指一个工作阶段。

(4) 职业生涯受各方面因素的影响。如本人对终生职业的设想与计划、家庭中父母的意见与配偶的理解与支持、组织的需要与人事计划、社会环境的变化等都会对职业生涯有所影响。因此，职业生涯在一定程度上可以认为是多方面相互作用的结果。

## 延伸阅读

### 格林豪斯的职业发展理论

格林豪斯研究人生不同年龄阶段职业发展的主要任务，将职业生涯分为五个阶段：

(1) 职业准备。0~18 岁，主要任务是发展职业想象力，对职业进行评估和选择，接受必需的职业教育。

(2) 进入组织。18~25 岁，主要任务是在获得足够信息基础上，尽量选择一种合适的、较为满意的职业。

(3) 职业生涯初期。25~40 岁，主要任务是学习职业技术，提高工作能力，逐步适应职业工作，融入组织，为未来职业成功做好准备。

(4) 职业生涯中期。40~55 岁，主要任务是对早期职业生涯重新评估，强化或转变自己的职业理想，选定职业、努力工作、有所成就。

(5) 职业生涯后期。从 55 岁直至退休，主要任务是继续保持自己已有职业成就，准备退休。

格林豪斯的职业发展理论有助于识别一个人职业生涯中典型的正常事件和经历的顺序。比如在生活中较早开始新职业的人，将会与理论中的年龄范围有所偏离，即使年龄有所不同，但面临的挑战却相同，个人要根据特定的职业阶段的问题进行职业生涯的规划。

## 心理小贴士

### 职业生涯规划的黄金准则

准则一：择己所爱

从事一项你喜欢的工作，工作本身就能给你一种满足感，你的职业生涯也会从此将变得妙趣横生。兴趣是最好的老师，是最初的动力，是成功之母。在设计职业生涯时，务必注意：考虑自己的特点，珍惜自己的兴趣，择己所爱，选择自己喜欢的职业。

准则二：择己所长

尺有所短，寸有所长。你也许兴趣广泛，掌握多种技能，但所有技能中，总有你的长项。有些人善于与人打交道，有些人则更适于管理机器物品。在设计自己的职业生涯中时，千万要注意：选择最有利于发挥自己优势的职业，即择己所长。

准则三：择世所需

社会的需求不断演化着，旧的需求不断消灭，同时新的需求不断产生。昨天的抢手货今天会变得无人问津，生活处于不断的变化之中。在设计自己的职业生涯时，一定要分析社会需求，择世之所需，否则，只会自食苦果。

准则四：择己所利

职业生涯设计，首先考虑的是自己的预期收益，这种预期收益要求你实现最大化的幸福，也就是使收益最大化。马斯洛将这种需求按先后次序排列成五个层次：生理需求、安全需求、爱的需求、自尊需求以及自我实现的需求。个人预期收益在于使这些由低到高的基本需求得到最大的满足，而衡量其满足程度的指标表现为收入、社会地位、职业生涯稳定感与挑战性等，不同的人有不同的偏好，每个人都会尽可能满足其所有的需求。

### （二）职业生涯规划的意义

职业生涯规划指的是一个人对其一生中所承担职务相继历程的预期和规划。职业生涯活动将伴随人生最宝贵的时间，拥有成功的职业生涯才能实现完美人生，因此，职业生涯规划对于大学生的人生发展具有特别重要的意义。在职业生涯规划中有这样一句话发人深省："你今天站在哪里并不重要，但是你下一步迈向哪里却很重要。"成功的人生需要正确的规划。在现代社会，规划决定命运。有什么样的规划，就有什么样的人生。人生是有限的，越早规划你的人生，你就能越早成功。

**1. 协助个人认识自我开发潜能**

学习职业生涯规划，可以协助大学生正确认识自身的个性特质、兴趣和能力倾向，使其对自身的优势和劣势进行理性的分析；了解自己的职业价值观，树立明确的职业发展目标与职业理想；将职业目标与实际相结合，做出恰当的职业定位；学会运用科学的方法，采取可行的步骤与措施，不断增强自己的职业能力，实现职业目标与理想。

**2. 协助个人规划自我实现理想**

职业发展规划犹如一张生命蓝图，它引导你一步步实现自己的职业理想。人无论做什么都需要制定一个适合自己的目标，然后制定为达到这一目标而实施的具体计划。明确的职业生涯规划，可以使你把理想与现实的努力结合起来，促使你脚踏实地地去努力。例如，你的学习计划，你的知识、能力准备，你对各种职业信息的收集，你的社会实践锻炼等，都应与你的职业理想结合起来。当今的时代是一个挑战和机遇并存的时代，机遇总是垂青那些有准备的人。一个善于规划自我的人，总能把握自己的命运。

**3. 协助个人进行理性就业选择**

大学生对职业生涯规划的明确程度，直接影响到他们的毕业选择。有关部门对职业生涯规划明确程度与毕业选择满意度的相关性分析说明：二者之间有显著的联系，职业生涯规划越明确，毕业选择的满意度就越高；职业生涯规划明确程度越低，则毕业选择的满意度就越低。由于一些大学生没有真正理解职业生涯规划的确切含义，对职业生涯规划的重要意义认识不足，不了解职业生涯规划的程序，缺乏进行规划的具体技巧，因此在毕业选择时不是盲目追赶社会潮流，就是随意效仿别人，常常表现出被动和不知所措。

**4. 协助个人做出有效的决定**

通过职业生涯规划，大学生可以对自我和职业环境进行深入、具体的分析，并对各种信息进行综合与评估，在此基础上做出选择决定，并且掌握实施决定的各种具体技巧，例如具体的求职过程，如何写简历、进行面试，再评估和调整自己的选择等。有了这些具体、充分的准备，就会使你做出一个有效的决定，勇敢地迈出职业生涯发展的第一步，为以后的职业成功奠定坚实的基础；同时，也会大大提升你应对竞争的能力，因为这其中的每一个细节都包含着成功与失败。如今是一个充满着激烈竞争的时代，无论是毕业时的职业选择，还是以后的职业发展，竞争都非常残酷，要想使自己在激烈的竞争中脱颖而出并立于不败之地，就必须设计好自己的职业生涯规划。

## 二、大学生职业生涯规划的制定

### （一）职业生涯规划的基本步骤

大学生职业生涯规划基本上可以分为自我评估、环境分析、确立目标、制定实施策略、反馈评估五大步骤，如图 5-1 所示。

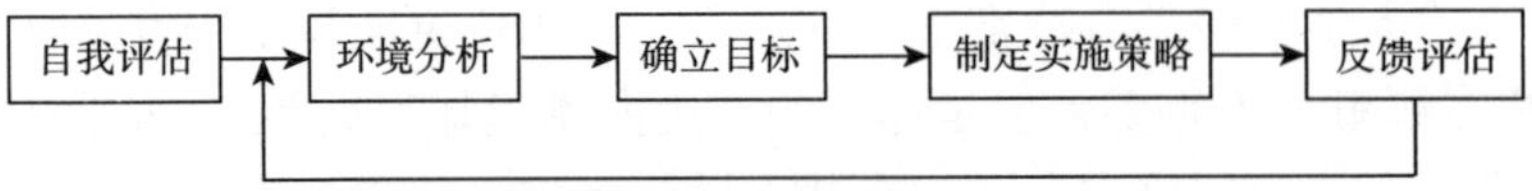


图 5-1　大学生职业生涯规划的基本步骤

#### 1. 自我评估

相当于内在条件评估。自我评估的目的，是认识自己、了解自己。因为只有认识了自己，才能选定适合自己发展的职业生涯路线，对自己的职业生涯目标做出最佳抉择。自我评估包括对自己的兴趣、特长、性格、学识、技能、智商、情商、思维方式、思维方法、道德水准以及社会自我等的评估。这部分内容可以借助职业心理测评来实现，更多的是在实际生活中体验。

#### 2. 环境分析

相当于外在条件或环境评估，主要是评估各种环境因素对自己职业生涯发展的影响。每一个人都处在一定的环境之中，离开了这个环境，便无法生存与成长。所以，在制定个人的职业生涯规划时，要分析环境条件的特点、环境的发展变化情况、自己与环境的关系、自己在这个环境中的地位、环境对自己提出的要求，以及环境对自己有利的与不利的条件等。只有对这些环境因素有了充分的了解，才能做到在复杂的环境中避害趋利，使职业生涯规划具有实际意义。

#### 3. 确立目标

大学生涯目标的设定，是未来职业生涯规划的重要组成部分。一个人事业的成败，很大程度上取决于有无正确、适当的目标。没有目标如同驶入大海的孤舟，四海茫茫、没有方向，不知道自己走向何方。目标的设定，是在继专业选择后，对大学生涯发展的新抉择，以自己的最佳才能、最适性格、最大兴趣、最有利的环境等信息为依据。通常目标分为短期目标、中期目标和长期目标。短期目标又分日目标、周目标、月目标、年目标，中期目标一般为 3~5 年，长期目标一般为 5~10 年。通过一段时间的学习和工作，一旦确定了自己的大学生涯发展方向，确定了自己“打拼”的领域，未来职业生涯目标的设定也就自然而成了。

#### 4. 制定实施策略

在确定了大学生涯目标后，行动便成了关键的环节。没有行动，目标就难以实现，也就谈不上事业的成功。这里所指的行动，是指落实目标的具体措施，主要包括学习、见习、实习、社会实践、培训等方面的措施。例如，为达到目标，在社会工作方面，计划采取什么措施来提高工作效率？在专业学习方面，计划学习哪些知识、掌握哪些技能以提高专业能力？这些都要有具体的计划与明确的措施，并且计划、措施要特别具体，以便于定期检查。

**5. 反馈评估**

俗话说："计划赶不上变化。"影响职业生涯规划的因素诸多，有些因素是可以预测的，而有些却难以预测。因此，要使职业生涯规划行之有效，就必须不断地对职业生涯规划进行评估与修订。

### （二）大学生职业生涯规划的误区

大学生在做职业规划的过程中，主客观因素在不同层面发挥着作用，生活环境、社会舆论等外部因素不仅影响着大学生职业理想的形成，也在较大程度上影响了大学生职业生涯规划的现实选择，再加之大学生社会经验、自我认识的不足，在职业生涯规划过程中难免会出现一些误区，主要有以下几个方面。

**1. 职业生涯规划的自觉意识不强**

目前有相当一部分大学生职业生涯规划的自觉意识不强，主要体现在以下几个方面：

（1）目标模糊。一位大学生曾经问过老师这样一个问题：老师，你说人生奋斗是为了什么？上中学是为了考大学，上大学是为了能找个好工作，找个好工作是为了有好的生活，还为什么？其实，有这种疑问的学生非常普遍。工作和职业是人生的一个重要方面，对于受过高等教育的大学生来说，它不仅仅是一个谋生的手段，更是在为社会做出贡献的同时实现自我价值、获得成就感的重要途径。缺乏理想，没有一个明确的职业生涯发展目标，是影响大学生职业生涯规划的一个重要原因。

（2）依赖心理。一些大学生在心理上不成熟，表现在职业生涯规划上最突出的是依赖心理。他们从来不为自己做规划，也不为职业发展做努力。他们抱的信念是"车到山前必有路"，总会有一份工作在等着自己，用不着自己着急；有的依赖学校，他们认为学校应该对毕业生负责，把自己交给学校最省心。大学生职业生涯规划上的依赖心理与其成长过程中所受到的家庭影响和学校教育有关。现实的大学生多是独生子女，一些父母视子女为"掌上明珠"，给予百般呵护，从日常生活的料理到为人处事，一切由家长包办，用一位女大学生家长自己的话来说，"她与别人发生了矛盾，都是我们替她摆平。"这些父母代替了孩子的成长。在这样的父母身边长大的大学生不用为自己思考，也不会规划自我，缺少自我负责的意识和能力。另一方面，由于长期存在的应试教育倾向，使一些学生只知道为考试而读书，缺少自我规划的意识。

（3）缺少职业规划知识。由于我国的职业生涯规划开展时间不长，许多学校把职业生涯规划教育当作就业指导教育，平时缺少系统的安排，只是在大学生毕业前应急式地进行一些择业的简单指导，因此学生们无处获得职业生涯规划的理论知识，更缺少相关技能的指导。由于缺少职业规划知识，一些大学生不会规划自我，也缺乏对自我和职业信息的了解，在求职时盲目递简历，屡次受挫，损伤了自己的自信心。也有的由于缺少求职技能，错过了适合自己的发展机会。

### 2. 不能正确认识自我

正确认识自我是职业生涯规划中最重要的因素。一些大学生由于不能正确认识自我，影响了自己的职业选择和发展。不能正确认识自我的表现有以下三个方面：

（1）盲目自卑。有些大学生由于缺乏对自我的正确认识，总看自己的短处，看不到自己的长处，存在着自卑心理。他们不敢为自己设定目标，觉得自己没有资格或能力从事一份更好的职业，也不敢去尝试努力。尤其面对就业的压力时，他们恐惧竞争，害怕求职失败。有的同学看到许多人竞争某一职位，就认为自己肯定不行，连投递求职申请书的勇气都没有了，更不用说去笔试和面试了。有的同学在应聘中，由于有自卑心理，不敢在用人单位面前展示自己的优势；有的同学在接到单位初试通知的时候，因为害怕失败而临阵逃脱；有的同学逃避应聘，用打牌、聊天、睡懒觉的方式拖延找工作；还有的同学因为体验到巨大的竞争压力，害怕找不到工作，在对就业单位和相关职位缺乏了解、不太满意的情况下，草草签约，理由是“想早点把自己卖出去”。他们有的人说：“我已经没有力气，也没有勇气再等下去了，万一再也没有单位肯接受我怎么办?”有的同学甚至把自己的命运交给几张纸牌，用算命的方式决定自己的职业生涯。以上种种表现都是缺少自信、盲目自卑的表现。

（2）盲目攀比。有些大学生由于不能正确认识自我，在进行职业规划时，不顾自己的实际情况，盲目和别人攀比。例如，看到别人考研究生，明明知道自己的学习基础不行，但担心自己不考研会被别人看不起，于是盲目追随别人，到处参加考研辅导班，埋头于考研复习之中。结果考研失败，也错过了为自己寻找适合的职业发展的机会。有的同学羡慕别人出国留学，不考虑自己是否适合，也千方百计地出国，结果出国后，由于适应不了国外的学习和生活，只能中途退学回国，不但自我感觉挫败，而且回到国内一切又要从头开始，相比其他同学，延误了职业发展的进程。有的同学看到别人去一些知名大公司应聘，自己也盲目追随，可是由于自己的条件不适合对方的需要，多次遭到拒聘；有的人即使去了这样的公司，但很快发现那里的工作并不适合自己，只得跳槽再重新选择。盲目和别人攀比是对自己缺乏全面客观认识的表现。

（3）盲目自信。一些大学生存在盲目自信心理，他们不能客观分析自我的现状，不能恰当评估自我与职业要求的差距，盲目自满。有的同学找工作时，不是名牌公司免谈。有的求职时，提出过高的要求或过多的条件，结果给对方留下了自傲的印象，导致应聘失败。有的自我评价过高，进了工作单位后，总觉得不受重用，不甘于做基础性的工作，常常有怀才不遇之感，结果大事做不成，小事又做不来。有的觉得屈才跳到另一单位，过一段时间仍然觉得不受重视，于是又跳槽。这样跳来跳去，总也找不到自己的位置。有的急于求成，缺少扎扎实实的努力，结果欲速则不达。

### 3. 不能正确认识社会

大学生只有正确认识社会，才能把自己和社会有机结合，找到自己恰当的职业定位。但是一些大学生对社会缺乏全面正确的认识，主要表现在以下几个方面：

（1）不能全面了解社会的职业信息。知己知彼方能百战百胜。规划个人的职业生涯，必须全面了解社会的职业信息。然而一些大学生非常封闭，不关注、也不主动了解社会的职业信息和职业需求，毕业择业时“临时抱佛脚”，盲目地到处乱投简历。由于事先无准备，常常是自己想去的单位没有需求，而有需求的单位，自己又不知道信息。有的由于事先对某单位的信息了解不全面，进入这个单位后又不满意，影响了个人的职业发展。

（2）不能适应社会的变化。有的大学生处理问题常常以自我为中心，希望外界环境都服从和适应于他个人，不能根据社会的变化来调整自己的职业目标和个人计划。例如，当初报考大学的某一热门专业，但随着社会的改革发展，这一专业人才不再短缺，这就需要个人了解这一变化，逐步扩展自己的专业面，使自己有更大的适应性。但有的人并不关心社会的这些变化，因此就业时陷入了困境。也有的人以为找到了一份工作就可以立业终身，殊不知几年之后此行业可能就会调整，不及早充电，也许就会被淘汰。

（3）不能正确认识社会形势。当前社会竞争激烈，想要获得职业的成功发展，必须对社会的形势保持一个清醒的认识。然而一些大学生对此认识不足，看不到就业竞争压力，丝毫没有一种紧迫感，每天在学校中混日子，最终因为缺乏竞争实力，不能找到理想的职业；有的人又过分畏惧竞争，无法面对挑战，丧失了发展的机会。

**4. 缺乏选择和决定的能力**

在职业生涯发展中，无论是最初的就业，还是职业发展中的每一个变动，都需要个人拥有很强的选择和决定的能力。然而许多大学生在这方面很欠缺，主要表现在以下三个方面：

（1）综合分析评估信息的能力不强。有些大学生面对各种职业信息缺乏一种综合分析评估的能力，常常在复杂的信息面前表现得混乱不堪，理不出头绪，分不清主次，难以做出选择和决定。

（2）担心决策失败。有些人对自己苛求完美，希望自己事事成功，不能承受失败的挫折，因此他们在职业选择和职业发展的转折关头不敢做决定，总是犹犹豫豫，往往把握不住良好的发展机遇。

（3）从众行为。从众在大学生中是最常见的一种行为。择业时随大流，发展时跟潮流，以为自己可以逃避选择的痛苦，不用承担选择失败的责任。然而，对别人适合的未必一定适合自己，职业生涯发展最终要靠自己去选择，去规划。

## 延伸阅读

### 职业生涯规划的误区

误区之一：我的目标就是当总裁

不少人迷信“不想当将军的士兵不是好士兵”这句话。其实，现实情况是，将军的位置很少，如果大家的目标都是当将军，那么这种主观愿望就会与客观条件产生差距，使你在执行计划时产生许多挫折。因此，判定职业前程时，要从实际出发，切实可行。

误区之二：能做好下属就能做好主管

有人认为只要把本职工作做好，就可以升位主管，其实不然，优秀的运动员不一定是好教练，一些表现优异的工程师、销售人员等升任主管后却表现不佳，这是因为主管还需要工作以外的条件，如决策能力、协调能力、领导能力等。所以在某个职位做得好，并不表明在其他职位做得好。

误区之三：成功的关键在于运气

很多人坚信成功者是由于有好的机会，因此，他们被动地等待命运的安排，而不去主动地计划、经营和努力把握自己的生活。这种人只是守株待兔。

误区之四：做计划是人事部门的事，与我无关

职业生涯规划是组织和个人双方都应参与的事，最终的实现者是个人。因此，你不能抱着做一天和尚撞一天钟的态度来对待自己的未来，将自己的一切交予别人。

误区之五：只有加班工作，才会得到赏识

有些人以为在单位待的时间越长，越能显示自己的勤奋。其实工作效率和工作业绩是最重要的，整天忙忙碌碌不出成果，并不是一个有效工作者。因此，工作不能只讲形式，忽视内容；只讲付出，忽略结果。

误区之六：由老板决定升迁的快慢

如果过于迷信老板对你升迁的影响，你会因为迎合他的好恶而妨碍自己真正的能力，看不清自己的问题，这样会使你走入歧途（以为一切是给别人做事）。

误区之七：不管事大、事小，都要尽力去做

有些人总说自己忙，老有干不完的活，由于事无巨细，浪费了很多时间和精力。应该将要做的事做好计划，分清轻重缓急，抓住主要矛盾，不要芝麻西瓜一把抓。

误区之八：生活是生活，工作是工作，内外有别

有些人不愿意自己的配偶过问工作，觉得没必要让他们了解自己的职业规划。其实，家庭的支持对于工作成功很重要。另外，制定职业生涯规划也不要忽略了自己的生活乐趣，因为，工作和生活是人生目标的两个重要成分。

误区之九：这山望着那山高

处于这种心态，总是觉得别人的工作更理想，因此总会产生跳槽的想法，而没有想到，到了新的工作岗位要建立新的人际关系，面对新的矛盾和挑战，不管什么工作都是不容易的，因此，要客观分析自己的工作，客观地对待自己的工作。

（资料来源：青年文摘，2000（6））

## 三、大学生职业生涯规划的实施

### （一）大学生职业生涯规划的途径与方法

一个人的职业生涯发展贯穿一生，是一个漫长的过程。大学生职业生涯规划重在实践，首先要回答 5 个问题：Who am I？ What do I want？ What can I do？ What can support me？ What can I be in the end？回答了这 5 个问题，找到它们的最高共同点，就可能形成自己的职业生涯规划。这也就要求我们每一位毕业生都要增强生涯规划意识，充分认识自我、正确认识和评价环境、确立目标和职业定位、制订行动计划和策略、做好评估与反馈等。

#### 1. 充分认识自我

一个有效的职业生涯设计必须是在充分并且正确认识自身条件与相关环境的基础上制定的。

（1）认识你的长处和不足——SWOT 分析法。SWOT 分析法最早由美国旧金山大学的管理学教授在 20 世纪 80 年代提出。运用这个方法，有利于对个人或组织所处情境进行全面、系统、准确的研究，有助于人们制定发展战略和计划。

SWOT 分析是检查个人技能、喜好和职业机会的有用工具。通过它，当事人很容易知道自己的优点和弱点在哪里，了解自己所感兴趣的不同职业道路的机会和威胁存在。其中 S 代表 strength（优势），W 代表 weakness（弱势），O 代表 opportunity（机会），T 代表 threat（威胁），S、W 是内部因素，O、T 是外部因素，如图 5-2 所示。

| | | |
|---|---|---|
| 内部个人因素 | 内部优势优点（strength）：你可以控制并且可以利用的内在积极因素。<br>● 你最优秀的品质是什么？<br>● 你的能力体现在哪里？<br>● 你曾经学习了什么？<br>● 你曾做过什么？<br>● …… | 你的弱势缺点（weakness）：你可以控制并努力改善的内在消极因素。<br>● 你的性格有什么弱点？<br>● 经验或者精力上还有哪些缺陷？<br>● 最失败的经历是什么？<br>● …… |
| 外在环境因素 | 发展机会（opportunity）：你不可以控制但可以利用的外部积极因素。<br>● 社会环境对你发展目标的支持；<br>● 地理位置优越；<br>● 专业发展带来的机会；<br>● …… | 阻碍威胁（threat）：你不可以控制但可以弱化的外部消极因素。<br>● 名校毕业的竞争者；<br>● 同专业的大学生带来的竞争；<br>● …… |
| 你自己最大的价值是： | | |
| 总体鉴定：（评估你制定的职业发展目标） | | |

图 5-2　SWOT 分析

做个人 SWOT 分析需要投入一些精力，需要认真对待。做好职业分析难度也很大，但是，进行一次详尽的个人 SWOT 分析却是值得的，因为当做完 SWOT 分析后，将有一个连贯的、实际可行的个人职业策略供参考。其实，在准备做什么事情前，都可以进行 SWOT 分析，这样可以做到心中有数，顺利实现目标。

（2）认识自己的气质和性格特点。关于人的气质和性格，心理学上有过许多研究。气质类型说认为人有胆汁质、多血质、黏液质和抑郁质四种类型；荣格把人的心态分为内倾型与外倾型两种；霍兰德认为人的性格大致可以划分为六种类型：现实型、研究型、艺术型、社会型、企业型和常规型。心理学研究表明，不同气质、不同性格的人适合从事不同性质的工作，气质类型对职业生涯的影响是重大的。荣格认为，一个内倾型的人想要成为一名汽车推销员，或者一个外倾型的人想要成为一名会计，都是很难办到的。气质是人的个性中最稳定的因素，在选择职业时，一定要注意自己的气质类型。在一些特殊职业中，例如政府机要人员、公关人员、飞行员等，气质类型也是录用员工的重要标准之一。尽管气质没有好坏之分，但气质却能影响一个人的活动效率。特别是在一些需要经受高度身心紧张的职业中，气质不仅关系到工作的效率，还关系到事业的成败。每个人的气质类型和性格特点不一样，在规划个人职业生涯时，要充分了解自己的气质类型和性格特点。

## 心灵咖啡

### 总有一粒种子适合它

有一个女孩，没考上大学，被安排在本村的小学教书。由于讲不清数学题，不到一周被学生轰下台。她又随本村的伙伴一起外出打工，又被老板轰了回来，原因是剪裁衣服的时候，手脚太慢了，品质也过不了关。先后当过纺织工，干过市场管理员，做过会计，但无一例外，都半途而废。然而每次女儿沮丧回来时，母亲总安慰她，从没有抱怨。

三十岁时，女儿凭着一点语言天赋，做了聋哑学校的辅导员。后来，她又开办了一家残障学校，再后来，她在许多城市开办了残障人士用品连锁店，成为一个拥有几千万资产的老板。

有一天，功成名就的女儿凑到已经年迈的母亲面前，她想得到一个一直想知道的答案。那就是前些年她连连失败，自己都觉得前途渺茫的时候，是什么原因让母亲对她那么有信心呢？

母亲的回答朴素而简单，她说：一块地，不适合种麦子，可以试试种豆子；豆子也长不好的话，可以种瓜果；瓜果也不济的话，撒上一些荞麦种子一定能开花，因为一块地，总有一粒种子适合它，也终会有属于它的一片收成。

愿每个人心里的那块地都能开出属于自己的一朵花。

（3）了解自己的兴趣。职业兴趣是指人们对某类专业或工作所抱的态度。对自己工作感兴趣的人在工作中就能全神贯注、积极热情，富有创造性地努力完成任务；对自己工作毫无兴趣的人，即使再聪明能干，也不可能在本专业或本行业中有所建树。兴趣是个人职业生涯选择的重要依据，可以增强个人对职业生涯的适应性。兴趣影响人的工作满意感和稳定性，兴趣和能力的合理结合会大大提高工作效率。有研究表明：如果一个人从事自己感兴趣的职业，那么就能发挥自己全部才能的80%~90%，而且会长时间保持高效率而不感到疲劳；如果对所从事的工作没有兴趣，那么只能发挥自己全部才能的20%~30%。

对于兴趣类型的特点和相对应的职业的关系，《加拿大职业分类词典》中做了具体的介绍，主要可分为以下几类：①愿与事物打交道；②愿与人接触；③愿干有规律的工作；④愿从事社会福利和助人的工作；⑤愿做领导和组织工作；⑥愿研究人的行为；⑦愿从事科学技术工作；⑧愿从事抽象性和创造性的工作；⑨愿做操纵机器的技术工作；⑩愿从事具体的工作。

（4）了解自己的价值观。价值观是一种内心尺度，是我们认识和处理事务的一套价值体系，是生活和工作中所看重的原则或标准。它支配着人的行为、态度、观察、信念、理解等，决定着人认识世界的方式和自我了解、自我定向、自我设计等。价值观在人们的职业生涯发展中起着决定方向性的作用，甚至超过了兴趣和个性对自己的影响。由于个人的身心条件、年龄、阅历、教育状况、家庭影响、兴趣爱好等方面的不同，人们职业选择时的目标和要求也是不相同的。

美国埃德加·施恩教授提出“职业锚”概念，指的是当一个人不得不做出选择的时候，他或她无论如何都不会放弃职业中的至关重要的东西。施恩根据自己多年的研究提出了五种职业锚：技术或功能型职业锚、管理型职业锚、创造型职业锚、自主与独立性职业锚、安全型职业锚，以上也是五种不同的职业价值观。

（5）了解自己的能力倾向。能力倾向是对自己能力与潜力的全面总结，一个人的职业发展最根本的还要归结于他的能力，而职业发展空间的大小则取决于自己的潜力。一般来说，人的能力有语言能力、社会交往能力、察觉能力、书写能力、组织管理能力、数理能力、动手能力、运动协调能力、空间判断能力等。根据美国“全国大学与雇主协会”的调查，美国雇主们最为重视的技能和个人品质按顺序排列如下：①沟通能力；②积极主动性；③团队合作能力；④领导能力；⑤学习能力；⑥人际交往能力；⑦灵活性/适应能力；⑧专业技术；⑨诚实正直；⑩工作道德；⑪分析和解决问题的能力。

不同职业对人的能力倾向的要求是不同的，找到适合自己能力倾向的工作，有利于在职业生涯中取得更大的成功。了解自己的职业能力倾向，可使职业规划更符合自己的能力特点，有助于个人潜能的发挥和职业成功。

对于一个人潜力的了解，可以从这个人对事的兴趣、做事的韧劲、遇事的判断力以及知识结构是否全面、是否及时更新等几个方面去认识，也可以通过专业的心理测量来协助了解。人的能力不是天生的。大学生应当通过参与各种社会工作和实践活动，来锻炼和提高自己的能力，以便在职业发展中增强自己的优势。

## 校园案例

### 时尚少女——打造中国的香奈儿

宋雅丹，女，1987年出生，嘉兴海盐人，浙江农林大学工程学院家具设计专业2009届毕业生。她从大三开始边读书边开网店，用了一年时间从300元赚到300万元，创造了淘宝网店创业神话。

在大学的前两年时间里，宋雅丹一有空，就到学校图书馆看关于缝纫的书籍，到学校附近的裁缝店，看裁缝师傅们做衣服，跟着他们学裁缝衣服的技术。有一次，她把自己改装的衣服、鞋子拿到校园内部市场销售，被一扫而空，此次小成功激发了宋雅丹创业的想法。2008年3月底，她将平时从生活费中省下来的300元“私房钱”作为启动资金，在杭州四季青布料市场买回了一批布料，就着手按自己的想法开始设计准备出售的衣服。独自打版、独自设计、独自裁剪，经过她一周加班加点的努力，最后300元投入化作了6款漂亮的女装样品，在淘宝网上以每件45~120元不等的价格进行试卖。不到两天，她就接到二十多份订单，挣了1000多元。

在开店不到两个月的时间里，宋雅丹便成了万元户，半年不到，挣了5万元，拿着这5万元回到老家，让她老爸帮忙联系了服装厂代加工衣服，同时招聘了同学做店铺客服。她的网店快速成长，一年之内，信用已达三皇冠。毕业后，她在海盐注册了自己的电子商务公司，并招聘了包括车工、客服、销售、设计、策划等在内的近50名员工，同时注册了属于自己的服装品牌“MUMUHOME”——打造一份中国的“香奈儿”。2011年，宋雅丹创办的网店“木木家”荣获2011年度我最喜爱的淘宝女装店铺第二名，此时信用已升金冠，达760854积分。MUMUHOME品牌快速成熟，实现了从店铺到公司、从个人发展到团队发展的转型，品牌及公司竞争力得到了提升。

宋雅丹在创业初期稳扎稳打，知己知彼，确定目标群体；创业中期准确定位，抓住商机，放大客户需求；创业后期，敢想敢做，扩大规模，小举动创大奇迹。当然，在宋雅丹创业神话中也少不了她的恒心、吃苦耐劳、细心周到、虚心请教等，这些都是创业者应该具备的最基本的素质。宋雅丹获得了“2009年杭州市生活品质人物”“2010年浙江省十佳创业大学生”荣誉称号。

**2. 正确认识和评价环境**

对自我有了一个全面客观的分析后，就初步知道了“我是谁”“我想做什么”和“我能做什么”的问题，但是环境能否满足你的要求，能否为你的职业发展提供支持，这是职业规划要考虑的另外一个重要问题。因此你还需要了解相关的环境，评估环境因素对自己职业生涯发展的影响，分析环境条件的特点、发展变化的情况，了解本专业、本行业的地位、形势以及发展趋势，把握环境因素的优势与限制。

（1）了解社会的宏观环境。全球的经济竞争，国家的宏观经济发展、人事政策、企业制度改革等，科学技术的发展，社会的稳定状况，这些宏观环境都对社会的劳动力市场产生着重要的影响，从而影响着个人的职业发展。例如，经济改革中的行业调整，使得某一行业萎缩，从而影响与这一行业相关的一些专业的发展，影响大学生的就业和择业。又例如，国家公务员制度及其工资制度的改革，使这些年不被大学生看好的国家机关一下子又热了起来。以前许多国家公务员想往外跳，现在每年的国家公务员考试都异常火爆。过去外企对大学生最具吸引力，现在外企不再是大学生择业的首选。大学生们在规划自己的职业生涯时，一定要关注社会宏观环境的变化，从宏观形势中预测自己的职业发展。

（2）了解具体的职业信息。具体的职业信息包括各种职业的现状及未来的发展趋势，同一产业中不同职业之间的联系以及它们之间的变通性。要了解就业市场的形势，例如市场的大小、供求关系、在各地区各领域的分布；要了解求职单位的工作环境、薪酬、福利待遇、人际关系状况、学习培训机会、升职机会、有无休闲时间以及单位对学历、专业、能力、性别的要求等。对具体的职业信息了解得越详细、越准确，决策时就越有把握。具体职业信息，可以通过学校的就业指导机构，通过报纸杂志、电视广播、网络，通过人才市场，通过实习、社会实践，也可以通过父母、家人或朋友获得。

**3. 确立目标和职业定位**

（1）确立目标。确立目标是制定职业生涯规划的关键，一个人事业的成败，很大程度上取决于有无正确、适当的目标。职业目标的设定，是在充分做好自我分析和内外环境分析的基础上进行的。确立长期目标时要立足现实、慎重选择、全面考虑，使之既有现实性又有前瞻性。短期目标更具体，对人的影响也更直接，它是达到长期目标的基础。例如，你的长期目标是自己开办一家律师事务所，你的中期目标是成为一名律师，那么你的短期目标就要围绕如何为成为一名优秀律师做准备而设定。有了长远的目标追求，再有每一个具体目标的导引，你的职业理想就能实现。

（2）职业定位。职业定位就是要为职业目标与自己的潜能以及主客观条件谋求最佳匹配。良好的职业定位是以自己的最佳才能、最优性格、最大兴趣、最有利的环境等信息为依据的。在职业定位过程中，要考虑性格与职业的匹配、兴趣与职业的匹配、特长与职业的匹配、专业与职业的匹配等问题。

关于职业定位，美国麻省理工学院的人才教授提出，职业定位可以分为五类：技术型——这类人愿意在专业技术领域发展，不愿意从事管理工作。管理型——这类人愿意从事管理工作，有能力担当负有重要职责的管理岗位。创造型——这类人需要建立完全属于自己兴趣的工作，以便发挥自己的创造性。自由独立型——这些人更喜欢独来独往，愿意做自己可以支配的工作。安全型——这类人愿意从事具有长期稳定性和安全性的职业，不喜欢变化。每个人可以依据自己的职业定位类型进行职业定位。

大学生在职业定位时要注意以下几个问题：

①讲求务实。不要好高骛远，要从自我和环境的客观现实出发，全面权衡和处理个人发展与社会需要的关系、个人和求职单位的关系，兼顾主观与客观、长远与眼前利益。

②恰当评估。对职业信息，如职业的要求、性质与自身条件的匹配情况进行评估和比较，分析利弊，选择条件更适合、自己更感兴趣、经过努力能很快胜任、有发展前途的职业。

③不苛求完美。每一项职业对一个人来说都有利弊，不存在十全十美的职业，因此，不能过分挑剔，不要过分追求完美。

④保持弹性。要随时根据自身或客观环境的变化，调整自己的目标。考虑问题要留有余地，让自己进退自如。

**4. 制订行动计划和策略**

千里之行，始于足下。在确定了职业生涯目标、进行职业定位后，最重要的是要有行动计划和策略。没有扎实的行动和行之有效的策略，再好的目标也难以实现。

（1）知识准备。为了达到自己的目标，必须明白需要准备哪些知识，参加哪些相关的培训，具备什么学历水平。例如，你的职业定位是成为一个企业管理者，那么就需要学习与企业管理相关的教育学、管理学、心理学、社会学方面的知识，有计划地参加管理方面的培训。

（2）能力准备。要根据职业目标的要求，提高自己的职业能力。例如根据管理者的能力需要，你需要有意识地训练和培养自己的人际沟通能力、分析问题和解决问题的能力、组织管理能力、决策能力等。

（3）经验准备。从事任何职业都需要实际的工作经验。大学生要在日常的学习、工作、生活中注意积累各种经验，例如，做学生干部、承担社会工作就是积累经验的过程。无论是正确的还会错误的经验，都会有利于个人的成熟发展，将来都会成为你职业发展中的宝贵资源。

（4）行动准备。为了你的择业成功，还需做好求职择业的实际准备，例如求职书的正确拟写、面试的各种准备、求职的实际演练等。细节决定成败，如果这些具体的细节工作没做好，也可能导致求职失败。

5. **做好评估与回馈**

对于职业生涯规划实施，要注意评估与反馈。也许你原来掌握的信息不够准确，也许主客观的情况发生了变化，因此要不断地对职业生涯规划进行评估、调整与修订。这其中包括：职业目标的重新选择、职业的重新定位、中期和短期目标的重新调整、具体行动措施与计划的重新制定，等等。变化每时每刻都在发生，有迎接变化的心理准备，有应变的能力，就可以在面对新的挑战时游刃有余，在变化中成长，在变化中创造。

## 心灵咖啡

### 想要爱你做的事，就去做你爱的事

曾是美国苹果公司、微软公司全球副总裁的李开复博士是一个著名学者，一个世界级的科学家，他在计算机领域的专业成就登峰造极。他拥有卡耐基梅隆大学计算机科学博士学位，是美国电气和电子工程师协会院士；他开发出了世界上第一个“非特定人连续语音识别”系统，他还成功开发了“奥赛罗人机对弈系统”，击败了人类的国际象棋世界冠军。他在谈到自己的成长路途中寻找并勇敢追逐职业兴趣时，总会提到大学期间一次重要的人生转折。如果不是那天的决定，今天的李开复可能只是美国某个小镇上一名既不成功也不快乐的律师。

李开复就读的哥伦比亚大学是一所文科性质的学校，它的法律专业排名位于全美前三，而且毕业后做律师，将是一个很有前途、很有地位的职业。但是，李开复逐渐发现，自己并不真正喜欢法律，他接触并喜欢上了计算机，每天疯狂地编程，很快引起了老师、同学的注意。终于，大二的一天，他做了一个重大的人生决定：放弃此前一年多在全美前三名的哥伦比亚大学法律系已经修成的学分，转入该校默默无闻的计算机系。改换专业的代价很大，朋友们劝他谨慎考虑，但是李开复想：人生只有一次，不应浪费在并不感兴趣、没有成就感的领域。一辈子从事一份没有激情的工作将会付出更大的代价。他说：“办完换专业手续的那天，我心花怒放，精神振奋，我对自己要求，大学后三年的每一门功课都要得优。”他实现了他的诺言，在自己选择的专业领域一路走来，成为计算机领域的顶级专家之一，并获得过《商业周刊》颁发的“最重要科技创新奖”。

**（二）大学生健康择业心理的培养**

## 校园案例

王某是某大学大三的一名学生，还有一年即将本科毕业。王某深知当前大学生的就业形势很严峻，就业或升学都将面临众多的考验和巨大的压力。在就业或升学的选择面前王某一度很迷茫。他说：若选择就业，目前大学生的就业岗位竞争相当激烈，并且他的专业在岗位竞争中并不占有很大的优势。他害怕不能找到理想的工作，甚至找不到工作。其次是考公务员的选择，但报考公务员的人数也是与年俱增，竞争激烈程度也是可想而知。再次就是考研升学，与前两种选择相同，考研的竞争也很激烈，且不谈能不能考上，他认为考研只是对目前就业压力的一种缓解，并不代表研究生毕业之后就业压力就会减小。在这些选择面前，王某感到了前所未有的心理压力。偶然有一次，室友之间展开了“找工作”话题的讨论，这给王某很多启示，他突然意识到，考研、“考公”、找一份理想的工作固然是好的，也是绝大多数大学生的毕业求职梦想，但自己性格活跃，善于交际，大学时一直在做一些小生意，不如走一条属于自己的路。于是，王某开始重新规划自己的职业生涯，大四开始，就从学校周边开始，开启了自己的创业之路。

大学生在求职择业中，遇到困难、挫折和冲突是不可避免的，关键是懂得如何去调适自己的心态，以减轻或消除心理障碍，用健康的心态去求职择业。

**1. 客观地认识自身求职的优势和劣势**

正确的自我评价是大学生择业的基础。客观全面地分析自己的实力，做出对自己实事求是的评价非常重要。大学生应该全面恰当地认识和了解自己的理想、价值观、素质、气质、性格、兴趣爱好、能力、知识，甚至身高、外貌等，不要以己之长比他人之短而自大，也不能以己之短比他人之长而自卑，要在实事求是地肯定自己的长处的同时，善待自己的不足，通过努力逐步克服缺点。应以社会需求标准来衡量自己，把个人客观性与社会客观性统一起来，注重个人服从社会，认真对照用人单位的录用条件，看看自己具备了哪些，不能把就业理想建立在不切实际的幻想之上。

**2. 树立正确的择业观**

大学生的择业观，即大学生由毕业走向社会时选择职业的观点和态度，实质上是世界观、人生观和价值观的反映。在择业问题上，价值观不同，择业态度和行为会有所不同。选择职业就是选择自己的未来，因而大学生树立正确的择业观是十分必要的。树立正确的择业观，必须要认识社会、了解国情，充分认识当前的就业形势，正确处理好国家利益和个人利益的关系。大学生在择业时必须具备超前意识、危机意识、社会意识，把价值观由个人本位转向社会本位，明确“自我实现”是一个为社会和他人做贡献，履行社会责任的过程，到基层去实现最大的人生价值。

**3. 调整择业期望**

择业期望是指大学生对职业在多大程度上能满足个人愿望的评估。适中的期望值是大学生正确择业的一个关键因素。因此，大学生的择业期望值必须选择恰当的定位点，突出重点，扬长避短，选择适合发挥自己才能和施展抱负的职业，不能一味追求物质待遇和地域条件。应根据自己的兴趣、爱好和志向把握就业机会，主动出击，力争在就业竞争中处于主动地位。

**4. 增强自身的就业力**

大学生就业力的高低直接影响着他们就业的质量。所谓就业力，简单概括就是就业竞争力，它包括工作能力、适应能力和求职能力。其中，工作能力实际上就是对专业能力的要求。同时，大学生应具备适应环境和社会的能力。大学校园与社会毕竟有差距，大学生甘于从基层做起，吸取经验，关键就是依靠适应力。此外，还应有一定的求职能力，包括个人面试素养、前期准备工作等，这些不是一朝一夕“临时抱佛脚”可以换来的，而是要长年累月地锻炼。现在，大学生就业困难，与“就业力”的缺失不无关系。

### 5. 提高抗挫折能力

当前“双向选择、自主择业”的就业制度为毕业生提供了难得的契机，同时也给毕业生带来了前所未有的挑战。大学生们纷纷加入到竞争的行列中去，在竞争中寻找自己的位置，实现自己的抱负。但是竞争遵循的是优胜劣汰的原则，是成功与失败俱存的。参与竞争就难免会遇到挫折。毕业生应当对择业中的挫折有充分的思想准备，敢于面对现实，把挫折看成是锻炼意志、增强能力、提高心理素质的一场考验。要及时减轻思想负担，消除急躁情绪；要积极总结经验教训，冷静、理智地分析择业挫折产生的原因，找出不足之处，加以改进，将消极因素转化为积极因素；要根据客观实际调整自己的心态和择业目标，使之适应社会的需要，然后为实现这个目标做出努力，绝不能一遇到挫折就灰心丧气，怨天尤人，一蹶不振。

## 心理训练

**活动一：自我探索**

### 职业兴趣探索

假设在你去度假的途中，你所乘坐的轮船突然发生了意外故障，必须紧急靠岸。这时候，轮船正好处于下列6个岛屿中间。幸运的是，你可以凭自己的兴趣选择一个岛屿靠岸。要知道，这些岛屿只能通过轮船与外界联系。而由于天气原因，今后至少半年内船只都无法出航，而且你还要等待境外的轮船运送人员和器材前来维修你所乘坐的轮船。因此一旦靠岸，你可能需要在这个岛屿上待很长一段时间（至少一年）。请按一、二、三的顺序挑出3个岛屿。

R：自然原始的岛屿。岛上自然生态保持得很好，有各种野生动物。居民以手工见长，自己种植花果蔬菜、修缮房屋、打造器物、制作工具，喜欢户外运动。

I：深思冥想的岛屿。有多处天文馆、科技博览馆及图书馆。居民喜好观察、学习，崇尚和追求真知，常有机会和来自各地的哲学家、科学家、心理学家等交换心得。

A：美丽浪漫的岛屿。充满了美术馆、音乐厅、街头雕塑和街边艺人，弥漫着浓厚的艺术文化气息。居民保留了传统的舞蹈、音乐与绘画，许多文艺界的朋友都喜欢来这里找寻灵感。

C：现代、井然的岛屿。岛上建筑十分现代化，是进步的都市形态，以完善的户政管理、地政管理、金融管理见长。岛民个性冷静保守，处事有条不紊，善于组织规划，细心高效。

E：显赫富庶的岛屿。居民善于企业经营和贸易，能言善道。经济高度发展，处处是高级饭店、俱乐部、高尔夫球场。来往者多是企业家、经理人、政治家、律师等。

S：友善亲切的岛屿。居民个性温和、友善、乐于助人，社区均自成一个密切互动的服务网络，人们重视互助合作，重视教育，关怀他人，充满人文气息。

结果分析：

实际型（R）：愿意使用工具从事操作性工作，动手能力强，做事手脚灵活，动作协调。偏好于具体任务，不善言辞，做事保守，较为谦虚。缺乏社交能力，通常喜欢独立做事。如：技术性职业（计算机硬件人员、摄影师、制图员、机械装配工），技能性职业

(木匠、厨师、技工、修理工、农民、体力劳动者）等。

调研型（I）：思想家而非实干家，抽象思维能力强，求知欲强，肯动脑，善思考，不愿动手。喜欢独立的和富有创造性的工作。知识渊博，有学识才能，不善于领导他人。考虑问题理性，做事喜欢精确，喜欢逻辑分析和推理，不断探讨未知的领域。如：科学研究人员、教师、工程师、电脑编程人员、医生、系统分析员。

艺术型（A）：有创造力，乐于创造新颖、与众不同的成果，渴望表现自己的个性，实现自身的价值。做事理想化，追求完美，不重实际。具有一定的艺术才能和个性。善于表达、怀旧，心态较为复杂。如：艺术方面（演员、导演、艺术设计师、雕刻家、建筑师、摄影家、广告制作人），音乐方面（歌唱家、作曲家、乐队指挥），文学方面（小说家、诗人、剧作家）的职业。

常规型（C）：尊重权威和规章制度，喜欢按计划办事，细心、有条理，习惯接受他人的指挥和领导，自己不谋求领导职务。喜欢关注实际和细节情况，通常较为谨慎和保守，缺乏创造性，不喜欢冒险和竞争，富有自我牺牲精神。如：秘书、办公室人员、记事员、会计、行政助理、图书馆管理员、出纳员、打字员、投资分析员。

企业型（E）：追求权力、权威和物质财富，具有领导才能。喜欢竞争、敢冒风险、有野心、抱负。为人务实，习惯以利益得失，权利、地位、金钱等来衡量做事的价值，做事有较强的目的性。如：项目经理、销售人员、营销管理人员、政府官员、企业领导、法官、律师。

社会型（S）：喜欢与人交往、不断结交新的朋友、善言谈、愿意教导别人。关心社会问题、渴望发挥自己的社会作用。寻求广泛的人际关系，比较看重社会义务和社会道德。如：教育工作者（教师、教育行政人员），社会工作者（咨询人员、公关人员）。

**活动二：活动体验**

## 我是怎么长大的？我的生活角色？

请按照萨伯生涯发展理论，记录及说明在成长与探索时期中你所扮演的最称职的角色是什么，最希望能够扮演的角色是什么及为什么，并记录每一个阶段最喜欢的是什么，最擅长的是什么，最重视的是什么，并确定用什么颜色来代表自己和这时期的生活、这个阶段的愿望与志向。

| 成长期（出生至 14 岁） |
|---|

我最喜欢的是

我最擅长的是

我最重视的是

这阶段的代表颜色是

我的志愿是

我所扮演的角色有哪些

我所扮演的最称职的角色是

我最希望卸下的角色是

| 探索期（15~24岁） |
| --- |

我最喜欢的是

我最擅长的是

我最重视的是

这阶段的代表颜色是

我的志愿是

我所扮演的角色有哪些

我所扮演的最称职的角色是

我最希望卸下的角色是

**活动三：思考感悟**

### 最后一个站着的人

布拉德伯里出生于悉尼，在中国教练赵元元的指导下成为短道速滑运动员。他曾在1994年冬季奥林匹克运动会上随同澳大利亚队夺得5000米接力铜牌。不久之后，他在一次世界杯比赛中大腿被冰刀严重划伤，失血4000毫升，伤口缝合了111针，几乎丧命。2000年，他又经历了一次颈骨折断的事故，但是仍然顽强恢复，希望能够参加2002年冬季奥林匹克运动会。

在2002年冬季奥林匹克运动会上，布拉德伯里在男子短道速滑1000米比赛第一组预赛中排名小组第3，本已遭到淘汰，但由于同组的加拿大名将马克·加农被判犯规，布拉德伯里升到第2名，得以进入半决赛。

在半决赛中，布拉德伯里在最后一圈时位居倒数第一位，并远远落后于前面的四位选手，但是在最后一圈中，前面的三位选手互相碰撞而摔倒，布拉德伯里遂得以以小组第二名的身份进入决赛。赛后接受采访时他说因为自己的实力比不过对手，因此他和教练制定了不加入第一集团，而寄希望于领先者发生碰撞的比赛策略。

在决赛中，布拉德伯里从一开始就位于最后一位，但是在最后一个弯道，领先的四名选手阿波罗·安东·奥诺、李佳军、安贤洙和马休·特尔科特也同样发生碰撞而摔成一团，布拉德伯里于是从容地滑过终点拿到冠军。

为纪念布拉德伯里的胜利，澳大利亚专门发行了一枚面值45澳分的邮票，而其幸运的夺冠历程也使他的名字进入了澳洲当地口语词组“doing a Bradbury”，意为因为出现意外事件而获得胜利。

布拉德伯里退役后担任体育项目评论员，并出版了传记《最后一个站着的人》。2006年，他获得了澳大利亚勋章。

布拉德伯里的夺冠历程让你感悟到了什么？

## 推荐阅读

1. ［美］克劳格，等．赢在性格［M］．浙江：浙江人民出版社，2008.

2. ［美］大卫·凯尔西．凯尔西人格类型分析［M］．北京：中国城市出版社，2011.

3. ［美］约翰·D. 克虏伯，［美］Al. S. 列文．幸运绝非偶然［M］．武汉：长江文艺出版社，2006.

4. 李开复．做最好的自己［M］．北京：人民出版社，2005.

5. 赵培勇．毕业不失业，职业生涯步步高［M］．北京：机械工业出版社，2009.

## 推荐影视

1. 《当幸福来敲门》
2. 《杜拉拉升职记》
3. 《穿普拉达的女王》
4. 《中国合伙人》

# 第六章

## 快乐心情，伴你前行——大学生的情绪及管理

### 任务目标

- 认识情绪的内涵
- 了解大学生情绪的特点
- 理解大学生健康情绪的特征
- 掌握大学生调节不良情绪的方法

能控制好自己情绪的人，比能拿下一座城池的将军更伟大。

——拿破仑·波拿巴

### 故事导入

**台球世界冠军为何卫冕失败**

1965年9月7日，世界台球冠军争夺赛在美国纽约举行，这是一场举世瞩目的赛事。台球世界冠军路易斯·福克斯已走到卫冕的门口了。他只要把最后那个8号黑球打进球门，凯歌就奏响了。就在这时，不知从什么地方飞来一只苍蝇。苍蝇第一次落在握杆的手臂上，有些痒，冠军停下来。苍蝇飞走了。冠军俯下腰去，准备击球。苍蝇又飞来了，这回竟飞落在了冠军紧锁的眉头上。冠军只好不情愿地停下来，烦躁地去打那只苍蝇。苍蝇又轻捷地脱逃了。冠军作了一番深呼吸再次准备击球。天啊！他发现那只苍蝇又回来了，像个幽灵似的落在了8号黑球上。冠军怒不可遏，拿起球杆对着苍蝇捅去。苍蝇受到惊吓飞走了，可球杆触动了黑球。按照比赛规则，该轮到对手击球了。对手抓住机会死里逃生，一口气把自己该打的球全打进了。卫冕失败，冠军恨死了那只苍蝇。可惜的是他后来患了不治之症，再也没有机会走上场。倘若冠军能调整自己的情绪并静待那只苍蝇飞走，故事的结局也许就会重写了。

### 心灵导航

情绪是人的心理状态的晴雨表，它反映每个人内在的心理状态。无论在学习、工作和生活中，我们都在体验着各种各样的情绪，我们每时每刻都处在一定的情绪状态之中，每

个人的个性、自我认知、人际关系无不反映到人的情绪状态上。大学生正处于青年期，情绪波动大，情感体验复杂而丰富，经常面临各种各样的情绪困扰。因此，大学生通过学习情绪心理的知识，加深对自我情绪状态的了解和反思；同时，运用心理学有关情绪理论，掌握自我情绪管理的技巧，并能主动调整自我情绪，保持良好情绪，促进自己的健康发展。

## 一、情绪概述

### （一）情绪内涵

#### 1. 情绪定义

情绪是人基于需要而产生的对客观事物的主观体验及相应的行为反应。情绪是一个复杂的心理过程，我们一般从三个方面来考察和界定情绪：在认知层面上的主观体验，在生理层面上的生理唤醒，在表达层面上的语言和外部行为。当情绪产生时，这三种层面共同活动构成一个完整的情绪过程。

主观体验是个人对不同情绪和情感状态的自我感受，喜、怒、哀、乐等每一种情绪都有不同的主观体验，都代表了人们对特定事物的不同感受，也构成了每个人情绪和情感的心理内容。人对自己、对他人、对事物都会产生一定的态度，如对朋友遭遇的同情，对事业成功的欢乐，对就职失败时的失落等。这些主观体验只有个人内心才能真正感受到或意识到，如我知道“我高兴”，我意识到“我痛苦”，我感受到“我内疚”等。

生理唤醒是与情绪相伴出现的生理反应，它涉及一系列生理活动过程，如神经系统、循环系统、内外分泌系统等活动。任何情绪都伴随着一系列的生理变化，这种生理变化使得我们产生独特的情绪体验，如激动时血压会升高，愤怒时身体会发抖，紧张时心跳会加快，害羞时满脸会通红等。血压升高、肌肉紧张、心跳加快以及血流加速等生理现象，是一种内部的生理反应过程。由于情绪的各种生理反应具有整体性、系统性和统一性的特征，因此它对人的健康的影响是全方位的，情绪反应程度的不同，往往它对健康的影响也是不同的。

情绪产生时出现的外部反应过程也是情绪的表达过程。如人在悲伤时会痛哭流涕，激动时会手舞足蹈，高兴时会开怀大笑等。伴随着情绪所出现的这些相应的身体姿态和面部表情就是情绪的外部行为，它经常成为人们判断和推测情绪的外部指标。但由于人类心理的复杂性，有时人们的外部行为会出现与主观体验不一致的现象。比如，在很多人面前演讲时，心里明明非常紧张，却做出镇定自若的样子。

主观体验、生理唤醒和外部行为作为情绪的三个组成部分，在评定情绪时缺一不可，只有三者同时活动，同时存在，才能构成一个完整的情绪体验过程。例如，当一个人假装愤怒时，他只有愤怒的外在表现，却没有真正的内在主观体验和生理唤醒，因而也就称不上有真正的情绪过程。因此，情绪必须是在上述三方面同时存在，并且有一一对应的关系时才会产生。一旦出现不对应，便无法确定真正的情绪是什么。这也正是情绪研究的复杂性所在。

**2. 情绪的表现**

情绪既有主观上的体验和客观上的生理变化模式，同时也有相应的外在表现，这种外在表现可以看作是情绪有意无意的表达，即通常所说的表情。表情在人类的早期表现为简单、原始的模式。在文明社会，经过社会文化的不断影响，不同文化背景下的人们在表情上存在一定的差异性。

人的表情有三种：一是面部表情。这是情绪在面部肌肉活动上的表现。比如：高兴愉快时，脸部肌肉舒展，眉梢上扬，嘴角上翘；微笑之时，双目如月，双眉展开，颧肌紧缩提起两个嘴角；悲哀哭泣时，双眉紧锁，双目无光，头部低垂，嘴角下撇，泪水汪汪；惊恐之时，脸部肌肉僵硬呆板，面色苍白等。二是身段表情，即动作表情。如高兴时，手足舞蹈；愤怒时，暴跳如雷，摩拳擦掌；悔恨时，捶胸顿足；失望时，垂头丧气；焦虑恐慌时，坐立不安等。三是言语表情。如喜悦时说话语调高、速度快；愤怒时声音高、颤抖、沙哑；悲哀时声音低沉，泣不成声等。表情是人类的交际手段，依靠表情可以表达许多内心活动。在日常生活中，皱皱眉，挤挤眼，做个手势，往往胜过千言万语。

**3. 人类的基本情绪**

我国古代医学根据情绪的性质把情绪分为喜、怒、忧、思、悲、恐、惊，称为七情。现代心理学把快乐、愤怒、恐惧、悲哀视为四种基本情绪。

（1）快乐是指盼望的目标达到和需要得到满足后，继之而来的紧张性解除时的情绪体验。快乐的程度取决于需要满足的程度。快乐的程度可分为满意、愉快、欢喜、狂喜等。

（2）愤怒是指事物不符合自己的需要或愿望而受到挫伤的情绪体验。愤怒的程度取决于违背愿望的程度，同时也受人格特征的影响。愤怒的程度可分为不满意、厌恶、恼怒、愤怒、大怒、狂怒等。

（3）恐惧是面临危险情境而无力驾驭，或遭遇突如其来的刺激而又毫无防备时产生的情绪体验。恐惧的程度可分为惊奇、害怕、惊骇、恐怖等。

（4）悲哀是指热爱对象的丧失或盼望目标的幻灭而引起的情绪体验。悲哀的程度取决于失去对象的价值，同时依赖于个体的意识倾向和人格特征。悲哀的程度可划分为遗憾、失望、难过、悲伤、哀痛等。

上述四种基本情绪可派生出多种复杂情绪。比如，这些情绪有的与感觉刺激有关，可体验到疼痛、厌恶、烦恼、愉快等；有的与自我评价有关，可体验到骄傲、羞愧、内疚、自卑等；有的与他人有关，则可体验到喜欢、接纳、拒绝、同情、冷漠等。

**4. 情绪状态**

根据情绪发生的强度的大小、持续时间的长短以及紧张程度，可以把情绪分为心境、激情和应激三种情绪状态。

（1）心境是一种微弱而持久的情绪状态。比如，心情舒畅时，觉得一切都是美好的，花儿在笑，鸟儿在唱，干什么事情都乐滋滋的；而在灰心丧气时，一切都黯然失色，见花落泪，对月伤怀，干什么事情都打不起精神。这就是心境，它具有弥散性，不是指向特定的对象，而是作为一种心理背景，使人的一切活动都带有某种情绪色彩。心境持续的时间有很大差别，少则几天，长则数周、数月或更长。心境对人的学习、工作和身心健康有很大影响。积极乐观的心境，可以提高人的活动效率，增强信心，使人对未来充满希望，有益于身心健康；而消极悲观的心境，会降低人的活动效率，使人丧失信心和希望，有害于身心健康。

（2）激情是一种强烈而短促的情绪状态。这种情绪状态一般是由具有重大意义的事件引起的。例如，重大成功之后的狂喜，惨遭失败之后的绝望，亲人突然去世引起的极度悲痛等。由于激情是生活中突然的、剧烈的、重大的变化所引起的，所以激情具有强烈性、爆发性、短暂性的特点。激情有积极和消极之分。积极的激情能激励人们战胜困难去实现目标，是鼓舞人们行动的巨大动力；而消极的激情则会使人冲昏头脑，做出一些不理智的冲动行为，对身心健康和人际关系起到不良作用。

（3）应激是出乎意料的紧急情况所引起的高度紧张的情绪状态。在现实生活中，有时会出现一些突如其来、意想不到的危险情况，人们必须动用自己的全部力量应对危急形势，这时人们所产生的一种特殊紧张的情绪状态就是应激。例如，车祸、火灾、地震等情况，都会使人进入应激状态。应激有积极作用，也有消极作用。一般应激状态使机体具有特殊防御、排险机能，使人精力旺盛、思维清晰、动作机敏，从而化险为夷。但强烈的应激，会产生全身兴奋，使知觉范围缩小，语言不规则，行为动作紊乱。加拿大生理学家塞里曾在研究中指出，应激状态延续能击溃人的生物化学保护机制，导致胃溃疡、胸腺退化等疾病，甚至导致人休克或死亡。

### （二）情绪与健康

情绪就像影子一样，时刻伴随着我们。如果你留意的话，可以感受到情绪在日常生活、工作和学习中，给我们带来的心理和生理上的变化。事实上，情绪在人类的心理活动和社会实践中发挥着极为重要的作用。国内外的学者在制定心理健康的标准时，都将情绪稳定作为一个重要标准。他们认为，一个人在平时拥有愉快、开朗、自信的情绪，在产生负性情绪后能迅速调整、合理发泄情绪，才符合心理健康的标准。由此可见，正确认识情绪的作用，对维护和保持身心健康有重大意义。

#### 1. 情绪对健康有着重要影响

随着科学的发展和医学的进步，20 世纪对人类生命造成严重威胁的绝大多数疾病已得到有效控制，现在对人类健康构成威胁的多为心身疾病，如冠心病、高血压、恶性肿瘤等。这些疾病发生、发展、康复的各个环节，与心理因素都有着非常重要的关联。心理因素之所以能影响身体器官的功能，一般认为是通过情绪活动作为媒介而实现的。简单地说，就是情绪能够影响人的心理活动，进而影响人的身体健康。前面提到，情绪往往伴有血压、血糖、呼吸、脉搏等生理功能的变化。积极的情绪对人体的生命活动起着良好的促进作用，可以促进体力和脑力活动，使人保持健康；而消极的情绪，如愤怒、怨恨、焦虑、忧郁等，是个体适应环境的必要反应，但如果强度过大或持续时间过长，便可导致神经系统功能失调，对身体器官产生不利影响，最后导致某些器官或系统出现疾病。“笑一笑，十年少；愁一愁，白了头。”这句谚语形象生动地说明了情绪与健康的关系。我国古代医学中很早就有“喜伤心、怒伤肝、忧伤肺、思伤脾、恐伤肾”的论断，指的就是情绪能够影响人的生理功能。美国生理学家爱尔玛开展的《心理状态对健康的影响》的研究表明，愤怒是对人体健康最有危害的负性情绪。他发现，人在愤怒时体内会分泌毒素。他将人愤怒时呼出的气体收集起来，制作成“生气水”给大白鼠注入，没过几分钟大白鼠就死了。研究还指出，由于愤怒时的生理反应十分剧烈，此时人体分泌物的成分比其他任何情绪反应时都更为复杂，也更具毒性。有的学者甚至指出，母亲千万不要在刚生完气时给孩子喂奶。由此可见情绪对人体健康的影响之大。很多心理学家熟知情绪因素对健康的影响，并善于调整自己的心态，使情绪稳定，有益于健康。如著名的心理学家弗洛伊德、巴甫洛夫、荣格、华生、斯金纳、皮亚杰、埃里克森等的寿命都较长。

**2. 情绪有适应和传递信号的功能**

人与人之间有许多传递信息、沟通思想的方法，如语言、文字、符号、图画、手势等，而情绪也可通过其外部表现即表情来传递信息。如微笑表示同意、赞赏，咬牙切齿表示愤怒，愁眉苦脸表示情绪低落，捶胸顿足表示悲伤。婴儿能通过表情，与父母相互交流。在生活中，人们普遍通过体验自己的情绪、观察他人的表情，来了解自身和他人的处境，以采取相应的措施来改变相互间的关系，从而适应环境的变化。大学校园主要是集体生活，大学生面对的都是精力充沛、思想活跃的同学，长期生活在一起，相互之间的人际交往更多地需要理解、信任和宽容。如果你时而天真烂漫、满心欢喜，时而暴跳如雷、号啕大哭，时而为小事斤斤计较、无理取闹，那么，你的情绪就会让别人捉摸不定，别人很难适应你这种大起大落的情绪发泄，相信大家都会对你“敬而远之”，你将很难维持和谐的人际关系。

**3. 情绪能影响人的认识和评价**

大学生能进入大学校园学习，都经历过大大小小数百场考试。但不知大家有没有体会到，如果你在考试中过度紧张的话，平时会做的题目在考试中也答不出来了。如果你考试前存在明显焦虑情绪的话，你的注意力和记忆力就会减退，学习效率就会明显下降，情绪能够对人的认知活动产生影响。科学家研究发现，消极的情绪对人的记忆力、注意力、思维能力都会产生不利的影响，如使记忆力、注意力下降，分析判断乃至解决问题的能力减弱；而适度的兴奋状态，可以使身心处于最佳状态，能激发人们的活动能力，增强人的体力、精力和战胜困难的信心，从而提高活动效率。因此，保持积极的情绪，对我们的学习和生活是大有裨益的。当然，消极情绪并非任何时候都会降低人们的学习和工作效率。在适度的情况下，焦虑也能提高学习和工作效率。

**4. 情绪能影响人的性格**

我们可以从一个人的活动和行为方式中来判断他的性格特点，而人的活动和行为方式均受到情绪状态的影响。在心理学的理论中，性格也包含有情绪的特征，有些心理学家甚至将情绪看作是塑造人格的基石。他们认为，有几种情绪，如开心、愤怒、悲伤、恐惧、惊讶、厌恶等，能提供人类行为的动机，这些情绪可以引导我们做出决策行为，有时候甚至不需要经过我们对客观事物的评价，这些情绪就能推动我们的行动。面对同样的情境事件，不同的人可引发不同的情绪反应，当情绪对人的活动的影响或者人对情绪的控制具有某种稳定的、经常的表现特点时，这些特点就构成了性格的情绪特征。因此我们说，情绪能推动特定人格特质的形成。一般来讲，良好的情绪状态如稳定、持久、愉快等，会对性格的形成起到积极的作用；反之，对性格的形成是不利的。

## 延伸阅读

### 情绪影响生理

情绪与心血管、肌肉、呼吸、泌尿、新陈代谢和内分泌等功能都存在着密切的关系。

当情绪激动达到高潮时，植物神经系统中交感神经极度兴奋，大量释放肾上腺素，而致心跳突然增快，血压急速升高，如患有高血压，便容易导致脑血管破裂，引起脑溢血；如患有冠心病，由于冠状动脉强烈收缩，引起心肌梗死，而危及生命。

另外，由于长期的情绪不稳定，干扰了大脑对皮肤的调节功能，引起皮肤阵发性剧痒，发生神经性皮炎，如荨麻疹等。

（资料来源：叶素贞，曾振华．情绪管理与心理健康［M］．北京：北京大学出版社，2007.）

## 二、大学生情绪特点及其表现

### （一）大学生情绪发展的特点

大学时期是青年人心理成熟的重要时期，也是情绪丰富多变，相对不稳定的时期。随着知识素养的提高以及所处特定年龄阶段的影响，大学生的情绪带有鲜明的特征。具体表现在以下几个方面。

#### 1. 丰富性和复杂性

从生理发展的阶段来看，几乎人类所具有的各种情绪，都可以在大学生身上体现出来，并且各类情绪的强度不一，例如有悲哀、遗憾、失望、难过、悲伤、哀痛、绝望之分；从自我意识的发展来看，大学生表现出较多的自我体验。自我尊重的需要强烈，易产生自卑、自负等情绪体验；从社交方面来看，大学生的交际范围日益扩大，与同学、朋友及师长之间的交往更细腻、更复杂；在情绪体验的内容上，大学生的情绪呈现出相当丰富多彩的特征，以惧怕的情绪来说，大学生所怕的事物，主要与社会的、文化的、想象的、抽象复杂的事物和事情有关，诸如怕考试、怕陌生人、怕惩罚、怕寂寞等。

#### 2. 波动性和两极性

大学时期是人生面临多种选择的时期，社会、家庭、学校及生活事件，都会对大学生的情绪产生影响。尽管大学生的认识水平有了一定的提高，对自己的情绪已有了一定的控制能力，情绪亦趋于稳定，但同成年人相比，大学生相对敏感，情绪带有明显的波动性，一句善意的话语，一个感人的故事，一支动听的歌曲，一首情理交融的诗歌，都可以使青年情绪发生骤然变化。特别是在社会转型过程中，社会的变迁、体制的变革、新与旧价值观的更替，各种复杂的社会现象更容易使大学生产生困惑和迷茫，产生情绪的困扰与波动。同时，由于大学生正处于情绪表现的“动荡”时期，自我认知、生涯发展及心理发展还未成熟等原因，他们的情绪起伏较大，带有明显的两极化特征：胜利时得意忘形，挫折时垂头丧气，喜欢时花草皆笑，悲伤时草木流泪，情绪的反应摇摆不定、跌宕起伏。

#### 3. 冲动性和爆发性

著名心理学家霍尔认为处于青年期的大学生是处于“蒙昧时代”向“文明时代”演

化的过渡期，这一时期的特点是动荡起伏的，他把这一时期称为“狂风暴雨”时期。由于知识水平和认知能力的提高，大学生对自己的情绪能够有所控制，但由于他们兴趣广泛，对外界事物较敏感，加之年轻气盛和从众心理，因而在许多情况下，其情绪被激发，犹如疾风暴雨不计后果，带有很大的冲动性。他们往往对符合自己信念、观点和理想的事件或行为迅速产生强烈的情绪；对于不符合自己信念、观点和理想的事件或行为，则迅速出现否定情绪。个别的有时甚至会盲目的狂热，一旦遇到挫折或失败又会灰心丧气，情绪来得快，平息也快。大学生情绪的冲动性常与爆发性相联系。大学生的自制力较弱，一旦出现某种外部强烈的刺激，情绪便会突然爆发，借助于冲动的力量驱使，以至于在神态、语言及动作等方面失去理智的控制，忘却了其他任何事物的存在，极易产生破坏性的行为和后果。

**4. 阶段性和层次性**

大学是培养优秀年轻一代的摇篮。由于大学阶段不同年级培养目标和培养重点的不同，教育方式和课程设置也有所区别，各个年级面临的问题不同，大学生的情绪特点也不同，呈现出阶段性和层次性特点。大学新生所面临的是环境的适应，学习方法的改变，与新的对象交往以及确立新的目标等问题。新生自豪感和自卑感混杂，放松感和压力感并存，新鲜感和恋旧感交替，情绪波动大。二三年级经过了一年级的适应过程，能够融于校园生活中，情绪较为稳定。毕业班学生面临毕业及择业等多方面的重大问题，压力大，情绪波动大，消极情绪多。另外，由于社会、家庭及自身要求和期望不同，能力、心理素质的差别，大学生也会体现着不同的情绪状态。

**5. 外显性和内隐性**

大学生虽然有一定的自控能力，但对外界刺激的反应还是非常迅速与敏感，喜、怒、哀、乐常常可以从脸上看出来，与成年人相比更外露和直接，与中学生相比，大学生会掩饰、隐藏或抑制自己的真实情感，表现出内隐、含蓄的特点。一般而言，大学生的很多情绪是一眼就能看出的，如考试第一名或赢得一场球赛，马上就能喜形于色。由于自制力的逐渐增强以及思维的独立性和自尊心的发展，他们情绪的外在表现和内心体验并不总是一致的，在某些场合和特定问题上，有些大学生会隐藏或抑制自己的真实情感。例如对学习、交友和择业等具体问题，他们往往深藏不露，具有很大的内隐性。另外，随着大学生社会化的逐渐完成与心理逐渐成熟，他们能够根据特有条件、规范或目标来表达自己的情绪，使自己的外部表情与内心体验不一致性。例如，有的学生对同学的学习成绩很佩服，但留给对方的印象是贬低人家。

### （二）大学生健康情绪的表现

对大学生来说，情绪健康具体表现为：情绪的基调是积极、乐观、愉快、稳定的，对不良情绪具有自我调节能力，情绪反应适度；高级的社会情感（理智感、道德感、美感等）能得到良好的发展。大学生的情绪和情感是否健康，要看他对学习、生活、自己、他人是否具有积极的态度，是否能保持乐观稳定的心境，是否能对影响情绪的事物做出正确的理解和正常的反应。具体地说，大学生健康的情绪应具有以下表现。

**1. 能够积极适应环境**

情绪获得健康发展的大学生，不仅能够积极适应熟悉的环境，而且勇于开辟新环境，乐于接受新环境，而且能很快适应陌生环境。相反，情绪得不到健康发展的大学生，虽然能适应熟悉的环境，但往往依赖环境，是环境的被动的承受者，而不是能动的参与者、改造者。

**2. 能够有效地进行学习和工作**

情绪获得健康发展的大学生，总是乐于从事学习、工作和其他实践活动，能够胜任一定的角色，完成一定的任务，并逐步提高效率。他们能够从实际条件出发，确定切实可行的活动目的，选择相应的活动方式，达到活动目标；他们能够在活动中充分发挥出自己的身心潜能，表现出不可压抑的主动性和积极性，并以此自我满足。

**3. 能够正确评价自我**

情绪获得健康发展的大学生，自我意识也会得到较好的发展。他们不仅形成并确立了自我形象，而且对自我评价已经具有了一定的客观性和稳定性；他们对自己的认识比较符合自己的历史和现实，同时他们的自我形象又是可塑的，会随着他人的评价、自我认识的深化而调整和改变，从而更适应环境的要求。

**4. 能够保持良好、稳定的情绪状态**

情绪获得健康发展的大学生，有良好的心境和积极的情绪状态，总以积极、欢愉、乐观向上的情绪为基调，而少有消极、苦恼、忧郁、暴怒的情绪表现。他们能战胜恶劣的心境、摆脱过度紧张和消极情绪的困扰，能控制情绪性质、情绪强度和表现方式，能适应周围环境的要求，因而他们不是自己情绪的奴仆，而是自己情绪的主人。

**5. 能够建立良好的人际关系**

情绪获得健康发展的大学生，与父母、教师、同学、朋友容易建立并发展亲密融洽的关系。他们喜欢与别人交往，能够正确地理解别人的思想情感，容易接受和学习别人的优点和长处；他们能同情、关心、帮助别人，与朋友同甘共苦，因而能够被别人所喜欢和接受，对别人具有较强的吸引力。

## 延伸阅读

### 情绪智力——情商（EQ）

情绪智力一词最早由美国心理学家约翰·梅耶和彼得·萨洛维于1990年提出，但并没有引起全球范围内的关注。直到1995年，由丹尼尔·戈尔曼出版了《情商：为什么情商比智商更重要》一书，对情绪智力进行了通俗化的解释，引起了大众广泛的注意。因此，丹尼尔·戈尔曼被誉为“情商之父”。戈尔曼在书中明确指出：“真正决定一个人成功与否关键是情商而非智商。”

情绪智力作为一种能力，都包含哪些方面？对此，不同学者的观点不太一样。梅耶和萨洛维提出情绪智力包括四种能力，分别是：（1）情绪的知觉、评价和表达的能力；（2）用情绪促进思维的能力；（3）理解和分析情绪的能力；（4）调节情绪以促进情绪和智力发展的能力。戈尔曼提出情绪智力应包含五个方面的能力：（1）认识自己情绪的能力；（2）妥善管理自己情绪的能力；（3）自我激励的能力；（4）理解他人情绪的能力；（5）人际关系的管理能力。

情商的提出是相对于智商（IQ）而言的，长期以来，人们习惯于将智商作为判定人才的标准，现代研究表明，决定一个人成功的因素不仅仅是智商，还有情商。美国一家很有名的研究机构调查了188个公司，测试了每个公司的高级主管的智商和情商，并将测试结果与该主管在工作上的表现联系在一起进行分析。结果发现，对领导者来说，情商的影响力是智商的9倍。智商略逊的人如果拥有更高的情商，也一样能成功。

（资料来源：王丽萍，黄车白．大学生心理健康［M］．北京：北京师范大学出版社，2011.）

### （三）大学生常见的情绪困扰

大学生的社会期望高、心理压力大、学习负担重、竞争激烈，情绪易处于紧张状态。如考试中的紧张和焦虑，失意后的悲伤等情绪是正常现象。情绪困扰是大学生群体中比较突出和普遍的心理问题。不良的情绪情感的困扰，不同程度地影响了大学生的身心健康和发展。大学生常见情绪困扰表现在以下几个方面。

#### 1. 自卑

自卑是人们自我情绪体验的一种表现形式，是大学生中较为普遍和常见的一种情绪困扰。它主要是由于个体自身客观存在或主观上认为的某种生理或心理缺陷及其他方面的原因所引起的。其主要表现为：过分轻视和低估自己的能力，认为自己事事不如人，过于自责和内疚，常常担心别人瞧不起自己或失去他人的尊重。

大学生的自卑感不是无缘无故产生的，它往往产生于大学生所经历的挫折和失败的经验及自我评价不当。正是由于一些大学生在各个方面所表现出来的进取心、好胜心特别强，在争强好胜的同时又容易犯“眼高手低”的错误，因而不免经常遭受挫折和失败的打击。对于自身形体条件（如容貌不佳、身材矮小等）、经济条件（如家庭贫困、衣食较差等）、智力条件（如记忆力差、学习不好等）以及个人能力（如缺乏特长、不善交往等）方面所产生的不满和失望是导致大学生自卑的主要原因。

#### 2. 焦虑

焦虑是人们对生活环境中可能引发某种挫折、危险或心理冲突的事物或情境做出反应时所产生的一种情绪情感体验。生活中，每个人都有可能产生不同程度的焦虑情绪，只要这种焦虑体验持续时间不长并能得到及时控制，就属于正常反应，一般不会有任何危害。持续的、强烈的焦虑情绪则有可能对人们的身心发展产生不良影响。焦虑情绪突出表现在焦虑性神经症中，其主要症状是，心理上经常感到莫名的紧张、忧虑和不安，心情烦躁，易受激惹，注意力难以集中，记忆能力下降，且经常伴有失眠现象。

焦虑是大学生群体中比较常见的一种情绪情感障碍，大学生中焦虑症的发生率往往是比较高的。有不少大学生因为强烈的焦虑情绪而影响了正常的学习生活，最终不得不选择休学甚至退学。引起大学生焦虑的因素有很多，其中较为突出的是考试和适应不良。有关的心理学研究表明，那些自认为能力比别人差，或者迫切希望取得好成绩的学生容易产生强烈的考试焦虑。此外，适应不良是引发大学生焦虑情绪的另一个重要原因。适应问题尤其在大学新生当中表现得更为明显，其中主要包括对新的学习环境、新的学习方式、新的生活方式以及新的人际关系等方面的适应不良所引起的焦虑反应。

#### 3. 抑郁

抑郁是人们出于无力应付外部压力而产生的一种过度忧愁和伤感的情绪反应。主要表现为情绪低落、心情压抑、闷闷不乐、自卑心理较强，对一切都感到悲观和失望，对任何事物都缺乏兴趣，在人际交往方面消极被动等。

抑郁情绪在大学生中是比较多见的。大学生的抑郁情绪反应一般都有其明显的诱发因素，例如失恋、学习落后以及日常生活和交往中遇到的挫折等均可引发大学生的抑郁情绪反应。

**4. 嫉妒**

嫉妒是一种因他人在某些方面优于自己而产生的带有忧虑、愤怒和怨恨体验的复合情绪。其表现是不能容忍别人的进步与优点，通过诋毁对方达到心理上的暂时平衡。当对方某一点超过自己时，感到争强好胜的自尊心受挫，从而产生一种不满、痛苦、自责、愤怒的情绪体验，并往往把这种情绪指向对方，或者谈论对方的缺点，或者公开对方的个人秘密，或者背后造谣中伤，或者寻衅闹事等。嫉妒心容易阻碍个人的发展。

嫉妒情绪不仅使自身痛苦，还有害于他人，影响正常的人际关系，破坏安定团结。大学生的嫉妒情绪一般是轻微的，常常是心里承认不如别人，但又不轻易服输，不愿虚心向别人学习，是一种虚荣心在作怪。只要能正视自己的不足，在心理上进行自我调节和自我升华，就能向积极方向转化。

**5. 愤怒**

愤怒是当他人或外界事物不能满足自己内心需要，或主观愿望无法实现时所产生的一种消极情绪反应，根据程度的不同可分为不满、气恼、愤怒、暴怒、狂怒等几种。心理学研究表明，当愤怒发生时，可导致人体心跳加快、心律失常、高血压等躯体性疾病，同时还会使人的自制力减弱甚至丧失，思维受阻、行为冲动，从而做出一些后悔的事或造成不可挽回的损失。

愤怒是大学生常见的一种消极情绪。处于精力充沛、血气方刚的青年时期的大学生，在情绪情感发展上存在易激动、易动怒的特点，遇事缺乏冷静的分析与思考。如有的大学生因一句刺耳的话或一件不顺心的小事而暴跳如雷，有的因人际协调受阻而怒不可遏、恶语伤人；有的因别人的观点或意见与自己相左而恼羞成怒。这种以自我为中心、对他人缺少宽容、不加控制的愤怒情绪，不但伤害了与他人的关系，也破坏了自己的心情，对自己的身心健康是极为不利的。

## 校园案例

### 王某的心结

王某是大学二年级的学生，来自偏僻农村，父母均为农民，家庭条件较差。他性格内向，喜静不爱动，很少与人交往。不过他学习用功，从小成绩较好，上大学后其学习成绩在班上位于前列。

然而，王某的生活却特别烦躁和痛苦。因为多年来，他的心底始终存在着一种难言之隐——害怕女生。这种心态经常折磨着他，以致每当突然看见或接近女同学时，他心里立刻产生一种无以名状的恐惧感，同时，后脑勺还伴有阵发性头疼。比如，有时在课堂上，当眼睛自觉不自觉地一下扫视到前面或旁边的女同学时，他马上就感到很不自在，进而慌乱不安，难以自制，弄得情绪烦躁，思维混乱，老师讲的课也听不下去。还有时候，甚至看见女生较鲜艳的衣服或长发时也会有同样的痛苦感受。

几年来，这个毛病一直使王某很痛苦，精神负担很重，又不便对别人说，只好默默地忍受。为了减少痛苦，他不得不尽可能地限制自己的视线，缩小自己的生活圈，从不主动和女生接触，也很少与其他同学交往，整天静坐一处，独来独往，郁郁寡欢，他自己感到非常孤独和自卑，和同学们的关系也很不融洽。于是，同学们都说他性情古怪，还有人骂他有精神病。他有口难辩，痛苦不堪。尽管王某不承认自己有精神病，但内心越来越怀疑自己的精神不正常。他曾努力设法摆脱痛苦，可是一切努力都似乎是徒劳的。他曾几次到校外的医院求医。医生都说他没有精神病，只是神经衰弱而已，开了不少安神、镇静类的药，服用后也没有太大的效果。后来他终于意识到自己可能是存在某种心理障碍，经过激烈的思想斗争，他鼓起了勇气，走入了心理咨询室。

（资料来源：王云霞．大学生心理健康教程［M］．西安：西北工业大学出版社，2009.）

## 三、大学生情绪管理的方法与技巧

人的情绪变化是由认知评价引起的，虽然在情绪状态下所产生的生理、心理变化与行为，有时是当事人自己无法控制，但个人的认知评价是可以改变的，所以我们对情绪是可以进行管理的。对待愤怒、悲伤或是焦急的情绪管理都可以有不同的办法。

### （一）情绪管理的含义

#### 1. 情绪管理的定义

情绪管理是指一个人对情绪的理解和敏感程度，以及对情绪的控制能力。人的情绪管理能力的高低差别很大，与遗传因素、后天环境和努力的影响关系密切。情绪管理能力高的人，能够理解情绪的本质，自主控制自己的情绪，生活在轻松快乐的心境和幸福之中。情绪管理能力低的人不知道如何面对自己的情绪，甚至被情绪所困，经常处于低落的心境中。因此，情绪管理能力的高低直接关系到我们的生活质量。情绪管理能力可以学习，也可以经过努力不断提高。

美国心理学家丹尼尔·戈尔曼认为，通过控制情绪，管理人员可以成为卓越的领导人，人们通过研究个体和群体对自身情绪和他人情绪的认识、协调、引导、互动和控制，充分挖掘和培养个体和群体的情绪智商、培养驾驭情绪的能力，从而确保个体和群体保持良好的情绪状态，并由此产生良好管理效果的一种管理手段。简单地说，情绪管理是对个体和群体的情绪感知、控制、调节的过程。

#### 2. 情绪管理对大学生的重要性

有效的情绪管理是大学生学业成功的关键。学习取决于认知、情感和动机的相互作用，良好的情绪是大学生学习过程中，认知活动顺利开展的有力保证。情绪影响学生的学习动机，当一个学生处于一种积极的情绪状态时，他就会变得乐于学习、善于学习，就会对学习产生浓厚的兴趣。可以说，良好的学习情绪是提高大学生学习兴趣的中介变量，而缺乏学习兴趣恰恰是目前影响大学生进一步发展的一个“瓶颈”。在倡导终身学习的今天，培养大学生良好的学业情绪，进而使其主动对学习产生兴趣更显得重要。

有效的情绪管理利于大学生建立和维持良好的人际关系。情绪是作为人特有的一种心理活动，在人际关系中起着信号和表达的作用。情绪的信号作用有助于个体对自我情绪的认知、表达和调控，对他人情绪的觉察和把握。情绪的表达则是人际沟通的重要方面。在人际交往中，表情是情绪的独特表现形式，其与言语相比更具信息冲击力。在交往时，个体通过表情，不断向与自己交往的人提供着刺激，反映着自己的意愿。同时，也通过对他人表情的观察和觉知来了解周围人的态度和意愿。一般来说，具有丰富的情绪并能很好地管理情绪的人，能拥有稳定可靠的人际关系。

有效的情绪管理有利于大学生的身心健康。良好的情绪能使大学生全身各系统、各器官的功能更加协调、健全，有利于其身体健康，并有助于其开展富有激情和创造力的生活，更有力量去面对和克服挫折与困难。相反，不良的情绪不仅会造成大学生生理机制的紊乱，而且会抑制大学生大脑皮层的高级心智活动，使他们的意识范围变得狭窄，正常判断力减弱。

**心灵咖啡**

**情绪伤口**

有一个男孩，很任性，常常对别人发脾气。一天，他的父亲给了他一袋子钉子，并告诉他："你每次发脾气时，就钉一颗钉子在后院的围墙上。"

第一天，这个男孩发了37次脾气，所以他钉下了37颗钉子，慢慢地，男孩发现控制自己的脾气要比钉下一颗钉子要容易些，所以，他每天发脾气的次数就一点点地减少了。终于有一天，这个男孩能够控制自己的情绪了，不再乱发脾气了。

父亲告诉他："从现在起，每次你忍住不发脾气的时候，就拔出一颗钉子"，过了许多天，男孩终于将所有的钉子都拔了出来。

父亲拉着他的手，来到后院的围墙前，说："孩子，你做得很好，但是现在看看这布满小洞的围墙吧，它再也不可能回复到以前的样子了，你生气时说的伤害别人的话，也会像钉子一样在别人心里留下伤口，不管你事后说了多少对不起，那些伤痕都会永远存在。"

（资料来源：马建青．大学生心理健康教程［M］．杭州：浙江大学出版社，2012.）

### （二）情绪调节ABC理论

#### 1. 合理情绪理论的定义

合理情绪理论又称为ABC理论，是由美国心理学家阿尔伯特·艾里斯在20世纪50年代提出的。艾里斯认为，在人们情绪产生的过程中有三个重要的因素，这就是诱发情绪发生事件A（activating）、人们对诱发事件所持的相应的信念、态度和解释B（belief）以及由此引发人们的情绪和行为的结果C（consequence），情绪并非是由导致情绪发生的诱发事件直接引起的，而是通过人们对这一引发事件的解释和评价所引起的。即并非是事件引起了情绪，而是人们对事件的认识引起了情绪。

#### 2. 合理情绪理论的原理及意义

合理情绪理论认为，对事件正确的认知一般会导致适当的行为和情绪反应，而错误的认知往往是导致不良情绪产生的直接原因。导致人们对事件发生错误的认知的背后，往往是某些不合理的信念，艾里斯称其为非理性观念。非理性观念会使人陷入情绪的逆境中不能自拔。

合理情绪理论认为，改变不合理的观念，建立合理的观念，就会产生出积极的情绪反应。该理论通过对引起不良情绪的非理性观念的纠正，达到情绪改善的目的。

## 心理小贴士

### 导致情绪困扰的11种常见的非理性信念

1. 受到几乎所有的、对我而言有重要意义的人的喜爱和认可，这是极其必要的。
2. 我必须是一个全能的、独当一面的人，在所有重要的方面都必须获得成功，那样才有价值。
3. 这个世界必须是公平的。人们必须公正而周全地做事，否则，他们就是坏的、邪恶的、可耻的或不可信任的坏蛋，他们应该受到严厉的谴责和惩罚。
4. 如果事态的发展并不像我所渴望的那样，那将糟糕透顶。
5. 我对自己的焦虑、愤怒、抑郁和不快乐等束手无策，因为我的情绪是由外部事件所决定的。
6. 如果某件事情是危险的或可怕的，我就应该长期为此而烦恼，并应该仔细地考虑此类事件发生的可能性。
7. 直面生活中的困难和承担起生活的责任较难，而逃避现实较容易。
8. 我对别人非常依赖，需要一个比我强的人做后盾，否则我会过得很难。
9. 过去的经历是引起我现在情绪和行为的主要原因，曾经严重影响着我的那些事情，将会永远影响着我。
10. 如果我关心某人，那我就应该为他遇到的问题和烦恼感到焦虑、愤怒和抑郁。
11. 对所有的问题而言，几乎都有一个正确而完美的解决办法。如果找不到这样的办法，将会十分糟糕。

（资料来源：张海燕．大学生心理健康教程［M］．上海：上海人民出版社，2010.）

#### 3. 合理情绪理论的应用

在合理情绪的理论，艾里斯提出了理性情绪疗法，该疗法在具体实施时主要包括以下几个步骤：第一步，向个体说明其观念是非逻辑的，帮助他理解怎样或为何变成这种情绪状态，并教会他区分什么是理性观念，什么是非理性观念，最后，应使他真正认识到自己情绪障碍源于内心世界而非外界环境，自己应对自己的情绪障碍负责。第二步，努力使个体改变思维模式，放弃非理性观念。第三步，不是针对个体的主要非理性观念，而是了解或处理可能与情绪障碍有关的其他一些次要的非理性观念。同时，也要向他“灌输”一些理性的生活哲学，并教会其在现实生活中如何理性地思考问题。

理性情绪疗法主要关注如何改善我们生活的三个方面：理性、情绪和行为。其中，“理性”是指思维、推理和认知；“情绪”是指各种情绪状态，心境和感受；“行为”则是指具体的做法和反应。

理性情绪疗法认为：影响情绪和行为的主要因素是我们自己的思维、信念、对事件的评估及看法，而不是实际的事件与情境本身。这一疗法中的“ABC 观点”揭示了引发我们情绪的主要原因。其中，A 是诱发事件，指的是人记忆中的、当前体验到的或将要发生的令人担心的各种境遇的总称。B 是对诱发事件所持的相应的信念、态度和解释。C 是结果，即由信念和看法所引发的情绪和行为。情绪方面的结果既包括焦虑、愤怒、抑郁及其他不愉快的情绪，也包括幸福和满足感等积极的和愉快的情绪。行为方面的结果可能是积极的、自我救助的，也可能是消极的、自我伤害的、适应不良的（图 6-1）。

图 6-1 情绪 ABC 图解

理性情绪疗法认为：我们之所以会有不良情绪，主要是因为我们把一些希望和期待推向了一个绝对的境地，诸如“应该”“必须”“要求”等，这些“要求”和“必须”再加上我们非理性的自言自语的述说，就成了偏执的、不容妥协的非理性信念。这样就会产生诸如焦虑、愤怒和抑郁等强烈的不良情绪。

例如，一位大学生叙述了自己的经历：“在我的朋友遇到困难时，我主动帮助了他。而当我遇到困难时，他却视而不见，为此我感到被欺骗了，很愤怒。”通过对该学生认识的分析，找出其不合理观念是“我帮助了他，他就应该帮助我”。通过讨论，该学生将“应该”改成了“希望”，对事件的认识变成了：我的朋友遇到困难时，我帮了他，是我主动而且愿意的，并且我也希望当我遇到困难时，他同样会帮助我；但后来，当我真的遇到了困难，他却没帮我，我为此感到遗憾，我虽然不是很高兴，但我不会感到生气。

掌握合理情绪的理论和方法，不仅当我们遇到情绪困扰时可以帮助我们认识和摆脱不良情绪的困扰。更重要的是，它能使我们保持一种客观正确的认知心态，避免不良情绪的发生。

**（三）大学生情绪管理的方法**

情绪管理有很多方法和技巧，下面列举一些具体的方法可供借鉴。

**1. 认知调节法**

人的情绪变化是由认知评价引起的。当一个人对周围的事物或自己的行为、思想做出消极评价时，会给自己以不良的暗示，从而导致各种消极情绪的产生。比如一个人在面临挫折和失败时，就认为自己的能力差。如果每当遇到类似情况都做出这样的评价，慢慢就会形成一种自卑心理，对自己缺乏信心。所以，大学生在调节情绪时可以从转变消极的认知评价着手。

常见的消极认知评价主要包括以下几个方面：第一，思想绝对化，即评价情境与身心变化时容易走极端，要么全对、要么全错，往往把生活看成非黑即白的单色世界，没有中间色，思维缺乏灵活性；第二，过度引申，或称过度泛化，指在单一事件的基础上做出关于能力、操作或价值的普遍性结论，也就是说从一个琐碎事件出发并引申做出的结论；第三，认知消极性，看问题时只看到消极的一面而看不到积极的一面，形成了消极的认知定向；第四，妄自菲薄或狂妄自大，对他人和自己过于苛刻，常常不假思索地加上“好”与“不好”的帽子，总觉得自己不如他人或过分抬高自己；第五，夸大或缩小，对周围发生的事情和自己身心的变化故意夸大或缩小，而不对实际情况进行认真的思考；第六，自责，对当前的状态进行检讨反省时，总喜欢从自身去寻找不良的原因，并产生内疚的心理状态。对于以上几种由于不良认知评价所导致的不良情绪反应，可从以下几方面进行调节：

(1) 学会自我悦纳，体验自我幸福。大学生要学会自我悦纳，正确地分析自己的优势与劣势，能够合理地接受自己的优点与缺点。即对自身先天具备的所有特点和客观属性，如相貌、身材、家庭背景等，不管是喜欢的还是不喜欢的，都要怀着愉快的心情接受，而不应排斥和嫌弃。只有内心悦纳了自己，才会产生对自己的认同感和自信心，也才会珍惜自己，否则就会产生自我厌恶的情绪，也就不可能有自我幸福感。

(2) 辩证地、全面地看待问题。在情绪调节问题上要懂得运用哲学中的辩证法，要辩证地、全面地分析问题，用发展的眼光看待问题。在任何情况下看问题都要看到其两面性，而不能只看到它的好处或只看到它的坏处。同时，要客观公正地评价事情，尽量排除个人主观因素的影响。

(3) 选择适当的比较对象。“人比人，气死人”，在生活、学习、课外活动、人际交往等方面，应选择与自己能力各方面相差不大的人作为参照。在制定目标时，也应注意选择那种通过努力可以实现的目标，而非太难或太容易的目标，这样容易达到心理的平衡和得到相对的满足感。

(4) 适当利用“酸葡萄”心理。在日常生活中遇到困难和挫折时，可适当利用“酸葡萄”心理，如可用“塞翁失马，焉知非福”“祸兮福所倚，福兮祸所伏”“破财免灾”“失恋总比婚后离婚要来得好”等来安慰自己。

**2. 合理宣泄法**

对于自己的不良情绪，要通过适当的途径进行宣泄，至于宣泄的途径可根据个人的特点进行选择。

## 心灵咖啡

### 应对不良情绪的招数

通过说一说、写一写、哭一哭、喊一喊、唱一唱、跳一跳等方法把情绪合理地表达出来，谓之宣泄。

通过读书报、练字画、看影视、做运动、学歌舞、玩棋牌、养宠物以及逛街、钓鱼、集邮、旅游、做家务等活动摆脱烦恼或离开烦恼源，谓之转移。

叹气、深呼吸、打哈欠、伸懒腰、听音乐、想好事、按摩、催眠或在大脑中浮现出蓝天白云、森林草原、江河湖泊、海浪沙滩、小桥流水等美好景色或宁静的田园风光，谓之放松。

用玩笑调侃或自我解嘲的方法化解矛盾冲突，摆脱窘迫尴尬，谓之幽默。

由弱到强循序渐进地接触令自己不快的刺激，使其逐步适应，谓之脱敏。

改变目标和追求，或用一方面的优势弥补另一方面的不足，谓之补偿。

无意识地或潜移默化地接受自己或他人积极的言语和行为的影响，谓之暗示。

化悲痛为力量，变压力为动力，将情绪激发的能量引到正确的方向，使其具有建设性、创造性，对人对己对社会都有利，谓之升华。

看人看己看事，变绝对为相对，化片面为全面，转静止为发展，牢固树立不好中有好的一面、这方面不好那方面好、现在不好将来好，以及“塞翁失马，焉知非福”的哲学思想，谓之辩证。

（资料来源：张海燕．大学生心理健康教程［M］．上海：上海人民出版社，2010.）

（1）学会倾诉。培根说过，“把自己的快乐告诉给朋友，你将得到两个快乐，把自己的忧愁倾诉给朋友，你将被分掉一半忧愁。”所以，当遇到不愉快的事情时，不要自己生闷气，把不良的情绪压抑起来，而应当学会倾诉。多和他人谈心，是拥有健康心态的一个积极策略。个体在烦躁忧郁、焦虑不安时，注意多和自己的亲人、朋友倾吐内心的忧虑和苦闷。一方面可以宣泄自己的不良情绪，减轻心理压力；另一方面还可以得到他人的开导，“当局者迷，旁观者清”，通常别人的寥寥数语，会使你心中豁然开朗。

## 心灵咖啡

### 删除你的烦恼

有一个心理学家做了一个很有意思的实验。他要求一群实验者在周日晚上把未来七天会烦恼的事情都写出来，然后投入一个大型的“烦恼箱”。第三周的星期日，他在实验者面前打开这个箱子，与成员逐一核对每项“烦恼”，结果发现其中90%的担忧并没有真正发生。

接着，他又要求大家把那真正发生的10%的“烦恼”重新丢入纸箱中，等过了三周，再来寻找解决之道。结果到了那一天，他开箱后，发现那些剩下的10%的烦恼已经不再是那些实验者的烦恼了，因为他们都有能力对付了。

烦恼是自己找来的，这就是所谓的“自找麻烦”。据统计，一般人的忧虑有40%属于过去，有50%属于未来，只有10%属于现在。而40%的烦恼事根本不会发生，30%的事是怎么烦恼也没有用的既定事实，10%是日常生活中微不足道的小事，12%是不存在的幻想出来的麻烦，只有8%的烦恼勉强算是有意义，而这些常常又是能够轻易应付的事，看了这些数据，大家是否应该考虑删除自己92%的烦恼呢？

（资料来源：柯君．每天学点心理学［M］．北京：新世界出版社，2009.）

（2）适度哭泣。哭是人类的一种本能，是不愉快情绪的直接外露。而在日常生活中，人们常把哭当成懦弱的表现，也总是教育男生说“男儿有泪不轻弹”。这不仅是对人性的一种错误认识，也是对心理健康的一种不切实际的损伤。爱哭的人不一定就是弱者，不哭的人也不见得就很坚强。从医学角度讲，人在情感激动时流出的泪会产生高浓度的蛋白质，它可以减轻乃至消除人的压抑情绪。因此短时间内的痛哭是释放不良情绪的最好方法，是心理保健的有效措施。不过哭泣也要把握一个度，只有在内心受到委屈和不幸达到较大程度时才哭，如果遇事就哭，不但不能宣泄情绪，反而会加重不良情绪。

**3. 运动调节法**

大学生情感丰富，情绪表达强烈，当出现不良情绪时，应利用适当的方式进行自我调节，如运动调节、音乐调节等。当然情绪调节的方法多种多样，可视每个人的情绪类型、程度、原因以及个性特征而定。

运动是抑制不良情绪的良方。体育运动能使学生的不良情绪得到合理的宣泄。通过体育运动可使人的注意力发生转移、情绪得到宣泄、兴趣改变、紧张程度得到缓解、情绪趋向稳定，为各种消极情绪提供一个合理的发泄口，从而消除不良情绪，达到心理平衡。所以，常参加体育锻炼也是调节和控制情绪的一种良好方法。有趣的、自己喜爱的趣味性较强的运动，如羽毛球、乒乓球、跳绳等对减轻学生的焦虑情绪有很大的帮助；足球、篮球、排球、健美操和集体舞等运动对学生的抑郁情绪有很大的好处；游泳、溜冰、拳击和体操中的跳马、单双杠则对克服恐惧情绪有不错的效果。另外，气功作为源远流长的东方文化的瑰宝，蕴藏着许多人生哲理，人们通过练气功可以体悟人生，解开心中的矛盾，愉快地投入到生活中去。太极拳、瑜伽等是目前比较流行的运动，对于缓解不良情绪也有非常好的效果。

**4. 音乐调节法**

音乐作为一种艺术，是人情绪情感的一种表现方式，对缓解不良情绪也具有特殊的作用，音乐调节主要通过听不同的乐曲把人们从不同的情绪困扰中解脱出来。在国外，音乐调节已应用于外科手术及治疗精神病、抑郁症、焦虑症等病症。如忧郁烦恼时可以听《蓝色多瑙河》《卡门》《渔舟唱晚》等意境广阔、充满活力、轻松愉快的音乐；失眠时可以听莫扎特的优雅宁静的《摇篮曲》、门德尔松的《仲夏夜之梦》等乐曲；情绪浮躁时可以听《小夜曲》等宁静清爽的乐曲。每个人都可以根据自己的情绪状况，选择合适的音乐来进行自我调节。除了听以外，自己唱也能起到同样的作用。尤其高声歌唱，是排除紧张、激动情绪的有效手段。当不满情绪积压在心中时，不妨选择适合自己的歌曲来唱唱，歌的旋律，词的激励，唱歌时有节律的呼吸与运动，都可以缓解紧张的情绪。

**5. 放松调节法**

放松调节作为一种很好的解压方式，越来越受到欢迎和重视。大学生由于普遍受到自身和外部的影响，常常感到学习任务重，身体疲惫，精神紧张，不能很好地放松自己。通过合适的放松调节，能够帮助自身更好地缓解躯体和精神紧张，恢复良好的躯体和心理状态。

放松调节主要包括以下几种方式：①大笑疗法。笑是精神消毒剂。在可能的时候，不妨去听听相声，看看小品，这样可以化解焦虑。②运动疗法。机体的运动可以使精神放松。你可以考前放下书，开心地去踢一场球或来点别的什么运动，这样可以消除焦虑。③深呼吸疗法。考前或考场上紧张焦虑时，做深呼吸 4~6 次，会缓解焦虑。④意守丹田疗法。意念集中于丹田穴，而后想象意念向上移动，一步步直至头顶百会穴，同时吸气，再向后向下移至丹田处，同时呼气；⑤六秒钟放松法。抓住片刻时间，六秒钟就够，收腹，缩颈，扭动身体，打哈欠，焦虑会随之消失。

## 心灵咖啡

### 笑的力量

美国记者诺曼·卡曾斯由于器官结缔组织严重损伤，行动艰难。医生认为这是一种不治之症。卡曾斯得知这一消息后，冷静地想："悲观会导致生病，快活有益于治疗。"为了活得开心，他想出了一个奇妙的自我治疗方法：让自己笑。

他借来大量喜剧幽默录像带，每天欣赏娱乐。他高兴地发现，10 分钟大笑，竟能缓解疼痛，能使他安静地睡上两小时。后来他索性看几小时就笑几小时，自己安排了以"吃饭""大笑""睡觉"为主要内容的每日三部曲。

10 年过去了，这位记者奇迹般地活过来了，而且身体越来越好。他采用的方法就是笑疗法。笑是精神上的消毒剂，这种方法也可以叫作精神消毒法。

笑是人类独有的表情，是调节身心的重要方法。笑可以使人心情舒畅、精神愉快，从而驱除疲劳、治病防病，并通过调节情绪，使人保持良好的心境。

（资料来源：叶素贞，曾振华．情绪管理与心理健康［M］．北京：北京大学出版社，2007.）

## 心理训练

**活动一：自我探索**

### 情绪类型测试

你的情绪在多大程度上受理智的控制，在多大程度上受"本能"的控制？回答以下问题，将可以确定你的情绪状态与类型。

1. 如果让你选择，你更愿意：

A. 同许多人一起工作并亲密接触

B. 和一些人一起工作

C. 独自工作

2. 当为解闷而读书时，你喜欢：

A. 读史书、秘闻、传记类

B. 读历史小说、"社会问题"小说

C. 读幻想小说、荒诞小说

3. 对恐怖影片反应如何？

A. 不能忍受　　B. 害怕　　C. 很喜欢

4. 以下哪种情况符合你：

A. 很少关心他人的事　　B. 关心熟人的生活　　C. 爱听新闻，关心别人的生活细节

5. 去外地时，你会：

A. 为亲戚们的平安感到高兴

B. 陶醉于自然风光

C. 希望去更多的地方

6. 你看电影时会哭或觉得要哭吗？

A. 经常　　B. 有时　　C. 从不

7. 遇见朋友时，通常是：

A. 点头问好　　B. 微笑、握手和问候　　C. 拥抱他们

8. 如果在车上有个烦人的陌生人要你听他讲自己的经历，你会怎样？

A. 显示你颇有同感　　B. 真的很感兴趣　　C. 打断他，做自己的事

9. 是否想过给报纸的问题专栏写稿？

A. 绝对没想过　　B. 有可能想过　　C. 想过

10. 被问及私人问题，你会怎样？

A. 感到不愉快或气愤，拒绝回答

B. 平静地说出你认为适当的话

C. 虽然不快，但还是回答了

11. 在咖啡店里要了杯咖啡，这时发现邻座有一位姑娘在哭泣，你会怎样？

A. 想说些安慰话，但却羞于启口

B. 问她是否需要帮助

C. 换个座位远离她

12. 在朋友家聚餐之后，朋友和其爱人激烈地吵了起来，你会怎样？

A. 觉得不快，但无能为力　B. 立即离开　　C. 尽力为他们调解

13. 送礼物给朋友：

A. 仅仅在新年和生日

B. 全凭兴趣

C. 在觉得有愧或忽视了他们时

14. 一个刚相识的人对你说了些恭维话，你会怎样？

A. 感到窘迫

B. 谨慎地观察对方

C. 非常喜欢听，并开始喜欢对方

15. 如果你因家事不快，上班时你会：

A. 继续不快，并显露出来

B. 工作起来，把烦恼丢在一边

C. 尽量理智，但仍因压不住而发脾气

16. 生活中的一个重要关系破裂了，你会：

A. 感到伤心，但尽可能正常生活

B. 至少在短暂时间内感到痛心

C. 无可奈何地摆脱忧伤之情

17. 一只迷路的小猫闯进你家，你会：

A. 收养并照顾它

B. 扔出去

C. 想给它找个主人，找不到就让它安乐死

18. 对于信件或纪念品，你会：

A. 刚收到时便无情地扔掉

B. 保存多年

C. 两年清理一次

19. 是否因内疚或痛苦而后悔？

A. 是的，一直很久　　B. 偶尔后悔　　C. 从不后悔

20. 同一个很羞怯或紧张的人谈话时，你会：

A. 因此感到不安　　B. 觉得逗他讲话很有趣　　C. 有点生气

21. 你喜欢的孩子是：

A. 很小的时候，而且有点可怜巴巴

B. 长大了的时候

C. 能同你谈话的时候，并且形成了自己的个性

22. 爱人抱怨你花在工作上的时间太多了，你会怎样？

A. 解释说这是为了你们两人的共同利益，然后仍像以前那样去做

B. 试图把时间更多地花在家庭上

C. 对两方面的要求感到矛盾，并试图使两方面都令人满意

23. 在一场特别好的演出结束后，你会：

A. 用力鼓掌　　B. 勉强地鼓掌　　C. 加入鼓掌，但觉得很不自在

24. 当拿到母校出的一份刊物时，你会：

A. 通读一遍后扔掉

B. 仔细阅读，并保存起来

C. 不看就扔进垃圾桶

25. 看到路对面有一个熟人时，你会：

A. 走开　　B. 走过去问好　　C. 招手，如对方没反应便走开

26. 听说一位朋友误解了你的行为，并且正在生你的气，你会怎样？

A. 尽快联系，做出解释

B. 等朋友自己清醒过来

C. 等待一个好时机再联系，但对误解的事不作解释

27. 怎样处置不喜欢的礼物？

A. 立即扔掉

B. 热情地保存起来

C. 藏起来，仅在赠者来访时才摆出来

28. 对示威游行、爱国主义行动、宗教仪式的态度如何？

A. 冷淡　　B. 感动得流泪　　C. 使你窘迫

29. 有没有毫无理由地觉得过害怕？

A. 经常　　B. 偶尔　　C. 从不

30. 下面哪种情况与你最相符？

A. 十分留心自己的感情

B. 总是凭感情办事

C. 感情没什么要紧，结局才最重要

记分方法：选 A 得 3 分，选 B 得 2 分，选 C 得 1 分。将各题得分相加即可得总分。

**结果解释**

30~50 分：理智型情绪。很少为什么事而激动，即使生气，也表现得很有克制力，主要弱点是对他人的情绪缺少反应。感情生活很有局限，而且可能会听到人们在背后说你“冷血动物”。目前，需要松弛自己。

51~69 分：平衡型情绪。时而感情用事，时而十分克制。即使在很恶劣的环境下握起了拳头，但仍能从情绪中摆脱出来。因此，很少与人争吵，感情生活十分愉快、轻松。即使偶尔陷入情感纠纷，也能不自觉地处理得妥帖。

71~90 分：冲动型情绪。是个非常重感情的人。如果是女人，一定是眼泪的俘虏。如果是男人，可能非常随和，但好强，且喜欢自我炫耀。可能经常陷入那种短暂的风暴式的情感纠纷，因此麻烦百出，想劝你冷静，简直是不可能的事情。这里有必要提醒你：克制自己。

（资料来源：张改叶，等. 大学生心理健康读本［M］. 郑州：河南人民出版社，2007.）

**活动二：心理体验**

（一）自主松弛训练

说明：这种方法既可以调节情绪，又能消除紧张心理、心理压力。当你熟练地掌握了这种方法之后，就可以随时随地使用，可以坐着练、走着练，甚至在课间也能抽出片刻时间做一做，缓解不良情绪，摆脱不良情绪的困扰。

步骤：

1. 静坐在椅子上，把背部轻轻地靠在椅子背上，头摆正前倾，两眼正视前方，两手平放在大腿上，两脚摆放与肩同宽，两脚掌落地，脚心紧紧贴在地面上。

2. 两眼轻轻闭合，慢慢地呼吸三次，静下心来，排除杂念，把注意力放在两手和大腿的边缘部分，然后把注意力集中到手心。这时心中默念：“静下心来，静下心来，两手暖和起来了”。

3. 逐渐将意念导向脚心，重复上述动作，脚心处也会感到温和，一旦两手、两脚都真的感到暖和之后，身体就会有一种飘然的感觉，此时心头也会感到很清爽。

（资料来源：王光荣，等. 大学生心理健康教程［M］. 长春：吉林科学技术出版社，2006.）

（二）让我们开心和快乐

目的：训练同学掌握快乐的方法和技巧

材料：镜子、卡片

人数：全体上课同学

步骤：

（1）热身运动，每个参加训练的大学生相互介绍、问候，要求每位大学生都用口头语言和身段表情问候，感谢同学的到来和积极参与。

(2) 参加训练的大学生，利用镜子，使自己的脸上露出一个很开心的笑容，挺起胸膛，深呼吸，然后唱一首歌或读一首诗词，记下镜子里自己快乐、开心的表情。

(3) 注意一下旁边参加训练的同学，他们微笑的表情是否自然，彼此交换一下自己的感受。

(4) 给参加训练的每个大学生发一张卡片，相互写几句快乐的语句，作为赠话。

(5) 结合训练实际制定开心、快乐计划，包括几段笑话或几个幽默故事，使自己快乐、同学快乐。并给自己一些积极的心理暗示：我为今天快乐，我为自己快乐，我要快乐面对一切。

(6) 参加训练的同学，每两个为一组，自由组合。相互激怒对方，当自己想生气的时候，打开自己制定的开心计划仔细看一下，并进行积极的暗示："我是一个心胸豁达的人，我不因同学而生气，也不因自己而生气。"

(7) 体会开心和快乐对每一个大学生的重要性。

(8) 讨论：自己的收获如何，有何感受？

（资料来源：林永和．心理素质拓展［M］．北京：国家行政学院出版社，2011.）

**活动三：思考与感悟**

**情绪传染**

有个小男孩心情不好，在路边遇到一条小狗便狠狠踢去，吓得小狗狼狈逃窜；小狗无端受了惊吓，见到一个西装革履的老板便汪汪乱叫；心情不好的老板在公司里朝他的女秘书大发雷霆；女秘书回家后把怨气一股脑撒给了莫名其妙的丈夫；第二天，这位身为教师的丈夫如法炮制，对自己一个不长进的学生一顿臭批；挨了训的学生，也就是前面的那个小男孩怀着低落的情绪放了学，归途又碰见了那条小狗，二话没说又一脚踹去……

思考题：这个故事给你的启示是什么？

（资料来源：逄伟，朱琳琳．大学生心理成长导航［M］．济南：山东人民出版社，2013.）

## 推荐阅读

1. 李筱懿．情商是什么［M］．杭州：浙江文艺出版社，2017.
2. ［美］约翰·辛德莱．情绪革命［M］．北京：华文出版社，2019.

## 推荐影视

1. 《记忆碎片》
2. 《心灵捕手》

# 第七章

## 沟通你我，和谐相处——大学生的人际交往及能力培养

### 任务目标

- 掌握人际交往的基本理论和知识
- 了解当前大学生人际交往的状况
- 掌握处理人际交往的基本技巧
- 帮助大学生建立健康的人际关系

一个人的成功，只有15%是由于他的专业技术，85%则要靠人际关系和他的处事能力。

——戴尔·卡耐基

### 故事导入

**天堂和地狱**

有一个人遇到一位天使，天使说："来，我带你到天堂和地狱去看看。"那个人高高兴兴地随着天使去了。首先，来到地狱参观，正好到了吃中饭时间，中间是一排长长的桌子，两边坐满了人，拿的勺子都有一公尺长，才喊一声开动，两边的人争先恐后地㩟起菜想要往自己的嘴里送，然而由于勺子太长了，到了中间，勺子就打起架来，大家互不相让，打得头破血流，菜掉了一地，结果是谁也吃不成，那个人看得兴味索然，对天使说："我们还是到天堂去看看吧。"于是跟着天使来到天堂，也是开饭时间，奇怪的是，桌子还是那些桌子，勺子还是那些勺子，两边还是坐满了人，结果喊一声开动，大家都舀起菜来往对方的口里送，有一个人缘好的，好几把勺子都送到他的嘴边，他还在说慢慢来，慢慢来。那个人恍然大悟，原来天堂与地狱在自己一念之间，一念为己，是地狱；为别人，是天堂。关键是自己的心态了。

### 心灵导航

#### 一、人际交往概述

人是社会性的动物，正如马克思所言："人的本质并不是单个人所固有的抽象物，在

其现实性上，它是一切社会关系的总和。”进入大学后，大学生们面临新的环境、新的群体，重新整合各种关系，处理好与交往对象的关系便成为大学生新的生活内容。良好的人际关系不仅是大学生心理健康水平、社会适应能力的重要指标，也是促进其成才成长和今后事业发展、人生幸福的基石。本章将从心理健康的角度来分析大学生人际交往问题，探讨提升大学生人际交往能力的方法和策略。

### （一）人际交往与人际关系

#### 1. 人际交往的基本内涵

人际交往作为日常生活用语，是指人们为了相互传递信息、交换意见、表达感情和需要等目的，运用语言、行为等方式进行的人际联系和人际接触的过程。它是一个多角度、多层面的概念。人际交往是指人与人之间的交往，既是一种动态的实践活动，也是一种静态的关系性范畴。也就是说，人际交往具有动态和静态两种不同的存在形态。动态的人际交往是指人们运用语言符号系统或非语言符号系统进行相互之间的信息沟通、思想交流、情感表达的互动过程。从动态的角度来看，人与人的交往大致可以分为以下三个层面：

一是物质层面的交往，即物质交往。具体表现为金钱、货物的交换，以及劳动力的交换，反映人与人之间、人群之间一定的经济利益关系。人生在世，要解决衣食住行等生活问题，要创造和获得物质财富，就必须和他人发生经济、物质交往行为。

二是知识信息的交流。这是人际间借助于语言和非语言的媒介所实现的知识、信息共享，是思想观念的沟通过程，也是口头和非口头的交际过程。这种信息交流与物质交流明显不同。对于他们的不同，英国著名作家萧伯纳曾经打了个很好的比方：假如你有一个苹果，我也有一个苹果，彼此交换后，双方还是只有一个苹果；但是，如果你有一种思想，我有一种思想，那么彼此交流后，我们每个人都获得了两种思想。可见，在交流过程中，信息不仅仅被传递，而且还在不断地形成和发展。

三是心灵和情感的交流。人们在交往过程中，总是会有意无意地表明各自的人生态度和追求，是在表现一种对整个世界及人生意义的关注，表明各自的人格倾向和心灵风貌。

人际交往的上述几个层面不是截然分开的，而是互相渗透的。

静态的人际交往则是指人与人之间已形成的较为稳定的心理关系，反映的是人们之间心理距离的远近和亲疏状况，即通常所说的人际关系。

大学生人际交往是指大学生与他人之间进行的信息沟通、情感交流等相互作用、相互影响的过程，主要包括师生交往、同学交往、朋友交往和家人交往等。

#### 2. 人际关系的概念

人际关系指人与人之间相互认知，因而产生的吸引或排斥、合作或竞争、领导或服从等关系。总的来说，人际关系就是个人之间或个人与团体间的互动关系。

马斯洛认为，人际关系是个体社会生活中的基本需要：需要归属于一定的社会团体，需要得到他人的爱与尊重。这些社会需要是与吃饭穿衣等生理需要同等重要的、不可或缺的需要，这些需要得不到满足，将使人丧失安全感进而影响心理健康。

### （二）人际吸引的影响因素

在大学校园里，为什么有些同学受人欢迎，有些同学则遭人嫌弃？其实，这主要是由人际吸引引起的。人际吸引指的是人与人之间在感情上的相互喜欢、亲近的状态，是人际关系中的一种肯定形式。影响人际吸引的因素主要有以下几种。

**1. 认知因素**

认知因素主要包括人们对自己、他人和交往活动本身的认知。认知因素是影响交往过程中首要的、基本的心理成分。对己、对人、对交往活动这三方面的任何一个方面的认知出现偏差，都会影响交往行为，甚至成为交往障碍。因此，要正确认识自己，不过高或过低评价自己，避免交往中的盛气凌人或畏惧心理；要正确认识他人，具有包容之心，克服以偏概全、以貌取人等错误的概念；正确认识交往活动，既要重视交往，提高对交往在个体发展中的作用的认识，又要正确认识交往的功能，转变那种交往就是人与人之间的相互利用的错误心理，还要注意避免由于不正确地认为人心难测，从而在交往中戒备心理过重的现象。

**2. 情感因素**

情感因素是人际交往中的主要特征。在人际交往中，双方是否能够实现情感的沟通和相容，影响着人际交往的效果和良好人际关系的建立。如果交往双方情感相容，从而达到相互的认同和接纳，就会减少人际间的摩擦与冲突，情感因素就会成为建立良好人际关系的心理条件而始终贯穿于人际交往的过程之中。因此，一个人在与人交往的过程中要始终保持良好的情绪状态，对他人充满善意，友好相处，宽容大度，不因小事而斤斤计较；对生活充满希望，积极乐观，不因暂时的挫折而自暴自弃。

**3. 人格因素**

在交往过程中，人格因素至关重要，并且这种因素的作用会随着交往时间的推移而越来越强。一个具备豁达大度、谦虚开朗、正直热情、坚强沉稳、尊重他人等良好人格特征的人，往往具有一种人格魅力，容易与同学建立很好的人际关系。这种魅力不仅可以弥补个体气质中的某些不足之处，促进自己身心的健康发展，而且可以使之在学习和生活中寻找到真正的朋友。相反，人格不健全或心理品质不佳不仅会影响自己和他人的关系，妨碍个人的成长与发展，而且不利于自己的身心健康，容易导致心理问题。

**4. 时空接近因素**

远亲不如近邻。空间距离是影响人际关系的一个重要因素。通常，人与人之间在距离上越接近，交往机会越多，就越容易互相认识和了解，感情上也越容易亲近，容易形成较密切的关系。例如，一个学校的同学、一个宿舍的室友、来自一个地区的老乡等。因此，大学生应注意与周围的人交往，在交往中结识朋友，为自己营造良好的人际氛围。同时，还可以主动创造一些交往机会，缩短时空距离，与自己愿意结交的人交往。但要注意，一方面应当积极交往，另一方面也要把握好交往的度，不能过多、过频，否则不仅会使他人感到厌烦，而且会成为自己的负担，最终影响学习和生活。

**5. 相似或互补因素**

人与人之间的相似之处很多，如年龄、学历、兴趣、爱好、态度等。相似性在人际交往中有着重要的意义，因为具有较多相似之处的人多趋于参加同类的活动，更容易对社会上的人或事产生共同的看法和观点，因而也更容易相互沟通并产生情感上的共鸣，进而增加彼此的相互吸引力，强化进一步交往的意识。俗话所说的“物以类聚，人以群分”，就是这个道理。与相似相联系的是互补。当人意识到自己有某种不足时，会发自内心地羡慕具有这种特点或能力的人，愿意与其接近。当交往双方的需要和满足途径能够成为互补关系时，双方之间的喜欢程度也会增加。从表面上看，相似与互补是矛盾的，但实际上，二者是协同的。在某些情况下，互补可能比相似更重要。

**6. 能力与外貌的因素**

一个人的能力和外貌也会影响人际交往的效果。一般而言，人们都喜欢聪明能干的人，因为他们可以给人以帮助，同时他们较强的解决问题的能力和得体的言行举止会使人感到恰到好处而且赏心悦目，这就容易引起人们与之交往的欲望。“名人效应”便是这一现象的反映。同时，一个能力极强的人，也容易使他人产生卑下感，令人敬而远之，降低了吸引力。因此，要提高自己的人际吸引力，一方面应注重培养自己各方面的能力，同时也要始终注意谦虚礼让，尊重他人。另外，一个人的长相、穿着、风度等外貌特征也是影响人际交往的重要因素。这种影响在交往的初期更为显著。因此，人们在提高内在能力的同时也要尽可能地注意外貌的修饰。

## 心理小贴士

### 人际距离

人际距离是指交往过程中个体由于心理因素的影响而与他人在空间上保持的距离。任何个体都有属于他的一定的空间领域，在此领域内，他会感到舒适与安全。而一旦此领域受到侵犯，他就会感到紧张和不安，甚至发怒，即产生觉醒和阻挡两种本能反应。在本能作用下，个体将与他人重新保持着适度距离，使自己处于安全与舒适状态。美国人类学家与心理学家爱德华·霍尔博士根据自身多年研究，在《无声的语言》一书中，把人际交往距离划分为亲密距离、私人距离、社交距离和公众距离四类。他将人际交往中的远、近、亲、疏用上述四种距离大小来衡量，并以此表示交往双方的人际吸引程度。

每一类人际距离都有自己特定的间距要求以及适合于不同的交往情境。人们在日常交往中不可越位。

◎亲密距离：近位亲密距离为0~20厘米，多出现在恋人情侣、知己以及亲子关系等亲密无间中；远位亲密距离为15~45厘米，虽然身体不相接触，但可以用手互相触摸，表示亲密关系。

◎私人距离：有一定的分寸感，便于亲切友好地交谈。近位私人距离为45~75厘米，出现于朋友间的交往或情侣在公开场合的交往；远位私人距离为75~120厘米，出现于熟人间的交往。

◎社交距离：社交性或礼节性的较正式的交往。近位社交距离为1.22~2.1米，如在工作环境或社交聚会上；远位社交距离为2.1~3.65米，如上下级交往或商务谈判等场合。

◎公众距离：在公共场合的人际距离，近位公众距离为3.65~7.62米，如演讲或讲课等；远位公众距离为7.62米以外，是几乎容纳一切人的空间，如集会。

## 二、大学生人际交往的发展

### （一）大学生人际交往的意义

人际交往能力是现代社会人才的重要素质，是衡量一个人能否适应社会的重要标志。联合国教科文组织提出的教育目标为：学会生存、学会认知、学会做事、学会共同生活。对于大学生来说，积极主动开展人际交往，对于了解社会、认识自我和促进自身素质的全面发展，都具有极为重要的作用。

**1. 人际交往是维护大学生身心健康的重要途径**

（1）人际关系影响大学生的生理和心理状况。一般说来，具有良好人际关系的学生，大都能保持开朗的性格，热情乐观的品质，从而正确认识、对待各种现实问题，化解学习、生活中的各种矛盾，形成积极向上的优秀品质，迅速适应大学生活。相反，如果缺乏积极的人际交往，不能正确地对待自己和别人，心胸狭隘，目光短浅，则容易形成精神上、心理上的巨大压力，难以化解心理矛盾。严重的还可能导致病态心理，如果得不到及时的疏导，可能形成恶性循环而严重影响身心健康。

（2）人际交往影响大学生的情绪和情感变化。青年发展期的大学生，正处在人生的黄金时代，在心理、生理和社会化方面逐步走向成熟。但在这个过程中，一旦遇到不良因素的影响，仍容易导致焦虑、紧张、恐惧、愤怒等情绪，影响学习和生活。实践证明，友好、和谐、协调的人际交往，有利于大学生对不良情绪和情感的控制和发泄。

（3）人际交往影响大学生的精神生活。大学生情感丰富，在紧张的学习之余，需要进行彼此之间的情感交流，讨论理想、人生，诉说喜怒哀乐。人际交往正是实现这一愿望的最好方式。通过人际交往，可以满足大学生对友谊、归属、安全的需要，使之更深刻、更生动地体会到自己在集体中的价值，并产生对集体和他人的亲密和依恋，从而获得充实的、愉快的精神生活，促进身心健康。

**2. 人际交往是大学生成长成才的重要保证**

（1）人际交往是交流信息、获取知识的重要途径。现代社会是信息社会，信息量之大，信息价值之高，是前所未有的。人们对信息的需求，随着信息量的扩大，也在不断地增长。通过人际交往，我们可以相互传递、交流信息和成果，丰富经验，增长见识，开阔视野，活跃思维，启迪思想。

（2）人际交往是个体认识自我、完善自我的重要手段。孔子曾说过："独学而无友，则孤陋而寡闻"。人际交往，可以帮助大学生提高对自己的认识，以及别人对自己的认识。在人际交往的过程中，从彼此的言谈举止中认识了对方。同时，又从对方对自己的反应和评价中认识了自己。交往面越宽，交往越深，对对方的认识越完整，对自己的认识也就越深刻。只有对他人的认识全面，对自己认识深刻，才能得到别人的理解、同情、关怀和帮助，自我完善才可能实现。

（3）人际交往是集体成长和社会发展的需要。人际交往是协调集体关系、形成集体合力的纽带。而一个良好的集体，能促进青年学生优良个性品质的形成。如正义感、同情心、乐观向上等都是在民主、和睦、友爱的集体关系中成长起来的。良好的人际关系还能够增进学生集体的凝聚力，成为集体中最重要的教育力量。

## 延伸阅读

### 社会剥夺实验

美国著名心理学家黑伯曾做过一个著名的“感觉剥夺实验”：他让一些自愿作为实验对象的大学生单独待在一个小屋子里，可以吃饭、喝水，但不能看电视、报刊，不能听广播，不允许交谈，总之他们与外界的交流将被隔断。实验开始前，大学生们都觉得这没什么了不起的：能吃饱，有水喝，可以天天躺在床上睡觉，还可以在安静的环境里思考问题。然而，实验刚开始没几天，一些大学生就受不了了。他们中有人感到烦躁，有人觉得无聊，还有人甚至产生了幻觉。在他们看来，这简直是一项惨无人道的实验，人都快要被逼疯了。

心理学家们还曾做过一个著名的“恒河猴实验”：将一群恒河猴集体喂养，而将有的恒河猴单独喂养。结果研究者们发现，群体喂养的猴子合群、健壮、活跃、生命力强，单独喂养的猴子则孤僻、不合群、胆子小，甚至生殖能力都不如那些集体喂养的猴子。

从“感觉剥夺实验”和“恒河猴实验”中，我们可以看到交往对人的重要性。人都是有交往需要的，如果得不到正常的交往，人的生理健康和心理健康都会受到严重影响。

（资料来源：http：//blog. sina. com. cn/s/blog_ 692f0d480100jm87. html）

**（二）大学生人际交往的特点**

大学生人际交往具有鲜明的时代性，又具有自身的独特性。充分认识这些特点，有助于促进大学生人际交往的健康发展。

**1. 交往心理——渴望与困惑交织**

大学生对人际交往非常渴望。第一，这是他们心理发展的特殊需要。大学生正值青年时期，希望从人际交往中获得尊重、信任、理解和认同。第二，这是适应大学新生活的重要内容。面对一个全新的环境，大学生对人际交往的需求更为强烈。他们期待从友谊中获得温暖、爱和归属，以此排遣孤独与寂寞。第三，这是进入职场顺利发展的需要。通过人际交往大学生不仅习得与人相处之道，而且能积累起人脉资源，为今后走上职场，处理职场人际关系打下良好基础。

同时，他们对人际交往充满困惑。一些大学生因性格缺陷、不良心理等因素作用，人际交往饱受各种困扰。譬如，有些大学生因胆小或性格内向，不敢主动与人交往，从而错失交往机会；有些大学生过于以自我为中心，自私自利，从不考虑他人利益和需要，没有人愿意与之交往等。

**2. 交往动机——情感与功利并重**

注重情感内涵是大学生人际交往的显著特征。从交往动机来看，多数大学生选择朋友的出发点是为了“使自己生活愉快”或“寻求精神安慰”，强调兴趣一致或性情相投成为他们择友的主要标准。

现实中，有些大学生与人交往的目的是为了“能帮助自己解决实际问题”或“从中获得某种利益”，基于这样的目的，他们会选择那些对“自己有用、有帮助的人”作为交往对象，把与他人交往作为实现自己目的的一种手段。部分大学生的人际交往动机也逐渐从情感型转向功利型，这种改变往往会给大学生人际交往带来许多困扰和不良后果。

**3. 交往对象——求同与求异兼有**

求同性是指大学生选择那些与自己具有相同点的同学作为交往对象。这一特点实质上是相似性吸引在人际交往中的体现。

与此同时，大学生在交往中还表现出求异性特点。求异性是指大学生选择那些与自己具有互补特点的同学作为交往对象。这一特点则是互补性吸引在人际关系中的实际运用。在大学校园中，经常可见那些性格内向的同学与性格外向的同学成了朋友，能力强的同学与能力弱的同学组成了合作团队，男女同学搭配提高了工作效率等。

**4. 交往方式——现实与虚拟结合**

从当前来看，大学生人际交往有以下一些途径：社团活动、实践活动、兼职实习、网络社交平台、手机等。前几种途径是在现实的社会环境下进行，以面对面的直接交流为主要沟通方式。而网络、手机交往则是在虚拟环境中进行，实质上是一种人机交往。新媒体的发展使大学生人际交往呈现出新的特点，即现实途径和虚拟途径相结合，并有逐渐向虚拟交往发展的倾向。

但是，网络人际交往终究无法取代现实的人际关系。过分关注网络交往会降低人的社交水平，逐渐丧失现实交往能力，以致造成人际交往障碍，引发人际关系失调，从而导致幸福感的降低以及孤独感、抑郁感的增加。

此外，大学生人际交往还具有理想性、迫切性、开放性、平等性、不均衡性、易变性、不成熟性等特点。

### （三）大学生人际交往中存在的主要问题

从内心来说，大学生普遍渴望与他人交往，但是在实际交往活动中，许多同学常常不能如愿以偿，有的甚至产生严重的失败感。这其中既有个体自身的认识、情绪、人格等方面的原因，也有技巧方面的原因。从大学生人际交往现状来看，主要存在以下方面的问题。

**1. 交往认知方面存在的问题**

这方面的问题主要与不合理认知有关，集中表现为以下四个方面：

（1）过低评估自己。其中包括低估自己与人交往的能力，高估自己在人际情境中遇到的问题；低估自己给人留下的好印象，高估自己在人际交往中的失误和给别人留下的坏印象；在参加交往活动前作消极自我暗示，如“我今天肯定会失态”或“我不可能给人留下好印象”等；在交往活动中总是更多地回忆起那些不利于自己的事件，如曾经说错的话、不雅的动作和紧张难堪的场景等。

（2）过高评估自己。其中包括对自己的非理性的完美主义要求，如，“我必须在交际场合上尽善尽美表现”或“我在社交场合上绝对不能有任何失误”等；过分关注自己在公众面前的“公我”形象，总认为自己是所有人都在关注的对象。

（3）过高估计别人。其中包括高估别人对自己的关注，认定自己是交往场合中的焦点人物；高估别人的社交表现，认为“别人一定都比我强”或“别人在社交场合都很潇洒”等；高估别人对自己的否定与不接纳。

（4）缺乏人际交往常识。其中包括不懂得与人见面时要主动打招呼；不懂得和人交谈时要有目光接触；不懂得交谈中应以微笑和点头示意回应别人；不懂得人际交往要互惠互利；缺乏客观感知人际环境的能力。

**2. 交往行为方面存在的问题**

这方面的问题主要与交往技巧疏拙相关，集中表现为以下三个方面。

（1）缺乏基本的社交技能。其中包括不懂得见面时如何与人打招呼；不懂得如何开始一场谈话、插话或结束一场谈话；不懂得如何倾听与回应；交往时，不知道怎样放松，不知道如何应对他人的不合理要求。

（2）存在不适应行为。其中包括交谈时目光躲闪；交谈时要么全无反应，要么激烈反驳别人；逃避与人交往；不会与人合作；与人交往时被动或有退缩表现，如像小孩子一样害羞或胆怯。

（3）不善于情绪表达。其中包括缺乏表达情绪的恰当方法，如不知道该如何向他人表达积极或消极情绪；缺乏辨别他人情绪的能力，如对别人的情绪变化缺乏敏感或过度敏感，把别人的迟疑当作拒绝；不知如何处理自己的负面情绪，或者压抑，或者突然爆发；在人际交往中不能真诚、坦然地接纳自己和他人。

## 校园案例

### 复旦大学生投毒事件

室友之间存在矛盾是难免的，因为大家来自不同的地域，家庭经济条件等存在诸多差异的学生要同住一个屋檐下，容易因打呼噜、晚睡等小事引发宿舍矛盾。

复旦大学上海医学院2010级硕士研究生林某与黄洋及另一位室友葛某曾因水票起过争执。黄和葛提出三人平摊购买桶装纯净水的费用，但林拒绝了，他认为自己喝得少，平摊的方式不合理。争执以林自己退出，“自己买水喝”告终。3月31日前后，林某开始出入隔壁寝室借水喝。但是这次争执应该只是激化了既有矛盾，早在半年前，林某就从QQ好友列表上删除了“五官科·黄洋”，而黄洋也将林删除。两个共处一室的室友，自此不在对方网络联系人之中。直到3月31日，林某将浅黄色液体（剧毒化学品N-二甲基亚硝胺）注入宿舍桶装纯净水中。4月1日上午，黄洋喝了口宿舍桶装水后，感觉味道不对，很快就开始呕吐、发烧，第二天就去医院挂了急诊。全面检查后，黄洋的状况令人惊讶，谷丙转氨酶指数高于1000（正常指标应小于75），肝功能指标全部异常。医院认定他的肝出了毛病，诊断为急性重症肝炎，弥散性血管内凝血。病情恶化很快，几天里血小板就跌到了1~2，血氨、胆红素超标好多倍。4月11日，林某被警方带走，并很快承认了投毒的事实。同日，医院发出了病危通知书，4月16日，医院宣布，黄洋死亡。

2014年2月18日，上海市第二中级人民法院一审宣判，被告人林森浩犯故意杀人罪被判死刑，剥夺政治权利终身。2015年1月8日，上海市高级人民法院终审维持原判：被告人林森浩因故意杀人罪被判死刑。2015年12月11日，林森浩因故意杀人罪被依法执行死刑。

## 三、大学生人际交往能力的培养

### （一）遵循人际交往的原则

俗话说，没有规矩不成方圆。人际交往也要遵循一定的原则，按照规则行事，人际交往就会形成良好的氛围。

**1. 尊重原则**

人们因先天遗传素质的差异和环境的影响，以及受教育的程度不同，在能力、气质、性格方面各不相同，并因社会分工而具有不同的社会身份，但在人格上人人都是平等的，每个人都有自己的人格尊严。古人曾云："敬人者，人恒敬之。"尊重包括自尊和尊重他人两个方面。自尊就是在各种场合自重、自爱，维护自己的人格。尊重他人就是重视他人的人格、习惯和价值，保护好对方的自尊心。一般认为，自尊心是人的心灵里最敏感的角落，最容易受伤害。大学生在人际交往中，既要做到自我尊重，又要尊重他人，从而达到彼此尊重。尊重能带来良性反馈，"投我以木桃，报之以琼瑶"。哲人说得好："温暖别人的火，也会温暖你自己"。

**2. 平等原则**

现实中，大学生个体在家庭背景、经济状况、社会资源、个人信仰、能力水平、性格特点等方面存在较大差异，但大家在地位和人格上是平等的，不存在高低贵贱、孰优孰劣之分。随着自我意识的日趋成熟和独立性、自尊心的日益增强，大学生的平等意识更加强烈，对交往平等更加渴望。人际交往中的平等，主要是指交往双方在态度和人格上的平等。大学生在人际交往中要把对方置于与自己同等的地位，不居高临下，不颐指气使，不盛气凌人，不把自己意志强加给人。

### 心灵咖啡

#### 萧伯纳与小女孩的故事

萧伯纳有一次写作休息时，和邻居的小女孩一起玩耍，当送小女孩回家时，他对小女孩说："知道我是谁吗？回家告诉你妈妈，就说和你一起玩的人是萧伯纳。"小女孩天真地回应说："知道我是谁吗？回家告诉你妈妈，就说跟你一起玩的是克里·佩丝莱娅。"大文豪听了，不禁惭然。后来，对朋友谈起此事，感慨道："一个七岁的小女孩给我上了人生中最好最重要的一课。一个人无论有多大的成就，他在人格上与任何人都是平等的，这个教训我一辈子也忘不了。"

**3. 真诚原则**

真诚是人际交往中最有价值、最重要的原则。古人云："以诚感人者，人亦诚而应。"在人际交往中，双方若能做到坦诚相待，彼此之间就有了安全感和信任感，才有可能建立亲密关系。真诚也是人际关系得以延续和深化的保证。心理学实验表明：真诚和真实最受人欢迎，而说谎和虚伪最遭人唾弃。在人际交往中，只有彼此抱着诚挚善意的动机和态度，才能互相理解、接纳、信任，在感情上引起共鸣，使交往关系巩固和发展。为此，大学生在人际交往中，要做到真心实意、表里如一、言行一致，远离那些损害健康人际关系的毒瘤——谎言、虚假和欺骗。

**心灵咖啡**

### 国王选继承人的故事

古代有一个国王，要从民众当中选一位未来的继承人。他发给众多候选人每人一些花籽，让他们回去种植，并当众宣布几个月后，谁种的花开得最美，谁就可以继承王位。于是，人们纷纷回去精心种植，期望培育出最美丽的花朵。其中一个男孩，他在花籽种下去后，无论怎样浇水施肥都不见发芽，看到别人种下的花籽都开了花，他很沮丧。到了规定的日期，候选人个个捧着鲜艳欲滴的花朵来到国王面前，只有那个小男孩低着头，手捧空花盆走了进来。国王把他叫到面前，问他为什么没有种出美丽的花朵来。小男孩很难过，如实诉说了事情缘由。国王面对众多捧着鲜花的人们宣布，这位小孩就是未来的国王，众人愕然。国王解释说，那些花籽都是煮过的，永远不会发芽，只有小男孩最诚实，其他的人都换了花籽，都是不诚实的。诚实正是力量的体现，不诚实的人是不可能取信于民、治理好一个国家的。

**4. 宽容原则**

宽容是一种在人际交往中以容忍和谦让对待人与人之间的差异、误会、分歧，处理或应对他人对自己感情的伤害、利益的侵犯和无理行为的态度，是在一定原则和某种限度内，不采用针锋相对的反击态度。宽容是建立良好人际关系的法宝。莎士比亚曾说：“一个人的胸怀能容得下多少人，就能赢得多少人。”

大学生由于个性特点、成长环境、生活习惯、个人修养等各不相同，难免会有与他人发生意见相左、矛盾冲突的时候。一些大学生由于心胸狭隘、固执己见、苛求他人、锱铢必较，常把自己置于他人的对立面，造成人际关系隔阂，交往失败。相反，另一些大学生面对分歧意见，能克己忍让，求同存异，面对矛盾冲突，能既往不咎，宽大为怀，化敌为友，从而拥有良好的人际关系和快乐的人生。大学生在人际交往中，要尽量做到能让人时且让人，能容人时且容人。

**心灵咖啡**

### 六尺巷道

清朝康熙年间的文华殿大学士兼礼部尚书张英，刚直不阿、廉洁清正，他在处理家庭邻里关系上，颇得后人赞扬。有一年他的老家修治府第，因地界不清与邻居发生矛盾，告到当地桐城官府，因两家都是高官望族，县令不敢决断，张英家人写信到京城给张英，要他出面干预，张看罢家书，写了一首诗代信：“千里修书只为墙，让他三分又何妨。长城万里今犹在，不见当年秦始皇。”寄回家中。家人看信后，主动让出三分地界，以示不再相争。邻居深为感动，同样也让出三分，于是形成一条象征睦邻友好的“六尺巷道”，被后人传为佳话。

**5. 互利原则**

互利原则要求人们在交往过程中，交往双方都得到愿望、利益或者心理上的满足。互利原则包括三个方面：物质互利、精神互利和物质与精神兼利。大学生交友中主要是精神互利。

大学生的生理和心理特点决定了他们最希望别人能够理解自己，得到别人的欣赏和支持，喜欢引人注目，渴望出类拔萃。大学生精神互利，与他们本身需求系统中精神需求所占比重较大有关。

大学生在同他人交往的时候，要想从别人那里获得关心、注意和爱护，就必须考虑到他人也有这种需要。这也是平等原则所要求的。因此，建立良好的人际关系要互相关心、互相爱护、互相尊重，不能只让别人对你奉献，而你对别人只讲索取。

**6. 谦虚原则**

谦虚是一种美德。谦虚好学者，人们总乐于与之交往；反之，狂妄自负、目无他人者，人们往往避而远之。在人际交往中，如果胸怀豁达，谦虚谨慎，戒骄戒躁，虚心学习，常常就会有亲和力；而狂妄自大，傲视他人，不懂装懂，知错不改，是为人所厌恶的。

**7. 理解原则**

“金玉易得，知己难寻”。所谓知己，即是能够理解和关心自己的人。相互理解是人际沟通、促进交往的条件。就人际交往而言，你不仅要细心了解他人的处境、心情、特性、好恶、需求等，还要根据彼此的情况，主动调整和约束自己的行为，尽量给他人以关心、帮助和方便，多为他人着想，处处体谅他人，自己反感的言行不强加于人。古人说：“己欲立而立人，己欲达而达人，己所不欲勿施于人。”当你在交往中善解人意，处处理解和关心他人时，别人也不会亏待你。

**（二）积极运用人际交往中的各种效应**

社会心理学研究表明，在人际交往中有一些非常有趣的心理效应。科学地用好人际交往中的心理效应，纠正人际交往中的认知偏差对大学生的人际交往很有意义。在人际交往中，对交往对象的认知正确与否直接影响着人际关系的正常发展。大学生可以积极运用以下的各种心理效应来矫正人际交往中的偏差。

**1. 首因效应**

首因效应又称第一印象，是指第一次形成的印象对人际认知的强烈影响。第一印象不管正确与否，总是最鲜明、最深刻的，往往左右着对对方的评价，影响以后的交往。倘若彼此给对方留下好的第一印象，那么，双方继续交往的可能性就会大大增加，从而增进彼此关系，就有可能“一回生、二回熟、三回成朋友”。反之，双方继续交往的可能性就微乎其微，人际关系则无从建立。因此，人际交往中，给对方留下一个好的第一印象十分重要。

首因效应会使人际认知带有表面性和片面性。第一印象往往是对一个人表面性的认知，首因效应所获得的是交往对象的仪表仪容、气质谈吐等初步印象，仅凭借此有限的、表面的信息对交往对象加以归类，并做出推论、判断，其负面影响不言而喻。一个人的道德品质、思想修养、素质能力等内涵，不是第一印象所能把握的，正所谓“知人知面不知心”。以过早的表面印象来择人交友，一方面有可能使那些善于伪装的“朋友”趁机而入，给自身带来伤害；另一方面，也可能错失那些外表平庸但内有涵养的人，使人遗憾、惋惜。

首因效应会对他人认知造成偏差，所以要审慎对待他人的第一印象，不能因为第一印象好而忽略对其进行全面认识，也不能因为第一印象坏而拒绝交往。当然，在交友、择业、求职、招聘等社交活动中，我们可以利用这一效应，展示给人一种好印象，为以后的交往打下良好的基础。

**心灵咖啡**

### 心理小实验：吉姆是怎样的人？

国外心理学家曾编了两段描写一个叫吉姆的学生的材料。第一段说吉姆外出买文具，邀请了两个同学做他的参谋，一路上有说有笑，还不时地与遇见的同学打招呼，尽管其中有些同学的名字都叫不出来。第二段则说吉姆放学后独自回家，不愿和同学结伴而行，路上遇见同学，因怕交往，就躲到一边去了。这位心理学家选择了一百名中学生，将其分成四组。第一组学生只看第一段材料，他们一直认为吉姆是个性格外向、好交往的人；第二组学生只看第二段材料，他们一直认为吉姆是个性格内向、不好交往的人；第三组学生先看第一段材料，再看第二段材料，结果78%的人认为吉姆是个性格外向的人；第四组学生先看第二段材料，再看第一段材料，结果82%的人认为吉姆是个性格内向的人。

#### 2. 近因效应

近因效应是指最近交往中所获得的信息或印象对以前的评价或印象产生的影响。由于在交往时，最近感知到的信息在脑海中印象较深，往往会压倒以往感知到的信息，从而出现后入否定先入的思维判断。因此，近因效应带来的是后入影响倾向。这种倾向常会出现以偏概全的认知偏差。在日常生活中，近因效应非常普遍。譬如，一位学生平时表现很好，可一旦做错了一件事，就容易给人留下深刻的负面印象；一位默默无闻的学生，经过一段时间的勤奋刻苦，结果“一鸣惊人”，也会改变师生对他的评价等。

人际交往中，要注意防止近因效应产生的认知偏差以及由此带来的负面影响。为克服近因效应带来的不良后果，应采用“对事不对人”的处理方式，并用历史的、动态的和发展的眼光来看待对方。

#### 3. 投射效应

投射效应是指个体认识他人时，往往会把自己的个性归属转移到他人身上。在人际交往中，投射效应指认知者把自己的情感、意志、特征投射到他人身上并强加于人的一种认知障碍。投射效应是人的内在心理的外在化，具有以己度人、由己推人的倾向，认为自己具有某种特性，他人亦一定如此，结果往往做出错误评价，歪曲他人，造成认知障碍。

投射效应的表现各式各样：①情感投射。它是指自以为别人与自己的好恶相同。例如，一位自私自利的学生总认为别人也很自私；一位平时经常说谎的学生总认为他人的话是不可信的等。②愿望投射。这是把自己的主观愿望投射于他人，认为他人也如自己期望的那样，把希望变成现实。如一个小伙子，内心喜欢上一个女孩，希望她也看上自己，他把对方平时与自己的一些玩笑等言行都看作对方富有情意的举动，认为对方对自己有意思，但可能事实并非如此。

投射效应的影响在于从自我出发认知他人，自我与非我不分，主观与客观不分，认知主体与认知对象不分。事实上，世界上没有完全相同的人，自己与他人的差异客观存在。大学生要尽量避免由其带来的消极影响，注意克服和摒弃个人的主观臆断、妄想猜测，做到一切从实际出发，并站在对方的角度和立场客观地认识和评价他人，以尽量减少人际交往中的矛盾和误区。

**4. 晕轮效应**

晕轮效应是指从一个人的某个或某些特征出发，进而扩展到他的其他各方面的人际认识心理现象。“情人眼里出西施”“一俊遮百丑”说的就是晕轮效应。晕轮效应是个人主观推断、泛化的结果，是一种以点概面、以偏概全的认知反应，在大学生人际交往中普遍存在。例如，男女大学生对那些有魅力的同学赋予较多理想的人格特征，常为那些容貌漂亮的同学设计美好的未来。

在交往中，大学生要注意防止晕轮效应带来的不利影响。譬如，认为那些学习成绩好的同学其他方面也好，如思想修养好、工作能力强等，把对方视为“偶像”。但当真正走近对方，全面了解后，可能会发现对方并非如此。而对那些平时表现不太好的同学，则可能更会往坏处想，认定他们没有优点，不值得交往。为尽量避免因对方某一突出表现而干扰自己的认识，大学生应尽量采取客观、公正的交友态度。

**5. 刻板印象**

刻板印象是指对某一类人形成固定的看法后，便习惯把某一具体交往对象看作是某一类人的典型代表的心理定式现象。刻板印象具有两面性。其积极面是人们可以根据固有相关经验对他人或事物做出大概了解，缩短、简化认知过程。消极面是以过去有限经验为基础，容易使人产生偏见、成见，甚至错觉，给人际交往带来负面影响。譬如，男生总认为女生细心、胆小、娇气，若他们带着这种心理定式与女生交往，结果就可能碰壁，因为作为个体的人是千差万别的。

为有效避免定势效应带来的消极影响，一方面，大学生要以发展的眼光去认知他人。虽然固有经验非常重要，但由于认识对象的复杂性和发展性，经验并不具有普遍的指导意义。另一方面，大学生要本着客观、全面的原则，具体而深刻地观察和分析各种有关信息，在实践中深入认识和了解他人。

### （三）常见人际交往心理问题与调适

**1. 嫉妒心理及其调适**

嫉妒是一种消极的心理品质，是对他人的成就、名望、品德、优越地位及既得利益的一种不友好的、敌视与憎恨的情感，它把强于自己的人看作是对自己的威胁，前进路上的绊脚石，因而对他人感到不悦，甚至产生怨恨、愤怒的烦躁情绪。

嫉妒心理的产生源于两种错误的认识：一是认为别人取得了成绩，就说明自己没有成绩，别人成功了就说明自己失败了；二是认为别人的成功就是对自己的威胁，是对自己利益的侵害。嫉妒的产生离不开人们生活环境和心理的空间中所发生的各种事件。嫉妒这种“平庸的情调对于卓越才能的反感”，常导致害人害己的不良后果，大学生应学会理智地处理嫉妒心理。

第一，正确地看待人生的价值。摆脱一切私心杂念，心胸开阔，不计较眼前得失，这样就不会花时间和精力嫉妒他人的成功了。

第二，发挥自我优势。金无足赤，人无完人，各人都有自己的优势和长处。追求万事超人前，既无必要，也没可能。应扬长避短，发现并开拓自身的潜能，不断提高自己，力求改善现状，开创新局面。

第三，培养达观的人生态度。人生就是一个大舞台，自得其所，各有归宿；要有勇气承认对方比自己更高明更优越的地方，从而重新认识、发现和创造自己。这样就能从病态的自尊心和自卑感中解放出来，从嫉妒的泥潭中自拔出来。

第四，密切交往，加深理解。许多嫉妒心理是由误解产生的。嫉妒者误认为对方的优势会造成对自己的损害，从而耿耿于怀。因此要打开心扉主动接近别人，加强心理沟通，避免发生误会，即使发生了也要及时妥善地解决。

**2. 猜疑心理及其调适**

猜疑是人际交往中一种不良的心理品质，可以说是友谊之树的蛀虫。具有多疑心理的人，往往先在主观上设定他人对自己不满，然后在生活中寻找证据。这是一种狭隘的、片面的、缺乏根据的盲目想象。

猜疑主要由作茧自缚的封闭思路，对环境、对他人缺乏了解，对交往挫折的自我防卫等原因造成。要克服猜疑心理，具体可采用以下几种方法：

第一，保持理智，克制猜疑冲动的发生。当发现自己开始怀疑别人时，应当立即寻找产生怀疑的原因，在还没有形成思维定式之前，引进正反两个方面的信息，多角度看问题，避免思维片面，走极端。如“疑人偷斧”中的那个农夫，如果失斧后能够换角度冷静想一想，斧头会不会是自己砍柴时忘了带回家，或者挑柴时掉在路上，那么，这个险些影响他同邻里关系的猜疑，或许根本就不会产生。冷静思考显然是十分必要的，要控制住自己的“胡思乱想”，提醒自己不要想得太多，不要把别人想得太坏。而要一分为二地看待准备怀疑的对象，如果毫无证据表明自己的怀疑是正确的，就应该立刻停止怀疑。

第二，培养自信心。每个人都应当看到自己的长处，培养起自信心，相信自己会处理好人际关系，能给别人留下良好的印象。当我们充满信心地进行工作和生活时，就不会担心自己的行为，也不会随便怀疑别人是否会挑剔、为难自己了。

第三，及时沟通。猜疑往往源自于误会。误会得不到尽快地解除，就会发展为猜疑。所以最好同你“怀疑”的对象开诚布公地谈一谈，以便弄清真相，解除误会。猜疑者生疑之后，冷静地思索是很重要的，但冷静思索后如果疑惑依然存在，就应当通过适当的方式，同被猜疑者进行推心置腹的交谈。若是误会，可以及时消除；若是看法不同，通过谈心，了解对方的想法，也能解除疑惑；若证实了猜疑并非无端，那么，心平气和地讨论，也有可能使问题解决在冲突之前。

**3. 害羞心理及其调适**

“千呼万唤始出来，犹抱琵琶半遮面”，几乎每个人都有害羞的时候，对青少年来说更为如此。一个人有一定害羞心理是正常的，只要不影响正常的人际交往就不能视为问题。人际交往中的害羞是指一个人过多地约束自己的言行，以致无法充分地表达自己的思想感情，阻碍了正常的心理交往的现象。

害羞心理是大学生中较常见的人际交往障碍。具有这种心理的人，在交往中由于过分的焦虑和不必要的担心，在言语上支支吾吾，行动上手足失措。有严重害羞心理的人甚至怯于交往，对交往采取回避态度，在交际场所或大庭广众之下，羞于启齿或害怕见人。害羞主要由先天的性格因素、保护型与粗暴型的家庭教育方式、缺乏自信和实践锻炼以及挫折经历等原因造成。要克服害羞心理，需要从以下几个方面做起：

第一，正确认识自己，建立自信。正确认识自己、评价自己并在此基础上建立自信，是要求害羞者肯定自己，发现自己的闪光点，在交往中发挥自己的特长而不是只看到自己的短处。寸有所长，尺有所短，虽然不能盲目乐观，以己所长比人所短，但至少要看到自己的长处。否定自己就是对自身潜力的扼杀。而肯定自己，在以后的交往中就可以扬长避短。

第二，勇于和别人交往。勇于和人交往，就是要丢下包袱、抛弃一切顾虑、大胆前行，把“面子”留给别人，把机会留给自己。不要怕做错了事，说错了话，要认识到说错了虽然不能收回，但可以改正；做错了，只要吸取教训，就能起到前车之鉴的作用；失败并不等于无能。

第三，学习交往技能。学习交往技能是帮助害羞者摆脱障碍的有效方法。害羞者可以在与人交往中观察别人是怎样交往的，特别是要观察两类人：一是交往成功者，看看他们为什么总是交往的中心，为什么能将各种复杂交往方法运用得得心应手；二是从害羞中走出来的人，向他们学习。在日常学习和生活中，应多考虑我要怎么做；在各种社交场合中，应顺其自然地表现自己，不要担忧别人是否注意自己，同时也要锻炼学习一些必要的交往技巧等。

**4. 自卑心理及其调适**

自卑是自我评价过低的心理体验，主要表现为对自己的能力、学识、品质等自身因素评价过低，心理承受能力脆弱，经不起较强的刺激，容易多愁善感。

怯懦主要表现为缺乏勇气和信心，害怕可能面临的困难和挫折，在挫折、困难面前常常畏难而退，甚至不战而败。有些大学生过去的经历一帆风顺，因而特别害怕失败。有些大学生由于胆怯，不敢与人讲话，不敢出头露面，也不敢表明自己的态度，甚至不敢向老师提问。有些大学生由于软弱而不敢冒风险，不敢担重任，不敢坚持自己正确的观点。

自卑、怯懦从根本上讲，都是缺乏自信的表现。因此，要克服自卑怯懦的人格，需要大学生努力培养自信心。自信心的培养是个长期的过程，大学生在建立自信的过程中需要有持久的恒心，不能期待立竿见影的效果。要克服自卑心理，需要从以下几个方面做起。

(1) 努力发现自己的优点。每个人都是独一无二的，因此，每个人一定会有自己的特长和优势，只有发现并认识到自己的优势，学会欣赏自己的优点，才有可能从根本上克服自卑怯懦的心理。

(2) 正视自己的缺点。人无完人，有些缺点还是与生俱来的，如相貌、体型等，这些主要由遗传因素决定的方面不易改变，与其怨天尤人、自怨自艾，不如坦然接受。在接受现实的前提下，积极从其他方面进行弥补和完善，同样可以增加自信。

(3) 积累成功体验。自信心来源于个人成功的积极体验。因此，在各种活动中，大学生必须积极投入，认真准备，树立切实可行的具体目标，不好高骛远，逐渐积累成功的体验，培养自信。

（4）失败时合理归因。如果遇到失败就习惯于归因为自己能力不足，只会挫伤自信心。能力是重要因素，但个人努力、任务的难度、运气等也都会不同程度地影响结果。因此，遇到失败时，应多归因于自己可控制的因素，给下次的成功打下基础。

（5）努力培养特长。从自己的现状出发，找一件自己感兴趣的、较积极向上的事情来加以特别培养、发展，使之成为自己的专长。这类专长可以很简单，比如健身、记英语单词、欣赏经典文学作品等。

### 校园案例

小吴，男，大学二年级。自进入大学后，一直很自卑，父母都是农民，家境贫寒，以前因为在中学时成绩拔尖，深受老师和同学的喜欢，自己也因此好像忘记了家庭的贫困。为了让小吴上大学，家里负债累累。进了大学后，小吴想尽办法掩饰自己的贫困和普通。原以为到了上海，会有很多机会，可以通过打工、兼职、勤工俭学等来补贴自己的生活开支，但实际上很难。也想了许多办法来提升自己的素质（比如参加社团、看书、看展览会、考证等），但结果往往都是半途而废，没有成功的体验。长此以往，小吴认为自己无论怎么努力都很难脱离贫穷，走不出社会底层，不会有好的前途，不可能光宗耀祖，甚至找女朋友、在上海成家立业都比登天还难。

小吴的问题属于自卑心理。一方面，小吴进入大学后，不如过去那样受关注，不再是老师和同学的中心，导致其重新意识到了自己家庭的贫穷以及与周围其他人之间的差距。他在大学生活中过分夸大地看待这种落差，以种种方式来掩饰自己的贫困。同时，其之前对于在上海的生存带有错误的估计，现实并不如自己预期的那么理想化，造成了他的挫折感。此外，对于贫穷和成功的关系亦不能做到正确地认知，而是以偏概全地看待自己的未来。

小吴虽然认识上存在不合理成分，但是他有渴望通过努力改变现状，特别是提升自己素质之类的积极举动，应加以肯定和赞赏。小吴应该结合目前学习、生活等实际状况，努力寻找自己的长处，逐步建立自信心。在改变的过程中要学会总结自己观念中存在的不合理认知，逐步树立合理的人生目标，而不是追求一步登天，立即摆脱贫穷。

**5. 自我中心及其调适**

现在的大学生大多数是独生子女，父母养育方式、家庭结构、家庭成员关系等无一不在潜移默化地影响着青少年人格的形成。大部分父母都视自己的子女为掌上明珠，一家人围着其团团转。在这种家庭环境的影响下，子女很容易形成自我中心主义。以自我为中心的人在与同学交往中往往只顾自己表现，处处以自我为核心，不给对方表现的机会，不管对方感受如何；不喜欢关心他人，也不愿意去了解他人，只要求学校和教师多给个人提供方便，处处要表现得比其他同学强，并且颐指气使，盛气凌人。

“四、二、一”的家庭结构、缺少交往的生活经验以及市场经济中“自我”的彰显和竞争现实的影响，都是造成自我中心的关键原因。

要矫正自我中心这种人格偏差，可以从以下几点入手。

第一，学会换位思考。遇到问题的时候先试着进行换位思考，看看站在对方的角度会怎么想，自己的想法、做法会对别人产生什么影响，只有努力了解他人感受，顾及别人的情绪才能使自己言行得当。

第二，谦虚豁达。无论什么时候都要谦虚、低调，不能总觉得自己高人一等，不能总是把自己当作“中心”。面对别人的建议或批评也要认真反思，努力改变自以为是、固执己见的不良习惯。

第三，接纳他人。自我中心的人往往只能听到符合自己需要的话，而有意无意地忽略别人的意见和建议。在与人相处的过程中，要努力养成接纳他人，先倾听、再发言的习惯。

### （四）掌握建立和谐人际关系的技巧

人际交往是一门艺术，适当掌握一些技术，会使你的人际交往更富有艺术魅力，沟通更富有成效，有助于个体形成良好的人际关系。

#### 1. 印象管理

印象管理是指一个人有意识地以一定方式去影响自己给别人留下印象的过程，其目的是使别人对自己形成良好的印象。心理学家卡耐基认为要给别人留下良好的印象，需要注意以下几个问题：

- 真诚地对别人感兴趣
- 微笑
- 多提别人的名字
- 做一个耐心的听众，鼓励别人多谈自己
- 谈符合别人兴趣的话题
- 以真诚的方式让别人觉得他自己很重要

### 心理小贴士

#### 如何建立良好的第一印象

社会心理学家伊根（G. Egan）提出了建立良好的第一印象的SOLER模式。SOLER是由五个单词的词头字母拼写起来的。S（squarely）表示“坐（或站）要面对别人”，O（open）表示“姿势要自然开放”，L（lean）表示“身体微微前倾”，E（eye）表示“目光接触”，R（relaxed）表示“放松”。按照SOLER模式来表现自己，就会给人留下良好的印象。

#### 2. 学会倾听

一位作家说：很少有人能经得起别人专心听讲所给予的暗示性赞美。只谈论自己的人，所想到的也只有自己，这是不受欢迎的。因为跟你谈话的人，对他自己的需求和问题更感兴趣。鼓励他人谈论自己的感受和成就，是赢得友谊的有力保障。

倾听不是被动的接收，而是有反馈的引导和鼓励。通过言语和表情告诉对方你能理解他的描述和感受，可以使对方受到鼓舞。其实，倾听本身就包含了一系列人际交往的技巧。在倾听中经常使用的技巧有以下两种。

阐释。即把对方表达的含义用你自己的语言复述一下，这是有效的鼓励技巧之一。有意识地强化某一谈话主题（即对之表示出理解和兴趣，或是直接指出希望对方谈什么）可以引导谈话方向，使之更符合你的需要。

自我表露。真正可以深入下去的交谈必然是双向的。因而自我表露是另一项应该掌握的技能，即自信地袒露关于自己的信息——怎样想，有什么感受，对他人的自发信息如何反应等。这样有助于形成相容的心理气氛，使谈话更加深入、投机。

**3. 准确表达**

“良言一句三冬暖，恶语伤人六月寒。”这句话告诉我们交往时要注意运用语言的艺术。语言艺术运用得好，就能吸引和抓住对方，从内容到形式适应对方的心理需要、知识经验、双方关系及交往场合，使交往关系更加密切。相反，如果不注意语言艺术，往往在无意间就出口伤人，产生矛盾。在与人交往时，准确的表达，需注意以下几个方面。

（1）称呼得体。称呼反映出人们之间心理关系的密切程度。恰当得体的称呼，使人能获得一种心理满足，让对方感到亲切，交往便有了良好的心理气氛；称呼不得体，往往会引起对方的不快甚至愤怒，使交往受阻或中断。所以，在交往过程中，要根据对方的年龄、身份、职业等具体情况及交往的场合、双方关系的亲疏远近来决定对方的称呼。对长辈的称呼要尊敬，对同辈的称呼要亲切、友好，对关系密切的人可直呼其名，对不熟悉的要用全称。

（2）说话注意礼貌。正确运用语言，表达清楚、生动、准确、有感染力、逻辑性强；少用土话和方言，因为方言中一些习惯用法，以及某些特殊的语音语调，往往有特定地域特征及含义，别人可能不理解，容易导致误会，造成矛盾。

（3）语音、语调、语速要恰当。要根据谈话的内容和场合，采用相应的语音、语调和语速；讲笑话要注意对象、场合、分寸，以免笑话讲得不得体，伤害他人的自尊心。

（4）非语言艺术。非语言沟通一般包括眼神、手势、面部表情、姿态、位置、距离等。面部表情是内心情绪的外在表现，它们均能表达人的态度和情感。如眉飞色舞表示内心高兴，怒目圆睁表示愤怒等。交往中还可用人体动作来表达思想，大学生在人际交往中根据谈话的内容和场合，正确运用非语言艺术，巧妙地表达自己的思想感情，有时能起到“此时无声胜有声”的作用。但非语言艺术要运用得恰到好处，不可过于频繁和夸张，以免给人手舞足蹈之感。

（5）慎用批评。卡耐基认为，不论你用什么方式指责他人，如用一个眼神，一种说话的声调，一个手势等，或者你直接说他错了，都会引起他人的反感。因为你直接打击了他的智慧、判断力、荣耀和自尊心，这反而会使他想着反击你，决不会使他改变主意。即使你搬出柏拉图或康德的所有逻辑，也改变不了他的观点，因为你伤了他的感情。因此，永远不要这样开场：“好，我证明给你看。”这句话大错特错，这等于是说：“我比你更聪明。我要告诉你一些事，使你改变看法。”这是一种挑战，会挑起战端，在你尚未开始之前，对方已经准备迎战了。

但是，人际交往的过程中难免要对别人的错误观点表示反对，因此掌握批评与反对的艺术很重要。

第一，批评应注意场合。批评要想奏效，必须尽量减少对方的防卫心理。如果我们在大庭广众下批评别人，对方很可能首先意识到自己的形象和自尊受损而不是自己所犯的错误。因此，他会马上以敌视的态度来反击你以保护受到威胁的自尊心。这样，你的批评除了增加对方的反感和抵触外，不会有任何效果。所以，批评应尽量在只有双方在场的情况下进行。

第二，从赞扬和诚心的感谢人手。我们已深知赞扬和感谢的作用，它可以提高对方的自信和自尊，使其在感情上接纳我们。在这种背景下，诚恳地提出批评，对方往往更容易接受。

第三，批评对事不对人。比起一些具体的言行，人们对自身的人格、能力等看得更重。如果你的批评含有贬低其能力、人品的意味，便容易激怒对方。如果在肯定其能力、人品的前提下指出某一个具体方面的错误，他（她）往往容易接受。如“按你的能力，这件事本来可以做得更好些。”“依你的为人，不该说出这种伤人的话，”等等。

第四，批评应针对现在。不能用“你怎么总是……”之类的形式批评别人，因为这样的说法暗示对方：“你旧习难改。”卡耐基告诉我们：让对方感到自己的错误很容易改掉。这样对方往往会有信心去改变自己。另外，翻旧账的做法也容易引起对方的反感。一两件事可以归因于偶然，许多件事则更可能归因于人品，所以翻旧账等于在贬低对方人品。

**4. 换位思考**

经常站在对方的角度去理解和处理问题，一切就会变得简单很多。一般而言，善于交往的人，往往善于发现他人的价值，懂得尊重他人，愿意信任他人，能容忍他人有不同的观点和行为，不斤斤计较他人的过失，在可能的范围内帮助他人而不是指责他人。要懂得人际交往的黄金规则“像你希望别人如何对待你那样对待别人”。而不是“我对你怎样，你就必须对我怎样”。懂得“已所不欲，勿施于人”。懂得“得到朋友的最好办法是使自己成为别人的朋友”。懂得别人是别人而不是自己，不能强求，与朋友相处应求大同，存小异。

**5. 主动交往**

人际交往本质上是一个互动的过程，但许多时候互动链的运行需要有人激发。事实上，许多交际成功的人往往会主动激发，开启人际互动链。即他们往往首先向别人发出友好的信号，主动关心别人，主动帮助别人，主动与人打招呼，以此打开了人际交往的局面。在社会交往中，那些主动去接纳别人的人，在人际关系上往往较为成功。所以，改善人际关系首先是改变自己，通过改变自己来改变别人。

## 心理训练

**活动一：自我探索**

### 大学生人际关系行为困扰自我诊断

指导语

这是一份人际关系和谐性诊断测量问卷，共28个问题，在每个问题上，选“是”的打“√”，计1分；选“非”的打“×”，计0分。请你认真完成，然后对照后面测验结果的解释，检查自己的人际关系是否和谐。

问题

1. 对自己的烦恼有口难言。
2. 和生人见面感觉不自然。

3. 过分羡慕和嫉妒别人。
4. 与异性交往太少。
5. 对连续不断的会谈感到困难。
6. 在社交场合感到紧张。
7. 时常伤害别人。
8. 与异性来往感觉不自然。
9. 与一大群朋友在一起时常感到寂寞或失落。
10. 极易受窘。
11. 与别人不能和睦相处。
12. 不知道与异性相处时如何适可而止。
13. 当不熟悉的人对自己倾诉其生平遭遇以求同情时，自己常感到不自在。
14. 担心别人对自己有什么坏印象。
15. 总是尽力使别人赏识自己。
16. 暗自思慕异性。
17. 时常避免表达自己的感受。
18. 对自己的仪表（容貌）缺乏信心。
19. 讨厌某人或被某人所讨厌。
20. 瞧不起异性。
21. 不能专注地倾听。
22. 自己的烦恼无人可倾诉。
23. 受别人排斥与冷漠对待。
24. 被异性瞧不起。
25. 不能广泛地听取各种意见和看法。
26. 自己常因受伤害而暗自伤心。
27. 常被别人谈论和愚弄。
28. 与异性交往不知如何更好地相处。

测试结果的解释与辅导：

如果你得到的总分是在0~8分，说明你在与朋友相处方面困扰较少。你善于交谈，性格比较开朗，主动关心别人，对周围的朋友都比较好，愿意和他们在一起，他们也都喜欢你，双方相处得不错。而且，你能够从与朋友相处中得到许多乐趣。你的生活是比较充实而且是丰富多彩的。你与异性朋友也相处得很好。总之，你不存在或较少存在交友方面的困扰，善于与朋友相处，人缘很好，获得许多人的好感与赞同。

如果你得到的总分是在9~14分，说明你与朋友相处存在一定程度的困扰，你的人缘很一般，你和朋友的关系并不牢固，时好时坏，经常处在一种起伏波动的状态之中。

如果你得到的总分是在15~28分，说明你在同朋友相处方面的行为困扰较严重；如果分数超过20分，则表明你在心理上出现较为明显的障碍。你可能不善于交谈，也可能是一个性格孤僻的人，或者有明显的自高自大的行为。

**活动二：活动体验**

1. 表达训练

目的：练习表达的技巧，互相信任，互相接受。

步骤1：让所有的人站起来，讨论一个话题（例如异性之间是否有“友情”，男人与女人之间的区别等）。在讨论的过程中，不能使用“我”“我的”这样的词语，如果用了，就必须坐下。

小结：这个小小的游戏能够让大家意识到自己在交谈过程中以自我为中心的倾向有多严重。要想在这个游戏中获胜或者要想做一个好的倾听者，唯一的办法就是利用开放式的问题鼓励他人表达自己的观点，把关注的中心放到他人身上。

步骤2：两个人一组讨论，分两轮进行。第一轮：A方提出一个建议（例如，假期我们去某某地方，好好玩一下吧）；另一方B采用“好吧，但是……”这样的句式回答；然后A也用“好吧，但是……”这样的句式表达自己的意见。对话就按这种方式进行下去。1分钟后结束。

步骤3：第二轮：A用同样的假期建议开始这次谈话，但双方采用“好吧，而且……”这样的句式交流下去。(例如，“假期我们去某某地方，好好玩一下吧。”“好吧，而且我们要去一个从没有去过的地方。”“好吧，而且……”）1分钟后叫停。

步骤4：分享。

大家采用“好吧，但是……”这样的句式进行对话，这种情景在现实生活中可能并不存在。但是在第一轮的过程中，你是否发现你的搭档有几次确实使你很生气？在第二轮中，又有什么不同呢？

在现实生活中，当你并不同意他人的观点时，要避免使用“但是”炸弹，学会使用“好吧，而且……”“不错，而且……”这样的句式做出反应。通过运用这个技巧，有助于避免引起交流中的矛盾冲突，表达相互信任和尊重。

2. 欣赏与赞美

目的：发现并欣赏别人的优点，促进成员相互肯定和接纳。

步骤1：分成若干小组，成员轮流站在团体中央，其他人从各方面说出他的可赞赏之处。规则是：必须说优点，态度要诚恳，努力去发掘他人的长处。不能毫无根据地吹捧。

步骤2：被赞美者说一个自己的缺点或不足，其他人要从中发现正面或积极的地方。

步骤3：成员分享体验的感受。

**活动三：思考与感悟**

1. 生活中你经常与哪些人（如父母、兄弟姐妹、同学、室友、朋友、恋人）在沟通方面存在问题？设计一个用来改进沟通的策略，以解决现有的问题。最好有具体步骤：

______________________________

______________________________

______________________________

______________________________

______________________________

2. 如何与自己不喜欢的人相处。

为了和自己不喜欢的人相处，我们需要做一个持续21天的练习。

第一步：拿出一张空白纸，如下表写下对方的名字并画出一个“T形分析”表。

名字：

| 缺点 | 优点 |
|---|---|
| 1.<br>2.<br>3.<br>…… | 1.<br>2.<br>3.<br>…… |

第二步：在左边“缺点”栏中，写下全部你不喜欢他（她）的理由，或他（她）身上全部的缺点。

第三步：从今天开始，你强迫自己每一天或每一次见到他（她）时，必须从他（她）身上找到一个或一个以上的优点，并写在右边“优点”栏中，这个过程要求持续21天或21次以上。练习的关键就是“写”字，一定要写下来，不要试图偷懒，不能仅凭脑袋记忆，如果仅凭记忆行事，很容易使你半途而废。

第四步：如果你还有其他不喜欢而又必须与他（她）打交道的人，请重复第一至三步，直至他们全部都被“消灭”为止。

通过这个活动练习，你有什么感悟？

## 推荐阅读

1. ［美］科里·弗洛伊德．沟通的力量：成功人际交往12法［M］．北京：机械工业出版社，2011.

2. ［美］戴尔·卡内基．卡内基成功学经典——赢得友谊、影响他人的智慧［M］．北京：金城出版社，2008.

## 推荐影视

1.《阿甘正传》
2.《心灵捕手》
3.《三傻大闹宝莱坞》
4.《绿皮书》

# 第八章

## 执手同心，爱情花开——大学生的恋爱及性心理

### 任务目标

- 正确理解爱情的内涵
- 培养大学生健康恋爱的心理
- 学会正确处理恋爱中的心理困扰
- 掌握性心理问题的调适方法

爱情不是花荫下的甜言，不是桃花源中的蜜语，不是轻绵的眼泪，更不是死硬的强迫，爱情是建立在共同语言的基础上的。

——莎士比亚

### 故事导入

**六年之约——三毛和荷西的爱情故事**

初识荷西时，三毛正在马德里上大学三年级，而荷西只不过是她学校附近就读的一名高中生，但一次偶然的机会，也就是圣诞节晚上，头上一顶法国帽的荷西却在她所居住的公寓楼下等她，送她节日礼物与祝福！那时三毛根本就没对比自己小几岁的荷西怀有任何想法，而心底里却有一丝虚荣：哇！天下竟然有如此帅气的男孩！要是做他的妻子，该有多荣耀！随即她只是以姐姐的身份教训他：不要逃课！再逃课就不理你了！

而荷西却照样逃课来看她，直到有一天，荷西一脸认真地说："ECHO，你等我结婚好吗？六年！四年大学，二年服兵役！好不好？"三毛没有答应他，她说六年的时间太长了，六年里什么都会变。后来荷西便真的再也不来找三毛，偶尔在路上遇见，他只是礼貌性地打招呼，而三毛身边的男友似乎总在换来换去，有意或无意。

再次得到荷西的消息是六年后，荷西托一个朋友捎来他的近照和一封信，照片上的帅小伙正在河里捉鱼，留了一脸大胡子在阳光下灿烂地笑。三毛也没太在意，只是感觉：荷西长大了！

返台后的三毛遭遇到了她的第一次情感不幸——她的未婚夫意外身亡。痛苦之余她重返西班牙，于是，冥冥之中的异国姻缘开始走近他们。

那一天，三毛被朋友叫到家里。她被单独关在了一个房间里，闭着眼睛——她对朋友

这样承诺的。有人进来了。那个人忽然从后面将她环抱起来，在屋子里转啊转。她睁开眼，竟然是满脸络腮胡子的荷西！三毛高兴极了。她问荷西，“六年前你要我等你六年，如果我现在答应是不是晚了？”这下轮到荷西兴奋了。荷西带三毛来到住所，三毛发现那里贴满了她的照片。七个月后，三毛与荷西举行公证结婚，开始他们幸福而疼痛的爱情之旅。

荷西的职业是潜水工程师，刚开始的时候荷西上班的地方离他们家比较远，而三毛每天都会在下午两点半开三小时的车冒着沙漠里走沙与龙卷风的危险去接五点半下班的荷西回家！这是一种怎样坚定而执着的爱！后来，荷西去了另一个岛上，每周才能回家一次，于是，三毛决定将车与行李托运过去，放弃精心收拾的家，去陪心爱的荷西。

婚后第七年，三毛的父母远道飞来欧洲探望他们，三毛陪同双亲飞离岛上，而荷西也送他们到了机场，嘱咐三毛早点回来！没想到，这竟成了永诀！三毛终生的最爱就这样在几天后长眠——荷西潜水时出了意外。是年荷西仅三十岁！

三毛陷入了半疯的状态。为荷西守灵的那夜，三毛对荷西说：“你不要害怕，一直往前走，你会看到黑暗的隧道，走过去就是白光，那是神灵来接你了。我现在有父母在，不能跟你走，你先去等我。”说完这些，三毛发现荷西的眼睛流出了血。谁能解释这一切？

正因为荷西与三毛的爱情感天泣地，也因为他们的爱及天下，所以，我们爱三毛，我们爱荷西！为他们的爱情感动，为他们的幸福祝福，为他们在天堂相爱相守而祈祷……

## 心灵导航

“关关雎鸠，在河之洲，窈窕淑女，君子好逑。”爱情是一个古老而常新的话题，也是人类精神世界不竭的动力之一。“哪个少男不钟情，哪个少女不怀春？”处于青春中期的大学生，对爱情充满憧憬与期待是很正常的事情。培养和铸就爱情的过程就是恋爱。恋爱是生物性和社会性的结合。恋爱的过程，是感情发展的过程，是彼此深入了解、相互适应的过程。恋爱是一门科学、一门艺术，更是一种责任，是需要我们不断学习培养的一种能力。健康文明的恋爱方式有助于造就健康、成熟完美的爱情。本章将带同学们走进爱的殿堂，一起探讨什么是爱情，如何树立正确的恋爱观、爱情观，如何提高恋爱质量以及如何处理爱与性的关系，让我们走出爱情的迷茫与困惑，收获未来生活的金钥匙。

## 一、爱情概述

### （一）爱情的内涵

所谓爱情是一对男女基于一定的社会基础和共同的生活理想，在各自内心形成的相互倾慕，并渴望对方成为自己终身伴侣的一种强烈、纯真、专一的感情。

人类历史上曾出现过两种爱情观。一种是“唯精神论”。古希腊学者“柏拉图式”的爱情说认为，爱情是纯粹的精神世界，只是男女在精神上的依恋，爱者的情感完全溶化在对所爱的人的关怀之中。这种观点认为，爱情的目的是没有肉体接触的灵魂的融洽，把爱情推向一种神圣但无法在现实社会中实现的境地。另一种是“唯性欲论”。这种观点把爱情看作是性欲的本能，认为人类爱情产生的唯一根源是性欲，爱情的目的是为了性欲的满足。这种爱情观尽管更接近于现实，但是，它却把美好的人类爱情完全与动物的生理本能等同起来。就这两种观念而言，无论是强调精神的“唯精神论”，还是强调性欲的“唯性欲论”，都仅仅反映了爱情的一个侧面。在人类社会从诸多矛盾走向逐步统一的进程中，随着辩证唯物主义的产生与发展，人们开始用一种科学的态度来揭示爱情。

要对爱情的本质进行科学把握，必然要肯定爱情的发展。首先，从爱情产生的自然基础来看，爱情根源于人类的自然需求，爱情的发展有赖于人类自身的发展。随着社会化的进程，人本能的作用越来越弱化，爱情的发达程度越来越高。其次，从爱情产生的社会现实条件来看，爱情是人类文明的产物。人类文明的发展，一方面通过社会的途径，将文明融入人格体系，转化为人的自觉意识，从而推动着爱情的发展；另一方面，人类文明的发展推动着社会的发展，而人类社会发展的每一步，都对爱情的发展产生一定的推动力。

因此，爱情具有两种属性，即社会属性和自然属性。自然属性主要满足人的生理需要，即性爱；社会属性主要满足人的精神需要和家庭责任，即情爱。爱情是性爱与情爱两者相互作用而产生的，它是人类的一种高级精神生活。爱情不仅需求男女双方在思想、情感、性格等方面共鸣和谐，而且要求双方共同承担应负的社会责任和义务。真正的爱情是生活的有机组成部分，体现着人的自然和社会的双重需要，并通过生活而变得更加有意义。只有懂得爱情的本质，才可能获得真正的爱情，相爱才能成为永恒。

**（二）爱情的理论**

关于爱情，不少心理学家有过系统的研究，提出了相关的理论。下面我们来看看他们对爱情的诠释。

**1. 爱情三角形理论**

心理学家斯滕伯格的爱情三角形理论认为，爱情包括三种成分，即亲密、激情和承诺，并将这三种成分形象地比喻为爱情三角形的三个顶点，如图 8-1 所示。

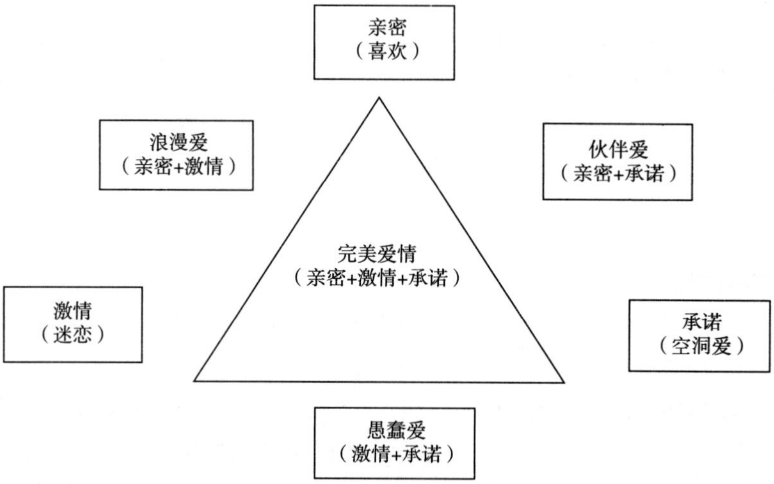


图 8-1　爱情三角理论

亲密指在爱情关系中能促进亲近、连属、结合等体验的情感，它能引起温暖体验。

激情指内驱力，是一种情绪上的着迷，它能引发浪漫恋爱、体态吸引、性完美以及爱情关系中的其他有关现象。该成分是在爱情关系中能引起激情体验的各种动机性唤醒源以及其他形式的唤醒源。

承诺指个人内心或口头对爱的预期，是爱情中最理性的成分。从短期来讲，指一个人做出了爱另一个人的决定；从长期来讲，指那些能维持爱情关系的投入、义务感或责任心。

爱情的三角形理论非常形象地揭示了复杂的爱情关系，但现实中的爱情往往牵涉不止一个三角形，于是斯滕伯格又提出了多重三角形原理，包括现实中的和理想中的三角形，自己的和对方的三角形等，根据它们能够准确地预测关系满意度和关系质量。

**2. 爱情依恋理论**

哈赞和谢弗对爱情与童年依恋的联系进行研究，认为婴儿时期与人建立的依恋关系，会使个体形成一个持久且稳定的人格特质，这项特质在个体与异性建立亲密关系时自然流露出来。早期的一些研究者大多依据儿童依恋中的三类型模式对成人依恋风格进行分类，如哈赞和谢弗提出的三种“依恋风格”：安全依恋、逃避依恋、焦虑/矛盾依恋。但后来运用较广的是巴塞洛缪和霍洛维茨于 1991 年提出的四种类型模式。

（1）安全型。认为自己是值得爱的，他人也是值得爱和信任的。

（2）专注型。认为自己是不值得爱的和没有价值的，但他人是可接受的。这种类型的个体总是努力赢得他人的接纳，并以此支持消极的自我表现形象。

（3）恐惧型。对自己和他人的态度都是消极的。这种类型的成人可能处于害怕他人的拒绝而避免与他人发生联系。

（4）冷漠型。对个人的看法相对积极，认为自己是有价值的，但认为他人会拒绝自己。这种类型的成人会以避免与他人发生联系来作为保护自己不受伤害的手段。

**3. 伯斯切德的爱情理论**

美国明尼苏达大学的伯斯切德教授提出的四种爱情类型曾被人们广泛关注，这些爱情类型建立在“人本善”的基础上，认为人生来就有爱的表达与爱的需要，爱情是高尚的、本能的，是有利于环境适应的，是对人类共性方面的一种解释。

（1）依恋的爱。婴儿时期的依恋可以与成年期的许多现象联系起来，此类型个体会向比个体年龄更大、更强大、更聪明的人表示亲近，就像婴儿为了生存的需要而寻找自己的保护者一样。

（2）怜悯的爱。个体愿意把别人的幸福放在第一位，很少考虑到自己的幸福。因此，这类型爱情的个体常常具有较强的移情能力。

（3）友谊的爱。即个体喜欢对自己好的人，不喜欢对自己不好的人。个体相信自己在对方眼中的价值，并会在一次次的交往中收到来自对方的信号——我愿意与你交往。

（4）浪漫的爱。这类爱情常常出现在很多心理学家的分类当中，说明浪漫的爱在爱情中占有重要位置。这一点不论是从爱情的感性经验还是理性认识上来说似乎都是显而易见的。

## 心灵咖啡

### 致橡树

（舒婷）

我如果爱你——
绝不像攀援的凌霄花，
借你的高枝炫耀自己：
我如果爱你——
绝不学痴情的鸟儿，
为绿荫重复单调的歌曲；
也不止像泉源，
常年送来清凉的慰藉；
也不止像险峰，增加你的高度，衬托你的威仪。
甚至日光。
甚至春雨。
不，这些都还不够！
我必须是你近旁的一株木棉，
作为树的形象和你站在一起。
根，紧握在地下，
叶，相触在云里。
每一阵风过，
我们都互相致意，
但没有人
听懂我们的言语。
你有你的铜枝铁干，
像刀，像剑，也像戟，
我有我的红硕的花朵，
像沉重的叹息，
又像英勇的火炬，
我们分担寒潮、风雷、霹雳；
我们共享雾霭、流岚、虹霓，
仿佛永远分离，
却又终身相依，
这才是伟大的爱情，
坚贞就在这里：
爱——
不仅爱你伟岸的身躯，

也爱你坚持的位置，脚下的土地。

赏析：这是一首经典的爱情诗，语言清丽活泼，读起来朗朗上口。《致橡树》是完全没有朦胧意味的爱情诗，诗人运用缜密流畅的思维逻辑，表达了明丽隽美的意象，在中国新诗80年的发展史上，也许再没有其他任何一首爱情诗比它更优秀。它创作于1977年3月，是“文革”后最早的爱情诗。

《致橡树》热情而坦诚地歌唱了诗人的人格理想，橡树和木棉可以说是我国爱情诗中一组品格崭新的象征形象。这组形象的树立，不仅否定了老旧的“青藤缠树”“夫贵妻荣”式的以人身依附为根基的两性关系，同时，也超越了牺牲自我、只注重于相互给予的互爱原则，它完美地体现了富于人文精神的现代性爱品格：真诚、高尚的互爱应以不舍弃各自独立的位置与人格为前提。这是新时代的人格在性爱观念上对前辈的大跨度的超越。

### （三）爱情的特点

爱情是个体身心发展到相对成熟的阶段而产生的一种高尚的情感体验，既具有生物属性，也具有社会属性，它具有以下五个特点。

第一，社会性。爱情是人们在社会生活中产生和发展起来的一种情感，不能离开现实社会条件而存在。爱情的内涵以及人们追求和表达爱情的方式都不是纯生物的，而是社会性的。处在特定的社会关系中的一对男女私人间的感情包含着丰富的社会内容。爱情是一个历史范畴，随着人类历史的发展而发展，并与一定社会的生产生活相联系。在特定的社会形态中，爱情的内容与形式要反映这个社会的道德观、价值观、反映特定的社会关系。

第二，选择性。几乎每个人心中都有不同的异性偶像，每个恋人都有对象的美感位置。对象的选择是一种特有的选择，选择标准是直觉的或理性的、生物的或社会的，这是对一个人的感情、意志、审美情趣和价值体系的考验。当一方的品质可以补充、中和或者改正另一方的品质时，双方即使志趣不同、相异甚至截然相反，也可能产生爱情。

第三，平等性。恩格斯指出，真正的爱情“是以所爱者的互爱为前提的”。所谓互爱，是指男女双方既是爱者又是被爱者，既是爱情的主体，又是爱情的客体，二者在地位上是完全平等的，不存在依附和占有关系。任何牵强和欺瞒的感情付出都不会带来真正的爱情。只有男女双方互相爱慕、平等相待，爱情才能健康发展。

第四，排他性和专一性。爱情不同于亲情与友情，爱情的排他性意味着它具有私人物品的特征，一旦相爱之后，他人便不能分享这两个人之间由于爱情所包含的特有的感情和义务，只能存在于恋爱者两个人之间。同时，爱情的排他性并不意味着对他人的排斥和漠不关心，它只是在两性结合的意义上排除对他人的爱。

第五，持久性。相爱双方爱情真诚，强烈要求达到精神与肉体的高度、持久的统一，甚至为了爱情而不顾一切，正所谓“在天愿作比翼鸟，在地愿为连理枝”。恋爱双方相互爱慕的情感以及由此所应承担的义务和责任都应该是持久的。爱情的持久性意味着爱情所包含的感情因素和义务因素不仅仅存在于恋爱过程中，而且存在于婚后夫妻生活和家庭关系之中。

### （四）爱情的类型

根据在选择恋人时所考虑的因素不同，爱情可以分为以下几种类型。

**1. 外貌型**

这类爱情，恋人们往往最看中的是对方的外表。他们往往是用“面子”和“见得人”来满足自己的虚荣心，他们都希望和自己的恋人出现在众人面前时赢得别人的赞美。但是这样的恋情往往都不能得到好的结局。

**2. 物质型**

这类爱情，他们往往看中对方的物质条件。希望通过爱情和婚姻来让自己有一个好的客观条件，达到不劳而获的目的。这样的爱情，由于缺乏心理上的相互共鸣和支持，时间一长难免会发生变化。

**3. 精神型**

这样的爱情，注重与对方在兴趣、爱好等方面相一致，并且看中对方的人品、性格与事业心，并不考虑对方现在的地域情况、经济条件等实际情况。这样的爱情，如果单纯从爱情的角度来看是很不错的，可是爱情与婚姻不可能脱离现实而独立存在，所以这样的爱情有时候可能会起一些副作用，延误青年的美好时光。

**4. 综合型**

这类爱情，青年不仅仅会考虑精神方面的问题，也会把收入、地域、外貌等客观因素考虑在内，在选择恋人时会进行一个综合性的可行性评估。这样的爱情避免了过于理想化而找不到伴侣，也避免了过于现实而得不到好的结局，是一种比较明智而现实的爱情。

## 延伸阅读

### 爱与被爱的人

一个哲学家在郊外散步，遇见一个人在那儿伤心地哭泣，哲学家问他为何如此伤心，那人回答说：“我失恋了。”

哲学家听后连连拍掌大笑道：“糊涂啊，糊涂。”

失恋者停住哭泣，气愤地质问：“有学问就可以如此嘲笑愚弄别人吗？”

哲学家摇头道：“并非我取笑你，实在是你自己取笑自己啊。”

见失恋者不解，哲学家接着解释说：“你如此伤心，可见你心中还有爱，既然你心中有爱，那对方就必定无爱，不然你们何必分手？而爱在你这边，你并没有失去爱，只不过失去一个不爱你的人，这又有何可伤心的呢？我看你还是回家睡觉吧，该哭的应是那个人，她不仅失去了你，还失去了心中的爱，多可悲啊。”

失恋者破涕为笑，恨自己对这浅显的道理怎么没看透，向哲学家鞠了一躬，转身离去。

（资料来源：余孟辉，曾伏云．大学生心理与生理健康教育［M］．长沙：国防科技大学出版社，2006.）

## 二、大学生爱的能力培养

### （一）大学生恋爱的特点

恋爱是大学校园普遍存在的一种现象，已经成为大学校园生活的热门话题。大学生正当青春激荡的美好年华，谈恋爱也就成为大学生情感生活的重要组成部分，当代大学生恋爱具有以下几个特点。

**1. 恋爱观念开放化**

传统与现代的碰撞，社会群体道德观的变化，“性解放、性自由”观念的蔓延，都在一定程度上影响着大学生正确恋爱观的形成。大学生中相当一部分人认为自己的生理、心理和思想已经基本成熟，表现出对爱情的渴望。于是他们勇于“抢抓机遇”，敢于轰轰烈烈，认可一见钟情，推崇“不求天长地久，但求曾经拥有”。据调查，超过60%的大学生对恋爱持赞成态度，认为“婚恋自由，无可厚非”“个人隐私不存在道德和法律问题”等。

**2. 恋爱目的多样化**

大学生正值青春激荡的美好年华，“象牙塔”里宽松优美的文化环境为大学生释放体内聚集的青春激情提供了一个十分适合的场所，使得大学生恋爱成为特定年龄特定环境的产物，谈恋爱已成为他们情感生活的重要组成部分。调查显示，当代大学生恋爱目的呈多样化倾向。大部分学生谈恋爱是为了追求志同道合和纯洁专一的感情，但也存在着其他非感情因素，如孤独、空虚、寻求刺激、体现自我等动机。

**3. 恋爱行为公开化**

随着人们对在校大学生谈恋爱的认可、宽容和大学生恋爱观念的转变，大学生恋爱不再是“犹抱琵琶半遮面”，而是从“地下”转到“地上”。一些恋人花前月下、卿卿我我，校园里随处可见成双成对的恋人。他们不顾忌周围人的目光，当众喂饭，甚至拥抱、亲吻，成为大学校园一道独有的“风景线”。

**4. 恋爱关系脆弱化**

有人形象地将大学生浩浩荡荡的恋爱大军描绘成遍地开花、零星结果；“有情人”虽多，“终成眷属”者却少。他们年轻、单纯、理想化，正因为这些，大学生谈恋爱一般较少考虑经济、地位、职业、家庭等社会性问题，浪漫色彩浓厚，情感性因素较强、理智性弱；正因如此，大学生恋爱经受不住生活的冲击，往往不能很好地处理恋爱中的问题，造成恋爱率高、成功率低，能发展为缔结婚姻关系的更是寥寥无几。

## 心灵咖啡

### 爱情是必修课还是选修课?

在去大学报到之前，爸爸妈妈和我很认真地谈了一次，他们对我的大学生活寄予了很大的期望，这并不是说他们要我拼命学习，而是希望我珍惜大学四年时光，好好体验独立生活的辛苦与快乐，成为一个自主成熟的人。这当中他们自然也谈到了大学校园里的爱情，他们俩人曾经就是同学，虽然妈妈因为历史原因没能进入大学深造，但是说起年轻时纯洁而烂漫的爱情，他们的眼里还是充满了幸福。

父母美丽的爱情故事使我对大学的爱情有着美好的憧憬，但是我也很清楚爱情是可遇不可求的。进入大学后我才发现爱情的故事在校园里比比皆是，进入大二之后，宿舍里已经有两个女孩子沉浸在爱河之中了，不要小看她们两个人的影响，宿舍里其他人看着她们快乐幸福的样子，心里真的挺羡慕的，我一个人发呆的时候也会想：自己的另一半到底什么时候才会出现呢？一瞬间傻傻的念头，会使自己偷偷笑起来，但马上又会继续投入学习。时间就这样慢慢地流过，我的生活非常充实，只是没有爱情的出现，但我还是在等待着属于我的缘分。我相信这就好像走路，每个人遇到的风景不同，每个人遇到不同风景的时间也是不一样的，我没有必要为了体验相爱的感觉而去寻找爱情。

有一次参加一个新生座谈会，一个女孩子突然问了我一个问题：是不是大学里一定要谈场恋爱，否则就好像白上大学了？我一愣，随即就笑了：爱情不是大学的必修课，也不是选修课，没有什么一定要、一定不要的，爱情是生命的组成部分，只有认真体味生命的魅力，才会等到一份美丽的爱情。

### （二）大学生恋爱心理的困扰

爱情的神圣与庄严，神秘和美妙吸引着无数青年男女为之折腰，有学者说："有年轻人的地方就会有爱，"但是在大学校园里并非都存在完美的恋爱，并非都闪动着幸福的恋人，并非每个爱情的渴望者都能品尝到甘甜的爱情之羹。

#### 1. 单恋

俗称单相思，是指以一方对另一方的一厢情愿的倾慕与热爱为特点的畸形爱情。单恋往往是一场误会，是爱情错觉的产物。单恋的产生可能有两种情形：一是自作多情，明知对方不爱自己，偏要一味地追求；二是误把友情当作爱情，自寻烦恼。这两种情形虽然表现形式不同，但对当事者的感情和自尊心都是一种挫伤。

大学生中的单恋现象比较常见，且较多地出现在性格内向、敏感、富于幻想、自卑感强的学生身上。"落花有意，流水无情"，这种体验是很痛苦的。单恋本身并不算心理障碍，但盲目的非理性单恋如果得不到合理疏导与调适，就会导致心理失调，甚至是更为严重的后果。

#### 2. 暗恋

暗恋常见于性格内向的大学生，具体表现为：①不表露内心的体验，被爱对方根本不知道有这回事，甚至对方都不认识自己，而自己却执着地恋着对方；②朝思暮想，但见面时却又紧张回避，形成了极其矛盾、痛苦、压抑、失望等不良情绪，严重影响学习和生活。

## 校园案例

### 爱你在心口难开

小张，男，20岁，某大学学生。开学不久，他朴实的装束、憨厚的性情和不善言谈的性格就给老师和同学留下很深刻的印象。由于他不愿意参加活动而整日埋头读书，同学们给他取了个绰号——"书虫"。虽然用字不雅，却也包含几份肯定，他心理还是美滋滋的。在一次偶然的机会中，他遇到一个女孩子，女孩那热情开朗、能说会道的性格，像花一般甜甜的笑容给他留下很深刻的印象。整整一上午，他的眼前一直浮现着她的笑脸。那天晚上，他失眠了。以后，他整个人都变了。想向她表白，又缺少勇气，整日精神恍惚，学习热情一点儿也没有了。他经常在人群中寻找女孩的身影，想看她一眼，和她说一句话。有一天，他看见她和一个男生在一起有说有笑的，心里不知是什么滋味。他想把她忘掉，却总是失败，每次在路上遇上她，总要不由自主地多看她一眼。他觉得自己真是没用，显然唯一的办法就是离开她，离开学校，可是，他又忘不了父母的嘱托，他该怎么办?

**3. 多角恋**

多角恋是指与多个异性保持恋爱关系，抱着游戏人生的态度挥洒感情。这种恋情把爱情视为一种游戏，把自己的幸福建立在不尊重他人情感的基础上，既是对他人的不尊重，又是对自己的不负责，不论从哪个角度讲，多角恋都是为社会道德所不允许的。如果处理不好易激化矛盾，产生种种不良后果。

## 校园案例

### 鱼与熊掌都想兼得的恋情

小梁，男，21岁，大学二年级学生。两年前，他与高中同班女同学小沈一起考入某大学商学院。小梁觉得小沈待人热情、善于交际、学习成绩好，很快便产生了好感，俩人总是形影不离、亲密无间、无话不谈。可是从大二开始，小梁又爱上了性格内向、处事细致、情感细腻、待人随和的同班女生小王，而且情感迅速升温。对于这两位恋友，小梁感到十分满意，一个都不想放弃。平时，除上课之外，几乎将所有的时间都用来应付两位女友。今天邀小沈共进晚餐，明天又请小王去舞厅跳舞。虽然经常体验到愉悦，但当没有时间和精力应付两位女友而遭到其中任何一位的埋怨时，又感到痛苦不堪。有一次，小沈从同寝室同学那里知道小梁与小王接吻后，大怒，坚决与其分手。而小王知道小梁还有女友后，也立即中断了与小梁的恋情。

爱情是高度排他的，就像歌里唱的那样：爱要真诚，不能分享。

**4. 失恋**

失恋是指恋爱失败引起的受挫感。失恋引起的主要情绪反应是痛苦和烦恼。失恋者起初都不愿承认这是事实，独自回忆、辩解、幻想，痴心、苦闷、坐卧不宁。由于失恋是获得爱情又失去，因而产生的挫折感往往比单恋更强烈。对爱的绝望和深深的孤独感、虚无感是失恋者常见的心理体验。通常大学生失恋后，可能导致的不良心理和行为主要有以下几种：①颓废冷漠，灰心丧气，整天愁眉苦脸，精神不振，严重的甚至走上轻生的道路；②闭锁压抑，恋爱失败后就不敢与异性接触，谨小慎微，沉默寡言，把自己封闭起来；③报复对方，恋爱失败后就伺机迫害对方。这是一种心理变态的表现，虽然少见，但是后果严重，是极度的占有欲受到挫折后而唤起的过激的心理和行为。失恋后的反应因失恋者的人格特征、对爱情的投入、承受挫折的能力和社会支持等因素的不同而有不同的表现。

## 校园案例

### 爱上你给的痛

安丽是一位美丽、善良的大学生，她与一个高中男同学原系青梅竹马，两个人从高一到大四整整相恋七年，每年寒暑假才能见上两次面，安丽就在这种对寒假和暑假的期盼中度过了大学四年的学习生活，尽管大学中追求她的男生不少，条件优越者甚多，但在她眼中，在家乡等待她的他才是她唯一的选择，才是值得她去爱、去奉献的人。然而，就在她放弃了学校推荐的好工作，准备回家乡做他的新娘的时候，却突然接到了他的一封信，信中说，他早已不爱她了，在家乡一直与另一位女孩相爱，为了不影响她的大学学习，才一直没有告诉她。接到这封信，她顿时感到天旋地转。她不停地问自己，他为什么说分手就分手？难道她七年的恋情就这样结束了吗？她付出的那么多的情感就这样付诸东流了吗？她变得消沉了，心中充斥着强烈的失败感，整日精神恍惚，没有头绪。她认为自己不会再爱上别人了，七年的感情都不可靠，世界上还会有真正的爱情吗？她开始恨他，恨他欺骗了自己，她想要报复，她想要和他一起离开这个世界……

5. 网恋

网恋指恋爱双方通过网络相识、相知、相许而产生的恋情。随着现代社会科学技术的发展，网络已深刻改变了人们的生活，渗透到生活的每一个角落，也为大学生的交往提供了一个良好的平台。随着大学生上网人数的增多，很多同学通过网络平台交流学习心得、人生看法，逐渐情投意合，发展成网恋。网恋的主要特点是：以网络为主要沟通工具，充分利用网络通信的各种方法，如 QQ、微信、网上聊天室、网络虚拟社区等来表达感情，发展双方的恋情。由于网络的虚拟性、隐蔽性、间接性等特点，网恋一碰触到现实往往以失败告终。

## 校园案例

### 痴情网友，终酿悲剧

小徐，女，21 岁，大学二年级学生。性格内向，胆小，不擅长交往。憧憬浪漫的爱情，由于自身的原因，没有在同学中找到心仪的人，也没有知心朋友。平时喜欢上网聊天，很快就沉迷其中。一天与名为老 K 的网友聊天，说话十分投机。虽然没有见过对方，却心有灵犀一点通，几次聊下来，总有依依不舍的感觉。哪一天不聊上一小时，就觉得难受。晚上躺在床上，小徐总是要根据聊天的内容，想象对方英俊的身材、潇洒大方的行为和热情奔放的情感。不到一个月，便相约在杭州见面。老 K 还真的与自己的想象相符，还请她吃杭州名菜。可是就在饭后，老 K 在包房里将小徐奸污了。

网络为我们的生活、学习、工作、交友提供了前所未有的方便，但网络毕竟是虚拟的世界，从姓名到身份，从相貌到人格，人们很容易掩盖自己的本来面目，所以仅仅通过文字聊天而建立起来的网恋充满着风险，大学生们要保持警惕之心。

### （三）大学生爱的能力的培养

#### 1. 树立正确的恋爱观

现代大学校园中，大学生恋爱已经是很普遍的现象。虽然爱情可以让人陶醉，让人更好地学习、生活，但不成熟的恋爱也会给恋爱双方带来一些负面影响，因此树立正确的恋爱观已成为刻不容缓的事情。

（1）提倡志同道合的爱情。在恋人的选择上最重要的条件应该是志同道合，思想品德、事业理想和生活情趣等大体一致。爱情应该是理想、道德、义务、事业和性爱的有机结合。

（2）摆正爱情与学业的关系。大学生应该把学业放在首位，摆正爱情与学业的关系，不能把宝贵的时间都用于谈情说爱而放松了学习。当把爱情视为生命的唯一时，爱情就是一株温室里的花朵，娇弱美丽却经不起任何的打击。当爱情成为唯一的存在价值时，其本人就会失去人格的魅力，也很容易失去被爱的理由。

（3）懂得爱情是责任和奉献。理解对方是为个人和对方营造一种轻松和快乐的氛围，没有人追逐爱情只是为了被约束；相互信任是自信的表现，相信自己是值得别人去爱的人；责任和奉献则意味着个人道德的修养，它是获得崇高的爱情的基础。

（4）要真诚、坦白、互相尊重。恋爱时要诚实、礼貌、谨慎，坦白地向对方说明自己各方面的情况，使对方对自己有一个全面的了解与认识，用隐瞒和欺骗的手段去博取对方的爱情是不道德的。一经建立恋爱关系，就要尊重对方的人格和感情。

#### 2. 发展健康的恋爱行为

（1）言谈文雅，相互理解。交谈中要诚恳、直率、自然，不要装腔作势、矫揉造作；不能出言不逊、巧言秽语、举止粗鲁；要相互理解，不要无休止地盘问对方，使对方自尊受损，否则只会使之厌恶，伤害感情。

（2）举止大方，切忌冲动。一般来说，男女双方初次恋爱在开始时常感到羞涩与紧张，随着交往的增加会逐渐自然大方，这个时期要注意行为举止的检点，有的人感情冲动，过早地做出亲昵动作，使对方反感，影响感情的正常发展。

（3）亲昵高雅，避免粗俗。轻佻放纵感情的举动是不文明、不健康的，高雅的亲昵动作能发挥爱情的愉悦感和正面心理效应，而粗俗的亲昵动作往往会引起情感分离的消极心理效果，有损爱情的纯洁与尊严，有损大学生的形象，同时对旁人也是一种不良的心理刺激。

（4）理智恋爱，自重自爱。在恋爱过程中，男女双方往往容易情感冲动，为了经营好幸福的爱情，男女双方仍然需要用理性的方式来适度克制自己的情感表达方式，促使爱情向互相尊重，更加长久的方向发展。

（5）平等相待，规范行为。在恋爱过程中，不要拿自身的优点与对方的不足相比较，以此炫耀、抬高自己，戏弄、贬低对方，也不宜想方设法考验对方或摆架子，影响双方的感情。对于恋爱中引起的性冲动，要注意克制、调整、转移和升华，把恋爱行为限制在社会规范之内，使爱情沿着健康的道路发展。

#### 3. 提升爱的能力

（1）识别爱的能力。对于渴望爱情的大学生来说，学会识别爱的真伪，是迎接爱情的必要准备。爱情包含着非常丰富的内容，我们要清醒地认识到，异性之间不仅有爱情，还有友情；我们需要爱情，但也不可缺少友情。有些友情经过长时间的相处转化为爱情，而有些友情则永远是友情，不可能是爱情。是友情就按友情的规则行事；是爱情就按爱情的规则行事。根据不同的对象、不同的关系性质控制和把握情感、行为的方寸，就不会平添莫名的烦恼，生活也会更丰富充实。

（2）表达爱的能力。向自己倾心的人表达自己的爱慕之情需要勇气和信心，也要讲究方法和技巧。恰当地表达爱确实是一种挑战，不仅是对自己与人交往能力的挑战，更重要的是对自信的挑战。在大学生中，无论男性还是女性，都会有相当比例的人，因为害怕被拒绝而迟迟不敢表达自己的情感。其实他们忘记了，只要能够恰当地表达自己的情感，就是对自己情感最大的尊重，这样的表达即使失败，也不应该后悔。而且在表达爱的同时，每个人首先想到的应该是自己是否可以承担这份爱的责任，没有这样的心理准备，即使向对方表达了心意之后，也无法将爱情进行到底。

（3）接受爱的能力。一个人面对别人追求，能否及时准确地做出判断，并做出接受、拒绝或再观察的选择，这是对接受爱的能力的考验，缺乏这种能力的人常常无从把握，匆忙行事，草率决定。接受爱的确也是需要勇气的，因为接受爱也意味着接受一份责任，意味着将准备面对爱情中的风风雨雨，甚至可能的失败和悲伤。勇敢地接受爱其实是一种面对生活的勇气，当我们期待的爱情来到身边时，要学会判断，学会选择，要能够承受求爱或拒绝求爱引起的心理紊乱，保证正常的学习生活。

（4）拒绝爱的能力。面对自己不想接受的爱，并不是每个人都能够很好地处理。其中有些人怕拒绝会伤害到对方，一直犹豫不决，结果让对方在不确定的感情中煎熬；也有些人根本不在乎对方的感受，粗暴地拒人于千里之外，甚至有人会把他人主动表示的好感当作证明自我价值的筹码四处炫耀，弄得对方非常尴尬。这些做法实际上会使对方受到很深的伤害，也降低了自己的人格价值。拒绝他人的感情确实会使对方感到失落，但是首先应当表达对这份感情的尊重，此外拒绝时态度要非常明确，言行要保持一致，不要让对方在似是而非中纠结。只有这样才能保证尽量少地伤害对方，同时也使对方感到自己虽然没有得到爱，但爱慕的对象是值得自己曾经投入这份感情的。

（5）发展爱的能力。发展爱的能力，就是要培养无私的人格和奉献精神，要培养善于处理矛盾的能力，有效地化解和消除恋爱中的矛盾纠纷，为恋人负责，为社会负责，创造出幸福美满的爱情。爱情是甜蜜的，爱情也是娇嫩的，需要精心的培养，任何一方有权利与另一方享受充分的爱情，同时也承担着维护和发展另一方爱情的义务。爱情是一个人精神生活中十分重要的内容，甚至是恋人的精神支柱。因此，任何一方都要有为对方负责的义务，避免伤害对方的感情。

## 心理小贴士

### 如何中止一段恋情

当你发现对方并非自己理想的爱人时，当然要提出中止恋情的要求。但即使有足够的理由中止恋情，也应当讲究方式。谈恋爱时要真诚，中止恋爱时也要真诚。

（1）面谈。采用此方式需注意选择适当的地点，如对方性格刚烈、占有欲强，则不能选择偏僻的地方。首先肯定对方在恋爱时对自己的爱护与关怀，而后明确提出中止恋情的理由，并表明自己的态度。

（2）通过书信表达态度。此方法有更大的缓冲余地，措辞也能够更加冷静、得体。

（3）寻求中介人的帮助。采用此方式需注意中介人应该也认识、了解对方，最好是对方信得过又非常尊重的人，可以顺势对其进行开导、安慰。

（4）要认识到，分手时伤心难过是难免的。尤其是男性，不要否认、压抑自己的情绪。人们常说“男子汉大丈夫，流血不流泪”，但就是因为男性不容易面对自己的失败，长久地压抑自己的情感，就会损耗自己的生命。分手了，应该适当宣泄情感，认识到哀伤是需要一定时间和措施去处理的。

（5）做了决定后不要出尔反尔，行动不要拖泥带水。有些人喜欢说：“我虽然不再是你的恋人，还可以做你的哥哥”，这反而会使痛苦延续下去。切忌优柔寡断，所谓“当断不断，反受其乱”。

（6）不要拒绝沟通。有些人在对方提出分手时就说“我不听”，电话也不接，想以此逃避。这是非常不成熟的做法。相反，要勇敢地争取机会做坦诚的讨论。

（7）不要死缠烂打。有人说“你不爱我我就去死”，如果对方还不“感动”，就真的去自杀了。这是非常软弱、非常可怕的一种行为，因为生命太宝贵了。而且，死缠烂打会让对方更加讨厌自己，使自己更加难受与痛苦。

（8）不可意气用事。有些人“自尊心”过强，失恋后就想报复示威，比如头一天女朋友提出分手，第二天他就找个更漂亮的女孩子，表示自己没有受伤，“你看，你不要我，我找个比你更漂亮的！”其实这种行为非常幼稚，于事无补，还会给自己带来更多的伤害。

（9）不要因此自卑。分手只是生命中的一个小波折，不要以偏概全，把自己全部否定了。

（10）分手的初期最好不要见面。常见面的话，情绪就容易被挑起来。如果是在一个教室上课，要尽量找看不见对方的角落。倘若自己主动找机会去“见”对方，实在是在折磨自己。

## 三、大学生性心理问题及调适

### （一）性心理的含义

性与爱情是紧密联系在一起的两个部分，当大学生的爱情走向成熟时，性行为就成了一个要面对的话题。

#### 1. 性行为的含义

性行为的含义比较广，一般来说包括以下几种。

（1）目的性性行为。即性交，是性行为的直接目的和最高体现，一般来说，人们在性交后就满足了性的要求。

（2）过程性性行为。即性交前的准备行为，如接吻、爱抚等动作。这些动作的目的是为了激发性欲，实行性交。性交后还要通过一些动作使性欲逐渐消退。

（3）边缘性性行为。这种性行为的范围就比较广泛了，它的目的是为了表示爱慕，或仅仅是爱慕之心的自然流露，而不是为了性交。边缘性性行为有时很隐晦，例如表现为眉目传情，表现为一丝微笑，这种眼神和微笑有时只有两个人能感觉到，其他人是无从得知的。至于拥抱、亲吻，如果是作为性交前的准备，就是过程性性行为；如果只是爱情自然流露，不以性交为目的，则是边缘性性行为。当然，像某些西方国家，把拥抱、亲吻作为一般见面的礼仪，就与性行为无关。

**2. 大学生性心理特征**

从年龄上看，绝大多数大学生正处于两性恋爱期，会表现出一系列的性心理行为，如对性知识的兴趣、对异性的好感、性欲望等。具体地说，大学生性心理特征主要表现在以下几个方面。

（1）性心理的本能性和朦胧性。大学生的性心理，尤其是低年级大学生的性心理，缺乏深刻的社会内容，基本上还是生理发育成熟带来的本能作用，会情不自禁地对异性发生兴趣、好感、爱慕。但这种萌动披着一层朦胧的轻纱。一些学生不了解性的基本知识，对性有较浓厚的兴趣。他们对异性的关注和兴趣，主要还是出自性的吸引。在此基础上，在朦胧纷乱的心理变化中，大学生的性意识逐渐成熟起来。

（2）性意识的强烈性和文饰性。随着性机能的成熟，大学生相对中学生来说，对性的关注度明显增强。虽然他们十分重视自己在异性心目中的印象和评价，但在外表上又显得拘谨和羞涩。尽管他们心理上对某一异性很感兴趣，表面上却有意无意地表现得无动于衷，甚至不屑一顾，或做出故意回避和清高的样子。他们表面上很讨厌那种亲昵动作，实际上也很希望体验一下。诸如此类的矛盾心理与表现，使他们常常产生心理冲突与苦恼。

（3）性心理的动荡性和压抑性。青年期是人一生中性欲望最旺盛的时期，不少大学生由于心理还不成熟，尚未形成稳固的正确的道德观和恋爱观，自控力较弱，因而，他们的性心理易受到外界的不良影响而动荡不安。而且大学生并不具有通常意义上满足性冲动的伴侣，容易导致过分的焦虑和压抑。而现实生活中丰富多彩、五花八门的性信息，易使个别大学生的性意识受到错误的强化和导向，从而沉溺于爱情之中甚至发生性过失、性犯罪等。

（4）男女性心理的差异性。主要表现为以下几个方面：在对异性感情的流露上，男生较为外显和热烈，女生往往表现为含蓄而温存；在内心体验上，男生更多的是新奇、喜悦和神秘，女生则常常是惊慌、羞涩和不知所措；在表达方式上，男生比较主动和直接，而女生往往采取暗示的方式；男性的性冲动主要由视觉刺激引起，而女性的性冲动主要由听觉和触觉引起。

**（二）大学生常见的性心理困扰**

从性成熟到以合法的婚姻形式开始正常的性生活，一般至少要有十年以上的时间，这一时期被称为“性饥饿期”，大学生正处于这一时期。大多数大学生都有性心理的困扰，但多数是属于调节问题而非障碍，且以对性的内心矛盾不安为主。在大学生中较常见的、具有代表性的性心理困扰主要有以下几种。

**1. 性认识偏差**

不少大学生对“性”持有不正确的认识，视性为下流的、肮脏的、见不得人的、难以启齿的等。这种性认识往往会导致性情感、性态度的过敏和冲突。这种性认识、性情感、性态度的偏差，既是一种不健康性心理的表现，亦是引起一系列性心理障碍的重要因素。

**2. 性冲动困扰**

性冲动是男女大学生生理、心理的正常反应。它是在性激素作用和外界刺激下产生的，并不是不纯洁、不道德或可耻。但不少大学生常难以接受自己的性欲、性冲动。一方面是性的自然冲动，另一方面是对性冲动的否定、批判，于是他们的内心处于深刻的矛盾冲突中。不少大学生常为此而不安、迷惑。这使得他们既对异性抱有美好的情感，追求纯洁的爱情，又常产生赤裸裸的性欲望、充满肉欲的性幻想。

**3. 性焦虑**

性心理的矛盾、冲突以及各种性适应不良都会引起性焦虑。大学生的性焦虑主要表现为对自己形体、性角色和性功能的焦虑。一方面，随着生理发育的成熟，一些大学生出现了对自己形体的不安。比如，男生希望自己魁梧高大，女生希望自己纤细窈窕。另一方面，大学生还为自己的心理行为是否与性角色相吻合而忧虑。不少男生常感到自己缺乏男子汉气质，一些女生则觉得自己不够温柔、细心不足。因此，有些男生为了使自己像个男子汉，而故作深沉，或做出大胆、粗鲁的行为，甚至以打架、冒险等来证明自己。他们追求的往往是外在的东西，忽视了本质内容。

**4. 性梦**

性梦是指在睡眠中出现的带有各种性色彩的景象。心理学家认为，对青春期的少男少女而言，性梦是一种调整性张力过高的自慰现象。异性间的性吸引力——爱慕、倾心，有时会导致性冲动，但在清醒的意识状态，理智和道德可以抑制这种冲动。然而在进入梦乡后，这种被压抑到潜意识中去的性冲动就像弗洛伊德说的，按照“本我”的享乐原则行事，可以不受理智、道德的约束了。性梦这种自然宣泄，类似一种安全阀的作用，可以缓和累积的张力，有利于性器官功能的完善和成熟。

**5. 性行为失误**

大学生中的性行为失误主要有以下两种：其一，婚前性行为。大学生的婚前性行为常不为社会和道德所接受，因而容易引起心理上的冲突，一旦被他人知道，就会羞愧难当。性行为的发起者多为男性，但直接受害者则往往是女性。尤其一旦怀孕，男女双方更是惊慌不安。怀孕的女生在人工流产前后，担心被人知道，心理恐惧、紧张、后悔，又缺乏应有的营养和休息，很容易给身心造成严重损害。其二，性心理偏差行为。主要表现为窥视、恋物等行为。这类行为是源于正常的性对象、性方式的需求不能满足而导致的一种补偿性行为，是性压抑的一种宣泄方式，因而多属正常心理范围的偏差。有这类行为倾向的人往往缺乏异性交往，个性内向孤僻，内心冲突明显，性压抑较严重。

**6. 性自慰的罪恶感**

性自慰，是指用手或物等刺激自己的生殖器以引起性快感，获得性满足的行为。许多青年学生持有自慰有害的观念，因而，自慰成了困扰大学生的主要性心理卫生问题之一。自慰的危害并不在于自慰本身，而在于对自慰的担忧、恐惧、羞辱和罪恶感。伴随着自慰快感的消失，悔恨、紧张、害怕、多疑、自责等心理涌上来，越是如此，越是有可能沉溺于自慰之中不能自拔，于是陷入恶性循环之中，并由此引起一系列身心反应：记忆力下降，反应慢，自卑，情绪紧张等。但这一切并不是自慰本身直接导致的，而主要是由自慰伴随的心理冲突引起的，而心理冲突又是由自慰有害、罪恶的观念所致。

### （三）大学生性心理调适

#### 1. 建立对性的正确认识

改变对性的不良认知，建立对性的正确认识。首先要认识到性具有自然性即生物性，是人性的重要表现，是美好的、神圣的；其次，要了解性是具有社会性的，受社会道德法律、责任的制约，性是自然属性和社会属性的统一体；最后，大学生要多学习，了解性生理、性心理的相关知识，了解大学生自身成长、成熟规律。

对性生理的正确认识取决于对人的解剖器官与生理现实的正确认识。青春期的到来标志着性成熟期的开始。性的成熟引起心理上的变化，开始了性意识的觉醒，意识到两性关系，等等。青少年在青春期性成熟的过程中，产生了与性相关的情绪体验。通常女孩子因月经突然来潮，精神上没有准备而感到不知所措。男孩子因出现遗精，也常常产生恐惧、焦虑的情绪，甚至精神恍惚。但是只要了解性生理和性心理过程中的现象，过些时候心情会逐渐平静下来。因此，对大学生进行性心理和性生理卫生教育，使他们掌握有关性的基本知识，对大学生形成健康的性心理有着十分重要的意义。

#### 2. 青春期性冲动的心理调适

伴随着性成熟，青春期发育出现了各种性心理的反应，主要表现为：一是对性知识的兴趣；二是爱慕异性；三是性欲的冲动。上述性心理反应的三个方面是相互联系的，其中最本质的是性欲冲动的问题。这是青年性生理心理的正常表现，既不是耻辱，也不是道德败坏。对性知识的追求，应当大胆、正大光明地去进行；对异性的爱慕，既不要因感情奔放而失检点，又不要过于羞涩、忸怩而不自然；对性的欲望冲动则要靠性道德来约束自己。因而，把青春期性欲控制在适宜的范围和程度之内，以避免引起邪恶的性欲冲动。

大学生对自己性欲望心理要有所控制，一方面，要端正对性的态度，陶冶高尚的道德情操，加强性道德修养，建立起一种在自觉基础上的性抑制力，提高性冲动的值；另一方面，在异性交往中应掌握男女有别的原则，坚持大方、自然、坦率的文明交往方式，万不可轻浮、放荡，只为性爱需要而去追逐异性。

#### 3. 婚前性行为的心理调适

性行为是一个很宽泛的概念，并不专指性交行为。大多数热恋中的青年男女随着爱情的深化，由一定程度的躯体接触到边缘性行为（如亲吻、拥抱等），都是可以理解的。伴随着边缘性行为，时时有着性冲动和强烈的心理活动。热恋中的青年，当性爱的激情达到火热的境界时，会产生一种情感冲动，抑制大脑思维，使情感突破理智的防线，容易发生婚前性行为。婚前性行为是社会文明和校纪校规所不允许的，也会受到社会、家庭的指责。当事者也会产生较重的心理压力，特别是可能给女方造成身心痛苦。青年大学生在恋爱过程中一定要用理智战胜情感，防止发生婚前性行为。首先，要确立婚姻的责任感与恋爱的道德情操，对自己对恋人高度负责；其次，要从心理上筑起一道防线，牢牢把握住婚前婚后的界限；再次，要把握好自己的言行举止，不要有过分的挑逗性的举止行为。莎士比亚有句名言："爱和炭相同，烧起来得想办法让它冷却，不然会把一颗心烧焦。"恋爱中的大学生，既要对自己负责，更要对恋人负责，一定要用理智驾驭情感，把握住自己，这样爱才会更长久、更甜蜜，这样才能真正获得幸福。

## 校园案例

### 婚前性行为带来的困扰

这是一位女大学生，在通过了反复的思想斗争后，鼓起勇气去学校心理咨询处找一位女咨询老师倾诉了自己的苦闷。她说：我是刚刚入学时认识他的。他是一位老乡，在我初次离家孤独时给予我太多的安慰与帮助，不知不觉我陷入了恋爱之中。随着交往的深入，我们的恋爱也不仅限于精神层次的交往，彼此从身体上渴望接纳对方。于是在某一个晚上，我们有了第一次。虽然我们还在恋爱，可每一次在一起总会想到性，我会感到恐慌，经常觉得所有人都知道我们的事，于是出现了睡眠障碍、上课注意力不集中、产生性幻想等，我现在已陷入深深的担忧中，已经严重影响了我的学习和生活。尤其担心如果今后我们分手怎么办？我真不知道如何应对。

## 心理训练

**活动一：自我探索**

### 你的恋爱观正确吗？

每个人都希望自己能找到理想的爱人，建立美满的小家庭，那么你有没有想过你的恋爱观是否正确？若想了解你的恋爱观如何，不妨将下面的题目做一下，在你认为最符合你自己心理状态的答案前打"√"。

1. 你对爱情的幻想是——

a. 满足自己人生最神秘欲望的需要

b. 令人心花怒放，充满无限欢乐和诗意

c. 实现自己远大理想的阶梯，使人振奋向上

d. 没想过

2. 你希望你的恋爱开始是——

a. 偶然一次巧遇结下了一段微妙的因缘，彼此追求

b. 从小青梅竹马，一往情深，最终发展为爱情

c. 在共同工作和学习中产生了爱情

d. 无法回答

3. 你认为爱情是——

a. 男女之间一种最纯洁的感情

b. 异性之间互相爱慕，渴望对方成为自己伴侣的感情

c. 男女间的性爱

d. 不清楚

4. 你希望你的恋人是——

a. 有漂亮的容貌，健美的身体，待人接物举止优雅

b. 长相一般，关心体贴自己，为人憨厚老实
c. 待人和蔼可亲，还算漂亮，但必须有权有势
d. 无法答复
5. 你喜欢你爱人三美之中哪一点——
a. 心灵美
b. 容貌美
c. 姿势仪态发式美
d. 拒绝回答
6. 你想象的小家庭中，业余时间是怎样度过的——
a. 各人干各人喜欢的事，互不干涉
b. 自己对某事虽没兴趣，但仍愿意陪对方消磨时间
c. 能有共同事业，互相商议、追求
d. 不想回答
7. 你对爱情的字面解释是——
a. 认为有爱并不一定有情，而有情必定有爱
b. 爱情两字是不能拆开的，本身是男女之间的感情
c. 情爱性爱，是男女间友谊的高级形式
d. 没想过
8. 你喜欢的爱情宣言是——
a. 痛苦中最高尚的、最纯洁的和最个人的乃是爱情的痛苦
b. 生命诚可贵，爱情价更高；若为自由故，两者皆可抛
c. 爱情，这伟大的字眼，为了你还有什么样的疯狂不可能发生呢？
d. 都有点喜欢
9. 自己有一位异性朋友时
a. 让对方知道，并且在对方同意下才继续与“他”（她）交往
b. 没有必要告诉对方，这是自己自由的权利
c. 让对方知道，但不允许对方干涉自己
d. 不能回答
10. 你认为幸福的爱情是
a. 以共同的理想、情操和社会内容作为基础
b. 互相尊重对方，包括尊重对方的感情
c. 一切故事和传说中，美好的婚姻都是幸福的
d. 无法回答
11. 你认为追求和对付高傲异性的办法是——
a. 自己也变得更高傲
b. 大献殷勤，做一切对方要求做的事
c. 若无其事，做出一副完全和自己意志相反的动作来
d. 不愿回答

12. 你认为
a. 人是因为美才可爱
b. 不是因为美才可爱，是可爱才美
c. 美与可爱是同时产生的
d. 没想过
13. 一旦发现你的恋人变心时
a. 把爱转化成恨
b. 无所谓，只当自己看错了人
c. 认为是幸运的，吸取过去的教训
d. 不知道
14. 你最喜欢下面哪八个字
a. 郎才女貌，相濡以沫
b. 形影不离，心心相印
c. 志同道合，忠贞不渝
d. 不知道
15. 你对离婚的看法是
a. 感到很惊讶，坚信自己的婚姻不会这样的
b. 认为很平常，一旦发现更值得爱的人就抛弃旧的
c. 认为离婚是正常的，不过有些人的爱情是不幸的
d. 不知道

这15道题的各种答案的得分如下：

| 题号/选项 | a | b | c | d |
|---|---|---|---|---|
| 1 | 1 | 2 | 3 | 0 |
| 2 | 1 | 2 | 3 | 0 |
| 3 | 2 | 3 | 1 | 0 |
| 4 | 2 | 3 | 1 | 0 |
| 5 | 3 | 1 | 2 | 0 |
| 6 | 1 | 3 | 2 | 0 |
| 7 | 1 | 3 | 2 | 0 |
| 8 | 2 | 3 | 1 | 0 |
| 9 | 3 | 1 | 2 | 0 |
| 10 | 2 | 3 | 1 | 0 |
| 11 | 3 | 2 | 1 | 0 |
| 12 | 1 | 3 | 2 | 0 |
| 13 | 1 | 2 | 3 | 0 |
| 14 | 1 | 2 | 3 | 0 |
| 15 | 2 | 1 | 3 | 0 |

现在可以算出你的总分，如果你的得分在：

35 分以上，那你的恋爱观是正确的。

25~35 分，你的恋爱观还可以。

25 分以下，你的恋爱观还存在一定问题。

如果你选择的答案中有 6 个以上的 d，说明你的恋爱观还未定型。

**活动二：活动体验**

## 爱情拍卖

活动步骤：

1. 拍卖活动：

a. 表格上列出的 16 项价值是爱情的理由，看是否有人要补充项目。

| 项目 | 顺序 |
|---|---|
| 1. 可以和他（她）分享生活中的点点滴滴 | |
| 2. 可以因他（她）而扩展生活领域 | |
| 3. 可以和他（她）相知很深 | |
| 4. 可以和他（她）共同建立一个家庭 | |
| 5. 可以因他（她）提携、激励而成长进步 | |
| 6. 可以多一个工作伙伴 | |
| 7. 可以获得爱和支持的感觉 | |
| 8. 可以享有和他（她）的美好性生活 | |
| 9. 可以有他（她）随时随地陪在你身边 | |
| 10. 可以和他（她）一起赚很多钱 | |
| 11. 可以去照顾和爱他（她）的付出感觉 | |
| 12. 可以因他（她）而生活更有变化 | |
| 13. 可以有他（她）照顾生活起居 | |
| 14. 可以和他（她）一起生儿育女 | |
| 15. 可以因他（她）而增加生活乐趣 | |
| 16. 可以因他（她）而获得安定感 | |

b. 每人有 100 万元，就这些项目由领导者进行拍卖，叫价以一万元为单位，至 16 项卖完为止。

2. 拍卖完，讨论下列题目：

a. 各买到何者。

b. 经何考虑而买到自己所得之项目？是自己所需或喜欢？

c. 依我们对每一伙伴的认识，认为他会买该项吗？为什么？

d. 若重选一次，结果会相同否？如何选？

e. 让选相同价值者合成一组讨论其合适度及理由，找出自认为异性交友带来的价值功能通过其他方式可否获得？

3. 当你的价值与你的男（女）朋友相冲突或不同时，怎么办？

4. 若以人生目标来看，会和爱情价值观相同吗？工作、爱情、亲情、朋友、嗜好，何者最重要？

5. 最后，领导者引导大家对今天自我爱情观探索进行领悟。

**活动三：思考感悟**

### 渡河

某地有一条布满鳄鱼的河流，河上只有一座桥。在河的两岸分住着一对恋人，姑娘与小伙子每天都要见一面。一日山洪暴发，唯一的那座桥被冲垮了。姑娘记挂着恋人，到处求人渡她过河，但因为别人害怕冒险而遭到拒绝，只有一个叫乔治亚的年轻人愿意冒险帮助她，但有个条件："我很喜欢你，如果你肯同我过一夜，我就渡你过河。"姑娘当即否决，试图再寻找其他的办法。

连续几天，仍然下雨，水流很大，水面较宽，除了乘船之外没有别的办法。姑娘左右为难考虑了 3 天，万般无奈地答应了。随后乔治亚依约把她渡过河，送到她的恋人身边。但恋人知道了姑娘是怎么过来的之后，怒不可遏地扇了她一巴掌，把她推回乔治亚的船上。乔治亚见状气愤不平，冲上岸来把小伙子狠狠地揍了一顿。

请思考：这三人中，你最欣赏哪一个？最同情哪一个？最讨厌哪一个？说明你的理由并与同伴们分享。

## 推荐阅读

1. 莎伦·布雷姆. 爱情心理学［M］. 郭辉译. 北京：人民邮电出版社，2010.
2. 弗罗姆. 爱的艺术［M］. 赵正国译. 北京：国际文化出版公司，2004.
3. 罗兰·米勒. 亲密关系［M］. 王伟平译. 北京：人民邮电出版社，2017.

## 推荐影视

1.《罗马假日》
2.《蝴蝶梦》
3.《匆匆那年》
4.《泰坦尼克号》
5.《那些年，我们一起追的女孩》

# 第九章

## 理性上网，冲浪有度——大学生的网络心理及休闲指导

### 任务目标

- 正确认识网络给日常生活带来的影响
- 了解大学生常见的网络心理问题
- 掌握网络心理问题的预防策略以及自我调节的方法
- 培养大学生养成健康的休闲生活习惯

网络教育将是下一个高速增长的机遇。

——彼得·杜拉克

网络正在改变人类的生存方式。

——比尔·盖茨

### 故事导入

#### 愚人食盐

《百喻经》里有个“愚人食盐”的故事：昔有愚人，至于他家，主人与食，嫌淡无味。主人闻已，更为益盐。既得盐美，便自念言：“所以美者，缘有盐故。少有尚尔，况复多也。”愚人无智，便空食盐。盐已口爽，反为其患。

用现代汉语来解释，大意如下：从前有个愚人到别人家做客，主人留他吃饭，他觉得菜淡，主人便加了些盐，加盐之后菜的味道鲜美。这人便想：“菜的味道鲜美，是由于加了盐，加少许一点便这样好吃，多放些岂不更好吃吗?”这人无知，便空口吃盐，吃盐后口味败坏，结果当然是为盐所害。

“愚人食盐”的故事告诉我们，事情都要掌握“度”。“盐”就好像是我们平时的娱乐，比如上网、打游戏等，掌握不好“盐量”，则会陷入通常所说的“玩物丧志”的地步，严重损害健康。

其实，这个寓言先贤孔子早已简明地表述过：过犹不及。

（引自：马雁平，陈萍，张澜．大学生心理健康教育［M］．吉林：吉林大学出版社，2011.）

## 心灵导航

在信息科技高速发展的当今时代，网络已经全面渗透我们的日常生活，改变和影响着人们的生活习惯。大学生作为信息时代最积极最活跃的人群，已经成为网络主要用户，网络在当代大学生的日常生活中占据着不可替代的地位。一方面，大学生通过网络接触到前所未有的广阔空间，能更加有效和广泛地获取信息、学习知识、交流感情和了解社会；另一方面，网络空间又以其令人眩晕的色彩诱惑着涉世不深的学生，使得部分学生深陷其中，欲罢不能，影响到身体和心理健康。作为网民主体之一的大学生，其上网行为是否健康，直接关系到网络文明乃至整个未来社会文明的进程。

## 一、网络对大学生身心的影响

### （一）大学生对网络的使用

当代大学生对网络的使用行为可以归纳为以下几类。

#### 1. 网络交际行为

网络交际行为是指大学生通过网络传播途径所进行的一对一或者一对多的交流沟通行为。具体行为方式包括网上聊天（QQ、微信等即时通讯）、网络电话、电子邮件、网络论坛、网上社区、电子公告板（BBS）、博客以及微博等。这类行为发生近年呈快速上升态势。

#### 2. 网络娱乐行为

网络娱乐行为是指大学生利用网络服务商开发提供的软硬件设施进行的以愉悦身心为主要目的的网络行为。包括网络游戏行为、网络音像作品创作与鉴赏行为。其主要实施途径包括网络音乐、网络游戏、网络视频及网络文学等。

#### 3. 网络信息行为

网络信息行为是指大学生利用网络技术与网络设施所进行的信息汲取、信息传输、信息表达、信息搜索、信息选择、信息接收、信息利用、信息存储、信息加工的行为。近年来我国大学生最热衷于实施的网络信息行为是网络新闻和搜索引擎。

#### 4. 网络交易行为

网络交易行为是指大学生通过网络空间开展的实体物品或者虚拟物品交换贸易行为。目前主要行为方式包括网上购物、网络销售、网上银行、网上支付和旅行预订等网络商务活动。

此外，大学生网络行为还包括网络色情行为、网络侵犯行为以及利他行为等。

### （二）网络对大学生的身心影响

随着网络与大学生的学习、工作、生活等方面的关系日益密切，网络对大学生的影响也越来越大，其中包括积极和消极两个方面。

#### 1. 网络对大学生的积极影响

（1）网络拓宽了大学生的视野，为他们提供了广阔的认知空间。网络信息的全球开放、全球交流、全球共享以及它的快速便捷、信息量大和资料丰富等特点，为大学生提供了丰富的信息资源。在网络上，大学生可以进入世界各地的先进学校、研究所、图书馆等各种信息资源的资料库，学习、了解当前世界各地的发展状况和科技进步的最新知识；可以与学校的老师进行直接交流，解答疑难、获取知识；可以从不同国度、不同民族的优秀文化中吸取营养。网络超时空、超大信息量的特性，可以满足学习者独立学习与求知的需要，增强学习的自主性。大学生如果能充分利用网络，必能扩大视野，更新知识内容，完善知识结构，有效地促进自己的学习，真正实现在知识的海洋里遨游。

（2）网络扩大了大学生的交往空间，为他们提供方便快捷的交友平台。网络极大地扩展了大学生人际交往的空间，借助于各种聊天工具在网上活动成为大学生交往的新方式，而对于内向、不善于人际交往的学生来说增加了一种与人沟通的方式。在网络中，大学生可以根据自己的需要随意选择交往对象，不必进行面对面的接触，没有碰面时的尴尬和不愉快，也不必向对方表露自己的真实身份，回避了自身利益受侵害的担忧。他们可以利用网络以自己喜欢的方式进行网络交流，寻求内心的平衡，减轻或消除人际交往中的焦虑和不安，以自得其乐的形式满足交往的需要。

## 延伸阅读

### 在线沟通

如今我们习惯于传送大量的文本和电子邮件信息，这使我们能进行非常便利、全球性的接触，当然也可能给我们的人际沟通带来很多混乱。在单身网站、兴趣小组或者聊天室我们能接触到特别广泛的人群。如果不交换照片，那些在我们日常交往中起着巨大作用的影响因素如长相吸引力，在线上沟通也许并不太重要。网络聊天比其他谈话更具有匿名性，所以人们有时会很快透露自己的亲密信息。的确，博主们（写博客的人）偶尔会为在网络日记中发帖公布的具体个人信息而后悔。

网上短信和电子邮件也与电话交谈很不相同。我们有足够的时间充分考虑要表达的话语，并且由于不存在“泄漏性”的副语言，我们能更好地控制传递出的信息。然而文本沟通比起面对面的谈话显得苍白无力，所以我们有时还会用到表情符号（试图）去具体说明如何解读某个陈述。顺便说下，在文字的世界里：文本信息也可以相当精简，所以为了简便我们会使用各种缩略语（如 BRB，即 be right back 的略写代表“马上回来”）。问题在于我们往往以为自己传递出的信息精确无误、清楚明白，但实际上并非如此。因为我们知道自己的真实所指，所以一般不能充分意识到别人可能很容易地对我们的文字信息产生误解。在线沟通存在大量的人际隔阂。

把这些影响因素加在一起，可以发现在面对面交往中甚至从来就不会开始的人际关系，却可能至少暂时在网络上迅猛发展，对于这点应没什么疑虑的。大多数人在电脑键盘前明显地显得舒适自在；随机配对的年轻人通过在线短信聊天也比面对面交谈更可能喜欢上彼此。

（引自：罗兰·米勒，丹尼尔·珀尔曼．亲密关系［M］．王伟平译．北京：人民邮电出版社，2011：160.）

（3）网络加快了大学生自我意识的发展，增强了他们的主体意识。个体通过自我意识来认识、调节自己，在环境中获得动态平衡，求得独特发展。大学生以网络为媒介，在增长见识、扩大视野的同时，会有意识地对过去的自我进行审视和反省，对未知自我进行规划和觉知。同时，在网络的环境中，削弱了个体的自卑、内疚等不良情绪体验，增强了自尊、自信、自豪感、成功感和自我效能感等积极的情绪体验。从总体上看，网络可以强化大学生的主体意识，促进主体精神，并通过自我控制和自我教育，有效地促进身心健康。

（4）网络有助于大学生的社会化，加快了他们的社会化进程。社会化，是人获得社会性的过程，是从自然人向社会人过渡和成长的一系列复杂的系统过程。大学生社会化，是个人社会化过程中的一个重要阶段。网络的使用开辟了大学生认识社会的新渠道，他们可以通过对网上虚拟世界的认识体验来进行现实世界中社会角色职责及义务的思考，体验内心冲突，认识自我的社会角色，强化社会责任，改变人生的态度。

**2. 网络对大学生的消极影响**

（1）虚拟世界冲淡了大学生现实生活中正常的人际关系。多元化的现实世界和复杂的情境往往使心理相对不成熟的大学生感到难于应付，当心中的愿望达不到期待的结果时，就可能陷入迷惘、惆怅、孤寂和空虚的心境中。而网络给他们提供了逃避现实、淡化矛盾的“理想”渠道，通过网上寻找“真情”来填补心灵的孤独，消磨时间。然而，建立在虚拟世界上的网络交往远不能与现实的直面互动交流相比，在“人-机-人”这样一个相对封闭的环境里，个体在很大程度上失去了与他人、与社会接触的机会，这极有可能导致人与人之间关系的疏远，导致个人产生紧张、孤僻、冷漠等心理问题。同时，网络交流缺乏交往双方的表情和肢体语言等重要信息，对对方的了解就会不全面；网络世界的虚拟性也使交流包含了更多的不确定性和虚假性，这些都不利于提高个体的人际交往能力，无法应付现实世界中的人际交往。

（2）“网络成瘾”严重影响了学生的学习成绩。美国心理学家格林菲尔德指出，网络的无时空感和无压抑感，以及它能让使用者产生亲密感，是导致许多人上瘾的强大力量。网络中丰富多彩的游戏和海量的信息极大地激发了人们的好奇心和探索欲。不可否认，一些大学生上网的初衷是好的，但是，由于他们自控能力较差、好奇心较强，所以，一旦他们接触到那些丰富多彩的游戏和海量的信息后，便不由自主地深陷其中了。另外，由于虚拟世界里的交往只是人机交往，并且基本上是戴着面具的交往，使得许多大学生逃避现实，不愿回到真实的世界中来，患上了网络上瘾综合征，成为“视频白痴”。由于这些大学生对于网络极度迷恋，花大量的时间、精力沉湎于网络世界中，致使学习成绩急速下降，荒废了学业。

（3）上网的自由性和随意性导致部分学生出现不良行为。相对于现实社会各种各样的制约，网络具有极大的自由性和随意性，它没有时间的约束，大学生可以通宵上网，对网上内容的浏览，完全可以根据个人的主观需要和兴趣爱好去选择，可以在网络中扮演任意一种虚拟的角色。然而，这种行为在体现匿名性、丰富性、想象性、自由性、情景性、平等性的同时，道德特征却可能被弱化，大学生一旦过多地接触消极内容，就会逐渐沦为淫秽、色情的牺牲品，出现制造病毒，修改破坏他人的网页，在网站上发送垃圾邮件等不良行为，使自己难以自拔，无力摆脱，变得无助和颓废，影响身心的健康发展。

（4）上网失范使大学生淡漠了理想、价值观以及社会责任感。虽然网络的出现，使大学生从传统的教育方式中解脱出来，然而，如果过度沉迷于网络的虚拟环境中，个体缺少了面对面的情感交流，这种长期的冷面无情的交流将会导致大学生逐渐失去接受道德与理想教育的兴趣，对前途产生迷茫的情绪。因为沉迷于网络，导致了有些大学生网络道德的缺失，淡化对社会的责任感，与现实社会相剥离。过度依赖网络，不仅容易阻断大学生正常社会化的情感渠道，而且还会导致学生对现实生活的恐惧，形成不正确的价值观，丧失社会责任感。

## 校园案例

张华是浙江省某知名大学大二的学生。进入大学之初，他对未来充满了美好的期望，但是后来才发现，很多事情根本达不到自己预期的期望。竞选学生会干部受挫，学习出现挂科，在与同学和老师的交往中，也失去了中学时期的中心位置，有很强的失落感。尽管如此，张华却在网络游戏技术上进步很快，在游戏中他找到成就感和满足感，在网络中他交到了很多的朋友，网络让他摆脱了现实的孤独寂寞。一段时间之后，他对网络的使用和游戏有强烈的渴求和冲动感，与同学交流渐渐减少，性格变得内向，时有自卑感，情绪低落，甚至与家长对抗，对专业课程、体育运动和其他事物兴趣下降，出现一系列心理问题，并经常逃课，彻夜不归。经同学和班主任劝告，他在一段时间内停止网络游戏，但出现周身不适、心烦意乱、易激动、上课注意力不集中、睡眠障碍等现象，后来他再次沉迷网络和游戏，网络已经成为其逃避问题或缓解不良情绪的途径。

## 二、大学生网络心理问题与调适

广义上的网络心理是指一切与网络有关的心理。狭义的网络心理指的是在虚拟的计算机网络时空里网民的思维意识活动。网络的发展对大学生的心理有着巨大的影响。

### （一）网络心理健康的含义

网络心理健康是心理健康的一个方面，是伴随着网络心理问题的出现而提出的。关于网络心理健康的标准，目前在学术界还没有一个科学的、统一的标准。一般认为，网络心理健康就是人们在使用网络时能够保持积极的心态，离线时能够保持心理平衡，能够较好地把握虚拟与现实之间的关系，在虚拟性与现实性之间以现实性为主导，在线时和离线时能够保持人格统一。我们认为，一个心理健康的大学生在网络心理方面至少包括以下几个方面。

#### 1. 有正确的网络心理健康意识或观念

一个心理健康的人首先要具有正确的心理健康意识或观念，认识到心理健康的重要意义和现实价值，能在网络环境下调控自己的心理和行为；其次，一个人对网络有正确的认识和态度。一个人对心理健康的无知或知之甚少必然会带来一些心理问题甚至引发心理危机。

#### 2. 离线和在线时都能保持人格完整统一

一个人在线时能根据一定的目标积极主动地接受和处理有价值的信息，离开网络时能够快速地从虚拟的空间中回到现实生活中，而不是长期沉溺于网络虚拟世界里难以自拔，或者出现不能适应正常的现实社会生活和人际关系的状况。

**3. 不因为使用网络而影响正常的学习、工作和生活**

网络只是我们生活的一部分，而不是生活的全部。上网应该有较强的计划性，无论是为了获取信息还是为了休闲消遣，都要有度，不要因为上网影响了正常的学习、工作和生活，破坏了自己的生物钟。如果因为浓厚的兴趣而不分昼夜地沉溺于网络，显然是不正常心理，因此，培养自我控制能力，对于保持心理健康是很重要的。

**4. 保持良好的人际交往和环境适应能力**

网络交往因为具有隐蔽间接的特点，对于一些没有“慎独”素质的网民而言，其自律行为和责任心就会下降，在网上交往时出现明显的攻击性或欺骗性。网络心理健康的人，在离线后能够进行正常的人际交往，保持和谐的人际关系，积极适应周围的环境。

**5. 对信息有辨认真伪的能力**

在网络世界中，信息像汹涌波浪迎面而来，让人目不暇接，真伪难辨。如果用怀疑一切的心态对待网络信息，势必有失偏颇，但如果盲目地接受一切网络信息，势必囫囵吞枣，可能产生错误的导向。例如有人在网络上恋爱多时，见面才发现是同性。类似以上现象在现实生活中常有发生。健康的心理应该是运用现有知识，理智地辨认和分析错误信息，能够有勇气及时纠正自己的认知和行为。

**6. 离线后能保持身体的平衡**

在线的时间以身体健康为底线，以不影响身体健康为前提；离线后不会因为使用网络导致身体的感觉器官、神经系统以及其他的身体机能下降或失调，能够保持机体的平衡。

### （二）大学生常见网络心理问题

大学生网络心理问题成因比较复杂，表现形式多样。常见网络心理问题主要包括以下几个方面。

**1. 痴迷网恋**

随着网络的迅速发展和普及，网恋这种特殊的恋爱方式，正在成为当代大学生的“缘分天空”。某重点师范大学一女生宿舍共住 7 名女生，这 7 名女生都在谈恋爱，其中就有 6 人网恋。大学生网恋不仅具有比例高、公开化的特征，而且具有轻率、速度快的特点。有些学生同网友聊天一次、发过一次 E-mail 后，便一见钟情，相见恨晚。有些学生第一次接触便宣称“我要娶你”“我要爱你到天明”，并迅速在网站上确立恋爱关系。恋爱一旦与现代化的网络联系在一起，其美丽的意境就渗透了神秘的色彩，因此大学生网恋一般很容易上瘾，沉溺其中不能自拔，把网络爱情视为生活的唯一追求。其实，大学生在网络中追求爱情原本是无可厚非，可残酷的现实却是许多不良分子利用网络扮演着网恋者的角色，欺骗大学生的感情，使得大学生上当受骗，一些受到打击的学生，由于得不到及时的引导，以至于断送了一生的前程。因此，大学生要充分认识网络世界存在的虚拟性和险恶性，对网络恋情多一分清醒，少一分沉醉，时刻保持高度警惕性。

**2. 网络依赖**

网络依赖是近来出现在大学生群体中的一种心理障碍，它起源于网络空间的无限和大学生辨别能力的有限之间的巨大反差。网络的内容良莠不齐，难以监控和筛选，但其超乎想象的刺激性和娱乐性，又极易使人上瘾，对大学生群体具有特殊的吸引力。再加上大学生的自控能力较弱，模仿能力强，致使许多学生上网后极易坠入虚拟的网络世界而不能自拔。他们长时间沉溺于网络游戏、上网聊天、网络技术（安装各种软件、下载使用文件、制作网页等），醉心于搜索信息、网上猎奇，造成对网络的过度依赖。在虚拟的网络世界，学生们往往犹如一只迷途的羔羊，下意识或无意识地将网络看成自己最好的“家”，把上网当成人生最大的快乐，致使个人身心受损，正常学习、工作、生活及社会交往受到严重影响。

**3. 网络孤独**

随着网络游戏等具有更大吸引力项目的开发，大学生对于网络的迷恋比“聊天时代”更甚。他们花费大量的时间、精力在网络中，与网友、游戏中的盟友打得热火朝天，而对于现实生活中的亲人、朋友、同学、老师则漠不关心，久而久之，则会产生对现实世界的逃避和人际交往能力的缺失。网络孤独症多发生在性格内向者身上，其典型症状是：沉溺于网络，脱离现实，寡言少语，情绪抑郁，社交面狭窄，人际关系冷漠。

**4. 人格障碍**

网络人际交往可诱发各种人格障碍，比较突出的有：攻击性人格障碍、双重人格或多重人格障碍等。鉴于网络人际交往具有匿名性特点，大学生在网络生活中养成的攻击性言行特点，可能会强化其人格特质中的攻击性因子，形成攻击性人格。双重或多重人格是指在一个人身上体现出双重或多重人格，在不同时间与地点交替出现。由于虚拟社区和聊天室普遍采用化名式的“网名”，学生网民往往都有自己的虚拟身份，部分学生在网上交际时经常扮演与自己实际身份和性格特点相差悬殊甚至截然相反的虚拟角色。有位大一男生在接受电视采访时公开承认自己曾经用 18 岁女孩的身份在虚拟社区生活了近 3 年的时间，结识了很多网友。最后他还不无遗憾地说，可惜以后不能再用这个网名了。在这种情况下，很多学生经常面临网上网下判若两人或时而张三时而李四的多重角色差异和角色冲突。当多重角色之间的冲突达到一定程度或角色转换过频时，就会出现心理危机，导致双重或多重人格障碍。

**5. 网络成瘾综合征**

现代医学证明，一个人如果不能控制对网络的依恋，很容易患上“网络成瘾综合征”，医学上又称之为“病态性使用网络”。据最新统计，全世界每两亿多网民中，就有 1140 万人患有不同程度的网络综合征。这种新型心理疾病的成因主要是由于过度使用网络，使自己的工作、学习和生活等受到严重的影响和损害。从心理上来讲，主要表现在对网络有依赖性和耐受性，也就是所谓的上网成瘾，患者只有通过长时间的上网才能激起兴奋来满足某种欲望。从生理角度讲，这类疾病对人的健康危害很大，尤其会使人的自主神经功能严重紊乱，导致失眠、紧张性头痛等；同时还可使人情绪急躁、抑郁和食欲不振，长期如此会造成人体免疫力下降。网络成瘾症和吸烟、酗酒甚至吸毒等上瘾行为有惊人的相似，只要上网就兴奋异常，上不了网就“网瘾难耐”。如果在网络成瘾症的基础上，伴发了焦虑性、抑郁性、强迫性、恐怖性（以社交恐惧为主）等神经症或人格改变就称之为网络成瘾综合征，亦称之为陶氏综合征。它是一组疾病的范畴，综合了多种临床症状。

### 6. 网络自我迷失

在以计算机为终端的网络中，由于匿名性而隐去了身份，许多现实社会中的规范、规则、道德在虚拟世界中被冻结，一些大学生上网者在表现个人自我时，往往忘记了社会自我，甚至企图借助网络在现实社会中凸显自我，将自我凌驾于社会之上。由于我国网络道德体系尚处在构建规范之中，网络社会本来就很难让网民“独善其身，独慎其行”，加上大学生自我约束能力不足，道德自律行为和意识淡薄，很容易使其产生在网络上特别自由、无所限制、为所欲为的感觉和冲动，进而做出一些不道德且在现实世界中不可能做的事情。

## 校园案例

### 宿舍停电玩不了游戏，大一“宅男”上街抢劫发泄

2015 年 1 月 6 日晚 8 点多，杭州下沙附近的德胜东路和元成路路口，一位女生正低头玩手机，突然旁边窜出一戴眼镜的年轻男子，将女生的手机一把抢走后掉头就跑。

女生报警后，警方介入调查时，发现年轻男子又回到现场，最后民警在下沙一所高校宿舍内将年轻男子抓获，并在宿舍楼道的洗衣机里找到了男子作案用的水果刀和当时身穿的外套，还有女生被抢的苹果手机。

男子陈某，1995 年出生，个头中等，长相斯文，是一名大一新生。在同学和朋友眼中，陈某是个标准的“宅男”，除了上课，几乎都宅在寝室里上网玩游戏。

1 月 6 日案发当晚，陈某拒绝了好友外出吃饭的邀请，像往常一样宅在宿舍的床上玩游戏。到了 8 点多，宿舍楼突然停电了。陈某说，当时他正玩在兴头上，停电后觉得度秒如年，心里焦灼不已。随后，他爬下床来，从储物柜里翻出一把折叠水果刀，和室友说了声“我去网吧了”，就匆匆出了门。

走出宿舍楼，陈某却没有去网吧，而是沿着大路漫无目的地走着。走到德胜东路和元成路路口时，陈某看到一个瘦瘦的女生正低着头专心致志地玩着手机。

陈某将外套上的帽子罩在头上，悄悄地从花坛中的小路抄到女生前面，一把从毫无防备的女生手中夺过手机，掉头就跑。

一阵疾跑甩掉女生后，他坐在河边的小公园里，越想越害怕，决定返回去看看情况。

当陈某回到那个路口，看见有几个警察站在女生旁边，正想转头走开，就听见警察喊了声：“小伙子，等一下！”陈某吓得撒腿就跑，一直跑到了学校的宿舍楼，才把追来的警察甩掉，然后把水果刀、外套和抢来的手机统统扔进了楼道里的洗衣机里。接着他就去了网吧，没想正好遇到了前来盘查的警察。

当警察向陈某的同学和老师取证时，他们纷纷表示不敢相信，想不到平时连说话都慢声细气的安静宅男，竟然干出了这等“大事”。陈某事后也被自己的行为吓到了，他说自己也不知道当时怎么会冒出去抢东西的念头。

因涉嫌抢劫罪，陈某目前已被杭州经济技术开发区检察院批准逮捕。

（引自：今日早报 http：//edu. qq. com/a/20150125/015043. htm）

### （三）大学生健康网络心理的培育

#### 1. 网络心理问题的自我调节

（1）形成正确的网络认知。对于大学生而言，应该看到网络只是一个工具，网络资源是人类社会不可缺少的财富，对网络的破坏与滥用就是对社会正常秩序的极大破坏，会危及我们每一个人；应该认清网络社会并非真实的社会，网上暂时的成功并不是真实的成功，虚拟的情感宣泄与满足也并不能得到真实的快乐，那些迷恋上网而不能自拔的大学生，随着上网时间不断延长，他们的记忆力下降，对学习也逐渐产生厌烦感，并进而出现逃课上网、对各种活动漠不关心，进取意识减弱，与周围同学关系紧张等现象。

夸大网络的功能并进而认为网络是解决一切问题的灵丹妙药，或认为网络只会带来人的自我迷失、人与人之间的相互欺骗、社会秩序紊乱的症结等而否定网络的作用都是错误的。大学生只有对网络树立正确的认知，才有可能正确地面对网络，合理地使用网络资源，准确地把握自我，认清自己的真实需要，处理好现实与虚拟社会的关系，避免网络心理问题的产生。

（2）加强自律与自我管理，培养健康文明的网络心理素质。主要包括以下几个方面。

其一，养成良好的上网习惯。养成良好的上网习惯，是进行自律与自我管理，培养健康文明的网络心理素质的首要条件。良好的上网习惯包括良好的心理习惯、良好的行为习惯和良好的道德习惯。良好的心理习惯主要是指良好的上网心理需要、动机、兴趣、信念、理想和网络管理，它贯穿于包括认知、情感和意志过程在内的整个网络心理活动过程。良好的行为习惯主要是指大学生上网的时间、频率以及各种安排应当合理，并做到行为文明。良好的道德习惯是指大学生必须具备优良的网络道德品质和修养，遵从善恶标准，维护网络净土。

其二，养成健全的网络自我意识和网络人格。网络自我意识是指个体在网络行为活动和网络社会中对于自己的身心状况、自己与别人以及自己与周围世界的关系的意识，是人格结构的核心部分，是人在网络这个特殊环境中的一种特殊的认知过程。大学生在网络环境中不能丧失自我认知能力，必须处在清醒的认知意识之中：“我”是谁？“它”是什么？“网络”是什么？“我们”的关系是什么？这些问题必须有明确的认识。

健全的网络人格是指在使用网络时能保持健全的人格。健全的网络人格包括：在网络环境中自我认识现实而客观、社会适应良好而独立、适应的人际关系、稳定乐观的情绪、协调的人格结构等。只有具备良好的自我意识和健全人格的网络主体，才有可能成为网络和现实社会的人。

其三，养成高尚的网络道德和心理品质。网络道德和心理品质，是网络心理素质的重要组成部分。网络给道德伦理带来的难题主要有：信息污染和信息欺诈、“信息崇拜”的负效应、对个人隐私的挑战、对知识产权保护的威胁、对网民道德人格的考验、给人性带来的扭曲等。作为大学生网民，面对诸多的网络道德伦理的考验，要学会自尊、自爱、自律、自省和自我管理，提高网络道德意识和水平。社会应该尽快建立网络伦理规则，形成网上道德氛围；善于利用网络促进人的道德进步，抵制消极影响；网民应该争做高尚、文明的“网络人”。

高尚的网络心理品格是指网民在网络环境中养成积极、健康、平和的心态，以集体和他人利益为重的心理品质。大学生要不断提高网络道德认知和实践修炼的水平，端正“网络风”，养成高尚的网德和心理品质。

其四，培养优雅的网络情趣和审美格调。面对网络这个丰富多彩的花花世界，面对网络这个良莠不齐、充满诱惑的空间，大学生必须提高自己的辨别能力，同时要提高自己的审美能力，在网络环境中，保持高昂的情调、高雅的格调、高涨的审美激情和较高的审美能力。拒绝使用格调低俗的语言，不要看内容低俗的信息，不要发表不堪入目的言论等。大学生应该提高包括网络图片、文字、广告、影视、风土人情等在内的信息审美情趣和文化审美情趣，做一个真正的“性情中人”。

**2. 采取适当措施，矫正大学生不良网络心理**

（1）加强网络文化建设，优化网络环境。良好的网络环境培育健全的人格，恶劣的网络环境造就有缺陷的人格。为了保障大学生网络心理的健康发展，需要学校和社会多方面共同优化网络环境，为大学生提供一个良好的网络空间。要加快网络信息控制技术研究，净化网络信息，加强对网络信息的监管；优化网络环境，以先进的思想与文化教育大学生；适应网络时代特点，改进高校教育与管理，积极开展各种网络活动，培养大学生鉴别是非的能力。

（2）正确认识与网络相关的伦理、文化和社会问题。全社会共同努力，帮助大学生树立正确的人生观、世界观和价值观，提升认知能力，重视自控、自律和自我调节能力的培养。大力提高大学生的思想素质、文化底蕴和品位，使之能自觉抵制和分辨出垃圾信息及其他有害信息的干扰和侵蚀，正确认识与网络相关的文化、社会问题。

（3）加强社会实践，感受现实社会和真实的生活状态。开展多种形式的社会实践，鼓励大学生走向社会，走进生活，在活动中正确认识现实社会，学会与他人、社会以及自然环境和谐相处，学会以真、善、美的方式生存和发展。要充分利用多元化的沟通渠道，促进同学之间、师生之间、学生与家长之间平等的沟通和交流，以满足彼此接纳、关爱和归属感的需要。

（4）加强心理健康教育和咨询，培养学生良好的心理素质和健全的人格。学校通过校刊、校广播站、校园网等载体，大力普及心理健康知识，使学生学会自我心理调适，提高应对挫折的能力；为学生建立心理档案，提供科学的心理测评，及早发现学生的心理问题；为学生开展心理咨询，帮助学生达到自立自强、增进心理健康水平和提高社会适应能力；建设心理健康网站，实施心理健康教育和咨询，使他们在交流与沟通中得到有益启迪；引入团体心理辅导，解决团体成员共同的发展或共有的心理障碍，实现改善行为和发展人格的目的。

（5）建设积极向上的校园文化，开展丰富多彩的校园文化活动。积极健康的文化环境以及宽松和谐的心理氛围，可以减少大学生的负面压力，净化心灵，振奋精神，使他们在优化的校园环境中成长。充分发挥校园文化的凝聚功能，借助校园文化活动所产生的精神纽带的心理势场，吸引和团结大学生，促使其自觉地热爱自己的大学生活，从而自然减轻对网络的依赖。通过开展丰富的校园文化活动，传递积极向上的校园文化理念，吸引大学生积极参与进去，大胆、充分地展示自我风采。

## 延伸阅读

### 针对网络心理障碍的团体心理辅导

团体心理辅导把求询者放入辅导与治疗团体中，建构一个群体环境。在团体中，网络心理障碍者发现自己的心理问题并不是独一无二的，团体中的其他人有着相似的忧虑，甚至比自己还要严重，有着众多相似的情绪体验，从而降低心理上的焦虑程度。由于“同病相怜”，他们的心理认同感很强，群体归属感增强，他们感受到社会和心理的支持，服从群体的从众行为增加，群体的稳定性增强。在团体中，网络心理障碍者在讨论交流等相互辅导活动中意识到他们不论是在交流解决问题、探索个人价值、人格形成，还是发现他们的共同情绪体验上，同一团体的人都可以提供更多的观点，并分享团体中的共同资源。而且，在团体辅导的环境中，来访者之间潜在地存在着情绪、态度和行为意向的互动，相互感染的群体氛围和群体压力，存在着成员之间的模仿与监督，这些有利于网络心理障碍者健康心理的获得与稳固，有利于障碍者坚持行为的改善。更为重要的是，团体是社会的缩影或反射，是一个“微型社会”，因而它为网络心理障碍者提供了一个人际交往行为训练的练习场所。在团体相对安全的氛围里，网络心理障碍者有着共有的或相似的情感、行为以及以一些态度，如对抗、恐惧、怀疑、孤立都可以被辨别出来并加以讨论；辅导者提供的行为训练理论与操作技巧指导可以在这里得到检验、反复练习和强化，这样健康的态度和行为更容易习得和稳定下来，并在日常生活中运用。

（引自：http://www.docin.com/p-537071197.html）

## 三、健康休闲是大学生成长的终身课题

休闲是指在非劳动及非工作时间内以各种“玩”的方式求得身心的调节与放松，达到以生命保健、体能恢复、身心愉悦为目的的一种业余生活。科学文明的休闲方式，可以有效地促进能量的储蓄和释放，它包括对智能、体能的调节和生理、心理机能的锻炼，休闲是一种心灵的体验。

休闲的一个重要方面，是把休闲从劳动状态与负有责任的其他活动中分离出来，这也是人的生存整体的一个组成部分。在某种意义上，它与马斯洛的人的需求“五层次理论”中最高级的自我实现的理念相一致，有益的休闲活动对大学生们的身心健康能起到积极的引导作用。

### （一）大学生休闲生活的现状及问题扫描

经过资料搜集和调查，当代大学生的休闲生活主要呈现以下特点。

#### 1. 休闲时间较为充裕

大学生每天的时间可以分为三个部分；一是学习时间；二是满足生理需要的时间，包括睡眠、吃饭、个人卫生等时间；三是可以自主支配的自由时间即休闲时间。从1995年开始，全国所有高校相继实行“双休日制度”。据统计，当前大学生每年的节假日达120天左右，接近全年的1/3。

**2. 休闲空间不断拓宽**

随着生活水平的不断发展，大学生的休闲空间已经不只是局限于自身周边的环境，国内乃至国外都可以成为他们的休闲空间。另外网络给当前大学生提供了非常广阔的休闲空间，大大丰富了大学生的休闲生活，开阔了他们的视野；手机的普及也为大学生休闲生活开拓了崭新空间，使得大学生的休闲空间不断拓宽。

**3. 休闲动机不明确**

著名休闲学家马惠娣认为，休闲的真谛是"自由、快乐，是以欣然之态，做心爱之事"，这也是人们选择休闲生活方式时应遵循的动机原则。据调查，大部分大学生休闲活动的动机主要还停留在消磨时间，甚至有一部分大学生把休闲直接等同于"不务正业""游手好闲"等。

**4. 休闲方式缺乏自主性**

当前大学生的休闲生活具有盲目和随意的特点，有些学生对休闲时间缺乏计划和管理意识，安排自己的休闲活动较为随意，有些大学生在休闲生活中迷失方向，在选择休闲方式和休闲活动时缺乏主见，往往是周围流行什么，他们就追随什么，过后感到空虚和失落。

**5. 休闲质量有待提高**

"玩物不丧志"是大学生休闲生活的基本原则。当前，上网、逛街成为一部分大学生休闲的代名词。大学生花费时间最多的休闲活动是上网玩游戏聊天、看视频、购物等，其目的已不再是放松自己，缓解大脑的疲劳，而变成了纯粹的消磨时间。

**6. 休闲安全问题应予以关注**

当前，大学生的休闲时间越来越充裕、休闲空间越来越宽阔、休闲内容越来越丰富，随之而来的就是休闲安全隐患也越来越多，大学生休闲安全意识相对比较淡薄、自我保护能力缺乏。

## 校园案例

### 大学生"校园贷"导致学业荒废

西安南郊某大学机械类的大四学生阿木（化名），在网上借了"校园贷"，一年时间，他从一个年年拿奖学金的优等生，变成了一个经常旷课，一学期补考七门，并且四处躲债的边缘人。2016 年 9 月份，由于长期地旷课和挂科，阿木和父母商量后不得不办理了退学手续，跟父母回到他们打工的地方生活。据郑老师估计，阿木有超过 10 万元的贷款。

（https://mp.weixin.qq.com/s?__biz=MzA3NjM0NDIwMg%3D%3D&idx=3&mid=2247484044&sn=9720816acf6e2030a236cce9bd64fa70）

**（二）科学健康休闲生活方式的养成**

当今大学生的休闲存在各种问题，这要求我们的大学教育应该加强科学的休闲生活方式教育，增进大学生对休闲的科学认知，培养健康的休闲意识，积极主动地去休闲，提升休闲品质，提高大学生对生活以及生命的认识。大学生养成科学健康的休闲生活方式，具体可从以下几个方面着手。

### 1. 坚持适当的身体锻炼

根据近几年的研究调查表明，大学生体质健康状况不容乐观，例如体质下降，容易生病等。这不仅影响了大学生当前的学习，而且会对他们未来所从事的事业产生不可忽视的影响。在这样的现实之下，改善大学生的身体素质，已经是刻不容缓。

（1）自我锻炼有目的性和计划性。大学生自我身体锻炼要有计划性和有目的性，以自身的身体健康和运动能力为基点，结合自己所学专业及未来职业选择的特殊需要，考虑未来事业与生活的理想追求以及所能利用的现有客观物质条件，制定出短期与长期的自我锻炼计划。

（2）自我锻炼有科学性和多样性。晨练。对大学生来说，每天早晨起床后坚持10~15分钟的运动负荷比较小的活动，可以消除一夜睡眠后人体组织的“淤滞”现象，使整个有机体承受能力得到增强，焕发一天的学习情绪，提高学习效率。如进行广播操、健美操、慢跑、打太极拳与练武术等都是很好的锻炼项目。

下午课外活动时间的锻炼。根据人体生物钟节律，最佳时间是下午5点钟和接近黄昏的时间。此时，人的体力、动作的灵活性、协调性、准确性以及适应能力均处于最佳状态。而且，人体内的糖分也增至最高峰，进行各种健身运动时，不会产生能源代谢紊乱和器官机能运转超负荷的现象。

睡前的身体活动。睡前锻炼也收效甚佳。这是因为，睡前身体活动的作用，能在睡眠全过程中得到维持，锻炼项目如散步、做操、仰卧起坐、引体向上、立定跳远、俯卧撑等。睡前活动给身体带来的热量排放不仅能调节全身的代谢，而且运动后的良性疲劳会通过一夜的睡眠得到恢复。特别是睡前锻炼后洗个温水澡，将使你非常舒服地进入梦乡，这对有神经衰弱的患者无疑是最好的入睡良方。

#### 心灵咖啡

有氧锻炼法。是指锻炼者在锻炼过程中没有负氧的情况下进行身体锻炼的方法。这种锻炼方法运动负荷适中，可以有效地提高心血管和呼吸机能，促进新陈代谢，并能减少脂肪的积累。如长跑、竞走、游泳、骑自行车、耐力体操及节律操、徒步旅行等。

娱乐消遣法。是指为了寻求生理上的放松，欢度余暇而进行的锻炼方法。这种锻炼方法，运动强度不大，令人轻松愉快，具有消除疲劳的特殊功能。这些活动适合体质较弱的人，终身坚持活动能够促进机体的发展，达到增强体质的目的，如散步、旅游、郊游、踏青、登山、日光浴等。

保健养生法。我国从古到今流传着很多保健养生法，如气功、导引等都是中华民族的宝贵遗产，深受广大锻炼者的喜爱。这种锻炼方法讲究内外统一，神形兼顾，要求身体的外部活动与内在气血运行一致，使身体与卫生保健结合，达到健身祛病，延年益寿的目的。

### 2. 养成良好的饮食习惯

大学期间是长身体和长知识的关键时期，也是个人饮食习惯形成的重要时期。大学生们在这个时候养成良好饮食习惯可受益终生，而一些大学生的饮食现状并不乐观。比如：

忽视早餐，盲目节食、减肥，吃过多零食等。

那么大学生想要养成良好的饮食习惯，需要注意哪些方面呢？

首先，早餐要吃好，中、晚餐要吃饱，零食要吃少。“一天之计在于晨”，早餐的热量要占全天总热量的30%，要以淀粉类食物为主，配以定量的脂肪和蛋白质。碳水化合物、脂肪、蛋白质三大营养素的比例以6.5∶0.7∶1较为合适。零食大多含有高脂高糖，蛋白质较少。零食吃得过多会影响正餐的进食，长此以往就会破坏人体的营养均衡。控制零食的方式除了自我约束，还需要按时按量进食正餐。

其次，合理饮食，提倡自然美。有些大学生为达到减肥的效果而盲目地控制饮食，会使人体必需的营养素得不到满足，抵抗能力低下，容易感染疾病。所以，应以合理饮食、适当锻炼来拥有自然的形体美，不必盲目节食刻意追求。

再次，各种营养要素摄入要均衡，注意铁的摄入。对于大学生来说，铁的摄入很重要。如果盲目减肥，膳食搭配不当，很容易患缺铁性贫血。建议在饮食上选择含铁高或铁吸收率高的食物，如瘦肉、肝脏、海带、深色蔬菜等。还应注意维生素A和维生素$B_2$的摄入。近视是大学生中普遍的现象，这两种维生素与视力功能密切相关。多吃猪肝、鸡蛋、牛奶和绿叶菜可以弥补维生素A和维生素$B_2$的不足。大学生应多吃乳制品和豆制品。大豆和豆制品还有健脑的功效，是大学生的理想食品。

**3. 养成良好的睡眠习惯**

睡眠是人类非常重要且不可或缺的生理需要，人的一生中约有1/3的时间是在睡眠当中度过的。研究发现，睡眠不仅可以使个体的精神和体力得到恢复，而且与个体的情绪、记忆等心理活动密切相关。然而，睡眠也会给人类带来许多困扰，有人会因为缺乏睡眠而焦虑不安，也有人会因为睡眠过多而精神不振，许多人在这一自然生理行为出现偏差时一筹莫展。研究发现，睡眠问题会引起一系列心理及生理疾病的发生。

当代大学生面临着繁重的学习任务、严峻的就业形势、激烈的社会竞争以及复杂的人际关系等问题，这些问题都会直接或间接影响大学生的身心健康，使其情绪长期处于紧张状态甚至崩溃的边缘，心理承受力常处于超负荷状态，造成大学生睡眠质量逐渐下降。

大学生常见的睡眠问题：晚睡晚起常态化，熬夜、上网等；睡眠问题复杂化，睡觉时间不统一，玩游戏、打电话、看视频等；睡眠质量不佳普遍化，失眠、多梦、易醒等。

大学生改善睡眠的调试方法有：

其一，改变对睡眠的不合理认知。如：认为每天一定要睡足8小时。至今还没有一个研究资料能确切表明，人究竟睡几小时才最合适，凡能使你第二天达到精力旺盛的状态所需的时间就是你自己需要的睡眠。世界上有许多例子证明有些人每天睡3~4小时就够了，如爱迪生、拿破仑、撒切尔夫人等，这些人被称为短睡者；也有每天睡9~11小时的人，如爱因斯坦等称为长睡者，人群中这两者比例不多，只占人群中的1%~3%。长睡者和短睡者虽然总睡眠时间相差很多，但他们的睡眠质量（深度睡眠和快速眼动睡眠）和普通睡眠者是一样的。或者认为欠缺的睡眠能“补”回来。有很多大学生习惯于熬夜，然后利用周末补觉，睡眠真的能补回来吗？美国一项最新研究为“夜猫子”敲响警钟：长期“透支”睡眠会引致“睡眠债”缠身，补眠难以帮你还清“债务”。

其二，睡好“子午觉”。中医古籍《黄帝内经》中曰：“阳气尽则卧，阴气尽则寤”。

说明睡眠与醒寤是阴阳交替的结果。子时是晚23时至凌晨1时，此时阴气最盛，阳气衰弱；午时是中午11时至下午1时，此时阳气最盛，阴气衰弱。祖国医学认为，子时和午时都是阴阳交替之时，也是人体经气“合阴”与“合阳”的时候，睡好子午觉，有利于人体养阴、养阳。对于大学生而言，应该在晚上11点以前睡觉，中午饭后适当地进行午睡，有利于使身体得以平衡过渡，提神醒脑、补充精力。

其三，改善睡眠姿势。据人体生理结构，睡觉时采取右侧卧时，心输出量较多，食物的消化和营养物质的代谢能得到加强。人自身感觉也比较舒适。应该指出的是，右侧卧的姿势虽然有利于养生保健，但并不要求睡着后姿势永远不变，因为这是不现实的，也是无法做到的，所以有“睡侧而屈，觉正而伸”的说法。

其四，其他调节方法。身心松弛，有益睡眠，如睡前到户外散步一会儿，放松一下精神，上床前或沐浴，或热水泡脚，然后就寝，对顺利入眠有百利而无一害。诱导人体进入睡眠状态，有许多具体方法，例如：放松功，已在民间流传，可以借助。另外，再介绍两种简而易行之法：闭目入静法——上床之后，先合上双眼，然后把眼睛微微张开一条缝，保持与外界有些接触，虽然精神活动仍在运作，然而，交感神经活动的张力已大大下降，诱导人体渐渐进入睡意蒙胧状态；鸣天鼓法——上床后，仰卧闭目，左掌掩左耳，右掌掩右耳，用指头弹击后脑勺，使之听到呼呼的响声。弹击的次数到自觉微累为止。停止弹击后，头慢慢靠近睡枕，两手自然安放于身之两侧，便会很快入睡了。

其五，睡前注意的事项。坚持有规律的作息时间，在周末不要睡得太晚；睡前勿猛吃猛喝；睡前远离咖啡和尼古丁；保持室温稍凉，卧室温度稍低有助于睡眠；大睡要放在晚间，白天打盹可能会导致夜晚睡眠时间被“剥夺”；保持安静的睡眠环境；睡前饮一杯加糖的热牛奶；保持平常而自然的心态，若出现失眠不必过分担心，不要依赖安眠药，在服用安眠药之前一定要咨询医生，建议服用安眠药时间不要超过4周。

**4. 杜绝危害健康的不良行为**

（1）手机依赖。手机作为继报纸、广播、电视、互联网之后的“第五媒体”，对人们的生活、学习、交往和思维方式产生了一定的影响，其中既有正面影响，也有负面影响。手机依赖问题是其中主要的负面影响之一。大学生对手机过度依赖表现在以下几个方面：

手机使用时间过长。一部分大学生手机24小时处于开机状态，大部分大学生每天使用手机的时间在8小时以上。大学生使用手机主要是通话、发短信、手机上网和手机娱乐等。

手机化存在问题突出。手机成为大学生的通信工具、娱乐工具、学习工具，扮演着日常必需品的角色，手机就像细胞一样成为大学生身体的一部分，成为他们存在的必要条件，呈现“人机一体”的状态。

大学生通过使用手机替代了其他功能：一是玩手机替代了其他娱乐方式。一些大学生沉迷于手机娱乐，以玩各类手机游戏以及观看视频节目等方式替代了其他健康的娱乐方式；二是手机、QQ、微信等替代了现实人际交往。一些大学生把全部的情感和精力投入到即时聊天、微信以及电话聊天中，以谋求一种情感安慰，而忽略了现实中的人与人、面对面的直接沟通；三是过多依赖手机功能，忽视自身能力提升。一些大学生通过手机上网功能花费大量的时间搜索和收集与自己工作、学习无关或者不迫切需要的信息，造成工作和学习效率的下降。或者经常使用手机的某些功能，如时间、闹钟、计算器等功能而导致自身在某些能力方面的弱化。

手机依赖心理问题明显。有调查发现，一些大学生在频繁使用手机的过程中，已经出现了一些心理问题，如有些大学生因为不能使用手机变得烦躁不安，有些大学生觉得关机是困难的事，也有些大学生会因为忘记带手机而觉得坐立难安，甚至部分大学生会经常把别人的手机铃声当成自己的。再联系现实生活中，一些大学生会把手机放在随时都能拿到的地方，即使睡觉时也放在身边；经常下意识地拿出手机看；在与人沟通时过分依赖手机，明明可以直接面对面交流，却要发短信或打电话。这些都说明大学生群体中手机依赖问题已经成为一个日益突出的问题。

## 延伸阅读

如今，手机早已成为大学生的生活“必需品”，大学生对手机的依赖程度已经超乎常人想象，很多大学生已经发展到了机不离身、手不离机的程度。对于大学生而言，上课玩手机、自习玩手机、睡前玩手机已经习以为常、司空见惯，现在很多大学生甚至已经养成了边走路边玩手机的不良习惯。他们在走路的时候会用手机打电话、听歌，浏览网页、看电子书，通过手机接发短信，打手机游戏，一边走在去教室的路上一边聊微信。对于这种情况，有相关专家指出，大学生走路时玩手机，往往会使劲低头看屏幕，会给脖子、肩颈和脊柱造成巨大压力，会令颈部血流量减少，容易引发肩膀和脊柱僵硬、疼痛，甚至会出现炎症。另外，走路时玩手机，尤其是过马路时接打电话、收发短信或是玩游戏都会分散注意力，以致容易忽略车辆及路况，导致交通事故的发生。据悉，“日本有一名女大学生就因为顾着看手机不小心从站台坠落，被行驶中的电车碾压身亡，事故发生时她耳朵上还戴着耳机”。因此，出于安全考虑，大学生边走路边玩手机的不良习惯应该予以高度重视。

(http://www.rmlt.com.cn/2017/0309/463592.shtml? winzoom=1)

针对手机依赖问题，大学生可采取以下措施：

一是要培养自身的道德自律能力。大学生应坚决抵制不良手机文化，加强自我修养，进而增强对手机文化中的不健康信息的免疫力，做一个真正拥有良好传媒素养的人；二是要加强自我教育。大学生应该通过自己的努力，以积极的态度充分发挥主观能动性，用坚强的意志去抵制手机文化所带来的诱惑力，严格规范手机的使用，提高个人的修养与道德判断能力。

（2）酗酒。酒是一把“双刃剑”。少量的饮酒有助于健康，过量饮酒则不可取。长期过量饮酒或一次无节制地大量饮酒，医学上称之为酗酒。酒精过量，会不同程度地造成心率加快，神经麻木，神志不清，自控能力减弱，动作不协调，或出现疲劳、恶心、呕吐，严重者还会出现酒精中毒现象。

醉酒后，由于神志不清、身不由己，一种原始的冲动使人变得野蛮、愚昧、粗暴，异常的兴奋，又能诱导人为所欲为，出现迷离恍惚而又洋洋自得的举止。人在此种失去理智的状态下很容易对周围的人进行破口谩骂、动手殴打，看啥都不顺心或者从事一些莫明其妙、超出常规的破坏活动。

经常喝酒会导致学业荒废，很难想象一个沉迷于酗酒的人还能潜心钻研什么学业。醉酒的程度同智力恢复所需的时间大致成正比，在当今知识飞速更新的信息化时代，不难推算出，一个经常醉酒的人在工作和学习上的损失到底有多大。

醉酒后，神经处于高度亢奋状态，稍许的刺激都可能导致惹是生非。醉酒的人动辄摔倒、撞伤，酒后开车酿成大祸的事件比比皆是；酒后溺水身亡、自食恶果之类的悲剧不乏其例；酒后打架斗殴、寻衅滋事、伤害他人过铁窗生活的屡见不鲜，惨痛教训极为深刻。

（3）吸烟。吸烟是当今世界主要的公共卫生问题之一，吸烟与肺气肿、支气管炎、肺癌、口腔癌和心脑血管疾病的发生有关。大学生吸烟不仅严重影响个人健康，也危及身边的同学和亲人。近年来，青少年吸烟人群显著增加，烟民队伍日趋年轻化，校园内的吸烟问题已经成为严重的学校和社会问题。大学生吸烟行为普遍存在，生活方式和其他危害健康行为增加了其成为吸烟者的可能性。

大学生抽烟的内部动因主要有以下几点。

追逐潮流，盲目跟风。看着别人抽烟，感觉很帅、很酷，认为这是一种潮流，于是也跟着抽烟，久而久之便上瘾了。大学生正处在踏上社会的过渡时期，接触的东西比一般人多，也比一般人更喜欢追求流行时尚，所以追求潮流，盲目跟风可能是大学生抽烟的主要原因。

遭遇挫折失败时以吸烟解除烦恼。大学生正一步步走向社会，走向独立，必然会遭遇很多的挫折，比如最常见的失恋、与同学发生矛盾、求职实践的失败等。大学生如果不能很好地处理这些问题，便会开始颓废、偏激，于是有许多人选择抽烟来排解心中的烦恼，这些人也成为烟民中的一部分。

受其他人的怂恿。大学生周围有许多吸烟的人：父母、亲人、朋友等。随着年龄的增长，周围的人开始认同大学生已经成年，于是，在许多的场合下他们会向大学生递烟。不论这种行为是否真的出于恶意，但是这的确是极具影响力的怂恿。

大学生应当学好吸烟危害的有关知识，形成一种反对吸烟的习惯，努力做到不沾烟、不吸烟的良好习惯；树立正确的人生观、价值观，培养良好的生活习惯和心态，提高自己面对挫折的能力；适当交际，交际看对象，交往选方式，不交损友，只交善友，不因任何不良因素而吸烟，特别是哥们义气等，保持上进心理；应当听从学校有关戒烟或反吸烟组织的建议或宣传，保持高度的吸烟意识。

## 心理训练

### 活动一：自我探索

#### 网络成瘾症的诊断标准

1. 上网时全神贯注，下网后念念不忘“网事”；
2. 总嫌上网时间太少而不满足；
3. 无法控制自己的上网行为；
4. 一旦减少上网时间就会烦躁不安；
5. 一上网就能消除种种不愉快情绪，精神亢奋；
6. 为了上网而荒废学业和事业；

7. 因上网放弃重要的人际交往、工作等；

8. 不惜支付巨额上网费用；

9. 对亲友掩盖自己频频上网的行为；

10. 有孤寂失落感。

上述10种情况，在1年间只要有过4种以上，便可诊断为网络成瘾综合征。

（引自：北京军颐中医院 http://www.120bjjy.com/zhenduan/4716.html）

网络依赖度测试

这个测试是为那些怀疑自己已经形成网瘾的网友进行评价而准备的。如果你有兴趣，可以根据自己的实际情况做完以下测试题。

(1) 你发现你待在网上的时间会超出预计时间。

A. 罕见　B. 偶尔　C. 较常　D. 经常　E. 总是

(2) 由于上网时间太多，以至于忘记了要做的事情。

A. 罕见　B. 偶尔　C. 较常　D. 经常　E. 总是

(3) 你觉得上网的愉悦已经超过与伴侣间的亲昵。

A. 罕见　B. 偶尔　C. 较常　D. 经常　E. 总是

(4) 你会与网上的人建立各种关系。

A. 罕见　B. 偶尔　C. 较常　D. 经常　E. 总是

(5) 你的亲友会抱怨你花太多的时间在网上。

A. 罕见　B. 偶尔　C. 较常　D. 经常　E. 总是

(6) 由于你花在网上的时间太多，以至于耽误了学业和工作。

A. 罕见　B. 偶尔　C. 较常　D. 经常　E. 总是

(7) 你宁愿去查收电子邮件，也不愿去完成必须做的工作。

A. 罕见　B. 偶尔　C. 较常　D. 经常　E. 总是

(8) 上网影响了你的学习或工作业绩和效果。

A. 罕见　B. 偶尔　C. 较常　D. 经常　E. 总是

(9) 你尽量隐瞒你在网上的所作所为。

A. 罕见　B. 偶尔　C. 较常　D. 经常　E. 总是

(10) 你会同时想起网上的快乐和生活的烦恼。

A. 罕见　B. 偶尔　C. 较常　D. 经常　E. 总是

(11) 在你开始准备上网时，你会觉得你早就渴望上网了。

A. 罕见　B. 偶尔　C. 较常　D. 经常　E. 总是

(12) 没了网络，生活会变得枯燥、空虚和无聊。

A. 罕见　B. 偶尔　C. 较常　D. 经常　E. 总是

(13) 上网被人打扰时，你会恼怒或吵闹。

A. 罕见　B. 偶尔　C. 较常　D. 经常　E. 总是

(14) 因深夜上网而睡不着觉。

A. 罕见　B. 偶尔　C. 较常　D. 经常　E. 总是

(15) 睡觉时你仍全身心想着上网或幻想着上网。

A. 罕见　B. 偶尔　C. 较常　D. 经常　E. 总是

(16) 你上网时老想着再多上一会儿。

A. 罕见　B. 偶尔　C. 较常　D. 经常　E. 总是

(17) 你尝试减少上网时间，但却失败了。

A. 罕见　B. 偶尔　C. 较常　D. 经常　E. 总是

(18) 你会掩饰自己上网的时间。

A. 罕见　B. 偶尔　C. 较常　D. 经常　E. 总是

(19) 你选择花更多的时间上网，而不是和别人出去玩。

A. 罕见　B. 偶尔　C. 较常　D. 经常　E. 总是

(20) 当你外出不能上网时，你会觉得沮丧、忧郁和焦虑，但一上了网，这些感觉就消失了。

A. 罕见　B. 偶尔　C. 较常　D. 经常　E. 总是

评分标准：

选择A计1分，选择B计2分，选择C计3分，选择D计4分，选择E计5分。

请把你选择的各项分数加在一起，合成一个总分。对照一下不同分数段的解释，自我评判自己对网络的依赖程度。

24~49分：你是一个一般的上网者，只是有时会上得多些，但总体上仍能自我控制，尚未达到沉溺的程度。

50~79分：你由于上网似乎开始引起了一些问题，你应该谨慎对待上网给你和家庭其他成员带来的影响。

80~100分：上网已经给你和你的家庭生活带来了很多问题，你必须马上正视并予以解决。

**活动二：活动体验**

## 制定《健康上网的心理训练计划》

1. 列举3件自己认为上网应该做的事，按重要程度排序；再列举自己实际上网最常做的事及所花的时间，并按所花时间排序。

2. 小组分享：将上网应该做的事和实际上网最常做的事进行比较，找出两个答案不一致的地方，分析造成不一致的原因。

3. 小组讨论制定《健康上网的心理训练计划》，小组成员共同执行，相互提醒、检查与督促。

4. 坚持定期检查总结，最好每月一次，发现问题，及时解决。

**活动三：思考感悟**

## 探访大学“宅男宅女”

记者走进某大学学生寝室，打游戏的男生比比皆是，很多女生也抱着笔记本在网上购物、追热播的韩剧。不知不觉，校园网成了大学生的能量源泉，网线成了名副其实的“生命线”，断网的日子比断水断电还要难熬。

只要有网络和电脑，就可以在寝室待上一整天，该大学大二电气自动化系的某同学说：“在寝室的时候也不完全打游戏，但绝大多数时间都是坐在电脑前，要是没有网络就会感觉浑身不舒服。”他并不是不爱运动，也知道运动的好处，只是游戏的吸引力更胜一筹。“如果是从小锻炼身体肯定好，现在才锻炼，断断续续又有什么用?”

除了无处不在的网络诱惑之外，懒惰心理也时常“纠缠”着大学生，让人还没有运动就打起了退堂鼓。

上完了一天的课程，一回到寝室便赖在床上或者趴在桌前，另一所大学大三土地资源管理专业的黄某，不加掩饰地称自己“太懒”：“自己本身就不擅长运动，觉得锻炼是件很累的事情，很少主动做户外运动。”

懒惰心理人人都有，“太懒”已经成了很多大学生拒绝运动的理由。某大学大四材料化学专业的梁某一谈起“运动”就叫苦不迭：“不喜欢流汗之后身上黏黏的感觉，学校洗澡也极不方便。”已经大四的她时间比较充裕，虽知道运动健身的益处，但一想到跑步后全身大汗的自己，梁某就望而却步了。

（引自：中安在线 http://news.163.com/14/0426/00/9QNGU1CN00014AEE.html）

思考：这些大学生为什么要宅在宿舍？为什么不爱运动？

## 推荐阅读

1. 卫亚莉．让孩子从心远离网瘾［M］．太原：山西教育出版社，2006.

2. 查里斯·艾德茨考斯基．7天改善睡眠：深睡眠［M］．李永灿译．武汉：湖北科学技术出版社，2014.

## 推荐影视

1. 《亿万少年的顶级机密》

2. BBC 纪录片《睡眠十律》

# 第十章

## 直面挑战，超越自我——大学生的挫折心理及调适

### 任务目标

- 了解挫折的含义
- 掌握挫折的积极意义
- 了解大学生受挫后的行为表现
- 掌握应对挫折的方法

挫折和不幸，是天才的进步之阶；信徒的洗礼之水；能人的无价之宝；弱者的无底深渊。

——巴尔扎克

正路并不一定就是一条平平坦坦的直路，难免有些曲折和崎岖险阻，要绕一些弯，甚至难免会误入歧途。

——朱光潜

### 故事导入

**“蝴蝶总理”的故事**

加拿大第一位连任两届的总理让·克雷蒂安曾因疾病导致左脸局部麻痹，嘴角畸形，讲话时嘴巴总是向一边歪，而且还有一只耳朵失聪。

听一位有名的医学专家说，嘴里含着小石子讲话可以矫正口吃，克雷蒂安就整日在嘴里含着一块小石子练习讲话，以致嘴巴和舌头都被石子磨破了。母亲看后心疼得直流眼泪，她抱着儿子说：“克雷蒂安，不要练了，妈妈会一辈子陪着你。”克雷蒂安一边替妈妈擦着眼泪，一边坚强地说：“妈妈，听说每一只漂亮的蝴蝶，都是自己冲破束缚它的茧之后才变成的。我一定要讲好话，做一只漂亮的蝴蝶。”

功夫不负有心人，经过长久的磨炼，克雷蒂安终于能够流利地讲话了。他勤奋并善良，中学毕业时他不仅取得了优异的成绩，而且还获得了极好的人缘。

1993 年 10 月，克雷蒂安参加全国总理大选时，他的对手大力攻击、嘲笑他的脸部缺陷，对手曾极不道德、带有人格侮辱地说：“你们要这样的人来当你的总理吗？”对手的这种恶意攻击却招致大部分选民的愤怒和谴责。

当人们知道克雷蒂安的成长经历后，都给予他极大的同情和尊敬。在竞争演说中，克雷蒂安诚恳地对选民说："我要带领国家和人民成为一只美丽的蝴蝶。"最后他以极高的票数当选为加拿大总理，并在1997年成功地获得连任，被加拿大人民亲切地称为"蝴蝶总理"。

## 心灵导航

### 一、挫折概述

#### （一）挫折的含义

心理学上，挫折指人们在从事有目的的活动时，遇到无法克服的障碍或干扰，致使动机或目标不能达到时的心理紧张和情绪状态。挫折就是我们平常所说的失败或"碰钉子"，挫折包括三层含义。

**1. 挫折情境**

挫折情境是指个体在有目的的活动中所遇到的，使需要不能得到满足的内外障碍或干扰等情境因素，如考试不及格、人际关系冲突、恋爱失败、求职不成功等。

**2. 挫折认知**

挫折认知是指个体对挫折情境的知觉、认识和评价。挫折情境能否构成挫折，在很大程度上取决于挫折认知。挫折认知既可以是对实际遭遇到的挫折情境的认识，例如，某人在背后说你的坏话，你听到后感到很生气；也可以是对想象中可能出现的挫折情境的认识，如有的人总是怀疑别人在背后议论自己，虽然事实并非如此，但他却因此产生对他人的不满。挫折认知是影响产生挫折感的关键因素。

**3. 挫折反应**

挫折反应是指伴随着挫折认知而产生的情绪和行为反应。挫折反应分为积极反应和消极反应，积极反应包括面对问题和解决问题，消极反应包括逃避、攻击等。

挫折通常既包括挫折情境，又包括挫折感受，两者密切相关。一般来说。挫折情境导致挫折感受，挫折情境越严重，所引起的挫折感受越强烈。但是，它们并不成正比，有时挫折感受会大于实际的挫折（情境）。因为从挫折情境到挫折感受，并不是一个简单的刺激—反应过程，而是受到个体实际状况的诸多制约，它包括个体的生理状态和心理状态等，其核心是个体的认知方式和挫折承受力。心理健康水平高的学生，心理承受力强，即使面临较大的挫折情境，挫折感受也并不大；心理健康水平低的学生，尽管挫折情境并不大，但引起的挫折感受却可能很大。

在挫折构成的三要素中，挫折认知是最重要的。如果客观上有障碍存在，但主观上并不认为这是障碍，或者将别人认为严重的障碍评价为不严重，那么挫折反应就会很弱。反之，如果将别人认为不严重的，或根本不存在的事物评价为前进道路上的重大阻碍，则会引起强烈的情绪反应。不同人面对同一挫折情境的时候会产生不同的挫折认知，所以也就会产生不同的挫折反应。例如，同样面对考试，有人将其视为对所学知识的检验，有人则将其视为对自己全部价值的评判，因此面对考试失利，前者的反应是感到遗憾并抓紧时间弥补知识上的不足，后者则自怨自艾，一蹶不振。

### （二）挫折的积极意义

**心灵咖啡**

#### 蝴蝶的启示

一天，一只茧上裂开了一个小口，有一个孩子正好看到这一幕，他一直在观察着，蝴蝶在艰难地将身体从那个小口中一点点地挣扎出来，几小时过去了……

接下来，蝴蝶似乎没有任何进展了。看样子它似乎已经竭尽全力，不能再前进一步了，孩子实在看得心疼，决定帮助一下蝴蝶：他拿来一把剪刀，小心翼翼地将茧剖开。

蝴蝶很容易地挣脱出来。但它的身体很萎缩、很小，翅膀紧紧地贴着身体……

孩子观察着、等待着，期待着在某一个时刻，蝴蝶的翅膀会打开并伸展起来，足以支撑它的身体，成为一只健康美丽的蝴蝶……

然而，这一刻始终没有出现！

实际上，这只蝴蝶在余下的时间里只能可怜地带着萎缩的身子和瘪塌的翅膀在地上爬行，它永远也飞不起来了！

这个好心的孩子并不知道，蝴蝶从茧上的小口挣扎而出，要通过这一挤压的过程将体液从身体挤压到翅膀，这样它才能在脱茧而出后展翅飞翔……

有时候，在我们的生命中需要奋斗乃至挣扎。

在人生的道路上，挫折是不可避免的。挫折是一把双刃剑，既会给人打击，带来烦恼和痛苦，同时又能磨炼人的意志，提高解决实际问题的能力，使人变得坚强。挫折引起适度的紧张，有利于大学生更清醒地认识自己所处的环境，并根据环境不断调整自己。事实证明，人们成就事业的过程，往往就是他们勇于战胜挫折的过程。挫折产生的积极作用对大学生应对挫折具有重要意义。

**1. 挫折能够增强大学生的聪明才智**

化学家门捷列夫说过："一个人要发现卓有成效的真理，需要千百个人在失败的探索和悲惨的错误中毁掉自己的生命。"科学发明大王爱迪生也说过："失败也是我们所需要的，它和成功对我们一样有价值，只有在我知道一切做不好的方法以后，我才知道做好一件工作的方法是什么。"当人们在遭遇挫折之后，总要反省自己，去认真总结经验教训，探究导致失败的原因，寻找摆脱困境的方法。挫折的经历对大学生是十分可贵的，挫折使大学生们"吃一堑，长一智"，它使大学生学会反省、思考、总结、探索、创造，能使大学生不断提高认识、增长才智。

**2. 挫折能激发大学生的进取精神**

牛顿曾说过："如果你问一个善于溜冰的人如何学得成功时，他会告诉你，跌倒了，爬起来，便会成功。"对于一个有志向的大学生来说，挫折的发生会唤起他的斗志，激发他的进取心。在复杂的现实生活中，成功和失败并不是绝对的，两者之间往往仅一步之遥，此时的失败可能连着彼时的成功。如果拒绝了失败，实际上也就拒绝了成功。每一次挫折的洗礼，都会激发大学生去懂得为人处世之道，掌握经纬世事之术，不断深化和提高自我的认识，特别是对自我的错误与缺点的认识，在思想上和行为上走向成熟。

**3. 挫折能磨砺大学生的意志**

自古英雄多磨难，历史上一帆风顺而又有大成就的人是少见的。真正出类拔萃的人，大都是那些历尽艰辛，在挫折中磨炼出坚强的意志，在逆境中不懈奋斗的人。越王勾践卧薪尝胆三年，终报亡国之仇；罗斯福身有残疾，却凭借渊博的知识、睿智的头脑、自强不息的精神获得美国人民的拥护，连任四届美国总统；爱迪生 67 岁那年遭遇火灾，多年的研究成果付之一炬，但他并未伤心消沉，第二天又同往常一样，重新开始埋头于他的研究工作。挫折能够磨炼意志，让人们在追求目标的道路上百折不挠，披荆斩棘，最终到达成功的彼岸。

**4. 挫折能增强大学生的耐受力**

提到"失败乃成功之母"，大学生在通常情况下能够认同，认为挫折确实有一定的积极意义。但不能忽视的是，挫折本身就包含着焦虑、郁闷、失落、痛苦等多种消极情绪，当人们面对较大挫折时很容易被汹涌而来的消极情绪淹没，不能客观地看到挫折的积极意义。但从理性层面来讲，正因为挫折会对大学生的自傲心态进行无情的打击，才使其不得不对自己的过去进行反思和检讨，从而虚心从挫折中学习，不断收获成长。这个过程会让大学生变得更加谦逊，做事更加谨慎，对挫折也少一分排斥，多一分坦然。因此只有多次经历挫折带来的消极情绪，多次在磨砺中自我检讨、学习进步，多次为风雨之后的彩虹而感动，才能不断增强对挫折的耐受力，更快摆脱情绪困扰，迈出成长道路上坚实的一步。

## 延伸阅读

### "在大海上航行没有不受伤的船"

英国劳埃德保险公司曾从拍卖市场买下一艘船并捐献给国家，这艘船现在就停泊在英国萨伦港的国家船舶博物馆。这艘船 1894 年下水，在大西洋上曾 138 次遭遇冰山、116 次触礁、13 次起火、207 次被风暴扭断桅杆，虽然它伤痕累累，但从未沉没过，依然负重前行。使这艘船名扬天下的是一名律师，当时，他刚打输了一场官司，委托人也身亡。他怀着深深的歉意到这个博物馆参观，在参观这艘船时，他感慨万千，突然有了让生意场上失意人来参观的想法。于是，他把这艘船的历史连同照片一同挂在他的律师事务所，每当有人请他辩护时，无论输赢，他都建议他们去看这艘船。截止到 1987 年，已经有 1200 多万人参观过这艘船。参观的人中，有失意的商人、失恋的年轻人、失去亲人的伤痛者，也有年轻的创业者、热恋中的情侣、刚出生的婴儿等。所有到过这儿的人，无不感叹这艘船百折不挠的气概，无不增添迎战人生风浪的信心。参观完后人们纷纷留言抒发感慨，仅留言簿就接近用了 200 本，留言中最多的一句话就是"在大海上航行没有不受伤的船"。

人生如船行。船在大海中航行，难免会遇到险风恶浪，人在生命的长河中旅行，难免会遇到凄风楚雨。我们不能责怪大海的无情，也不能埋怨命运的不公，谁都期望自己的人生一路美景，但这只是美好的愿望。人生漫漫，路途遥遥，不可能永远一帆风顺。坦然地面对生活中的一切吧，无论是喜还是忧。哪怕是伤痕累累，但只要能爬起来，我们就要舔干血泪，依然前行。

（资料来源：http://www.gushi365.com/info/5366.html）

## 二、大学生的挫折心理及行为表现

### （一）大学生常见的挫折及心理困扰

大学生进入高校后，面临着与高中阶段不同的社会环境、学习任务、人际关系，且不同年级的学生心理状态也有差异，在追求成功的过程中，经常面临着各种挫折。概括起来，主要有以下几个方面。

1. 与学业问题有关的挫折

#### 校园案例

某高校大学生小杰说：“我以前在高中时可以说是佼佼者，到了大学里，好像每个人都比我强，我发现自己就好像巨人堆里的矮子，老担心自己考不好。学长还告诉我们要考级，要多拿证书，要考研。现在我每天一躺到床上就做噩梦，上课也不能集中精力，书也看不下去，眼看就要期末考试了，我究竟该怎么办?”

大学新生面临着学习方式的一次重大改变与调整，大学课程多、难度大、速度快、要求高，与中学相比，学习方法和环境差异很大。有些学生在学习心态和学习方法上适应不良，在大一新生中表现得尤为突出。另外，大学学习竞争激烈，而大学生自信、好强、敢于挑战的心理特点，使得许多大学生面对强手如林的大学环境，产生了危机感和恐惧感。如果不能尽快适应大学的自由、开放、独立的学习氛围，不能找到自己学习的兴趣和兴奋点，不能对自己的学习基础和学习目标有清晰的认识，不能对自己的学习方法进行提升，将面临巨大的挫折，导致学习兴趣与动力缺乏，或者感觉要学的太多而无从下手，或者担心考试成绩不理想，甚至部分学生因为学习问题面临着休学与退学。

2. 与人际关系有关的挫折

#### 校园案例

吉林省某高校学生江某下课后与女朋友一起回寝室，迎面走过来的同专业男同学刘某看了他女朋友一眼，江某大为不快，与刘某发生口角，进而殴打在一起。在两人厮打过程中，江某觉得没占到便宜，在女朋友面前很没有面子，后又回到寝室拿来一把水果刀，将刘某刺伤，造成严重伤害。被公安机关刑事拘留，同时被学校开除学籍。

当代大学生独生子女增多，成长过程中缺少学习人际交往技巧的机会，常常因找不到恰当的交往方法而体验到人际交往的挫折。他们经常在戒备和封闭中，或者在心中渴望别人的真诚、信任、理解和尊重，结果发现别人虚伪、自私、缺乏同情心和充满敌意，不能沟通，于是埋怨人情冷暖，交往困难。有的同学不能本着真诚、平等、讲信用的原则；有的在交往中丝毫没有情感的成分，功利色彩浓重；有的有意无意将自己的思想观念、行为习惯强加于人。总之，由于人际交往能力的欠缺，导致人际关系的不和谐，大学生时常生活在一种紧张的人际气氛中，寝室关系、同学关系、师生关系中出现的困难容易让他们产生挫折感。

3. 与恋爱问题有关的挫折

## 校园案例

小雨是一位性格内向的女大学生，不久前恋爱了，这也是她第一次尝到了爱情的甜蜜。但是，当她沉浸在甜蜜的爱情之中爱得刻骨铭心时，却突然失恋了！男朋友认为他们之间缺少共同语言，性格不合，表示要与她分手。这让她感到彷徨、失望、痛苦，也不理解，为什么昨天还是花前月下，而今天却分手了？这让她在理智和情感中无法平衡，陷入深深的挫折中。

高校自由开放、轻松活跃的生活环境为大学生恋爱在客观上创造了一定的条件，大学生对理想的爱情与对事业成就的追求同样强烈。由于许多大学生在没有具备相应的心理素质的情况下涉足爱情这一复杂的情感领域，相当一部分同学不能很好地处理爱情、友谊、学业和求职之间的关系。所以，恋爱带来了无限的遐想与浪漫，却也带来了无限的忧思与烦恼。有些同学分不清爱情与友情的界限，错把友情当爱情而失落；有些同学为异性交往而焦虑紧张，为单相思而烦恼；有些同学为毕业和失恋而痛苦。由于大学生心理不够成熟，社会经验相对缺乏，自我控制能力较弱，往往对恋爱过于感性化和浪漫化，又由于在恋爱关系当中，双方是一种不设防的交往，一旦遭受挫折，受到的打击会更大。

4. 与健康问题有关的挫折

## 校园案例

“我脖子动不了了，谁能告诉我颈椎疼痛怎么治？真的痛得受不了！”昨天，某大学产品设计专业大二的范同学在朋友圈里发了一条信息后，班上 39 人有六成同学称有同感。“大概一周 3 次作业，每次做作业都要超过 3 小时，如果作业量比较大，甚至要用六七小时，做完脖子感觉很硬、很疼。”自动化专业大一新生金同学，3 月初被确诊为腰椎间盘突出及坐骨神经痛，此前已持续腰疼了 5 个月，送到医院时已经疼到无法坐椅子，需要注射止疼药物。原来他有爱玩网络游戏的习惯，每天伏案在电脑前超过 5 个小时。信息学院大二的王同学还被检查出高血压、高血脂，室友说他平时吃饭“无肉不欢”，回到寝室就坐下来边喝可乐边玩电脑，一坐就是好几个小时，平时也不怎么运动。基于以上种种原因，青年大学生患上“老年病”的现象已经非常常见，大学生面临着健康问题带来的挫折。

现代医学研究证实，一点疾病都没有的人是不存在的，只是患病程度及病情轻重不同罢了。学生身体有疾病或生理上有些缺陷，属正常现象，无可厚非。有些学生不能正确认识自身病症或生理上一些小缺陷，尤其是生理上有些缺陷，如身材较矮、较胖、较瘦、相貌不佳等，自卑感极强，总觉得自己低人一等，抬不起头来，不愿参加集体活动，更不愿意同别人交往，沉默寡言、闷闷不乐。这样长时间个性压抑，进一步加重了自卑心理，很容易形成一种自卑人格或畸形心态。还有的学生因为身上患有某些疾病而心理负荷加重，疑神疑鬼，担心患上顽症不可治愈，忧心忡忡，苦不堪言。

5. 与就业问题有关的挫折

## 校园案例

大学生杨某说："转眼就要毕业了，我很担心自己找不到好工作。平时成绩不是很好，又没有什么'关系'，找不到一份好一点的工作，对辛辛苦苦供自己念大学的父母来说，有点残忍。考研吧，家里又没有钱给我出学费。自从实习后，我就很茫然，看着同学们都在忙着写自荐材料，联系单位，我都不知道自己到底该干什么，课也不想去上，没事情的时候就在街上瞎逛，走在路上也总是一副失魂落魄的样子。我知道自己现在的状态很不好，可是又实在没有办法。"

上大学以后，个人前途逐渐成为大家较关心的问题，也成为当今大学生产生挫折的重要因素。随着应届毕业生就业难度加大，大学生经常要面临就业问题带来的挫折。冷门专业的学生，担心毕业能否找到工作；热门专业的学生，又会为大城市的激烈竞争而担忧；为了能找到更理想的工作或暂时回避就业，许多学生不得不做出考研的艰难选择。在就业方面，女生面临的挫折更为突出。此外，由于大学生对社会了解不够，不能选择适合自身发展的职业目标，就业期待过高，所以更容易产生挫折心理。不少大学生心理素质不稳定，面对就业问题产生的挫折不知如何应对，甚至出现心理问题。

以上大学生面临的各种挫折，具有鲜明的时代特征，是当前社会状态的综合折射，也是个体与环境交互作用的结果。当然，这些事件不一定成为挫折情境，但当这些事件发生的频率达到一定的程度、持续的时间过长时，就会使人产生挫折感。当这种挫折感超出了大学生的心理承受能力范围的时候，就会影响他们的身心健康，如身体疲劳、睡眠不好、肠胃不适、烦躁、抑郁、焦虑等。所以，我们要对大学所面临的各种挫折来源有一个清醒的认识，要打破大学的理想化和神圣化，做到有备无患。

**（二）大学生受挫后的消极行为表现**

## 心理小贴士

### 心理防御机制

面对挫折，每个人都有自己的应对态度和方式，心理防御机制就是人在面对挫折时自发产生的反应，能帮助人们暂时缓解消极情绪，但它并不能改变已经存在的事实。每个人都会有自我防御反应，常见的心理防御机制根据其作用，可以分为积极的、消极的、妥协的三种类型，每种类型中又包含一些具体形式。了解关于心理防御机制的相关知识，在挫折面前主动选择最适宜的心理防御方式，有意识地运用心理防御机制进行自我心理调节，方能发挥其积极作用，避免其消极影响，提高大学生的挫折承受力，维护和保持健康的心理状态。

当挫折超出了人的心理承受能力的时候，会使人处于应激状态，显得惊慌失措，以致身体协调性和灵活性下降，肌肉僵硬、颤抖、神情不安，感受到强烈的紧张情绪。由于挫折导致的应激状态会引起许多令人痛苦的身体和心理症状，人不可能长期和被动地忍受这种很不舒适的状态，所以总是会采取一些措施来减轻或消除这种消极影响，这时心理防御机制就起了作用，表现在行为上就是各种各样的挫折反应。常见的消极防御机制与挫折反应如下。

**1. 回避与退缩**

当经过多次的挫折，如竞选不上学生干部、学习不理想、入党不够条件，或者自己感到预定大学的目标难以实现，前途渺茫，又没有精神寄托，有些大学生便逃避现实，经常逃课、上网、酗酒，甚至在麻醉和幻想中获得满足。

个体不敢或没有能力面对已经存在或者可能发生的挫折情境而逃离现场或现实的行为，就是挫折反应中的回避或者逃避。有的大学生不敢面对挫折时，逃向自认为比较安全的幻想世界中去。高校中有一部分大学生对自己所学的专业课没有兴趣，有的很难适应大学的学校环境无法坚持正常的学习，考试经常不及格且时常受到老师的批评，于是就把大量的时间花在网络游戏方面，以求排除心中的焦虑和苦闷，这是典型的大学生的挫折回避行为。

从受挫情境中退却，压抑受挫情绪，也是回避的表现形式，我们常称之为退缩，是一种与攻击行为相反的情绪反应。当个人遭受挫折时，不去迎战挫折，反而以退缩式的反应来适应挫折情境，表现出无动于衷、漠不关心的态度。少数大学生遭受挫折后，表现出对人际交往的退缩，不再与亲戚朋友、同学往来，把自己封闭、隔离起来，使自己变得孤僻离群。

幻想是另一种回避表现。幻想是指个体企图以自己想象的虚构情境来应付挫折，借以脱离现实。“白日梦”就是常见的幻想之一，例如某大学生因学习困难而成绩不佳，但他可以想象自己学习成绩很好，将面对鲜花、笑脸等愉快情境时的景象。心理学研究表明，现实中的挫折越是使他感到痛苦，幻想中的成功就越使他感到愉快和满足，他也就越有可能逃避现实而趋向幻想，在由自己想象构成的梦似的情境中寻找满足。幻想偶尔为之，并非失常，任何人都会有幻想，幻想可以使人暂时摆脱现实，使挫折情绪获得缓解。但是，幻想本身并不能解决实际问题，幻想之后还必须面对现实去应付挫折，一个人一旦形成了以幻想来得到满足的习惯时，就有可能形成病态的行为反应。

**2. 固执与退行**

如果说回避与退缩体现了人的主观意识，那么固执与退行则往往是无意识的行为。人们处于惊慌失措状态时，常表现为固执行为。如看见自家房子失火，光拍大腿而不知道叫人灭火。固执又称固着，是指个体遭受挫折后，不去分析原因，总结经验教训，而是采取刻板的方式盲目地反复进行某种无效、一成不变的动作，尽管知道动作对于目标的达成、需要的满足并无帮助。患有强迫性神经症的人就是病态固执行为的典型，其特点是行为呆板无弹性，具有某种强制性，明知没必要但无法停止，这往往是强迫行为没有能被能实现目标的行为取代所致。在高校中，固执行为通常容易发生在那些性格内向、倔强、看问题片面的大学生身上。

常见的固执行为还有“破罐破摔”，一个人若屡次遭挫折，便可能会产生破罐破摔的态度且固执己见。因为在社会生活环境中一而再、再而三地遇到同样的挫折，又一时难以克服，人们就可能慢慢失去信心，忍受痛苦，放弃反抗，而形成刻板化的反应方式。

退行又叫倒退、回归或退化。这是指个体在受到挫折的时候，表现出与自己年龄不相称的幼稚行为，即退回到原来较低的心理发展水平。例如有的大学生在遇到情感挫折后，或蒙头大睡或装病不起，或大哭大闹，或狂吃东西、酗酒等。退行是一种由成熟向幼稚倒退的反常现象，而且本人对此并不能清醒地意识到。退行其根本目的在于发泄心中的不满和博取别人的同情与关注。

退行主要表现有两种：一是无理取闹，如有些大学生在遭受挫折后，控制不住自己的情绪，如同婴儿那样哭闹、耍赖或喋喋不休；二是优柔寡断，退行还表现在受暗示性增高，受挫后降低了明辨是非的能力，埋怨增多，盲目地相信别人，盲目地随从别人或盲目地执行别人的指示，因此变得毫无主见。

**3. 反向与逆反**

通常个体行为方向和他的动机方向总是一致的，即个体有什么样的动机就会有什么样的行动。但在个体受挫以后，就会产生某些不符合社会规范或不为他人接受或容忍的动机，为维护自尊，或避免造成更多的挫折，于是在外表上就以一种截然相反的态度或行为表现出来，用以掩盖自己的本意，以减轻内心的压力，这种行为就是反向，又称矫枉过正。

“此地无银三百两”“欲盖弥彰”等词句正是反向的很好的描述。大学生活中常见这类现象，有的学生一直内心很自卑，但却总是以傲慢不羁、自吹自擂的形式来装扮自己；有的同学原本是非常想亲近某个异性，但害怕遭到对方拒绝或他人讽刺，便装出一副不屑一顾、毫无兴趣的样子，这都是反向的表现形式。反向是因为个体内在的动机和外部的行为相矛盾造成的，所以外在表现往往显得过分夸张、做作。如果长期使用反向的防御机制，会从根本上扭曲真实的自我意识，使动机与行为相脱节，造成心理异常。

有的大学生受到挫折后，不去总结经验教训，反而一意孤行，根据自己的情绪，对正确的方面盲目地持反抗、抵制与排斥态度和言行，这种行为反应称为逆反。俗话说：“你要我东而我偏要西”。逆反在大学生成长过程中有多种表现，如个别学生“不听话”，常与教育者“顶牛”“对着干”；对先进人物、榜样无端怀疑，甚至根本否定；相反对不良倾向持认同情感，大喝其彩等。

产生逆反的主要原因是多方面的，主观上的原因是大学生正处于人格发展的“过渡转换期”，其独立意识和自我意识日益增强，迫切希望摆脱成人的监护。为了表现自己的“非凡”，常常对事物倾向持批判态度；客观上，教育者的可信任度、教育手段、方法的不适当，往往也会导致逆反心理。

逆反作为一种反常心理，其后果是严重的，它会导致大学生出现对人对事多疑、偏执、冷漠、不合群的不良性格，甚至信念动摇、理想泯灭、意志衰退、生活萎靡，抑或转化为犯罪心理、病态心理，所以必须采取有效的对策来防止其发生。

**4. 攻击与轻生**

当个体受到挫折后，常在态度和情绪上产生敌视与报复心理，在行为上可能会产生过激举动，从而表现为攻击行为。攻击行为可能直接指向构成挫折的人或物，也可能转向其他的替代物，还有可能转向自身。

（1）直接攻击。即受挫者将愤怒的情绪直接指向阻碍达到目标的人或物上，以发泄愤怒的情绪，求得心理平衡。青年人由于处于生理、心理机制发育的旺盛期，自我意识强烈，争强好胜，自控能力不强，因而受挫后很容易出现攻击行为。多数情况下，直接攻击表现为怒目而视、反唇相讥、谩骂或拳脚相加等。研究表明，那些对自己的容貌、才能、权力等各方面充满自信，自我感觉良好，自我评价偏高，以及鲁莽、简单、冲动性强、较缺乏生活经验的大学生容易将愤怒的情绪向外发泄，采取直接攻击行为。

（2）转向攻击。有的人在受挫后，如果不能直接攻击阻碍自己达到目标的对象，就会采取变相的攻击方式。一是迁怒他人。当个人发现引起挫折的真正对象不能直接攻击，或碍于自己的身份不便攻击时，便将情绪发泄到其他人或物上去。例如，有的同学考试成绩不好，回到宿舍找同学撒气。间接迁怒的对象本来是无辜的，却要代人受过，成为“出气筒”“替罪羊”。二是迁怒自身。有的人遭受重大挫折后，不切实际地将攻击冲动指向自身，采取自我惩罚。当迁怒自身的惩罚倾向十分强烈时，也有可能导致轻生行为。

虽然直接攻击和转向攻击都在一定程度上暂时发泄心中的愤怒和不快，但由此带来的后果很可能难以消除原有的挫折感，还会引起新的、更大的挫折，同时还会危害他人和社会，造成很坏的影响。可见，攻击是一种非常消极的行为表现，应加以引导和控制。大学生在遭遇挫折时一定要学会“制怒”，用理性手段来调节不良的情绪，要学会一些控制情绪、调节心理平衡的知识和技巧，努力寻找有效途径宣泄自己内心的郁闷和苦恼。

轻生是个体受到挫折后所表现的最为消极的行为反应。当个体在遭遇挫折后，自我意识的烦恼和苦闷发展到一定程度时，对事态产生恐惧，对生活失去信心，对现实感到绝望而采取的最后的“自我保护”的手段。也可以说，当个体内部不快乐因素或外界环境冲突因素达到令人无法忍受的程度时，就会发生自杀行为。选择自杀并不意味着挫折真的没有转机，只不过由于环境条件或以往生活经验的限制，让人看不到转机。无数的自杀危机干预的成功案例让我们有理由相信，在人们的日常生活中，没有什么事是无法忍受的、毫无转机的、无法规避的和永无止境的，人在任何时候都是可以做出选择的，自杀并不是遭受挫折后的唯一出路。

## 三、大学生的挫折心理调适

### 延伸阅读

#### 永不退缩的林肯

出身贫寒的林肯，终其一生都在面对挫败。很多次，他本可以放弃，但他选择了坚持，也正因为如此，他才成为美国历史上伟大的总统之一。以下是林肯进驻白宫前的简历：

1816 年，家人被赶出了居住的地方，他必须工作以抚养他们。

1818 年，母亲去世。

1831 年，经商失败。

1832 年，竞选州议员——但落选了！

1832 年，工作也丢了——想就读法学院，但进不去。

1833 年，向朋友借钱经商，但年底就破产了，接下来他花了 16 年才把债还清。

1834 年，再次竞选州议员——赢了！

1835 年，订婚后即将结婚时，未婚妻却死了，因此他的心也碎了！

1836 年，精神完全崩溃，卧床六个月。

1838 年，争取成为州议员的发言人——没有成功。

1840 年，争取成为国会候选被选举人——失败了！

1843 年，参加国会大选——落选了！

1846 年，再次参加国会大选——这次当选了！前往华盛顿，表现可圈可点。

1848 年，寻求国会议员连任，失败了！

1849 年，想在自己的州内担任土地局长的工作——被拒绝了！

1854 年，竞选美国参议员——落选了！

1856 年，在共和党的全国代表大会上争取副总统的提名——得票不到 100 张。

1858 年，再度竞选美国参议员——再度落败。

1860 年，当选美国总统。

“此路艰辛而泥泞。我一只脚滑了一下，另一只脚也因而站不稳。但我缓口气，告诉自己：这不过是滑一跤，并不是死去而爬不起来。”林肯在竞选参议员落败后如是说。

亚伯拉罕·林肯与乔治·华盛顿、富兰克林·罗斯福被公认为美国历史上最有作为的三位总统。林肯的一生是在接连不断的磨难中度过的，挫折是他生活的主旋律，抑郁是他的大敌。但林肯始终没有放弃，直到生命的最后一刻！

（资料来源：曹希波．培养儿子坚韧品质的成长故事［M］．南昌：南昌人民出版社，2007.）

### （一）采取积极的应对模式

有理智性反应的人，受挫后能够保持冷静，面对现实审时度势，认真分析，找出挫折的原因，采取积极进取的态度和反应对待挫折。鉴于大学生的生活经验和对挫折的认识不足，受挫后往往不容易采取理智性态度。因此，提高大学生的理智性反应，才能使他们在挫折中成长。概括起来，理智性反应主要有以下三种方式。

#### 1. 坚持目标，矢志不渝

人生的征途不可能是一帆风顺的，在向着理想目标奋进之时，常常会遇到不如意的事情，遭受挫折是在所难免。当个体受挫后，通过冷静的分析，觉得自己所追求的目标是现实的、正确的，那么即使暂时遭遇了挫折，甚至是比较严重的挫折，也应该坚定信心，克服各种困难，找出排除障碍的办法，毫不动摇地朝既定目标迈进，实现自己的愿望，达到预定的目标。古今中外多少伟人都是在经历了多少次失败后，仍矢志不渝，奋斗不止，最后获得成功。

莱特兄弟发明滑翔机时，经历了上千次的飞行试验，并为此付出了生命的代价，然而他们没有放弃，矢志不渝地实现翱翔天际的梦想，他们对飞机的发明创造被誉为是 20 世纪对人类影响最大的三大发明之一；马克思在写《资本论》期间，面对反动势力的追击和迫害，面对来自社会的各种诬蔑，饱尝了长期流亡和贫困生活的痛苦，经受着各种疾病的折磨，但他坚强的毅力始终不动摇。他说过：“我一直徘徊在坟墓的边缘，因此，我必须把我能够工作的每一分钟用来完成我为之牺牲了健康、人生幸福和家庭的著作。”我国明代名医李时珍30余年奋斗不懈，终于完成《本草纲目》。纵观历史，古今中外凡是有所建树之人，无一不是在挫折面前经受住了考验，而铸造了一个不平凡的人生。

**2. 调整目标，继续努力**

由于自身条件或社会因素的限制，多次尝试不能实现确定的目标，于是自知难以达到预定目标而受挫折时，我们就要通过调整目标的方法，增强继续前进的信心和勇气，包括降低目标，改变行为，或者树立新的目标，以实现自己的愿望，使需要得到满足。

（1）降低目标。当个体受挫后，应冷静思考、认真分析，找出目标不能实现的原因。可能是原来制定的目标太高，不符合自己的实际情况，从而把原目标适当地调整。而实现目标的途径和行为方式，则根据具体情况决定是否作适当变换，这里关键是仍要继续努力，才有可能获得成功。

如某位大学生从大学一年级就明确了拿奖学金的目标，以缓解家庭的经济压力，但是由于英语的基础和水平非常差，这样经历了三个学期下来，英语考试刚刚及格，目标难以实现，自己时感胸闷、失眠、压抑、郁郁寡欢，在保持平和的心态和担心学习困难科目的考试（特别是英语）的焦虑不安之间很难保持平衡，显然，对该生来说拿奖学金的目标很难实现。于是降低目标，暂时放弃奖学金的目标，转向去申请贫困生的励志奖学金。这种目标的重新审定与降低，并非惧怕困难，而是实事求是的表现。这同时也降低和避免了由于目标不当难以实现而可能产生的挫折感和焦虑情绪。

（2）改换目标。个体在实现目标的过程中，发现由于自身条件的限制或社会因素的变化，原定的目标难以实现而改换目标，同样是使需要得到满足的一种做法。

麦当劳是全球快餐业的一面旗帜，它的诞生与发展可以说是一个奇迹，这一切都与这个名叫雷·克洛克的坚毅老人分不开。没有他的坚强和审时度势，以及不断根据自己的实际情况调整目标，就没有后来的麦当劳。雷·克洛克出生的那年，恰遇美国西部淘金热结束，一个本来可以发大财的时代与他擦肩而过。克洛克读完中学本应该上大学，可1931年的美国经济大萧条，使他囊中羞涩而和大学无缘。后来当他想在房地产方面有所作为时，不料第二次世界大战烽烟四起，房价急转直下，好不容易生意才打开局面，结果“竹篮打水一场空”，就这样，几十年来，失落、逆境和不幸一直伴随着克洛克。当他56岁时，来到加利福尼亚州的圣伯纳地诺城，发现牛肉馅饼和炸薯条备受青睐，于是到一家餐馆学做这种东西。对于一个年过半百的学徒来说，其中的艰辛是常人难以忍受的。命运没有将这个平凡的老人打倒，而让他更加坚定自己的信念，于是有了风雨过后亮丽的彩虹。后来这家餐馆转让，雷·克洛克接了过来，并且将餐馆的招牌改为“麦当劳”。

**3. 身处逆境，奋起升华**

面对挫折或失败，人们可能因为生活阅历、道德信仰、人生态度、价值观念等诸多方面的不同而有不同的反应。有人听天由命，逆来顺受；有人委曲求全，消极逃避；有人抵触仇视，攻击破坏。然而，也总是有人身处逆境却矢志不移，用更多的精力去实现更高的目标，这就是升华。升华是少有的积极防御机制，是将挫折引发的不良情绪变成奋起的力量，转投到社会认可的行为当中去。

太史公司马迁在《报任安书》中有过这样的一番话："盖文王拘而演《周易》；仲尼厄而作《春秋》；屈原放逐，乃赋《离骚》；左丘失明，厥有《国语》；孙子膑脚，《兵法》修列；不韦迁蜀，世传《吕览》；韩非囚秦，《说难》《孤愤》；《诗》三百篇，大抵圣贤发愤之所为作也。"歌德失恋而作《少年维特之烦恼》，奥斯特洛夫斯基在病榻上以顽强的意志完成《钢铁是怎样炼成的》。这些事实都清楚地表明，古往今来，有多少不朽的业绩都成就于处于逆境中的人。当你冲破"黑暗"，看到"朝霞"，经历过各种艰辛困苦，到达成功的终点，蓦然回首，你会发觉自己内心变得如此坚强有力量，而世界是如此丰富有色彩，生活又如此充实有意义，这难道不是挫折磨炼之后带来的另一种重要的收获与成功吗？

**心灵咖啡**

### 驴子与枯井的故事

农夫的驴子不小心掉进一口枯井里，农夫绞尽脑汁想办法救出驴子，但几个小时过去了，驴子还在井里痛苦地哀嚎着。最后，这位农夫决定放弃，他想这头驴子年纪大了，不值得大费周折去把它救出来，不过无论如何，这口井还是得填起来。于是农夫便请来左邻右舍帮忙一起将井中的驴子埋了，以免除它的痛苦。

农夫的邻居们人手一把铲子，开始将泥土铲进枯井中。当这头驴子感觉到自己的处境时，刚开始哭得很凄惨。但出人意料的是，一会儿这头驴子就安静下来了。农夫好奇地探头往井底一看，出现在眼前的景象令他大吃一惊：当铲进井里的泥土落在驴子的背部时，驴子的反应令人称奇，它将泥土抖落在一旁，然后站到铲进的泥土堆上面！就这样，驴子将大家铲到它身上的泥土全数抖落在井底，然后站上去。很快地，这只驴子便得意地上升到井口，然后在众人惊讶的表情中快步地跑开了。

**（二）掌握正确应对挫折的方法**

**1. 快乐四步法**

快乐四步法是一种综合适应识别思维以及情绪的过程的方法，可广泛用于各种挫折问题情境中。具体步骤如下：

（1）识别烦恼的情境。描述自己感到烦恼的事情和问题，寻找使我们不愉快的人或事。

（2）识别负性的情绪。学会使用忧伤、愤怒、挫败、焦虑、内疚和绝望等词汇来描述内心的感受，并用0~100评定负性情绪的强度。常见的消极情绪清单有：悲伤、压抑、孤独、不悦、焦虑、担心、害怕、恐惧、紧张、愤怒、恼火、生气、烦恼、害臊、尴尬、羞辱、失望、嫉妒、羡慕、愧疚、伤害、疑虑等。

（3）运用三栏五栏技术。认识与情绪有关的负性思维，即对烦恼情境的看法和解释，评估对这些想法的相信程度（表10-1）。然后，向这些想法进行挑战，识别这些想法的歪曲和不合理之处，查找逻辑漏洞，并用符合逻辑的信念去替代它们，然后记录合理想法的相信程度（表10-2）。

表 10-1

| 情境<br>引起不愉快情绪的具体事件：<br>事件—地点—人物 | 自动化思维及相信程度<br>事件发生时脑子闪过的想法-画面：<br>相信程度评分，0~100% | 情绪及其强度 *<br>写下出现的情绪：为情绪的强度评分：0~100 分 |
|---|---|---|
| 我听见窗户的咔咔声 | 有人闯进我的房子<br>（70%） | 焦虑、害怕<br>80 分 |

表 10-2

| 情境 | 自动化思维<br>及相信程度 | 情绪及其强度 * | 合理想法 | 情绪变化<br>行为计划 |
|---|---|---|---|---|
| 我听见窗户的咔咔声 | 有人闯进<br>我的房子（70%） | 焦虑、害怕<br>80 分 | 是外面的风让<br>窗户松动了 | 焦虑、害怕<br>20 分<br>不去管它 |

### 2. 自我暗示法

自我暗示又称自我肯定，是对某种事物的有力、积极的叙述，这是一种个体正在想象的事物坚定和持久的表达方式。进行肯定的练习，能让个体用一些更积极的思想和概念来替代过去陈旧的、否定性的思维模式。自我暗示可以默念进行，也可以大声地说出来，还可以在纸上写下来，更可以歌唱或吟诵。每天只要十分钟有效的肯定练习，就能改善个体许多年的不合理思想习惯。心理学的研究表明，语言是思维的载体，思维以语言的形式呈现，亦可由语言塑造。个体越是经常性地意识到自己的内部语言，选择积极的语言，就越能够容易地创造出一个积极的现实。

运用自我暗示法缓解压力和调整不良情绪，主要也是通过语言的暗示作用。如发怒时提醒自己“心平气和”“退一步海阔天空”；忧愁时提醒自己“愁也没用，还是面对现实，想想办法吧”；当有比较大的内心冲突和烦恼时，告诉自己“一切都会过去，已经渡过了许多难关，这次也一定能顺利渡过”等。要想获得良好的暗示效果，暗示调节法最好按照一定的步骤来实施：

①选择最佳的自我暗示时间。自我暗示的时间应该选择在大脑皮层兴奋性降低的状态下进行，如早晨刚醒、中午午休和晚上入睡之前进行。

②进入放松的暗示状态。在大脑皮层兴奋性很高的状态下，不易进行自我暗示，在放松的状态下进行暗示，效果较好。置身于一个舒适的地方，躺着或坐着，放松身上每一个细胞，使身体完全放松。如果受到条件的限制无法做到完全放松，也应该尽量使自己的心身镇静，精神放松，排除杂念，在专心致志的状态下再进行。

③暗示过程中尽量运用想象。想象每一件事都像自己所希望的那样发生，还可以想象人们在说什么、做什么或其他使这件事显得真实的细节。比如某位同学特别害怕当众发言，因此非常渴望有一天能在讲台上自信并且口若悬河地发表自己的看法，那么就可以在脑海中充分想象这样一幅场景，想象自己的勇敢和从容不迫，以及老师和同学赞许的目光。

④选择好自我暗示的内容。暗示内容的选择，标志着自我暗示的性质。我们应该选择积极

的、能促使人心身健康的内容，把想象中的形象或念头保持在自己头脑中，在内心对自己做一些十分积极的、肯定的普遍暗示的基础上，再加上特殊内容的暗示，如“我有信心对付各种各样的挫折”（普遍暗示），“生气是对自己智慧的侮辱，焦急是对自己无能的惩罚，而无助于事情的解决”（特殊暗示），把二者结合起来，效果则更好。自我暗示的语句最好是自己经过思考总结出来的，或来自于他人但能被自己深度认同的。语句应该尽量简洁，便于回忆和使用。

⑤结束想象，继续自我肯定。在说过这些肯定的话后，我们即将结束自己的想象。结束时，对自己说一段坚定的话：“我设定的目标一定会实现”“积极的思想和行动使我成功”等。

**3. 呼吸调节法**

呼吸调节法是放松调节的一种方法，就是通过有意识地调节自己的呼吸来达到放松和释放的目的，处理好心情才能处理好事情。挫折带来了紧张焦虑情绪，生理症状有时也很明显。人们在情绪激动时，常会出现呼吸急促、出汗、心跳加快等生理变化，这是身心相互作用的结果。与之相反，如果我们能控制自己的生理反应，那么激动的情绪也能得到缓解。这样可以防止我们被挫折带来的负性情绪淹没，有助于我们恢复平静的情绪状态，理性地面对和解决问题。

（1）深呼吸。当情绪激动得难以自制时，可试着运用深呼吸来降低情绪的激动。方法是首先采取一种自感舒服的坐姿，然后慢慢闭上双眼，接着开始深深吸气。吸气时要注意不要急躁，把速度放慢，慢慢地吸足一口气，屏息静坐几秒钟后再缓缓把气呼出来，等把吸入的空气全呼出后，再重新缓慢地吸气。这样反复多次，就可以使心情逐渐平静下来，心身也得到了放松。

（2）腹式呼吸。具体步骤是先选取一种舒服的姿势，坐在椅子上或自然站立着，然后轻轻闭上双目，先把气体从嘴和鼻子里慢慢吐出，边吐边使腹部凹进去，等气体完全吐出后，再闭上嘴巴，用鼻子慢慢地吸气，直到腹部慢慢鼓起来。吸足气之后，再一边让气体从鼻孔中轻轻吐出，以便让腹部凹进去，练习时，还可边吐气边默默地数数，这样有助于集中注意力。

（3）内视呼吸。内视呼吸就是一种运用视觉表象来调节呼吸，进而调节心情的方法。具体步骤是先闭目静坐，舌尖抵住上颚，脸部呈自然放松状态。然后，一边做慢而深长的腹式呼吸，一边想象气流正缓缓地从鼻孔进入鼻腔。接着，在想象中气流继续前进到达腹腔，再经过左（右）髋部位走到左（右）大腿、左（右）膝盖、左（右）小腿，左（右）脚底等。之后，再接着想象气流沿着原路返回，直到把气体完全排出体外。这样，反复进行练习，交替想象气流的一出一进，每次练习 8 分钟即可。

**4. 活动转移法**

活动转移法就是借助其他活动把挫折情绪所积聚的能量排遣出去，使紧张得到松弛与缓和的方法。比如遭受挫折心情郁闷时可以通过跑步、打球、倾诉、逛街、旅游、听音乐、写日记、看喜剧等方式调节心情，也可以寻求心理咨询师的帮助。人在消极情绪状态所积攒的能量若得不到及时发泄，就会危害到身体健康，但是，社会规则有种种限制，我们不可能随心所欲地将不良情绪释放到伤害我们的情境或人身上。所以，我们可以把在挫折状态下积聚的能量，转移到其他无害的活动中去。

活动转移法的目的还在于使受挫者暂时避开挫折情境，防止不良情绪的再度影响。根据巴甫洛夫的条件反射学说，人在发怒、发愁时，会在大脑皮层上产生一个强烈的兴奋中心，这时如果另找一些新颖的刺激，引起新的兴奋中心，便可以抵消或冲淡原来的兴奋中心。人在遭受挫折之后，必然产生相应的情绪反应，为了摆脱不良情绪的困扰和挫折情境的纠缠，可以去参加使自己愉快的活动，或暂时避开挫折情境，从而把注意力从引起不良反应的刺激情境上转移到其他事物上去。

在现实生活中，对自己产生强烈情感刺激的事件，通常都是与自身利益密切有关，仅靠消极的躲避是不够的，只有主动地转移情感，寻找新的精神依托，才能慢慢地淡化不良情感的刺激。如学习中有不愉快的事，可用生活中的乐趣来缓解；而生活中的不幸，可用学习中的成就来弥补。经验证明，转移的情境，与原来引起挫折的刺激情境差异越大，个人心情转换的可能性也越大，不良情绪消除得也越快。因此，在转移情境时，应该选择那些在时间、空间和性质上与原刺激情境差别较大的事物。当获取了新的乐趣或新的收益，人沉浸在自己喜爱的活动中时，那么，过去的苦闷和失落感就会很快被新的希望和感受所替代。活动转移的方式很多，包括听音乐、看喜剧，或者旅游、参加体育运动等。

**5. 总结升华法**

这是指将挫折造成的痛苦、愤怒转化为具有社会价值的积极行为，使受压抑的潜能得到变相释放，以缓冲精神的压力，使心理趋向平衡的自我调适方法。每位同学都希望自己事事顺利，但客观上却不是一切都尽如人意，因此，自觉运用升华法是消除不良情绪的有效方法。古往今来，无数成就伟业的人在人生重大挫折面前没有消沉，如许多不屈不挠的伟人和革命家，挫折赋予了他们非同寻常的意志力。他们奋起、不屈不挠，他们是我们的榜样，我们应该向他们学习，把挫折当作人生进取的催化剂，把磨难看成人生攀登的阶梯。

法国大文学家罗曼·罗兰说得好：“痛苦这把犁刀一方面划破了你的心，一方面掘出了生命的心理水源。”罗曼·罗兰曾经向心爱的索非亚求爱被拒绝后，很痛苦，但他没有因为失恋而失去对生活的勇气和热情，而是从此发奋学业，励精图治，刻苦攻读，把生活的挫折当作生命力的加油站，经过不懈努力，终成一代文豪。

## 心理训练

**活动一：自我探索**

### 挫折承受力自测问卷

指导语：朋友，你承受挫折的能力如何呢？这份自测问卷能帮助你了解自己的受挫能力。请你在下面每项的A、B、C三者之间择其一，并对所选的画个记号，如“√”。

1. 碰到令人担心的事，你会：

A. 无法着手工作　　B. 照干不误　　C. 两者之间

2. 碰到讨厌的对手时，你会：

A. 感情用事，无法应付　　B. 能控制感情，应付自如　　C. 两者之间

3. 失败时，你会：

A. 不想再干了　　B. 努力寻找成功的机会　　C. 两者之间

4. 工作进展不快时，你会：

A. 焦躁万分，无法思考　　B. 可以冷静地想办法　　C. 两者之间

5. 工作中感到疲劳时，你会：

A. 脑子不好使了　　B. 耐住疲劳继续工作　　C. 两者之间

6. 工作条件恶劣时，你会：

A. 无法干好工作　　B. 克服困难创造条件　　C. 两者之间

7. 在绝望的情况下，你会：

A. 听任命运摆布　　B. 力挽狂澜　　C. 两者之间

8. 碰到困难时，你会：

A. 失去信心　　B. 开动脑筋　　C. 两者之间

9. 接到很难完成的任务或很难完成的工作时，你会：

A. 顶回去　　B. 千方百计干好它　　C. 两者之间

10. 困难落到自己的头上时，你会：

A. 厌恶至极　　B. 欣然努力克服　　C. 两者之间

【计分】

答A得0分，答B得2分，答C得1分。将各题得分相加得总分。

【结果解释】

如果你的总分在17分以上，证明你受挫能力很强；

如果你的总分在10~16分，证明你的受挫能力较强，但对某些特定挫折的承受力比较弱；

如果你的总分在9分以下，说明你对挫折的承受能力比较弱，需要加强训练。

**活动二：活动体验**

## 天使与恶魔

三人一组，大家轮流扮演天使、凡人与恶魔。

担任凡人者说出那个自己觉得有压力的事件，恶魔的目的是让凡人压力更大，说出使人压力更大的话，天使则必须帮助凡人解除压力。每次由天使先说30秒，再换恶魔说30秒，每个人皆轮过三个角色为止。每个人轮流在组内说出刚刚扮演不同角色的感受，邀请愿意主动发表的同学分享。

结论：消除压力的方法有很多，有一种方法就是多听听自己的天使说话，让恶魔闭嘴。多想想一些乐观、理性的、积极的想法。

直面挫折

1. 每组自愿出5人站成一排。成员需按照指导者的口令作相应的动作，指导者喊一时，向右转；喊二时，向左转；喊三时，向后转；喊四时，向前跨一步；喊五时，不动。其余同学监督。

2. 当有人做错时，做错的人要走出队列，站到大家面前先鞠一躬，举起右手高声说："对不起，我错了！"

3. 喊过的成员还有一次继续游戏的机会。他可以选择继续留在队伍里，也可以选择

离开队伍放弃游戏。

4. 第二次错误的同学要走出队列，举起右手握拳说："我还会继续努力的！"

5. 分享感受。

**活动三：思考感悟**

### 不当"草莓族"

上海青年研究中心发布的一项调研显示，用人单位对大学毕业生心理素质的满意度排在倒数第二。一些职场新人表现出"命令不得""说不起"、抗压能力不强等问题，被冠以"草莓族"的称号。

"草莓族"一词最先流行于我国台湾。一些职场新人外表光鲜亮丽，"质地"却绵软无力，遇压就抵抗不住，变成一团稀泥。不少用人单位抱怨说，他们工作要钱多、事少、离家近，自尊心又特别强，话稍微说重了就辞职不干，不开心就撂挑子。因此往往一份工作干不长就被辞退或"跳槽"不断，职业生涯发展不顺。

专家分析指出，"草莓族"大多生于改革开放以后，家庭物质条件较为富足，从小被父母呵护备至，因此很少有真正不顺心的事。在成长过程中，他们又多把精力集中在学习上，以至应试能力强，社会适应能力弱；业务水平出色，心理素质较差，碰到压力甚至很小的挫折就会像草莓一压就扁。专家建议，一方面社会应给他们一份理解和宽容，给他们从"草莓"成长为"荔枝"甚至是"榴莲"的时间；另一方面职场新人也要及时调整心态，笑对压力和挫折。

请思考以下内容：

1. 在你的人生道路上，至今为止你所经历的最大挫折是？
2. 你是怎样化解的？
3. 从中你悟出了什么？
4. 你将如何提高自己的挫折承受能力？

## 推荐阅读

1. ［美］安德鲁·佐利，安·玛丽·希利．恢复力——面对突如其来的挫折你该如何面对［M］．鞠玮婕译．北京：中信出版社，2013.
2. 钟向阳．大学生挫折管理与辅导［M］．北京：北京师范大学出版社，2010.
3. 张旭东，车文博．挫折应对与大学生心理健康［M］．北京：科学出版社，2005.

## 推荐影视

1. 《阿甘正传》
2. 《肖申克的救赎》
3. 《曼德拉传：漫漫自由路》
4. 《当幸福来敲门》

# 第十一章

# 拨开迷雾，点亮心灯——大学生常见心理疾病及应对

## 任务目标

- 理解有关心理疾病方面的知识对心理健康的重要性
- 了解大学生心理疾病的类别及主要症状
- 学会科学地对待心理疾病

天才与疯子比邻。从天才到疯子，仅有一步之遥。

——约翰·德莱顿

## 故事导入

### 张国荣与抑郁症

张国荣，1956年9月12日生于香港，著名歌手、演员、音乐人，演艺圈影视歌多栖发展的代表之一。张国荣在世时主演了《霸王别姬》《阿飞正传》《英雄本色》《倩女幽魂》等经典影片。

但是，就是这样一位著名的影视歌三栖发展的明星，却因为抑郁症而结束了自己的生命。

2002年，张国荣筹划导演一部电影《异度空间》。在准备阶段，工作困难重重，他感觉到身体与精神上出现不适，于是便停减各项工作，但是病情却没有因此得到好转。之后，他去找精神科医师寻求帮助并接受治疗，但是症状却没有得到消除，身体与心理上的折磨日益加重。2003年的4月1日，张国荣于香港文华东方酒店跳楼身亡，享年46岁。

张国荣去世后，他生前的朋友和同事描述了他生前患病期间的一些情况。首先，在他患病的一年当中，深受失眠所苦，必须靠安眠药才能入睡；其次，他经常发呆，神情恍惚，听不见别人讲的话，言语表达不流畅；再次，性情也有所改变，脾气变大，所想的都不是好事，看许多事也都不顺眼，经常发脾气，影响周围邻居。除此之外，张国荣在患病期间一直存在自杀的念想，2002年，他曾服安眠药企图自杀过。总之，他的正常工作受到了很大负面影响。

除了张国荣，历史上还有很多名人患有抑郁症。赵匡胤、林肯、罗斯福、丘吉尔、巴顿、牛顿、达尔文、爱因斯坦、梦露等人都曾经受到过此病的折磨。而凡·高、海明威、

徐迟、三毛、阮玲玉、顾城、海子、陈宝莲、李恩珠等的自杀都是因为得了抑郁症。所以，抑郁症被冠称“世界上第一号心理杀手”。

## 心灵导航

美国精神医学大师 Irvin D. Yalom 说过一句话：“或许症状是意义的信差，而且，只有在它们的意义获得理解后，症状才会消失。”

大学生是祖国的栋梁，民族的希望，他们的心理健康与否，不仅影响个人的学习和成长，而且直接关系到国家和民族的兴衰。大学生作为新生力量，是国家的未来，他们对精神疾病的认识和理解在某种程度上反映了一个国家精神文明的建设水平。因此，作为一名大学生，很有必要去了解精神疾病的相关知识和学习一些应对常见精神疾病的方法。

### 一、心理疾病的相关知识

#### （一）心理疾病概述

心理疾病又称为精神疾病，是一类以精神活动失调或紊乱为主要表现的疾病。它包括精神病、神经症、人格障碍、性变态以及精神发育迟滞等。本章节中涉及的心理疾病是指具有典型精神障碍症状、心理功能受到严重影响的一类心理问题，在临床心理学上属于心理不正常的范畴。

#### （二）心理疾病诊断和评估的标准

近 30 年，精神病学领域取得的重大进展之一是制定了精神障碍的分类和诊断标准。标准的制定一方面促进了学派之间的交流，改善了诊断不一致的问题，对于临床实践有很大的推动作用；另一方面在探讨各种心理疾病的病理生理机制以及病理心理机制、心理因素对于各种躯体疾病的影响以及新药的研制、临床评估和合理用药方面，也发挥着重要的作用。

**1. 生理学标准**

心理疾病的生理标准认为心理疾病跟生理疾病一样有相应的病理或者病理性生理改变。根据临床观察和研究发现：脑器质性病变，如脑部肿瘤、脑萎缩、脑炎、脑血管疾病、脑外伤等，会直接导致各种心理疾病表现，出现意识障碍、智力障碍、严重遗忘症、人格异常等。

**2. 心理学标准**

心理疾病的心理学标准强调个体的主观体验，并通过对其心理及行为评估了解个体是否有不适感。这种不适感能不能靠自我调节得到改善；观察和评估个体在某种特定情况下思维、感觉、行为是否与以往有变化，并且这种变化有没有泛化。判断心理是否异常可遵循以下三原则。

（1）主客观是否统一原则。正常心理活动或行为在形式和内容上与客观现实保持一致（主客观统一）。因为心理是客观现实的反映，所以任何的心理活动都应与客观环境保持一致性。不管是谁，不管是在怎么样的社会背景和社会历史条件及文化背景中，如果一个人说他看到或听到了什么，但是客观世界当时不存在引起相关反应的刺激物，那么这个人的精神活动就不正常了。此外，如果一个人的思维内容脱离现实，或者思维逻辑背离客观事物的规定性，并且坚信不疑、不可说服，这时候他便产生了妄想。统一性原则是我们观察和评价一个人的心理和行为是否正常的关键。

（2）心理活动的内在协调性原则。人类的心理活动虽然可以被分为认知、情绪情感、意志行为等部分，但是这几个部分是紧密联系在一起的完整统一体。各种心理过程之间具有协调一致的关系，这种协调一致性，保证人在反映客观世界过程中的高度准确和有效。例如，当一个人遇到一件令人愉快的事，他会有开心的情绪，可能会手舞足蹈，欢快地跟他人述说自己的内心体验。这样我们就可以说他有正常的心理和行为。如果当一个人用低沉、悲痛的语调向别人说令人愉快的事情或者对痛苦的事情做出愉快的反应，那么则说明他的心理过程失去了协调一致性，称为异常状态。

（3）人格的相对稳定性原则。人格特征有相对的稳定性，在没有重大外界变革的情况下，一般是不易改变的，俗话说，“江山易改，本性难移”。如果在没有明显的外部原因作用的情况下，一个人的人格相对稳定性出现问题，我们就要怀疑这个人的心理活动出现了异常。比如，小明以前用钱很节约，但是突然变得大手大脚，挥金如土。在这种情况下，如果在他的生活中找不出足以使其行为发生改变的原因，那么他的心理活动可能已经偏离正常的轨道了。

**3. 社会学标准**

心理疾病的社会学标准，主要是评估个体的行为是否符合社会规范。一般情况下个体能够合理评估自身需要，并按照社会规范和道德要求去适应和改造环境。如果个体不能够按照社会规范行事，社会功能受损，他的行为则会对他的正常生活、工作和学习造成困扰。结合其他标准，可以将个体的社会功能分解为四个方面：①生活自理的能力；②人际交往与沟通的能力；③工作、学习和操持家务的能力；④遵守社会规则的能力。

对心理疾病的诊断和评估需要三者的结合，心理疾病和躯体疾病一样，都受到生理、心理和社会三重因素的相互影响，仅仅依靠一个标准去断定一个人心理是否异常是不规范的。例如，抑郁症发病期间，病人没有生活自理能力，需要他人的照顾，但是瘫痪病人也可能生活不能自理，因此只参照社会学标准去断定一个人是否有心理疾病是不科学的；如果生活不能自理，同时又没有知觉、情感、意志等方面明显的异常和紊乱，那么，就不能断定为心理疾病。

### （三）心理疾病的形成原因

对于大多数所谓功能性障碍，目前还没有找到确切的病因与发病机制，也没有找到敏感、特异的体征和实验性异常指标。精神障碍与其他躯体疾病一样，均是生物、心理、社会文化因素相互作用的结果。

**1. 心理疾病形成的生物学因素**

异常心理的生理因素主要是神经解剖学、生物化学和遗传三个方面。解剖学认为许多心理疾病导致的异常行为与脑器质性结构的病变有关。生物化学认为神经递质失调和神经递质受体功能低下均可导致心理疾病，研究发现五羟色胺、去甲肾上腺素、多巴胺等神经递质分泌异常在心理疾病方面扮演着重要角色。遗传主要体现在个体对疾病的易感性上，因此遗传对心理疾病有一定的影响，但不是决定性影响。

**2. 心理疾病形成的社会因素**

每一个人都不可避免地遇到各种各样的生活事件（life events），这些事件常常是导致个体产生应激反应的应激源。在大学阶段，恋爱、寝室中的人际关系常常是应急源的主要来源；社会生活中的一些问题，如战争、洪水、交通事故、群体事件、性别歧视等以及个人的某种特殊遭遇，如身体的先天或后天缺陷，某些遗传病、精神病、难治性疾病，被虐待、遗弃、强暴等则是应激源的另一重要来源。

在临床上，与急性应激有关的精神障碍主要有急性应激反应和创伤后应激障碍。前者在强烈刺激后数分钟至数小时内起病，持续时间相对较短（少于 1 个月），表现为精神运动性兴奋或抑制；后者主要表现为焦虑、恐惧、事后反复回忆与梦中重新体验到创伤。

除外来的生活事件外，内部需要得不到满足、动机行为在实施过程中受挫，也会产生应激反应；长时间的应激会导致神经症、心身疾病等。

**3. 心理疾病形成的心理因素**

性格是在气质（一个人出生时固有的、独特的、稳定的心理特性）的基础上，由个体活动与社会环境相互作用形成的。一个具有开朗、乐观性格的人，对人坦率、亲热，思想、感情交流，乐于助人，也容易得到别人的帮助，愿意理解别人也容易被人理解，在人际关系中误会与矛盾少，即使有也容易获得解决。这种人喜欢追求刺激与挑战，在心理应激过程中对挫折表现出较强的耐受性。但是，如果一个比较拘谨、性格抑郁的人，与他人保持一定的距离，对人心存疑虑戒备，不太关心别人，在困难面前显得无能为力，容易悲观丧气，对外界刺激的耐受能力比较差，易患神经症、心身疾病、物质依赖。

有些人从小性格就偏离正常，适应性不良，人际关系恶劣，临床上称之为人格障碍。在精神卫生机构，很多患者都是精神障碍跟人格障碍并存。例如有些患者同时患有精神分裂症和边缘性人格障碍。

## 延伸阅读

### 精神病、心理障碍、心理变态三者如何区别

“精神病”“心理障碍”“心理变态”等词汇经常出现在媒体报道或影视作品当中，那么这些词究竟是什么意思，有何区别呢？

一般来说，“精神病”指的是一类较为严重的精神疾病（重性精神病），临床上表现为精神活动的完整性和统一性遭到破坏，有幻觉、妄想等精神症状，心理活动明显异常，其行为对本人、社会、家庭造成不良影响。患者往往对自己的病态缺乏认识，否认有病，不愿就医，拒绝服药。

“心理障碍”是指轻度精神障碍，其中主要是指神经症，常表现为精神功能削弱，有较多的情绪反应，尽管社会适应能力有所减退，但对周围人不造成明显的不良影响，大多自知有病，并感到苦恼，主动就医。

“心理变态”过去指的是变态人格，现在称为人格障碍。人格是指一个人习以成性的

行为模式。具体来说就是一个人经常性的情感倾向、意志特征和行为方式。若这些方面的心理特征影响人际关系和社会适应，不断给别人和自己造成麻烦，便称人格障碍。人格障碍者一般智能是正常的，没有幻觉妄想，因此不是智力问题，不属于重性精神病。用老百姓的话说，就是性格出了问题。“心理变态”有时也指性变态行为，即性对象选择异常（如恋物癖等）以及性行为方式异常（如窥阴癖、露阴癖）等。

因此，三者之间既有区别，也有联系，有时也不能截然分开。精神病的产生有一定的人格基础，也可以在其早期表现为神经症症状，精神病痊愈后也可以遗留神经症症状和人格改变。

（资料来源：王高华．精神疾病1000问［M］．武汉：湖北科学技术出版社，2006.）

## 二、大学生常见心理疾病及应对

大学生正处于人生发展的关键期，由于受内外因素的影响，容易出现心理疾病，常见的有神经症、精神分裂症、情感性障碍、人格障碍和性心理障碍。下面着重介绍神经症、精神分裂症和情感性障碍及应对措施。

### （一）神经症及其应对

神经症（neurosis）是一组主要表现为焦虑、抑郁、恐惧、强迫、疑病症状或神经症衰弱症状的精神障碍。神经症主要表现为持久的心理冲突，个体觉察到或体验到这种冲突并因而深感痛苦且妨碍心理功能或社会功能，但没有任何可以证实的器质性病理基础。在现行的精神疾病分类方案中，神经症是一个子类，下面分为若干个病种，包括歇斯底里症（癔症）、抑郁性神经症、恐怖性神经症、强迫性神经症、焦虑性神经症、疑病性神经症、神经衰弱和其他神经症。

#### 1. 神经症的类型

下面主要对神经症中的强迫症、恐惧症和焦虑症的症状做一一分析。

（1）强迫症。强迫症（obsessive compulsive disorder，OCD）是以不能为主观意志所克制的，反复出现的观念、意向和行动为临床特征的一种神经症。其特点是有意识的强迫与反强迫并存，患者体验到观念或冲突来源于自我，但违反自己的意愿，虽极力抵抗，却无法控制。患者意识到强迫症状的异常性，但是没有办法摆脱。病程迁延者可表现为以仪式化动作为主而精神痛苦显著减轻，但此时社会功能严重受损。

### 校园案例

某男，25岁，南京某大学在校硕士研究生，小学到初三成绩一直很优秀，最终考上了理想的省重点高中。高三时候的一次课外活动为了多看点书，他就在教室里面复习，突然身体的肛门部位有点瘙痒的感觉，就使劲地收缩肛门括约肌。上课的时候还是觉得此部位不太自在，于是反复地收缩该部位肌肉，后来发展到什么情况下都感觉肛门部位不自在，总需要收缩一下肛门肌肉。现在该生连吃饭睡觉等最基本的生活都难以安心，整天心情苦恼，越是控制效果越糟糕。

强迫症的临床症状主要有强迫观念和强迫动作两种类型。

强迫观念具体的有以下几种表现：

强迫性怀疑。患者对已经完成的事情放心不下，如出门后怀疑门窗有没有锁好。

强迫性回忆。患者对往事、经历，不能摆脱地反复回忆，明知缺乏实际意义，没有必要，但是这种回忆还是不断萦绕在脑海里。

强迫性联想。对所见所闻的某一事物，患者总是立刻联想到接近、相似或相对立的事物。

强迫性穷思竭虑。对一些缺乏实际意义的问题或日常生活尝试无休止地思索，追究。如人为什么要吃饭，一加一为什么等于二。

强迫情绪。强迫情绪指的是患者对某些事物担心或厌烦，明知不对，却无力自拔。如担心自己跟同学讲话，会把不治之症传染给别人。

强迫意向。患者总是出现与正常意愿相反的欲望和冲动。如走在桥上总有往下跳的想法。

强迫动作具体的有以下几种表现：

强迫洗涤。怕不干净而罹患传染病，患者接触了某些东西后要反复洗手，有时洗出血来仍不满足。除强迫洗手外，还有强迫洗衣、洗澡。

强迫记数。例如，患者上楼梯的时候，会不自觉地克制不住记台阶，如果不记数，则会感到焦虑不安。

强迫性仪式动作。患者总要做一定的动作，以此象征吉凶，如睡觉的时候，要完成“关门，把枕头转两圈，敲打一次，然后才能睡觉”的程序。

## 延伸阅读

### “森田疗法”

森田疗法的创始人森田正马（1874—1938）出生于日本高知县香美郡兔田村。父亲是小学教师，母亲是家庭妇女。父母两人的养育子女方式有很大差异。父亲对正马要求严厉，母亲则十分溺爱和娇纵。正马幼时体弱多病，但聪明伶俐。上中学后，由于父亲严格的管教，他开始厌学逃学、离家出走、留级。他16岁时患了头痛症，并且经常出现心悸。医生诊断为心脏病。两年后他又患了伤寒和焦虑性神经痛等病。上大学后，森田时常被焦虑及各种病痛所折磨，为了摆脱烦恼，一方面大量地阅读心理学等书籍，一方面接受各种治疗，但效果甚微，他数次想过自杀。期末来临，他已不能学习和考试。恰逢此时家里没寄生活费，使他陷入绝望的境地。他开始自暴自弃，不再关心自己的身体，拼命看书学习，结果考试成绩非常好，身体的各种病症也减轻了，这也就形成了后来的“放弃治疗”，又称“森田疗法”。

森田疗法最基本的治疗原则是“顺其自然”，即充分认识到精神活动和症状的形成和发展有其自身的客观规律，任何抵制、反抗、回避或压制都是徒劳的，只有服从、顺应和泰然接受，使主观思想符合客观规律，才能使神经质自然消失。另一治疗原则是“为所当为”，即在“顺应自然”态度的指导下，学会控制可控的事情，例如使患者以自己固有的生存欲望努力做自己应该做的事情，以实际行动将精神能量引向外界，陶冶神经质性格，提高适应现实生活的能力，增强自信心，从而改变不良情感。“为所当为”是对“顺应自然”的充实和补充，是对客观规律的确认和积极主动的顺应。

（资料来源：林崇德．心理学大辞典［M］．上海：上海教育出版社，2003：1042.）

（2）恐惧症。恐惧症是一种以过分和不合理地惧怕外界某种客观事物或情境为主要表现，患者明知这种恐惧反应是过分的或不合理的，但是这种恐惧还是会反复出现，难以控制。恐惧发作时常常伴有明显的焦虑和自主神经症状，患者极力回避导致恐惧的客观事物或情境，或是带着畏惧去忍受，因而影响其正常活动。

恐惧症是一种心理疾病，它与一般的害怕或恐惧是有明显区别的，面对危险的情境，如火灾、地震、建筑物突然倒塌等，个体感到害怕并产生逃避反应是正常的，有利的；但是对正常人而言，一些对象根本不可能引起恐惧，或者恐惧的程度很轻，完全可以自我控制，如面对一个手拿积木玩具枪的男孩，一只小狗等。恐惧症患者的恐惧是不切实际的，极度夸张，正常人对恐惧症患者的恐惧是没有办法理解的，觉得没有必要。面对恐惧事物的时候，患者也认为自己没有必要有那么强烈的恐惧，但是就是没有办法去控制，患者总是尽量去回避令自己恐惧的事物。恐惧症主要有广场恐惧症、社交恐惧症和特定恐惧症等。

广场恐惧症又称为场所恐惧症、旷野恐惧症等。患者对公共场所产生不合理的恐惧，因而逃避外出，更不敢参与旅游之类的活动。患者担心在人群集聚的地方不易离开；恐惧自己会晕倒或发生其他意外，而身边却没有亲人或朋友相助；幻想在公众场合下，自己会不能自控地表现出愚昧或过激行为，因此该类患者总是逃避去公众场所。比如害怕离家或独处，害怕进入商店、剧场、车站或乘坐公共交通工具。广场恐惧症患者主要是对观念中即将发生的危险的一种不良预期，预感自己或所爱的人或财产将会发生可怕的后果。

社交恐惧症又称为社交焦虑障碍，常无明显诱因突然起病，中心症状围绕着害怕在小团体中被人审视，一旦发现别人注意自己就不自然，不敢抬头、不敢与人对视，甚至觉得无地自容，不敢在公共场合演讲，集会不敢坐在前面，回避社交，在极端情形下可导致社会隔离，导致明显的社会或职业功能损害。常见的恐惧对象是异性、严厉的上司和未婚夫（妻）的父母亲等。可伴有自我评价低或害怕批评，可有脸红、手抖、恶心或尿急等症状，症状可发展到惊恐发作的程度。

特定恐惧症又称为简单恐惧症，是恐惧症中最常见的一种类型，是患者对特定的对象或情境所产生的害怕。恐惧的对象或情境各式各样。根据这些恐惧的对象，特定的恐惧症又通常被分为三类：动物恐惧，如对猫、狗、蛇的恐惧，偶尔也对鸟和昆虫的恐惧，如对老鹰、蜜蜂、蜘蛛等的恐惧；伤害或疾病的恐惧症，如见到血就产生莫名其妙的害怕等；非生物性恐惧，如害怕登高、坐飞机、暴风、雷电、黑暗的屋子等。很多正常人也会有类似的恐惧症的感受，但是真正的简单恐惧症患者的症状往往是极端不合理的，而且影响正常生活和工作。例如一个怕小猫的女性一旦看见猫的图片或听到猫的叫声就会晕过去或者浑身发抖，听到别人议论猫的时候也会惊恐万状。

（3）焦虑症。焦虑症是以焦虑为主要表现的一种神经症，具体表现为持续的紧张或发作性惊恐状态，但此状态并非由实际威胁所引起的，或患者的惊恐程度与现实条件不相称。一般我们根据具体的临床表现去描述焦虑症。

## 校园案例

小周，女，19 岁，某高校大二学生。患甲状腺功能亢进 3 年，经药物治疗症状得到控制。男朋友即将毕业去另外城市工作。一周前半夜突然惊醒，心慌、心率加速、呼吸困难，有窒息感和濒死感，惊恐不安，全身发抖，出汗，去医院急诊，排除甲状腺发作迹象，医生给予安定静脉点滴约 1 小时后回家。次日能够正常上学。昨晚又一次类似发作，再去医院急诊仍未发现与器质性病变有关，再次用安定缓解。医生认为与心理因素有关，建议接受心理治疗。心理医生咨询得知该女生对于男朋友毕业离去依恋不舍，又怕耽误他的前程，考虑到自己有甲状腺功能亢进，担心病情加重时无人照料，内心一直有矛盾，心情不好影响睡眠。心理医生诊断该生为焦虑症中的急性惊恐发作。

焦虑症一般分为广泛性焦虑障碍和惊恐障碍两种。

广泛性焦虑障碍的临床表现主要有以下特点：第一种是持续性，广泛性焦虑障碍是持续存在，而非发作性的，个体的病态烦恼心情至少持续一个月之久。第二种是弥散性，广泛性焦虑是弥散而非集中的，个体有急性的或慢性的焦虑体验，但是这些体验都不是来自某种具体的威胁，患者本人也不能够说出焦虑的合理理由，因此临床上称之为“游离性焦虑”。第三种是由前两种引起的身体和心理上的持续不适，广泛性焦虑会使得个体产生许多非特定性反应，例如发抖、极度不安、紧张、出汗、头晕目眩、恐惧情感等。

惊恐障碍是指一种以反复的惊恐发作作为主要原发症状的一种类型，这种发作并不局限于特定的情境，通常是在没有任何明显诱因的情况下突然开始，具有不可预测性。惊恐发作的主要症状具体表现在：患者突感不明原因的惊慌、恐惧、紧张不安、濒死感、窒息感、失去控制感等，并伴有心悸、呼吸困难、胸闷、胸痛、头昏、头晕等，手脚发麻或肢体异常感，阵阵发冷发热，出汗、昏厥、颤抖或晃动等。惊恐发作可能持续几分钟到数小时，常常自行缓解，但是还可能再次发作，发作的严重程度也不同。此外，几乎所有的患者在首次惊恐发作后都会继发出现对死亡的恐惧，或害怕失去控制，害怕发疯，因此再次惊恐发作时，患者一般竭力想逃避某种特殊情境以期望惊恐停止，或立即要求给予紧急帮助。此外，大多数患者在惊恐发作后的间歇期，会产生对再次发病的预期焦虑；部分患者还会担心发病时得不到帮助而回避某些情境或活动，进而继发场所恐惧症。

**2. 神经症的应对**

由于病因及发病机制不明确，神经症的治疗是对症治疗。药物治疗对于控制神经症的症状有效，但是心理治疗在神经症的治疗中起着重要作用。有专家认为，药物治疗和心理治疗相结合，是治疗神经症的最佳方法。

（1）药物治疗。治疗神经症的药物种类繁多，如抗焦虑药、抗抑郁药以及促神经代谢药等。有统计数字表明，70%的神经症患者经药物治疗后，某些症状得到缓解，其中有很多人能恢复正常。但是药物治疗存在副作用。患者最好在参考医生建议的前提下，根据个人需要和具体的情况决定是否采用药物治疗。

（2）心理治疗。不同的心理流派对神经症有着不同的理解和治疗方法。但是，经过几十年的临床实践与发展，心理治疗技术逐渐通过整合、折中、合作，融合成较广泛、综合和实用的模式，认知行为治疗和人际关系治疗是目前最为有效的治疗方法。治疗不但能够缓解焦虑症状，而且能够帮助患者学会新的应对方式和处理未来新问题的技巧，同时，与治疗理论无关的因素，如人际性、社会性、情感性因素，包括治疗者对患者的关心、患者对治疗者的信任、患者求治动机与期待等，都对治疗的成效产生影响。

**（二）精神分裂症及其应对**

## 校园案例

小明，男，19岁，某高校大一学生。平时沉默寡言，与同学交流次数很少。最近一段时间表现得郁郁寡欢、目光呆滞。突然有一天，跟自己的舍友说“自己活不了多少天了，如来佛召唤我去大雷音寺做菩萨”。走在校园的路上突然就受惊往宿舍跑，说“路上有人要杀自己，是如来佛派的”，而周围其他同学都未见到有人要杀他。为此小明不敢再出门，躲在自己床上，自说自笑。他说听到厕所里面有人在骂他，抑或有人说他犯了天条，命令他“跳楼”。他见到穿制服的保卫人员就害怕，口称“我有罪”，看见同学就问“公安局的人跟你谈过话吗？为什么我想的事情别人都知道？”看到外面刮风就说父母有难。听不进辅导员、同学的话，拒绝就医，并口口声声说自己没有问题。最终，辅导员联系家长送至医院就医，被诊断为精神分裂症。

目前，精神分裂症定义为重性精神病的一种。患者有感知觉、言语、思维、情感和行为等方面的精神病性障碍。有这些表现的时间至少要有六个月以上方可下诊断。

**1. 精神分裂症的主要症状**

感知觉障碍。幻觉是指没有客观刺激作用于感觉器官时出现的知觉体验。幻听、幻视、幻嗅、幻味、幻触在精神分裂症症状中均可出现，而幻听是最常见的一种。在幻觉支配下，患者会做出一些正常人无法理解的怪异的或违背本性的举动行为。

思维联想障碍。思维障碍是精神分裂症的核心症状，表现在思维内容，思维形式和思维过程方面的异常。也就是说，患者在意识清晰的情况下，联想过程缺乏连贯性和逻辑性，表现为联想散漫和破裂。因此，与精神分裂症患者谈话，正常人会感觉很吃力。思维内容障碍最主要的表现是妄想，而且妄想的荒谬性显而易见。妄想是精神分裂症患者出现频率最高的精神症状，妄想是指缺乏客观事实根据，内容荒谬，难以说服，坚信不疑的一种病态信念。常见的妄想有以下几种。被害妄想：患者觉得本人或亲属处于被迫害当中，别人在背后议论、嘲讽，出门受人跟踪监视，或在饮水食物中下毒。患者因为感觉受到迫害而拒食、逃跑、控告或采取自卫而攻击他人。关系妄想：或称牵连观念，患者将环境中与自己无关的事物都认为与自己有关，认为别人的一举一动、报纸广播的内容都是与自己有关，都是针对自己的恶意中伤。关系妄想和被害妄想往往并存。物理影响妄想：或称被控制感，患者觉得自己的思想和行为被某种高科技仪器控制而不能自主。夸大妄想：患者觉得自己才智超群、地位不凡、富有或系名门后代。除此之外还有钟情妄想、嫉妒妄想、疑病妄想、罪恶妄想，等等。

情感障碍。情感反应与思维内容、外界刺激不符合。患者对周围事物的情感反应迟钝或平淡，对生活、学习的要求减退，兴趣爱好减少。病情严重时，甚至对那些使一般人产生莫大悲哀和痛苦的事，也表现得冷漠无情、无动于衷。同时，又可对细小事件产生爆发性情感反应。有的患者会出现情感倒错，令人高兴的事情引起悲伤的情绪体验，令人悲哀的事情则引起快乐的情绪体验。

意志行为障碍。患者意志活动减退，开始对学习和工作不求上进，得过且过，以后连个人卫生也不注意，不洗头、不洗澡，生活懒散，不与人交往，终日无所事事，呆坐或卧床。有些患者出现意向倒错，比如，喝肥皂水，伤害自己身体等。有时患者受幻觉和离奇的思维支配，表现出冲动行为和攻击性行为。行为障碍表现为不协调的运动性兴奋或不协调的运动抑制。前者兴奋、躁动，甚至冲动毁物、伤人或是做出幼稚愚蠢行为，后者可以表现为木僵（不言不语、不吃不喝、僵直如木）、蜡样屈曲、呆板动作或刻板语言、抗拒、违拗（违抗检查者的指令）。

精神分裂症患者还可能出现人格解体、内心被洞察感等。自知力缺乏也是精神分裂症的一个重要特征，精神分裂症患者对自己的病态表现毫无自知，他们不承认自己有病，往往不会主动求医，但是患者一般无意识障碍及智能下降。而且身体无特殊病变，神经系统也无异常表现。

此外，精神分裂症患者不一定都具备上述各项症状，而且随着疾病类型和临床阶段的不同有很大差异。一般将精神分裂症临床症状分为急性和慢性两个阶段：急性阶段以幻觉、妄想为主，又称为阳性症状；慢性以思维贫乏、情感淡漠、意志缺乏和孤独内向为主，又称为阴性症状。阳性症状和阴性症状的区分是相对的，患者可能两种症状都有。

临床专家根据患者的主要临床表现、起病形式、病程经过、病因学等将精神分裂症分为以下几种类型：单纯型精神分裂症、青春型精神分裂症、紧张型精神分裂症和偏执型精神分裂症。

目前，精神分裂症的病因尚未完全阐明。一般认为遗传因素对精神分裂症的发生有一定的作用，而环境中的有害因素可能起更重要的作用，特别是与不良精神刺激的影响有密切关系。

**2. 精神分裂症的应对**

不论是首次发作还是复发的精神分裂症患者，抗精神病药物治疗可以作为首选的治疗措施。而健康教育、工疗治疗、心理社会干预等措施应该贯穿整个治疗的全过程，也就是目前倡导的全病程治疗。对部分药物治疗效果不佳或有木僵违拗、频繁自杀、攻击冲动的患者急性治疗期可以单用或合用电抽搐治疗。

（1）药物治疗。20 世纪 50 年代以来抗精神病的药物疗法，已经称为治疗精神分裂症最有效和应用最广泛的方法。这些药物有“典型的”抗精神病药剂如氟哌啶醇、氯丙嗪，也有“非典型的”抗精神病药剂如氯氮平。

有研究表明，在患者症状一旦被确定之后，应立即开始精神分裂症的药物治疗，越快越好。病人未经治疗的发病期经历越长，则长期性的整治效果越差。用抗精神病药物治疗的病人，通常要求坚持服药以使症状继续得到缓解，否则停止服药往往会导致复发。与此同时，伴随抗精神病药物产生的长期和短期的副作用，特别是典型的抗精神病药物的副作用，一直会成为患者、家属以及主治医生的烦恼。因此，患者在服用抗精神病药物后，应该听医生的嘱咐，不要擅自停药以及擅自改变服用的药量，否则会造成严重的后果。

（2）心理与社会干预。临床医生曾经用多种形式的心理疗法来治疗精神分裂症患者。为早期精神分裂症病人提供的治疗依赖于自我醒悟或心理动力方法，其主要目的是在患者心中培养内省和自我理解。研究成果对这些疗法的效验并未给予支持。

然而，有研究表明，用精神支持疗法来辅助患者的药物治疗，可能有一定的效果。心理教育方法重点在于提供控制症状方面的知识，证明对减少病情复发是有效的。最有效的心理学治疗方法之一是行为疗法。有些精神病院已建立这样的制度，给患者恰当行为计分或发“奖券”，以后这些分数和奖券可兑现为物质奖励，从而促使病人履行守时、讲卫生和其他社交上可以接受的行为。

近年来，一些医疗机构也尝试定期向家属提供支援，讲授有关精神分裂症的相关知识，以及家庭成员应如何对待这种疾病的建设性指导。通过这种方式，为患者提供良好的家庭支持系统，使医生、患者、家属、单位或学校齐心协力与精神分裂症做斗争。

此外，关键性的有效疗法是提供重返生活的服务。这些服务所采取的形式包括提供设施良好的居住环境、独立的生活技能训练和职业适应训练等。这些训练常常对帮助病人康复有重要作用。

**（三）情感性精神障碍**

情感性精神障碍又称心境障碍，是以明显而持久的心境高涨或低落为主的一组精神障碍，并有相应的思维和行为改变。心境障碍的临床特征是：以情感高涨或低落为主要的、基本的或原发的症状，常伴有相应的认知和行为改变；轻重程度不一，轻者无精神病性症状，对社会功能影响较轻，重者可有明显的精神病性症状，对社会功能影响较重；多为间歇性病程，具有反复发作的倾向。间歇性精神活动基本正常，部分可有残留症状或转为慢性病程。心境障碍包括躁狂抑郁症、持续性心境障碍和其他的心境障碍，如更年期抑郁症等。下面着重介绍最常见的三种情感障碍：躁狂症、抑郁症、双相情感障碍。

**1. 心境障碍的类型**

（1）躁狂发作和躁狂症。躁狂发作（manic episode）的典型临床症状是情感高涨、思维奔逸、活动增多等“三高”，可伴有夸大观念或妄想、冲动行为等。发作应至少持续一周，并有不同程度的社会功能损害，或给别人造成危险或不良后果。躁狂可一生仅发作一次，也可反复发作。

躁狂发作时患者情感高涨，患者表现为自我感觉良好，心境轻松、愉快，生活快乐、幸福，得意扬扬，整日兴高采烈。其高涨的情感具有感染力，言语风趣，能够引起周围人的共鸣。

其次，患者思维奔逸，具体表现为联想速度明显加快，思维内容丰富多变，自觉脑子聪明，反应敏捷。语量大、语速快，口若悬河。

再次，患者活动增多，并自觉精力旺盛，能力强，想多做事，做大事，想有所作为，因而活动明显增多，整日忙碌不停，但多虎头蛇尾。有的还表现为爱管闲事，爱打抱不平，爱与人开玩笑，爱接近异性；注重打扮，行为轻率或鲁莽（如挥霍、不负责任，或不计后果等），自控能力差。有的患者可出现攻击和破坏行为。

此外，躁狂的一个表现就是夸大观念及夸大妄想。在心境高涨的情绪背景上，常出现夸大观念，自我评价过高，自命不凡，盛气凌人。严重时会发展成为夸大妄想，但内容多与现实相差太远。此外有些患者会出现睡眠需求减少，睡眠明显减少但没有困倦感，是躁狂发作特征之一。例如，躁狂症患者晚上在家里唱卡拉 OK，以至于影响周边邻居休息，造成邻里矛盾。

若患者躁狂发作较轻，无幻觉、妄想等精神病症状，轻度或不影响社会功能者则称为轻躁狂。若躁狂发作较重，可伴有精神病症状（多与心境协调，但也可不协调），明显影响社会功能者称为伴（或不伴）精神病性症状的躁狂。

## 校园案例

9 月开学初，某高校辅导员老师小陈一直忙个不停，除了负责正常的教学工作外，他还要去关心一位特殊的学生——小王。

原来，小王开学就变得反常，除了向同学抱怨家庭不和睦，还不愿上课，整天精力充沛，睡眠减少，晚上在寝室唱歌，影响他人休息，寝室同学对他都有意见。除此之外，小王总是待在学校附近商城购物，由于小王不停购物，早就将父母给的一学期生活费用光，但是小王还是没有停止购物的念想。小陈老师认识到问题的严重性，将小王带至心理健康教育中心，经过评估，心理老师认为其行为偏离常态。

事后，辅导员通知小王的监护人带其去专科医院接受治疗。小王的监护人带她去看精神科医生，经医生诊断，小王患上了躁狂症。

（2）抑郁发作和抑郁症。抑郁发作（depressive episode）以显著而持久的情绪低落为主要特征，而且这种情绪状态往往与其处境并不相称。此外还有思维迟缓、意志活动减退等表现。症状发作持续时间持续 2 周，并且社会功能受到严重损害，给本人带来严重的痛苦或后果。抑郁可一生仅发作一次，也可反复发作。有人称“情绪低落”“思维迟缓”“意志活动减弱”为抑郁发作的“三低”症状。

情绪低落主要表现为情绪低沉、苦恼忧伤、兴趣索然、痛苦难熬，有度日如年、生不如死的感觉，自称“高兴不起来”。常有无助感、无望感和无用感。情绪低落在早晨较为严重，而傍晚时可有所减轻。

抑郁症患者的思维迟缓，反应迟钝，思路闭塞，思考问题困难，记忆力减退，学习能力下降。

抑郁症患者对以前喜欢的各种活动兴趣显著减退甚至丧失。例如一位抑郁症患者之前特别喜欢打乒乓球，但是现在对打球一点兴趣都没有。

抑郁发作的时候还会出现一些身体方面的状况，比如睡眠问题，与平时相比，容易早醒，醒来以后发现不容易睡着，还有表现为入睡困难，或者睡眠过多。有的患者表现为食欲减退，体重下降，有极少数食欲增强，体重增加。根据 ICD-10 的标准，抑郁发作可以分为重度、中度和轻度。抑郁症指的是经历了一次或多次的抑郁发作，期间没有躁狂发作。

（3）双相情感障碍。双相情感障碍（bipolar disorder）的临床特点是反复（至少）两次出现心境和活动水平的明显改变，有时表现为心境高涨、精力充沛和活动增加，有时表现为心境低落、精力减退和活动减少。发作期间通常完全缓解。患者表现为躁狂症的“三高”和抑郁症的“三低”相互转化，交替出现。对双相情感障碍的一个生动的描述是，就像坐过山车一样，可以从最高点滑到谷底，抑或从谷底升到高点。在情感高涨的时候，个体表现为心情特别愉快，表现急躁，睡眠需要减少，健谈，思维活跃。情绪低落时表现为思维迟缓，郁郁寡欢，睡眠增多，活动减少。情绪高涨和低落分别持续的时间并没有规律，短的可能是几天，长的可能几个月。

## 校园案例

江苏某高校一名女生，24 岁，因兴奋、话多与情绪低、厌世交替发作 1 年，兴奋、话多加重 1 月而就诊。患者 1 年前无明显原因出现兴奋、话多、夸大、活动多、挥霍、睡眠少等，未经治疗，2 个月后病情渐自行缓解，工作、生活如常人。6 个月前无原因出现少语、少动、无兴趣、无快感、自卑自责、自杀观念和行为等，在精神科门诊服用“马普替林”150mg/日，治疗 2 个月，病情逐渐缓解，能正常工作、生活，后自行停药。1 月前又出现兴奋、话多等首次发作的表现。

（4）持续性心境障碍。持续性心境障碍（persistent mood disorder）主要分为环性心境障碍、恶劣心境以及混合状态。环性心境障碍（cyclothymia）的主要特征是持续性心境不稳定。心境波动通常与生活事件没有明显关系，波动幅度相对较小，每次波动极少严重到轻躁狂或轻度抑郁的程度。这种心境不稳定一般开始于成年早期，呈慢性病程，可一次持续数年，有时甚至占据个体一生中大部分时间，不过有时也有正常心境，且一次稳定数月。如果没有相当长时间的观察或者充分了解，很难做出评估和诊断。

恶劣心境原称抑郁性神经症，是一种以持久的心境低落状态为主的轻度抑郁，从不出现躁狂。常常伴有焦虑、躯体不适感和睡眠障碍，但是没有明显的精神运动性抑制或精神病性症状。抑郁常持续 2 年以上，期间无长时间的完全缓解，如有缓解，一般不超过 2 个月。患者有求治要求，生活不受严重影响。它通常始于成年早期，持续数年有时终身。恶劣心境与生活事件和性格都有较大关系。

### 2. 心境障碍的应对

心境障碍达到一定程度，仅仅依靠自我调适是不够的，它需要专业的心理治疗和药物治疗。通常采取药物治疗和心理治疗相结合的方式疗效是最好的。临床治疗一般分为三个阶段，即急性治疗期、巩固治疗期和维护治疗期。药物治疗一般 2~4 周开始起效。

（1）药物治疗。躁狂症发作主要以心境稳定剂治疗为主，特殊情况下可选用电抽搐或改良电抽搐治疗。目前比较公认的心境稳定剂主要包括锂盐和卡马西平、丙戊酸盐。临床证据显示，其他抗癫痫药（如拉莫三嗪、加巴喷丁）、第二代抗精神病药物（氯氮平、奥氮平、利培酮以及喹硫平），也有一定的心境稳定作用，可作为候选的心境稳定剂使用。

抑郁发作治疗跟躁狂症发作治疗一样，都以药物治疗为主，特殊情况下也可使用电抽搐以及改良电抽搐的方法进行治疗。抑郁症治疗与相应的心理治疗应该贯穿治疗的始终。抑郁症的药物治疗主要采用抗抑郁药物为主。抗抑郁药物能有效缓解抑郁心境及伴随的焦虑紧张和躯体症状，有效率 60%~80%。抗抑郁药的维持治疗在一定程度上能够预防抑郁复发，但是不能够防止转向躁狂，甚至可能促发躁狂。当抗抑郁药物治疗中出现躁狂发作时，即应该按照双相情感障碍治疗。

（2）心理与社会干预。在药物治疗的同时常合并心理治疗，尤其是有明显心理社会因素作用的抑郁发作患者及轻度抑郁或恢复期患者。支持性心理治疗，通过倾听、解释、指导、鼓励和安慰等帮助患者正确认识和对待自身疾病，主动配合治疗。认知行为疗法、人际心理治疗、家庭治疗等一系列的治疗能够帮助患者重新认识自己、改变自己，矫正自己不良的适应性行为，改善人际交往能力和心理适应功能，提高患者家庭生活的满意度，减轻或缓解患者的抑郁症状，调动患者的积极性，纠正不良人格，提高患者解决问题的能力和应对应激的能力，促进康复，预防复发。

**（四）进食障碍**

进食是人们赖以生存的基本生理需要之一。尽管由于文化、环境、风俗等因素影响着人们具有不同的进食障碍，但是一般健康的进食行为都是共同遵循基本的准则，即满足人的生理需要、保持人的身体健康。进食障碍（eating disorders）是指在心理因素、社会因素与特定的文化压力等因素交互作用下导致的进食行为异常。包括神经性厌食、神经性贪食和神经性呕吐，但是不包括童年期的拒食、偏食和异食。

**1. 进食障碍的类型**

（1）神经性厌食。神经性厌食是指有意停止饮食而导致体重明显低于正常标准的一种进食障碍。随着生活水平的不断提高，物质供应的不断丰富，以及“以瘦为美”标准的要求，神经性厌食的发病率呈增高趋势。

## 校园案例

某女身高 1.65 米，18 岁，认真好学，积极上进，关心父母，一年来进食极少，逐渐消瘦而来诊。去年起父亲常不回家，母亲为此情绪不好。加上为迎接高考学习紧张，压力很大。患者常不吃早餐就去上学，午餐、晚餐进食很少。考试后因未考上理想的大学，心中不快。入学体检时发现自己体重比另一同学多 3 斤，认为自己太胖。随后不敢吃东西，很少吃饭，不吃肉、蛋，仅吃蔬菜、西瓜，多吃一点就呕吐。一年中体重从 56 公斤降到 35 公斤但仍觉得自己太胖，仍在继续节食。自觉精力还好，皮肤干燥脱发，已停经 5 个月。家人曾带其到医院检查，生理指标均正常，无器质性疾病。医生诊断为神经性厌食。

（2）神经性贪食。神经性贪食（bulimia nervosa）是指具有反复发作的不可抗拒的摄食欲望，以及多食或暴食行为，进食后又担心发胖而采用各种方法以减轻体重，使得体重变化并不一定明显的一种疾病。发病人群主要为女性，目前还没有流行病学报告，发病年龄多在 18~20 岁。此病可与神经性厌食交替出现，两者可能有相似的病理心理机制及性别、年龄分布。多数病人是神经性厌食的延续者，发病年龄较神经性厌食晚。

（3）神经性呕吐。神经性呕吐（psychogenic vomiting）又称为心因性呕吐，指进食后出现自发性地或故意诱发地反复呕吐，不影响下次进食的食欲。呕吐常常与心理社会因素有关，如心情不愉快、心理紧张、内心冲突等，无器质性病变，无害怕发胖和减轻体重的想法，呕吐后可再进食。患者的人格特点常表现为表演性人格，表现为自我中心、好表现、易受暗示等，通常在遭遇不良刺激后发病。以反复发作进食后呕吐为主要特征，无明显恶心及其他不适应。呕吐常呈喷射状态。

**2. 进食障碍的应对**

（1）药物治疗。无论有无相关的抑郁症状，目前认为各种抗抑郁药（三环类、选择性 5-HT 再摄取抑制剂、安非他酮和曲唑酮）都能减轻神经性贪食症状。氟西汀是迄今唯一得到 FDA 批准用于 BN 的药物，它可使近 1/3 病人的暴食清除行为得到完全抑制，有效性已被双盲随机临床试验证实。氟西汀的推荐剂量为 20～80mg/d，而有资料报道 60mg/d 更有效。虽然目前认为药物对神经性厌食无确切疗效，但 KayeWH 的研究证实氟西汀可预防神经性厌食患者恢复体重后的复发。

（2）心理治疗。通常采用认知行为疗法治疗，近几年比较流行家庭治疗。认知行为治疗主要目的是改变患者的不合理的认知，以及不适应行为。家庭治疗主要调整家庭成员的相互关系，改变不良的家庭动力模式。有的学者认为患者的家庭大多存在过度的控制、过度保护，厌食行为是对控制的反抗。也有一部分学者认为厌食行为起到缓解家庭矛盾的作用，因此在心理治疗中应该对以上因素加以考虑。

## 三、大学生心理疾病的调适

由于社会变革、竞争加剧、工作生活节奏加快以及其他社会因素的影响，精神病患病率逐渐升高。根据中国疾病预防中心的统计，截止到 2014 年 11 月，中国的重性精神病患者已经达 1600 多万人，其中精神分裂症患者占半数左右。精神疾病已称为当前中国疾病分类中较为严重的一类疾病。在 2001 年 4 月 7 日的世界卫生日上，世界卫生组织将“精神卫生”作为新世纪第一个世界卫生日的组织的主题内容，并号召人们像关爱躯体疾病那样，关爱精神疾病患者。

### （一）科学认识和对待心理疾病

全面认识和理解心理疾病。常常有同学问，自己出门的时候，总担心门没有锁好，然后回去确认一下以后放心，这是不是强迫症？其实，书本上讨论的心理现象在一般人身上也可能出现，如果程度比较轻微，持续时间比较短，并且没有影响到自己的生活、学习以及工作，则不能判定个体存在异常心理。有的学生喜欢将自己出现的某些心理现象与心理疾病牵扯到一起，觉得自己也得了该疾病。事实上，在缺乏相关的专业背景，缺乏相关经验的情况下，仅依据某些现象就判定心理是否异常是不合适的。如果对自己的情况并不是很明确或是觉得该情况在较长时间里面影响了自己的学习和生活，建议寻求专业心理咨询机构或精神科医生的帮助。

及时规范地接受医生的治疗。对于发作期的患者，监护人应该及时送至医院接受治疗，否则病情会逐渐恶化，造成不可逆转的后果。精神疾病治疗一般以西药治疗为主。随着患者病情逐渐好转，心理治疗的作用便逐渐增加，尤其在消除患者对疾病的恐惧、疑惑，对外界的敏感、自卑以及消除病耻感方面具有积极作用。很多服药的患者，经常因为药物治疗不能很快达到疗效或者症状消失后，自己觉得已经康复而擅自停药或调药，导致药物治疗无效或者病情复发。因此，患者不可擅自停药或调药，否则病情会出现反复。

学会正确面对精神疾病。虽然心理健康知识已经在大学范围内得到普遍的宣传，但是由于种种原因，一些有心理疾病的同学受到别人歧视的现象还是时有发生，他们隐瞒自己的心理痛苦，不愿告诉别人自己有寻求帮助的经历。与此同时，他们因为患有精神疾病而对学习和生活失去信心，这样的心态对健康和生活的影响比精神疾病的危害还要大。患者应该在康复期积极投入到学习、娱乐、人际交往中，这样才能有助于自己早日康复，早日适应社会。

### （二）学会关爱心理疾病的同学

在高校中，会有一些同学因为各种各样的原因而得心理疾病。作为他们的同学，应该学会照顾他们，学会跟他们和睦相处。

#### 1. 与有心理疾病的同学一起了解相关信息

和有心理疾病的同学一起了解相应的疾病，比如抑郁症、焦虑症、强迫症等相关知识。了解相关疾病的基本概念、常见的临床综合征、治疗的相关药物的使用注意事项以及相关的副作用、心理咨询和心理治疗的作用。与有心理疾病的同学交流这些内容一方面可以拓展自己的认识，另外一方面也可以培养自己的爱心。

#### 2. 给予有心理疾病的同学关心和支持

真诚地关注和耐心地倾听是给予心理疾病同学最主要的一种关爱方式。给予关注和倾听能够让他们感到被接纳。每一个人的成长经历不同，世界观、人生观、价值观不一样，对待事物的看法也不一样。此外，由于有心理疾病的同学会因为受到感知觉障碍的影响，对客观事物的认知会产生偏差。这些异常的认知会跟正常的认知有很大不同。因此在跟他们交流的时候，多倾听，不要尝试去改变他们的观点。跟他们相处的时候要克制住自己的想法，让他们能够平静地将自己的想法和情绪表达出来。

#### 3. 与有心理疾病的同学一同处理他们生活中遇到的困难

由于药物的副作用或精神疾病的症状，有心理疾病的同学在生活、人际、学习方面受到很大的影响。因此，应该在他们遇到困难的时候，主动去帮助他们。但是，必须要坚持一个信念，那就是每个人都有成长的动力和生存的能力。在他们能够处理自己事务的时候，应该鼓励他们自己去做。

#### 4. 及时与相关老师联系

精神分裂症患者由于没有自知力，他们一般否认自己有病，因此拒绝寻求帮助；患有神经症和情感障碍的个体，他们有自知力，觉得痛苦，会主动寻求帮助；有的患者可能会引发自伤（自杀）或他伤行为。如果发现有同学出现上述状况的时候，应该在第一时间向辅导员汇报。同样，当发现周围的朋友或者亲人有类似情况的时候，务必在第一时间与监护人或警察取得联系，将其送至专业的机构寻求帮助。如果按照一般思考问题的方式去处理，可能会导致一些很严重的后果。此外，在老师到现场之前，应该想办法保证当事人的安全，必要的时候可以请其他同学提供必要的帮助，如果联系不到老师，可以尝试拨打 110 寻求帮助。同时，为了保护当事人，应该替同学保密，应该避免让不相关的人知道该同学的信息。

### （三）了解心理治疗方法

有些同学受到一些影视作品的影响，认为心理治疗就是催眠，就是电休克。其实，心理治疗方法种类很多。下面介绍几种心理治疗方法。

#### 1. 精神分析治疗

精神分析治疗是由弗洛伊德（S. Freud）精神分析的理论提出的。弗洛伊德认为，许多心理障碍是由于那些被压抑在潜意识当中的性本能或意念没有得到释放的结果。如果将无意识变成有意识，破除潜抑作用，揭穿了防御机制的化装，使患者充分了解症状的真实意义，症状便自行消失。通过精神分析工作，患者意识到并在感情上体验到这是幼年时期形成的病根，现在看起来没有意义了，症状也就失去了意义。精神分析的过程中，心理分析师通常使用解析、自由联想、催眠、释梦等技巧去对患者的潜意识内容进行探索。

#### 2. 行为主义治疗

行为主义治疗的基本理论主要来自行为主义的学习原理：经典的条件反射原理、操作条件作用原理和模仿学习的原理。它强调通过对环境的控制来改变人的行为表现。

行为主义治疗的基本假设是：异常行为和正常行为一样都是通过学习、训练以及后天培养获得的。人们的心理问题既可以通过学习获得，同样也可以通过学习而加以改变或消失。常用的行为疗法包括系统脱敏疗法、满灌疗法、厌恶疗法、生物反馈疗法等，行为主义疗法的核心均在于利用控制环境和实施强化使来访者习得良好行为，矫正不良行为，重塑个人形象。

#### 3. 以人为中心的治疗

以人为中心的治疗是人本主义的心理治疗之一，创始人是人本主义心理学家卡尔·罗杰斯（Carl Rogers）。罗杰斯认为“人之初，性本善”，人的本性是具有建设性意义的，人有追求美好生活并为之奋斗的本性。健康代表人格健全和人性的完美发展，病态是健康人格的异化。心理疾病患者并没有失去自身原有的潜能，而是有能力发掘自身潜能恢复健康。以人为中心的治疗通过个别谈话治疗或团体心理治疗两种形式让患者得到改变。

#### 4. 认知疗法

认知疗法是由美国心理学家 A. 贝克创立的体系，它强调信念系统和思维在决定行为和思维中的重要性。认知疗法的基本观点是：认知过程是行为和情感的中介，情绪障碍和非适应行为的产生是由于不良认知，歪曲的、不合理的、消极的信念或思想。治疗的目的就在于矫正这些不合理的认知，从而使病人的情感和行为得到相应的改变。

#### 5. 森田疗法

森田疗法又称为森田心理疗法，由森田正马所创，主要适应征是焦虑症、恐惧症、强迫症、疑病症、神经症等。森田疗法可以分为门诊治疗和住院治疗两种形式。经典的森田疗法是住院治疗，也是对于严重的神经症患者的最佳方法，其程序大致分为四个时期：卧褥期、轻度作业治疗期、重度作业治疗期、复杂的实际生活时期。

## 心理训练

### 活动一：自我探索

### 心理健康自测

美国心理治疗专家、宾夕法尼亚大学的 David D. Burns 博士设计出的一套抑郁症自我诊断表“伯恩斯忧郁症清单（BDC）”。

该量表能够帮助我们快速判断出自己是否存在着抑郁症倾向。请在符合你情绪的项上打分。(没有0分、轻度1分、中度2分、严重3分)

1. 你是否一直感觉到伤心或者悲哀?
2. 你是否感觉到前景很渺茫?
3. 你是否觉得自己没有价值或是一个失败者?
4. 你是否觉得力不从心或自叹比不上别人?
5. 你是否对任何事情都自责?
6. 你是否在做决定时犹豫不决?
7. 这段时间你是否一直处于愤怒和不满的状态?
8. 你对学习、家庭、爱好或朋友是否已经丧失了兴趣?
9. 你是否感觉到一蹶不振或做事情毫无动力?
10. 你是否认为自己已经衰老或者失去了魅力?
11. 你是否感到食欲不振? 或情不自禁地暴饮暴食?
12. 你是否患有失眠症? 或整天感觉到体力不支，昏昏欲睡?
13. 你是否丧失了对性爱的兴趣?
14. 你是否经常胡思乱想，担心自己的健康?
15. 你是否认为生存没有价值，或生不如死?

结果解释:

0~4分　没有抑郁症

5~10分　偶尔有抑郁的情绪，很正常

11~20分　有轻度抑郁

21~30分　有中度抑郁症

31~45分　有严重抑郁症并需要立即治疗

**活动二：活动体验**

**改善抑郁情绪自我调节的实施细则**

| 调节时间 | 主题 | 调节内容 |
|---|---|---|
| 第1周 | 利用自身优势 | 利用大学生优势行动价值问卷（Values in Action Inventory of Strengths，VIA-IS）*，发现个体的5个主要优势，指导个体在以后的1周内每天用新的方法利用自己的1个优势并在每晚记录下自己是怎么发挥自己的优势，自己在利用它之前、之中、之后的感受和自己对未来利用自己优势的计划 |
| 第2周 | 3件好事 | 每天在睡前写下今天发生的3件好事，可以是很普通或者不重要抑或很重要的事情，在每件事情的后面回答为什么这件事会发展得这么好 |
| 第3周 | 感恩的拜访 | 思考一下周围的朋友、家人、老师、同学等，谁对你很重要但你却从未感激过他？约在下周见面，在见面前写一封感谢信，并在见面时向他大声朗读出来。在会面结束后写出自己的感受和他人的反应对自己的影响 |

续表

| 调节时间 | 主题 | 调节内容 |
|---|---|---|
| 第4周 | 回味 | 回顾一天上午、下午、晚上让你觉得快乐的事情，并花上2至3分钟去回味至少2种以上的感受 |
| 第5周 | 积极应答 | 仔细聆听你在乎的人告诉你的事情，并以积极的方式去应对，在晚上对整个事情做出总结 |
| 第6周 | 总结生活 | 想象有那么一天当你退休后，别人写了一本关于你生平的书，你希望书怎么写呢？用1至2页纸的文字写出你希望被别人记住的东西 |
| 第7周 | 积极的服务 | 选择两家机构（可以是家庭、社团、学生会等）来发挥自己的优势，写一下你自己的想法，确保每个想法都能利用你的优势，然后选出一个去具体实施 |
| 第8周 | 保持 | 内省和记录自己在每个干预前后的感受，并确定能长期坚持利用的某一到两个干预方法 |

*《大学生优势行动价值问卷》网络地址：http://survey.askform.cn/127516-232722.aspx

**活动三：思考与感悟**

曾经有一个圆，因为缺了一角，所以很不快乐，于是，他动身去找所缺的一角，他一路向前滚动，一路唱“我要去寻找失去的一角”。他忍受着日晒，经受着寒冷，被冰雪冻僵，又被太阳温暖。由于缺了一角，他没法滚得太快。他有时候会停下来和小虫说说话，或者闻闻花的芳香；有时候他超甲虫的车，有时候甲虫超他的车；最愉快的是他和蝴蝶一起嬉戏的时光。他渡过海洋和湖泊，穿过沼泽和丛林，翻越丘陵和高山。

终于有一天，他遇上了最合适的一角，总算找到了，他感觉真好。他把一角装上，成了一个完美的圆。他一路高兴地唱“我找到了我失落的一角”。因为不再缺少什么，他越滚越快，快得停不下来和小虫说说话，停不下来闻闻花香，停不下来和蝴蝶嬉戏，最后他再也不能歌唱了。他开始明白了点什么，停了下来，把那一角轻轻放下，从容地走开，又开始了一路的歌唱“我要去寻找失落的一角”。

你看了以上这段文章有什么感悟和启发？

## 推荐阅读

1. 金伯利·罗斯，等．与内心的小孩对话［M］．北京：金城出版社，2011.

2. 科萨，等．战胜强迫症：治疗师指南/自助手册［M］．北京：中国人民大学出版社，2010.

## 推荐影视

1. 《禁闭岛》
2. 《火柴人》
3. 《一念无明》

# 第十二章

## 珍爱生命，幸福人生——大学生心理危机应对及生命成长

### 任务目标

- 了解心理危机的含义及其类型
- 识别大学生心理危机发生的信号
- 掌握心理危机干预的常见技术
- 培养尊重与珍惜生命的意识

我为生命的本身而欢喜。对我而言，生命并非短暂的蜡烛。它是一种光辉的火炬，此刻为我所拥有；在交给将来的世代之前，我要使它尽量烧得光亮。

——萧伯纳

### 故事导入

#### 生命的价值

有一个生长在孤儿院的男孩儿，常常悲观地问院长："像我这样没人要的孩子，活着究竟有什么意义呢?"

院长总是笑呵呵地不回答他。

有一天，院长交给男孩儿一块石头，说："明天早上，你拿这块石头到市场去卖，但不是'真卖'，记住，不论别人出多少钱，绝对不能卖。"

第二天，男孩儿蹲在市场的角落，令人意外的是，有好多人要向他买那块石头，而且价钱越出越高。回到院内，男孩儿兴奋地向院长报告，院长笑笑，要他明天拿到黄金市场去卖。接下来的一天，在黄金市场，竟有人出比昨天高10倍的价钱要买那块石头。

最后，院长叫男孩儿把石头拿到宝石市场上去展示。结果，石头的身价较昨天又涨了十倍，更由于男孩儿怎么都不卖，竟被传扬成"稀世珍宝"。

男孩儿兴冲冲地捧着这块石头回到孤儿院，将这一切告诉院长，院长望着男孩儿，徐徐说道："生命的价值就像这块石头一样，在不同的环境里就会有不同的意义。一块不起眼的石头，由于你的珍惜、惜售而提升了它的价值，就被说成稀世珍宝。你不就像这块石头一样吗？只要自己看重自己，自我珍惜，生命就有意义有价值啊!"

这个男孩终于明白了生存下来的意义。后来，在不断努力下，他终于走上了人生的幸福之路。

（资料来源：http://www.lianhekj.com/question/176808280.html.）

## 心灵导航

从关注智商到关注情商，又到现在普遍关注的逆境商数，人们对处理生活事件的方法、途径认识越来越深刻。在今天这个压力无处不在的社会，似乎每个人都要拿出点时间来应对那些不想遇到但偏偏会遇到的事情，而具备一定的应对能力和重大问题处理能力，变成了时下的一致追求，在心理学上，这叫作危机应对，而伴随或源自心理方面的危机，就是本章所要讲到的心理危机及其应对。

### 一、心理危机概述

#### （一）心理危机的含义

俗话说，月有阴晴圆缺，人有旦夕祸福。每个人在这一生中都会遇到许许多多的生活压力与挫折，而当这些遭遇超过了个体的承受和应对能力时，就会打破个体的内心平衡状态，导致个体无所适从，出现生活秩序的紊乱。所谓心理危机，是指个体在生活中突然遭遇重大生活事件（如亲人故去、情感破裂、突发重大疾病、重大自然灾祸等）时，无法回避却又无法运用通常的应对方式来处理问题时所出现的心理失衡状态。急剧发生的心理危机甚至会导致个体思维、行为与人格的严重突变。当然，并不是所有的心理危机都是突发的，当生活中的小压力事件如家庭矛盾、求职受挫等得不到及时处理，日积月累，个体的内在负性能量也会不断累积，当遇到强烈的诱发事件时，也可能会形成心理危机。

不是所有遭遇危机事件的人都会发生心理危机，判断个体是否处于心理危机，要符合三个标准：

首先，存在影响个体心理的重大生活事件。这些事件的发生对个体而言有重要的意义，这主要受个体主观感受与评价的影响，因此，导致个体产生心理危机的事件在客观上差别很大，某些事件对一个人会产生重大心理影响，而对另一个人可能无多大影响。

其次，个体出现明显的心理变化。心理危机不同于一般的心理挫折，处于危机中的个体，不但有更加痛苦、持续时间更长的情绪体验，而且由于影响事件多是突然发生的，因此许多个体会出现明显的认知扭曲或行为异常。

再次，个体缺乏有效应对方式或原有应对机制被破坏。对于生活中绝大多数压力与挫折，我们都能够合理应对，但心理危机却不同，个体因事件的突然发生而无法适应，不能从以往经验中获得有效的应对方法，或者原有的应对机制被破坏，有些个体也会因缺乏有效的社会支持产生心理危机。

心理危机的典型特征，概括起来有以下几个：

（1）突发性。危机常常是出人意料、突如其来的，具有不可控制性。

（2）紧急性。危机的出现如同急性疾病的爆发一样具有紧急的特征，它需要人们去紧急应对。

（3）痛苦性。危机在事前事后给人带来的体验都是痛苦的，而且还可能涉及人格尊严的丧失。

（4）无助性。危机的降临，常常使人觉得无所适从，而且危机使得人们未来的计划受到威胁和破坏。由于心理自助能力差、社会心理支持系统不完善，危机常常使个体感到无助。

（5）危险性。危机之中隐含着危险，这种危险可能影响到人们的日常生活与交往，严重的还可能危及自己和他人的生命。

（6）潜在性。大学生心理危机常常并非以直接爆发的形式体现，而是潜藏于个体内心，当遭遇特定应激事件时，容易引发心理危机。例如马加爵杀人事件，由于马加爵的不良情绪长期得不到宣泄，最终打牌这件小事成为导火索，导致了心理危机的爆发。

从发展历程来看，一个完整的心理危机会经历以下四个阶段：

（1）冲击期：危机刚发生时，感到震惊、恐慌、不知所措；

（2）防御期：想恢复心理平衡，想控制焦虑、情绪紊乱，恢复认知，但不知如何做，会出现否认、合理化等；

（3）解决期：积极采取各种方法接受现实，寻求资源设法解决问题。焦虑减轻，自信增加，社会功能恢复；

（4）成长期：经历了危机变得更成熟，获得应对危机的技巧。但也有人消极应对而出现种种心理不健康的行为。

### （二）心理危机的类型

心理危机按照发生的时间及对个人造成的影响，大致可分为三类。

#### 1. 发展性心理危机

发展性心理危机是个人在正常成长和发展过程中，对急剧的变化或转变所产生的异常反应，如升学危机、青春期性心理危机等，这些危机之所以是发展性的，是因为它们在大家的生命历程中往往是不可避免和必要的，虽然危机的发生对同学们都会带来暂时的困扰甚至是打击，但是每次危机的成功解决，都会促使大家走向成熟和完善。因此，发展性心理危机是每个人发展过程中的重要转折点，对个体的心理发展与健全意义重大，可以这样说，如果个体在经历这些事件时没有困惑、困扰或痛苦过，他在今后的生活中有可能出现适应不良。

#### 2. 境遇性心理危机

境遇性心理危机是指突如其来、无法预料和难以控制的心理危机，如遭遇台风、地震等特大自然灾害，亲历周围人突然得绝症或死亡，遭遇交通事故或遭受性侵害等。不难理解，境遇性心理危机是我们在面对突发的挫折情境时出现的一种具有拒绝、否定倾向的心理反应。当然，对于同学们而言，更多的境遇性心理危机是与大学生活密切相关的，如期末考试成绩不及格，无法顺利毕业，考研失败，甚至是失恋这些普遍存在的事件，对一些同学也会造成境遇性心理危机。近些年来，校园重大突发事件增多，这都会增加同学们出现境遇性心理危机的可能。

## 延伸阅读

### 创伤后应激障碍

创伤后应激障碍（PTSD）指人在遭遇或对抗重大压力后所导致的个体延迟出现和持续存在的心理障碍。这些经验包括生命遭到威胁、严重物理性伤害、身体或心灵上的胁迫。这类事件包括战争、地震、严重灾害、严重事故、被强暴、受酷刑、被抢劫等。PTSD 发病多数在遭受创伤后数日至半年内出现。PTSD 一度被称为“弹震症”或“战斗疲劳症”，首次引起公众注意的是战争后退伍军人，不过它能够由任何可怕的意外创伤导致，包括：绑架，严重的事故如飞机或火车失事，自然灾害如洪水或地震，暴力袭击如抢劫、强奸、虐待或被监禁。引起该障碍的可能是某些威胁到个体或其亲人生活的事件，也可能是个体目睹的某些情境——比如说飞机失事后的大片废墟。

大部分 PTSD 个体会在噩梦或不安的回忆中不断地重温创伤，这些噩梦和回忆忽来忽去，他们也许几周都不会受其困扰，之后又没来由地被其纠缠。与此同时，病人可能表现出睡眠障碍、抑郁、感情冷漠或麻木、易受惊等症状，对于曾经喜爱的活动也逐渐兴趣减退，并难以与人亲近。他们可能变得易怒，比之前更富有攻击性，甚至更暴力。看到能勾起那些回忆的事物后，患者会感到痛苦，这会让他们尽量回避那样的场所和情境。此外，事件发生的周年纪念也会让他们很难过。

PTSD 会在任何年龄阶段发作，包括儿童时期。该病症可能伴随有抑郁、药物滥用或焦虑。症状或轻微或严重——患者可能因此变得易怒或有暴力行为。在一些严重的案例中，病人也许难以工作或出现社交障碍。通常来说，如果触发该病的是人而非洪水，这种症状可能会更糟糕。

日常生活中的一些小事就能让患者联想起那次痛苦的经历，触发闪回，创伤性情境在患者的思维与记忆中反复地、不由自主地涌现，闯入意识中萦绕不去，梦境中亦经常出现；有时会出现“重演”性发作，再度恍如身临其境，出现错觉、幻觉、意识分离性障碍等；有时发生“触景生情”式的精神痛苦。持续时间可从数秒钟到几天不等。会使人脱离现实，内心重现那次创伤，持续时间可从数秒到数小时不等，也有极少数人会达到几天。有些患者通常会相信那件可怕的事情又完完全全发生了一遍。

（资料来源：壹心理 http://www.xinli001.com/info/5474/，作者 Harold Cohen，译者常夏）

#### 3. 存在性心理危机

存在性心理危机是指一些人生中的重要事件出现问题，而导致的个人内心的冲突和焦虑，是伴随重要的人生目的、人生责任和未来发展等内部压力的冲突和焦虑的危机。有位哲人曾经说过，没有思考过死的人不能称其为真正的人。生和死是人生的基本课题，作为一个人活在世上，一定会去考虑生命、死亡。除了生死，在不同的人生阶段，人们都会受成长内容的影响，不断思索人生的意义，也会产生许许多多的困扰，心理学家埃里克森提出的八阶段人格发展理论，每一阶段都会涉及个体的存在问题，这些问题都促使人们不断探索人生的意义，探索自我的发展。大学生要树立科学的人生观、世界观、价值观，能够帮助自己顺利度过存在性心理危机。

## 校园案例

几年前的一天下午，某重点大学中文系一大二女生在北大理科 2 号楼跳楼自杀身亡。事后大家在学校 BBS 上发现了一个帖子，据说出自那位女生之手，这封不算太短的遗书对自己 20 年的生活做了简要的回顾总结，上面这样写道：

我列出一张单子，左边写着活下去的理由，右边写着离开世界的理由，我在右边写了很多很多，却发现左边基本上没有什么可以写的。回想 20 多年的生活，真正快乐的时刻，屈指可数。记不清楚上一次发自心底的微笑是什么时候，记不清楚上一次从内心深处感到归宿感是什么时候，也许是我自己的错吧，不能去怪别人，毕竟习惯决定了性格，性格决定了命运。我并不是不愿意珍惜生命，如果某一时刻你发现活下去，20 年，30 年……活着，然而却没有快乐，没有希望。不愿去想象还要这样几十年下去，去接受命运既定的苦难：看着心爱的人注定的远去，越来越不堪忍受的环境，揪心的孤独感，年轻不再，最终是一个孤苦伶仃的可怜老人形象，没有亲人，没有朋友，苟延残喘活在过去回忆的灰烬里面，那又为什么不能够在此时便终结生命？

不用再说生命的价值了，是的，比起任何一个还要忍受饥饿、干渴、瘟疫的同龄人，我真的觉得自己很幸福，但这是相对的，20 年回忆中真正感到幸福的时刻屈指可数，我不明白，为什么小学的时候无比盼望中学，曾经以为中学会更快乐，中学的时候无比盼望大学，曾经以为大学会更快乐。盼望离开欺负与讥讽自己的人，盼望离开被彻底孤立的环境，人生每一个阶段的最后，充满了难以再继续下去的悲哀，不得不靠环境的彻底改变来终结。难道说到了现在，已经走到了终点？对于亲人，我只能够无奈，或许死后的寂静，就是为了屏蔽他们的哭声，就是能让人不会在那一刻后悔。是的，20 年，但是却无法忍受这种行尸走肉一般的生活，觉得生活如同死水泥潭一般，而我自己在其中，猥琐、渺小而悲哀，不可能再做出任何改变。如果人死的时候可以许一个一定会实现的愿望，我也许会许愿让所有的人更加快乐吧！人应该有选择死亡的权利。以前或许不明白这种感觉，对自己的悲哀，痛到心尖在颤抖，或许死亡本身就是一个轮回的开始。用悔恨来洗涤灵魂然后新生，或者回到过去重新开始。

在常人眼中，能在激烈的竞争中脱颖而出，成为令人艳羡的重点大学学子，应感到万分的欣喜与荣幸。但对这位女生而言，这些都不足以成为她快乐的理由，我们可以看出：一个竟然找不出一条活下去理由的人，内心经历了如何的挣扎与冲突，死最终成了她唯一的选择。学习压力大、人际关系复杂、为感情而苦恼……这似乎是每个大学生在成长过程中都会遇到的问题，但当这些问题演变成为严重的心理危机时，将会带来不可估量的后果。

### （三）大学生活中的心理危机

大学校园既是一个精彩的舞台，又充满压力和挑战，大学生在每一发展阶段都会经历不同的危机，可以这样说，绝大多数同学都会经历发展性心理危机。具体来讲，大一新生如果不能及时调整自我，转换角色，很容易因为环境的突变产生适应性的心理危机；大

二、大三阶段随着专业学习任务的繁重，以及个体的情感发展，大学生在学习上、恋爱情感上以及人际交往方面容易遭遇危机；大四阶段由于涉及就业、考研等重大人生选择，部分学生会因为缺少必备的心理准备和技能，出现影响较大的发展性心理危机。这些发展性心理危机如果应对不当，尤其是对那些与“自我”有关的问题处理不当，往往会导致产生存在性心理危机，出现对自我和生命的消极看法。而境遇性心理危机的发生，大学生和其他社会群体相类似，只是触发因素有所差异。

大学生心理危机产生的主要原因，主要包括几个方面：第一，以往成长过程中曾遭遇过重大挫折或发生过心理危机，这些不良的经历会成为大学生心理危机发生的易感因素；第二，日常生活内容如学习、恋爱与性、人际交往等方面遇到困扰，如果缺乏有效应对，也可能会发展成为心理危机；第三，神经症、精神分裂症等精神疾病近些年来也成为导致大学生出现心理危机的重要因素。除了以上因素，心理危机发生的严重程度，主要还是取决于学生个体对触发事件的认识、应对能力水平以及个性特征等。

心理危机的发生，可能给大学生带来四种后果：第一种是学生个体在经过努力后，顺利度过危机，并学会了处理危机的方法与策略，提高了心理健康水平；第二种是度过了危机但留下心理创伤，影响今后的社会适应；第三种是经不住强烈的刺激而自伤自毁；第四种是未能度过危机而出现严重的心理障碍。

## 二、大学生心理危机的识别与干预

心理危机的及早发现，对于及时采取针对性的干预策略，促进大学生顺利度过危机，意义重大。因此，在现实生活中，我们要掌握心理危机的基本表现，对心理危机发生的信号能够进行判断识别，以便能够及时处理。

### （一）大学生心理危机识别

心理危机的识别信号，可分为两类，第一类是从影响因素角度来判断存在心理危机的可能性，第二类是心理危机发生后个体的身心反应。相比较而言，第一类较为隐蔽，第二类较为明显，目前有关心理危机识别的观点阐述也多以第二类即个体的外在表现居多，但是，从时间维度考量，心理危机发生可能性的判断较危机发生后的识别又具有重要的前提价值，尤其是对于大学校园而言，对危机发生可能性的及早判断与预防，更有利于学生的健康成长和校园的安全稳定。

#### 1. 可能导致大学生心理危机的情境及影响因素识别

大学生心理危机，尤其是发展性心理危机的发生，往往是容易被忽视的，因为这些危机的激发因素，似乎是大家都司空见惯，习以为常的，但事实并非如此，正如前文提到的，心理危机是否发生及其严重程度，与个体的主观认知密切相关。那哪些具体的情境或因素可能导致大学生出现心理危机呢？

（1）学习因素。学生的天职是学习，因为学习问题导致出现心理危机的情况非常多见，尤其是理工科难度相对较大，课业负担较重的专业更是如此。部分同学由于难以适应大学的学习节奏，学习方法不恰当，在学习上遇到挫折后，会产生很大的失落感，这种心理落差会让学生陷入自卑甚至自我否定的不良情绪中，一旦恶性循环，会导致出现抑郁等较为严重的心理反应，有的会破罐子破摔，浑浑噩噩度过大学四年，有的会郁郁寡欢，自我封闭起来，近几年大学生因学业不理想出现轻生等极端行为的报道屡屡出现。

（2）情感因素。恋爱情感问题是大学生心理危机发生的另一个重要导火索。失恋，在当代社会貌似是一个平常得再也不能平常的词语，但是给当事人带来的打击却是巨大的，尤其是毫无心理准备的“被分手”，已经成为当下年轻大学生最担心的一个现象。许多失恋的学生无法接受事实，会反复在为什么对方会提出分手的问题上纠缠，有些学生在思想上会走入死胡同，进而产生心理扭曲导致报复等行为。

## 校园案例

大二女生小芳躺在医院的床上，不言不语、不吃不喝，拒绝接受治疗。她迷迷糊糊，昏昏沉沉，被刀割过的手还在疼，可她似乎没有感觉。她的脑海一片混乱，但似乎又很清醒。她怎么也想不明白，那个和她相恋了4年、她用整个身心去爱着的人，怎么说变就变，要与她分手，是那么绝情，千呼万唤都不回头，没有任何回旋的余地……他怎么可以对她说，他已经不爱她，而爱上了另一个和她朝夕相处的女同学。他辜负了她的一片真情，看着他离去的背影，她感到自己的心被掏空了，她精心守候的爱情消失了。她觉得自己被抛弃了，孤零零的一个人，好孤独、好可怜，她的心在哭泣、在颤抖，她的心被撕成了碎片。她不知道如何面对同学，他俩曾是同学们公认的最幸福的一对儿，可如今一切都不存在了，她还有什么脸面活在这个世上？为什么她要饱受痛苦的折磨和承受别人的怜悯？死，她的脑海闪过了这一念头。对，死可以解脱这一切，死了就什么都不知道了，一了百了！不必去面对那个自己刻骨铭心爱着的负心郎，不必面对同学诘问的眼神……可是，爸爸妈妈，还有弟弟呢？对不起了，爸爸妈妈，我实在受不了了，请原谅女儿的不孝！还有弟弟，姐姐曾说过毕业后要供你上大学，现在姐姐做不到了，姐姐不想活也活不下去了，姐姐要到另一个世界去了，爸爸妈妈就交给你了。趁着同宿舍的同学外出，她拿起准备好的水果刀，向自己的手狠狠地划去……幸亏同学及时发现，把她送进了医院。

（3）家庭环境因素。在心理健康教育工作实践中，我们也发现，家庭环境与父母教育也逐渐成为许多大学生心理危机的潜在决定因素。一个学生，为什么会缺乏基本的挫折应对能力，为什么不能进行基本的情绪自控，为什么不能经得起一点反对与批评，其中一大部分是因为不良的早期家庭成长经历尤其是父母不当的家庭教育方式，家庭的变故（父母离异、至亲去世等），早期环境的不稳定（反复搬迁、隔辈抚养等），家教失当（父母的溺爱、忽视、过度补偿等），都为后期大学生心理危机增加了发生概率。其实，许多心理素质缺陷如偏执、自卑、自负、自闭等，都可以在以往家庭成长环境中找到影子。

除了以上较为明显的因素，精神疾患史是大学生心理危机中较少、较隐蔽却是最为严重的一类。对此方面知识的缺乏，观念的陈旧，高考入学缺少有效的量化筛查，使得有关大学生精神疾病、家族精神疾病史没有得到足够的重视，包括神经症、精神分裂症在内的轻重度心理异常等方面的信息，没有得到足够的重视，涉及精神疾病的心理危机，往往是以突然爆发的性质发生，随时随地都有可能出现极端事件。

## 心理小贴士

### 12类易发生心理危机的学生

1. 遭遇突发事件，如家庭发生重大变故、受到自然或社会意外刺激者；
2. 学习压力过大、学习困难者；
3. 个人感情受挫者；
4. 人际关系失调者；
5. 性格过于内向、孤僻、社会交往很少，缺乏社会支持者；
6. 严重环境适应不良导致心理或行为异常者；
7. 家境贫困、经济负担重、自卑感强烈者；
8. 身体出现严重疾病，个人很痛苦，治疗周期长者；
9. 患有严重心理疾病者，如抑郁症、恐惧症、强迫症、癔症、焦虑症、精神分裂症、情感性精神病等；
10. 正在服用精神类药物控制病情以及曾患心理疾病休学、病情好转又复学者；
11. 身边同学出现个体危机状况者；
12. 转系、休学、降级或近期遭受处分者。

（资料来源：中国人民大学2013年《关于做好预防学生心理危机事件发生工作的紧急通知》）

**2. 大学生心理危机临床表现的识别**

从微观发生角度，大学生心理危机的出现，可以从个体的情绪、认知、行为和躯体表现等几方面来识别。

（1）认知方面。危机事件中的大学生，难以集中注意力学习，极为敏感和多疑，形成疑病倾向，甚至丧失对人的基本信任，偏听、偏信，难以区分事物的异同，体验到的事物关系含糊不清，做决定和解决问题的能力受到影响，有时害怕自己发狂等，这些都是在应激状态下认知功能受到损害的结果。

（2）情绪方面。作为心理健康重要衡量标准之一的情绪，伴随着心理内在的体验，是个体心理状态的晴雨表。发生心理危机，个体的情绪基本都会出现明显低落（个别精神性精神障碍如双相情感障碍等除外），所以，当同学出现情绪低落、焦虑不安、喜怒无常、悲观失望、自怨自艾等负面情绪时，就有发生心理危机的可能。

（3）行为方面。较为明显表现的有：学习兴趣下降，比如上课无故缺勤，常迟到早退，成绩陡然下降，根本无法进行正常的学习和听课，考试之前也没有紧张准备的表现；个人卫生习惯与以往大不相同，多数是往差的方向变化，比如不洗脸，不修边幅，衣服脏了也不再换洗；自制力变差，出现一些非常态的行为如睡眠反常、孤僻独行、拒绝帮助、自言自语等。而对于轻生这一类心理危机，个体也会出现较为明显的行为表现，比如总谈到死亡，丢弃或损坏平时最喜欢的物品，向同学朋友赠送最珍贵的物品，甚至会写下遗嘱等。

（4）躯体方面。对于严重的心理危机，发生之前或发生时常会出现明显的躯体反应，比如头晕心悸、食欲不振、胃部不适、脱发等症状，严重失眠也是一项很重要的判断指标。

## 延伸阅读

### 如何判断心理危机程度

心理危机有那么多症状或者表现，是不是非得等这些现象出来才能知道同学是否处于心理危机当中呢？并不是这样的，没有明显现象并不等于说一个人肯定不处于心理危机中。一般情况下，我们了解一个人心理危机程度有以下几种方法：行为观察法，面谈甄别法，心理测评等。

所谓观察，就是直接在一个自然情境中看同学的行为跟平时有什么不同。如果跟平时差不多，就没有什么问题。比如说一些行为发生的频率出现异常，就可能是心理出现问题。比如一个人一天去几次厕所基本上是有一些规律的，突然有一段时间，一个人老往厕所跑，夜里要去五六次，那么他的睡眠肯定有问题。一般来讲消化系统和泌尿系统都是非常敏感的，出现心理危机的时候，常常会出现尿频、拉肚子。

所谓面谈，就是我们看到有的同学最近好像情绪比较低落，可以主动关心同学：最近你不怎么爱说话了，挺不开心的，能否告诉我一下是咋回事？不知道你遇到什么事情了，不知道我可以为你做点什么？请大家在帮助别人的时候，也要考虑受助者的感受。

所谓心理测评，就是可以用诊断心理问题、评估心理健康的一些量表。目前高校常用的心理健康测评量表主要有SCL症状自评量表、UPI人格问卷、EPQ人格量表、自评抑郁/焦虑量表等。通过这些适用范围较广的测评量表，可以对同学的心理状态进行初步的筛查。

（资料来源：樊富珉《大学生心理危机的识别与干预》讲话实录）

### （二）心理危机干预的步骤及技术

在进行心理危机干预时，首先要确定主要目标：

（1）防止过激行为，促进交流，提供适当建议和帮助以缓解痛苦、应对现实难题，从而积极预防、及时控制和减缓因为突发性事件造成的心理危机而导致的社会危害；

（2）促进事件后心理健康重建，帮助个体适应新的生活模式，预防心理障碍的发生；

（3）维护社会稳定，保障公众心理健康。

同时，应遵循一定的指导原则：

（1）心理危机干预是整体救援工作的一部分，应与救援工作的开展整合在一起进行；

（2）以社会稳定为前提，不给整体救援工作增加负担，竭力减少次级伤害；

（3）综合应用心理危机干预技术，结合具体情况提供个性化帮助；

（4）保护被干预者的隐私；

（5）群体心理危机干预应遵循快速、准确、有效的原则，做到快速评估、及时干预、简捷有效。

对于处于危机状态的求助者，可以采取危机干预六步法应对，具体步骤如下。

步骤 1：确定问题

从求助者的角度，确定和理解求助者个人所认识的问题。使用积极倾听技术如同情、理解、真诚、接纳，以及尊重，包括使用开放式问题。既注意求助者的语言信息，也注意其非语言信息。

步骤 2：保证求助者安全

在危机干预过程中，保证求助者安全是首要目标。评估对求助者躯体和心理安全的致死性、危险程度、失去能动性的情况或严重性。评估求助者的内部事件及围绕求助者的情境，如果必要的话，保证求助者知道代替冲动和自我毁灭行动的解决方法。

步骤 3：提供支持

强调与求助者沟通与交流，让求助者认识到危机干预工作者是能够给予关心帮助的人。工作人员不要去评价求助者的经历与感受是否值得称赞，或是否是心甘情愿的，而是应该提供这样一种机会，让求助者相信“这里有一个人确实很关心你”。通过语言、声调和躯体语言向求助者表达，危机干预工作者是以关心的、积极的、接受的、不偏不倚的和个人的态度来处理危机事件，真正给予求助者以支持。接纳和肯定那些无人愿意接纳的人，表扬那些无人会表扬的人。

步骤 4：检查替代解决方法

多数情况下，求助者处于思维不灵活的状态，不能恰当地判断什么是最佳的选择。有些处于危机的求助者甚至认为无路可走了。应帮助求助者认识到，有许多可变通的应对方式可供选择，帮助求助者探索可以利用的解决方法。促使求助者积极地搜索可以获得的环境支持和可以利用的应付方式，发觉积极的思维方式。通过帮助使求助者知道有哪些人现在或过去能关心自己；找到求助者可以用来战胜目前危机的行动、行为或环境资源；用积极的思维来改变自己对问题的看法并减轻应激与焦虑水平。

步骤 5：制订计划

危机干预工作者与求助者共同制订行动步骤来矫正其情绪的失衡状态。计划包括：①确定有另外的个人、组织团体和有关机构能够提供及时的支持；②提供求助者现在能够采用的、积极的应付机制，确定求助者能够理解和把握的行动步骤。根据求助者的应付能力，计划应着重在切实可行和系统地帮助求助者解决问题，计划的制订应该与求助者合作，让其感到这是自己的计划，这一点很重要。制订计划的关键在于让求助者感到没有剥夺他们的权力、独立性和自尊。有些求助者可能并不会反对帮助者决定他们应该做什么，但此时这些求助者往往过分地关注自己的危机而忽略自己的能力，他们甚至会认为将计划强加给他们是应该的。让受情绪困扰的求助者解释一个善意强加给他们的计划往往很不容易。让求助者将计划付诸实施的目的是恢复他们的自制能力和保证他们不依赖于支持者。

步骤 6：得到承诺

帮助求助者向自己承诺采取确定的、积极的行动步骤，这些行动步骤必须是求助者自己的、从现实的角度看是可以完成的或是可以接受的。在结束危机干预前，危机干预工作者应该从求助者那里得到诚实、直接和适当的承诺。如让求助者复述一下计划：“现在我们已经商讨了你计划要做什么，下一步将看你如何向他或她表达自己的愤怒情绪。请跟我讲一下你将采取哪些行动，以保证你不会大发脾气，避免危机的升级”。在这一步中，危机干预工作者要明确，在实施计划时是否达成同意合作的协议。

在具体干预技术方面，与一般咨询与治疗相比，心理危机干预更加注重负面情绪的宣泄、压抑情感的表达以及更加深度的共情，从这一角度来讲，心理危机干预是更加考验干预者心理咨询基本技能水平的一项工作。具体的干预技术包括以下三种。

**1. 沟通和建立良好关系的技术**

如果不能与危机当事人建立良好的沟通和合作关系，则干预及有关处理的策略较难执行和贯彻，就不会起到干预的最佳效果。建立和保持治疗师与处于危机者的良好沟通和相互信任，有利于当事人恢复自信和减少对生活的绝望，保持心理稳定和有条不紊的生活，以及改善人际关系。危机干预工作人员必须注意与当事人良好的沟通和合作关系。

建立关系的注意点：

（1）消除内外部的“噪声”（或干扰），以免影响双方诚恳沟通和表达的能力；

（2）避免双重、矛盾的信息交流，如工作人员口头上对当事人表示关切和理解，但在态度和举止并不给予专心的注意或体贴；

（3）避免给予过多的保证，尤其是那种“夸海口”，因为一个人的能力是有限的；

（4）避免应用专业性或技术性难懂的言语，多用通俗易懂的言语交谈；

（5）具备必要的自信，利用可能的机会改善病人的自我反省、自我感知。

**2. 支持技术**

主要是给予精神支持，而不是支持当事人的错误观点或行为。这类技术的应用旨在尽可能地解决目前的危机，使当事人的情绪得以稳定，可以应用暗示、保证、疏泄、环境改变、镇静药物等方法，如果有必要，可考虑短期的住院治疗。有关指导、解释、说服主要应集中在放弃自杀的观念上，而不是对自杀原因的反复评价和解释。同时，在干预过程中须注意，不应带有教育的目的，教育虽说是干预者的任务，但应是危机解除和康复过程中的工作重点。

**3. 干预技术**

危机干预的主要目标之一是让当事人学会对付困难和挫折的一般性方法，这不但有助于当事人度过当前的危机，而且有利于以后的适应。

干预的基本策略为：

（1）主动倾听并热情关注，给予心理上支持；

（2）提供疏泄机会，鼓励当事人将自己的内心情感表达出来；

（3）解释危机的发展过程，使当事人理解目前的境遇、理解他人的情感，树立自信；

（4）给予希望和保持乐观的态度和心境；

（5）培养兴趣，鼓励积极参与有关的社交活动；

（6）注意社会支持系统的作用，多与家人、亲友、同事接触和联系，减少孤独和心理隔离；

（7）帮助面临逆境的当事人学会解决问题。

Goldfried（1975 年）曾提出，帮助面临逆遇的当事人学会解决问题是解除危机的一个较有效的办法，尤其是帮助他们按以下步骤进行思考和行动，常能取得较好效果：

（1）明确存在的困难和问题；

（2）提出各种可能的解决问题的方法；

（3）罗列并澄清各种可能方法的利弊及可行性；
（4）选择最可取的方法（即做出决定）；
（5）考虑并计划具体的完成步骤或方案；
（6）付诸实践并验证结果；
（7）小结和评价问题解决的结果。

## 延伸阅读

### 稳定化技术——安全岛

安全岛技术是一种用想象法改善自己情绪的心理学技术，当压力造成负面情绪时，找到一个内心的世外桃源一样的地方暂避一时。何谓“安全岛”？通俗地说，就是一个自己感觉最安全、最舒适的地方，这个地方可以在你内心深处，也可以是你曾经到过的地方（如家中的沙发、床，户外的丛林、沙滩、海岛等曾经让自己安心惬意的地方），甚至可以是任何一个你能想象的地方。当一个人碰到灾难、突如其来的事故，或者情感挫折时，脑海里可以不断回想自己身处安全岛时的心情，想象自己并没在经历痛苦，而是身处在一个保护性的、充满爱意的、安全的地方，焦虑、惊慌、压抑等情绪可以得到一定程度的缓解。

这个地方只有你一个人可以进入。当然，如果你在进入这个地方时产生强烈的孤独感的话，你也可以携带任何你想带的物品，除了人。这个地方应该是受到良好的保护，并且有一个很好的边界。它应该被设置为一个你绝对有能力阻止未受邀请的外来物闯入的地方。真实的人、即使是好朋友，也不要被邀请到这个地方来。因为与其他人的关系也包含有可能造成压力的成分。在这个安全岛上不应该有任何压力存在。

在做这样的练习时，你可能要花上一点时间才能找到自己的安全岛，这没关系，慢慢找好了。直到这样的安全岛慢慢在自己的内心清晰、明确起来。

以下是帮助自己寻找安全岛的引导语。你可以请自己的好朋友、父母等可靠的人读引导语而帮助你构建自己的安全岛，也可以将这样的引导语用录音机或 MP3 之类的设备录制下来，然后放给自己听，直到完成内在安全岛的构建。

（1）现在，请你在内心世界里找一找，有没有一个安全的地方，在这里，你能够感受到绝对的安全和舒适。它应该在你的想象世界里——也许它就在你的附近，也可能它离你很远，无论它在这个世界或这个宇宙的什么地方……

（2）这个地方只有你一个人能够造访，你也可以随时离开。如果你想要的话，你也可以带上一些你需要的东西陪伴你，比如友善的、可爱的、可以为你提供帮助的……

（3）你可以给这个地方设置一个你所选择的界限，让你能够单独决定哪些有用的东西允许被带进来。但注意那是一些东西，而不是某些人。真实的人不能被带到这里来……

（4）别着急，慢慢考虑，找一找这么一个神奇、安全、惬意的地方……

（5）或许你看见某个画面，或许你感觉到了什么，或许你首先只是在想着这么一个地方……

（6）让它出现，无论出现的是什么，就是它啦……

（资料来源：http://www.psy525.cn/special/3024-9924.html）

## 三、追寻生命存在的意义与价值

如果给生命下一个定义，可能很难，因为对于人类而言，生命，不仅仅是遗传、变异、生长、发育等一系列新陈代谢的基本生物过程，更包括了形体、心理和社会性在内的复杂承载，正如墨子所言：生，刑与知处也。可以说，人类生命是形体、心理与社会的有机统一。对生命的科学认知，对于个体为自我生命赋予意义并健康幸福生活，有重要意义。

### （一）认识生命的神圣与尊严

**心灵咖啡**

孩子！当你还很小的时候，我花了很多时间，教你慢慢用汤匙，用筷子吃东西。教你系鞋带、扣扣子、溜滑梯，教你穿衣服、梳头发、擤鼻涕。这些和你在一起的点点滴滴，是多么的令我怀念不已。所以，当我想不起来，接不上话时，请给我一点时间，等我一下。让我再想一想，极可能最后连要说什么，我也一并忘记。

孩子！你忘记我们练习了好几百回，才学会的第一首儿歌吗？是否还记得每天总要我绞尽脑汁，去回答不知道从哪里冒出来的“为什么”吗？所以，当我重复又重复说着老掉牙的故事，哼着我孩提时代的儿歌时，体谅我，让我继续沉醉在这些回忆中吧！希望你，也能陪着我闲话家常吧！

孩子！现在我常忘了扣扣子、系鞋带。吃饭时，会弄脏衣服，梳头发时手还会不停地抖，不要催促我，要对我多一点耐心和温柔，只要有你在一起，就会有很多的温暖涌上心头。

孩子！如今，我的脚站也站不稳，走也走不动了，所以，请你紧紧地握着我的手，陪着我，慢慢地，就像当年我带着你一步一步地走一样。

每个生命来到这个世界并遵循一定规律存在着，都有其偶然与必然，几亿分之一的可能性，造就了一个个鲜活的生命，也就从那时起，人开始追寻着自我存在的意义并为之奋斗着。从诞生，到成长发育，到衰亡，这一不可逆性，决定了每个人的生命都是神圣的存在。对于每个人而言，生命又是不可重复的，古语说得好，“人死不能复生”。同时，生命又是独特的，就像世上没有两片相同的树叶，人类中也没有两个完全相同的个人，每个人都是独一无二的，有自己独特的风格和特点。法国作家罗曼·罗兰说过：“每个人都有他隐藏的精华，和任何别人的精华不同，它使人具有自己的气味。”的确，每一个生命都有其不同的天赋、兴趣和气质，你的生命是独一无二、与众不同的，世界上没有一个人能代替你。每一个生命不仅是独特的，而且是有限的。生命属于我们只有一次，任何代价都换不回来，我们必须热爱生命，珍重生命。

卢梭说过：“每一个正直的人应该维护自己的尊严。”人人都应该维护自己的尊严，尊严是不因困难而改变的，它需要的是信念。人与动物的最大不同在于人会寻找生命的意义，会反复思考自我存在的价值，可以说，每个人对生命价值和意义的看法，形成了他（她）的人生观，而个体在自我价值和社会价值的实现过程中，捍卫着自己的生命尊严。

一个人，如果内心没有对生命意义的审视，便会缺少生活的目标，也很难用全部情感、意志和信念去创造出有价值的人生。

生命是一种高贵而又脆弱的东西，生命的尊严还在于每个人都要面临死亡，都会思考死亡。死亡的不可抗拒性决定了，只要是生命，都会走向死亡的必然性，这一必然性促使我们更加思考生命的价值，正如卢梭说的："生命本身没有任何价值，它的价值在于怎样使用它。"我们每个人都要学会去珍视生命，不管生活是一帆风顺，还是起伏跌宕，我们都要提高生命质量，用有限的生命谱写出生命的华章。

**（二）走出生命的困顿与沼泽**

**心灵咖啡**

### 马斯洛的感叹

著名的人本主义心理学家马斯洛在心脏病突发被抢救过来后，感叹道："面对死亡又暂时从死亡中解脱，使得世间一切事物显得如此珍贵，如此神圣，如此美丽。我现在比任何时候都更强烈地热爱这一切，更情不可遏地要投身于这一切……死亡及其突然降临的可能性，使我们更有可能去爱，去热烈地爱。"

生命是宝贵的，但生活总会遇到坎坷，人在几十年的生命历程中，总会体会到偶尔的无力，许多人在遭遇挫折、痛苦和人生险境时，跌落到人生沼泽中，生命无法舒展地健康成长，人生变得暗淡无光，甚至惹祸遭殃、中断生命。这种生命的困顿在当代大学生群体中并不少见，由精英教育走向大众教育阶段，相当一部分大学生在人生道路上出现了生命价值失落、生活迷茫，具体来讲有以下表现：

首先，学业的无目标性。由于目标功利性强，许多大学生认为所学课程不能让自己找到好工作，不能赚大钱，从而出现内在学业动机的丧失，敷衍了事、旷课、上课睡觉已经成为大多高校学风差的突出表现，有些学生茫然无措、无所适从，整日在郁闷的状态中"熬"着大学生活。

其次，生活的无方向感。网络游戏、虚拟交往、吸烟酗酒等颓废的生活方式正在大学生群体中蔓延，有些学生在现实生活中遭受挫折如成绩差、交往不畅等，也开始逃避真实生活和放弃自我，网络成瘾和自闭是其中最常见的结果。

最后，人际交往冷漠化。在现实面前变得麻木，部分大学生因自我生命的无力感而缺乏对外在信息的反应，开始割裂与周围人的联系，对老师同学的关心视而不见，对别人的困难漠不关心，甚至会出现恶意伤害行为。

大学生的生命困顿如果不及时疏解，长期的精神压力和迷茫会让他们慢慢出现价值观扭曲和信仰缺失，严重的精神空虚甚至使一些大学生出现生命否定而导致轻生。据北京市心理危机研究与干预中心公布的数据显示：在中国，每年至少有25万人死于自杀，有200万人自杀未遂，即平均每两分钟就有一人死于自杀，8人自杀未遂。自杀已经成为中国死亡原因中排序第五位的原因。在15~34岁年龄段的青壮年中，自杀是首位的死因，其中不乏"天之骄子"的身影。

大学生产生生命困顿的原因是多方面的，既有个人原因也有家庭、社会原因，而究其根本，是由于当代大学生对生命自身缺乏正确、本质的认识，或者说只有错误、表面的认识，由此导致无法正确面对生活中所遭遇到的诸多事件或现象。而目前来看，高等教育对生命教育的缺失也在一定程度上使得这一问题严重化。

走出生命困顿，大学生需要端正自己的世界观、人生观、价值观，深刻地思考死亡，珍惜生命，凝练自己的人生追求，明确人生目标。唤醒内在的生命力量，从生命的角度来看待生活，克服困难，解决遇到的人生问题，只有这样，才能实现自我价值和人生意义的追求。

**（三）追求人生的快乐与幸福**

**心灵咖啡**

**面对生活的态度**

有位太太请了个油漆匠到家里粉刷墙壁。

油漆匠一走进门，看到她的丈夫双目失明，顿时流露出怜悯的眼光。可是男主人一向开朗乐观，所以油漆匠在那里工作了几天，他们谈得很投机，油漆匠也从未提起男主人的缺憾。

工作完毕，油漆匠取出账单，那位太太发现比谈妥的价钱打了一个很大的折扣。

她问油漆匠：“怎么少算这么多呢?”

油漆匠回答说：“我跟你先生在一起觉得很快乐。他对人生的态度，使我觉得自己的境况还不算最坏。所以减去的那一部分，算是我对他表示一点谢意，因为他使我不会把工作看得太苦!”

油漆匠对她丈夫的推崇，使她落泪；因为这位慷慨的油漆匠，自己只有一只手。

态度就像磁铁，不论我们的思想是正面抑或是负面的，我们都受到它的牵引。而思想就像轮子一般，使我们朝一个特定的方向前进。虽然我们无法改变人生，但我们可以改变人生观；虽然我们无法改变环境，但我们可以改变心境；我们无法调整环境来完全适应自己的生活，但可以调整态度来适应一切的环境。

毕竟，你的生活并非全由生命中所发生的事件所决定，而是由你自己面对生命的态度与你的心灵看待事情的态度来决定。

何谓幸福？一千个人有一千个答案，心理学认为，幸福是一种积极向上的体验，是需要得到满足、目标得到实现、个人得到成长、潜能得到发挥的完满状态。Ryan 和 Deci 认为，幸福感包括六个维度，分别为自主、个人成长、自我接受、生活目的、控制和良好友谊。国内有学者认为，国人的幸福感更多来自和谐友好的人际关系。因此，学会快乐与幸福，是当代大学生的必修课之一。

**1. 适度运动**

大学生的身体机能处于人生的巅峰，但是由于不规律的作息习惯如熬夜、沉迷网络，导致许多大学生的身体状况不容乐观，肥胖等问题普遍存在，为了让自己的人生幸福有一个基础保证，大学生要保持良好的作息时间，并养成每周 2~3 次适度运动的习惯，尽量不要透支自己的身体。这既是对生命的顺应，也是对生命的尊重。

**2. 学会微笑**

微笑是这个世界上最美丽的语言，也是最有效、最简单的人际交往方法，许多学生苦苦追寻好的交往方式，殊不知仅仅保持微笑这个习惯，就能给别人留下很好的交往印象。同时大学生要关注周围同学的生活，并关心那些有需要的同学，及时帮助他们，送人玫瑰，手有余香，日积月累的付出，能够换回一个良好的人际环境，这无疑是人生快乐的源泉。

**3. 学会包容**

人只要活着，就会在生活中与别人产生矛盾，而矛盾并不可怕，可怕的是对矛盾的回应无力，不知所措。遇到不开心的人或事，大学生要学会理解，善于换个视角，换个立场考虑问题，这样的生活才是多彩的，作为有学识、有涵养的大学生，还要保持一颗包容的心，学会原谅他人，宽容对待别人的错误和不公的待遇，有容乃大，原谅别人的同时也是对自我心灵的一次洗涤。

**4. 学会感恩**

一个幸福的人，是一个懂得感恩的人。大学生需要意识到，在大学生活中，没有哪个人必须对自己好，任何人对自己好都是一种付出，所以要感谢每一个关心帮助过自己的老师、同学。心怀感恩，就会感受到周围环境的温暖，也才能在这样的环境中快乐成长，心怀感恩，需要用真诚的心去感谢生命的馈赠，去反哺充满爱的大学生活。相反，如果大学生认为别人的关心帮助是应该的，必将在一定时候感到被忽视，因为每个人都不是别人生活里永远的主角，这样就会心生郁闷与怨恨，体会不到幸福。

**5. 知足常乐**

人这一生，有太多的欲望和理想，很多都可以通过自己的努力去达成，但是，就像月有阴晴圆缺，没有哪个人的人生没有遗憾，每个人总会遇到不顺心的事情。能够坦荡接受失败，能够欣然承认不足，能够悦然接纳自我，本着知足常乐的心态去迎接生活的各种挑战，才不失为智慧人生。大学四年生活，有适应困难，有学习压力，有情绪低落，有求职受挫，有感情不顺，在这些遭遇面前，能够看到自己的付出，时刻记得自己已经获得了许多，哪怕是很大的痛苦，也是人生的一笔财富，知足常乐，就能够放平心态，用生活本来的样子去感受生命的珍贵。

**6. 培养兴趣**

除了学习，大学生要有一种明确的兴趣，当心情不好时可以投入其中，暂时忘却生活的烦恼，在爱好中找回宁静的心境，事实证明，许多学生之所以觉得大学生活空虚无聊，就是因为总是生活在被动接受的境遇中，而没有一种能让自己情绪高昂的活动。兴趣，没有客观的标准，可能一个人眼中的兴趣，是另一个人眼中的无趣，但这并不重要，每个人的生命都是自我赋予意义的过程，只要自己认可与接受，任何符合大学生行为准则的活动都可以成为自己的兴趣。

**7. 放空心灵**

当代社会快节奏的生活压力也在波及着高校，许多大学生忙忙碌碌，却不知为何忙碌，每天在各种担心、忧虑中生活，而刚开始意识到要认真度过每一天的时候，才发现大学生活即将结束，这不能不说是一种遗憾。因此，我们建议，大学生每天要拿出一点时间，暂时将自己与外界的纷纷扰扰隔绝，静下心来与内在的自我进行对话，要知道，这个世界上，最懂自己，最能帮助自己的，恰恰就是自己。睡觉前，不妨闭上眼睛去感受自己在环境中的完整存在。心灵的暂时放空，有利于积累心理能量。

## 心理训练

### 活动一：自我探索

#### 身心状况自评量表（SRQ）

以下陈述与某些痛苦和问题有关，请根据你自己过去1个月的实际情况进行选择，符合的请选择“是”，不符合的请选择“否”。

| | 是 | 否 |
|---|---|---|
| 1. 你是否经常头疼？ | □ | □ |
| 2. 你是否食欲差？ | □ | □ |
| 3. 你是否睡眠差？ | □ | □ |
| 4. 你是否易受惊吓？ | □ | □ |
| 5. 你是否手抖？ | □ | □ |
| 6. 你是否感觉不安、紧张或担忧？ | □ | □ |
| 7. 你是否消化不良？ | □ | □ |
| 8. 你是否思维不清晰？ | □ | □ |
| 9. 你是否感觉不快？ | □ | □ |
| 10. 你是否比原来哭得多？ | □ | □ |
| 11. 你是否发现很难从日常活动中得到乐趣？ | □ | □ |
| 12. 你是否发现自己很难做决定？ | □ | □ |
| 13. 日常工作是否令你感到痛苦？ | □ | □ |
| 14. 你在生活中是否不能起到应起的作用？ | □ | □ |
| 15. 你是否丧失了对事物的兴趣？ | □ | □ |
| 16. 你是否感到自己是个无价值的人？ | □ | □ |
| 17. 你头脑中是否出现过结束自己生命的想法？ | □ | □ |
| 18. 你是否什么时候都感到累？ | □ | □ |
| 19. 你是否感到胃部不适？ | □ | □ |
| 20. 你是否易疲劳？ | □ | □ |

评分标准：

所有20个项目的评分都为0或1，过去30天内存在症状计1分，不存在计0分。总分在7或8分以上时需要心理干预帮助。

**活动二：活动体验**

## 写下你的墓志铭

活动目的：

1. 考察当生命受到威胁，死亡来临的时候，作为年轻人将如何准备，如何应对。

2. 通过这样的游戏，思考怎样度过的人生才能在墓志铭中写下无悔的人生结束语。

3. 通过对死的考量，更好地珍惜活着的时光。

时间：大约需要30分钟

准备：一张纸、一支笔

操作：

1. 你得病即将离世了，现在要替自己写墓志铭，反映自己的一生。墓志铭将会刻在墓碑上，供人凭吊。

2. 墓志铭除了生卒年外，最低也要包括以下几点：

A. 一生的最大目标；

B. 在不同年纪的成就；

C. 对家庭、社会或其他人的贡献；

D. 我是一个什么样的人。

3. 分享经典的墓志铭

在英国德比郡的一处墓园中，有这样一篇铭文：

“这儿躺着钟表匠汤姆斯的躯壳，他将回到造物者手中，彻底清洗修复后，上好发条，行走在另一个世界。”

教会执事为妻子刻了这样的碑文：

“莎拉·休特，1803—1840，世人请记取教训，她死于喋喋不休和过多的忧虑。”

有对夫妻为出生三周便夭折的孩子写道：

“墓碑下是我们的小宝贝，他既不哭也不闹，只活了二十一天，花掉我们四十块钱。他来到这世上，四处看了看，不太满意，就回去了。”

大文豪萧伯纳的墓志铭：

“我早就知道无论我活多久，这种事情还是一定会发生。”

大作家海明威的墓志铭：

“恕我不起来了！”

在英国约克郡地区，牙医的墓碑上写着：

“我一辈子都花在为人填补蛀牙上头，现在这个墓穴得由我自己填进去啦。”

著名科学家阿尔弗雷德·诺贝尔生前曾写下一篇短小精悍的自传：

“阿·诺贝尔呱呱坠地之时，小生命差点断送在仁慈的医生手中。主要美德：保持指甲干净，从不累及他人。主要过失：终身不娶，脾气不佳，消化不良。唯一愿望：不要让人活埋。最大罪恶：不敬鬼神。重要事迹：无。”

16世纪德国数学家鲁道夫花了毕生的精力，把圆周率计算到小数后35位，是当时世界上最精确的圆周率数值。在他的墓碑上就刻着：

"π=3.14159265358979323846264338327950288"。

"37，22，35"是美国影星玛丽莲·梦露的墓志铭，虽然简单，但却给影迷留下了一个谜。最终这个谜由梦露研究会揭开，这三个数字表示梦露的胸围、腰围和臀围的英寸数，表明死者生前爱美的心愿。

讨论：

1. 给自己写墓志铭的时候，感觉怎样？

2. 别人的墓志铭给自己的感触如何？

3. 如何看待生命和死亡。

**活动三：思考与感悟**

**"这条小鱼在乎"**

在暴风雨后的一个早晨，一个男人来到海边散步。他注意到，在沙滩的浅水洼里，有许多被昨夜的暴风雨卷上岸来的小鱼。用不了多久，浅水洼里的水就会被沙粒吸干，被太阳蒸干，这些小鱼都会被干死。他忽然看见前面有一个小男孩，不停地拣起水洼里的小鱼，用力把它们扔回大海。这个男人忍不住走过去："孩子，水洼里有几百几千条小鱼，你救不过来的。""我知道。"小男孩头也不回地回答。"哦？那你为什么还在扔？谁在乎呢？""这条小鱼在乎！"男孩儿一边回答，一边拾起一条小鱼，扔进大海。"这条在乎，这条也在乎！还有这一条，这一条，这一条……"

思考：怎样看待生命的独特和珍贵？你觉得故事中的小鱼在乎的是什么？小男孩又在乎的是什么？

## 推荐阅读

1. IRVIND. YALOM. 直视骄阳：征服死亡恐惧［M］. 张亚译. 北京：中国轻工业出版社，2009.

2. 樊富珉，贾烜. 生命教育与自杀预防［M］. 北京：清华大学出版社，2013.

3. 汪丽华，何仁富. 大学生心理健康与生命教育［M］. 北京：北京师范大学出版社，2014.

## 推荐影视

1. 美丽人生（意大利）

2. 肖申克的救赎（美国）

3. 飞越疯人院（美国）

# 参考文献


［1］（奥地利）阿弗雷德·阿德勒. 自卑与超越：人类个体心理学最卓越的作品［M］. 李青霞译. 沈阳：沈阳出版社，2012.
［2］班志刚，黄竹，温英杰. 大学生心理健康教程［M］. 北京：中央编译出版社，2006.
［3］边玉芳. 儿童心理学［M］. 杭州：浙江教育出版社，2009.
［4］边玉芳. 青少年心理危机干预［M］. 上海：华东师范大学出版社，2010.
［5］杨艳杰. 危机事件心理干预策略［M］. 北京：人民卫生出版社，201.
［6］卜欣欣，陆爱平. 个人职业生涯规划［M］. 北京：中国时代经济出版社，2004.
［7］曹操战. 职业能力测试范本［M］. 广州：暨南大学出版社，2006.
［8］戴丽，吴晓玮，周宁. 大学生心理健康教育［M］. 北京：科学出版社，2011.
［9］段鑫星，赵玲. 大学生心理健康教育［M］. 北京：科学出版社，2003.
［10］樊富珉，王建中. 当代大学生心理健康教程［M］. 武汉：武汉大学出版社，2006.
［11］樊富珉. 大学生心理素质教程［M］. 北京：北京出版社，2002.
［12］樊富珉，贾烜. 生命教育与自杀预防［M］. 北京：清华大学出版社，2013.
［13］范庆瑜. 大学生心理健康［M］. 北京：北京师范大学出版社，2013.
［14］顾瑜琦. 心理危机干预［M］. 北京：人民卫生出版社，2013
［15］郭景利. 每天都是一场战斗：约翰·库缇斯的成功启示［M］. 哈尔滨：哈尔滨出版社，2012.
［16］赫贵生. 大学生学习理论与方法［M］. 北京：人民出版社，2010.
［17］黄希庭，郑涌. 大学生心理健康与咨询［M］. 北京：高等教育出版社，2002.
［18］黄学规，金瑾如，夏跃平. 大学生心理健康指导［M］. 杭州：浙江科学技术出版社，2008.
［19］黄中天. 生涯规划——体验式学习［M］. 北京：高等教育出版社，2009.
［20］吉家文. 大学心理健康教育——健康的心理为你添上飞翔的翅膀［M］. 天津：南开大学出版社，2012.
［21］卡伦达菲. 心理学改变生活［M］. 北京：世界图书出版社，2006.
［22］赖芳，季辉. 大学生恋爱与婚姻［M］. 天津：天津大学出版社，2012.
［23］黎文森. 大学生心理健康教育导论（修订版）［M］. 长春：吉林人民出版社，2006.
［24］李文霞，任占国，赵传兵. 大学生心理健康教育［M］. 北京：北京师范大学出版社，2013.
［25］李梅，黄丽. 大学生心理健康十二讲［M］. 北京：北京师范大学出版社，2012.
［26］李晓洁，杜以昌. 大学生心理健康教育［M］. 成都：电子科技大学出版社，2010.
［27］黎文森，邓志军. 大学生心理健康教育导论［M］. 沈阳：辽宁教育出版社，2007.
［28］林崇德. 发展心理学［M］. 北京：人民教育出版社，2009.

[29] 刘金花. 儿童发展心理学：第3版 [M]. 上海：华东师范大学出版社，2013.
[30] 刘晓明，杨平. 大学生心理健康教育——体验·认知·训练 [M]. 北京：科学出版社，2009.
[31] 刘烨. 马斯洛的人本哲学 [M]. 呼伦贝尔：内蒙古文化出版社，2008.
[32] 马建青. 大学生心理健康教程 [M]. 杭州：浙江大学出版社，2012.
[33] 马雁平，陈萍，张澜. 大学生心理健康教育 [M]. 长春：吉林大学出版社，2011.
[34] 马原野. 中科院昆明动物所或发现“自我意识”本源. http://news.sciencenet.cn/htmlnews/2011/5/247338.shtm，2011-5-17.
[35] （美）查尔斯·霍顿·库利. 人类本性与社会秩序 [M]. 包凡一，王源译. 北京：华夏出版社，2015.
[36] （美）约翰·D. 布兰思福特，等. 人是如何学习的：大脑、心理、经验及学校：扩展版 [M]. 程可拉等译. 上海：华东师范大学出版社，2013.
[37] 欧晓霞，曲振国. 大学生心理健康 [M]. 北京：清华大学出版社，2006.
[38] 欧阳辉，闫华，林征. 大学生心理健康应用教程 [M]. 沈阳：辽宁教育出版社，2013.
[39] 裴娣娜. 现代教学论（第二卷）[M]. 北京：人民教育出版社，2005.
[40] 彭晓玲. 大学生全程全面心理辅导 [M]. 北京：清华大学出版社，2008.
[41] 秦自强，王刚，等. 大学生就业指导新编 [M]. 北京：北京大学出版社，2004.
[42] 邱鸿钟. 大学生心理健康教育 [M]. 广州：广东高等教育出版社，2004.
[43] 桑标. 当代儿童发展心理学 [M]. 上海：上海教育出版社，2003.
[44] 孙惠君. 心理健康与保健 [M]. 北京：清华大学出版社，2014.
[45] 沈国强. 大学生择业心理障碍及调试 [J]. 教育探索，2007（3）：106、107.
[46] 石俊杰. 教育社会心理学：理论探讨与专题研究 [M]. 保定：河北大学出版社，2003.
[47] 谭全万，郭朝辉. 大学生心理健康教育原理与方法 [M]. 成都：电子科技大学出版社，2010.
[48] 陶国富，王祥兴. 大学生创新心理 [M]. 上海：立信会计出版社，2006.
[49] 王登峰，张伯源. 大学生心理卫生与咨询 [M]. 北京：北京大学出版社，1992.
[50] 王光荣，张爱国，范奉莲，等. 大学生心理健康教程 [M]. 长春：吉林科学技术出版社，2006.
[51] 王晓春，王国炎. 大学生心理健康教育 [M]. 北京：中国商务出版社，2009.
[52] 王晓刚. 大学生心理健康 [M]. 北京：清华大学出版社，2008.
[53] 王言根. 学会学习——大学生学习引论：第2版 [M]. 北京：教育科学出版社，2008.
[54] 王志敏. 超越挫折心理学 [M]. 北京：北京联合出版社，2013.
[55] 汪丽华，何仁富. 大学生心理健康与生命教育 [M]. 北京：北京师范大学出版社，2014.
[56] 吴亚平. 大学生职业生涯规划与就业指导 [M]. 上海：复旦大学出版社，2007.

[57] 向群英，唐雪梅，赖芳．大学生心理素质教育与训练［M］．北京：科学出版社，2010.
[58] 项新求，高桥．大学生心理与心理健康［M］．北京：中国建材工业出版社，2005.
[59] 许燕：当代大学生核心人格结构的研究［J］．心理学探新，2002（4）.
[60] 熊苹．职业生涯规划［M］．长沙：中南大学出版社，2006.
[61] 燕良试，唐海波．大学生心理教育教程：第 2 版［M］．长沙：中南大学出版社，2009.
[62] 闫华，张澜．当代大学生心理健康教育认知与训练［M］．长春：吉林人民出版社，2012.
[63] 姚裕群．职业生涯规划与发展［M］．北京：首都经济贸易大学出版社，2003.
[64] 叶瑞祥．创新学习能力论［M］．天津：天津教育出版社，2004.
[65] 杨世昌．大学生心理健康教程［M］．北京：科学出版社，2011.
[66] 于德弘，陆根生．学习风格与大学生自主学习［M］．西安：西安交通大学出版社，2003.
[67] 余孟辉，曾伏云．大学生心理与生理健康教育［M］．长沙：国防科技大学出版社，2006.
[68] 余琳．大学生心理健康［M］．武汉：武汉大学出版社，2007.
[69] 张大均，吴明霞．大学生心理健康［M］．北京：清华大学出版社，2007.
[70] 张敏生．大学生心理互助研究［M］．杭州：浙江大学出版社，2008.
[71] 张敏生．大学生心理健康指导［M］．杭州：浙江科学技术出版社，2005.
[72] 张小远，解亚宁．心理健康教程［M］．广州：广东高教出版社，2004.
[73] 张运生．大学生心理健康［M］．开封：河南大学出版社，2009.
[74] 赵国祥．现代大学生心理健康教程［M］．北京：人民教育出版社，2007.
[75] 赵久波．心理健康教育电子教材：第四章南方医科大学精品课程网 http://www.med126.com/kecheng/2013/20130913164542_ 729215.shtml，2013，9.
[76] 郑洪利．大学生心理素质教育与训练［M］．上海：上海大学出版社，2010.
[77] 郑玫，包华林．心理学与大学生心理健康［M］．北京：北京交通大学出版社，2009.
[78] 钟佳君，吕夏颖．青春飞扬——大学生心理健康读本［M］．上海：上海交通大学出版社，2013.
[79] 仲少华，蒋南牧．新编大学生心理健康教程［M］．上海：上海交通大学出版社，2012.
[80] 钟向阳．大学生挫折管理与辅导．北京：北京师范大学出版社，2010.